浙江省哲学社会科学重点研究基地文艺批评研究院成果

# 走近郁达夫

## 郁达夫研究国际学术会议论文集

洪治纲 主编

时代出版传媒股份有限公司
安 徽 教 育 出 版 社

**图书在版编目（CIP）数据**

走近郁达夫：郁达夫研究国际学术会议论文集 / 洪治纲主编. —合肥：安徽教育出版社，2022.12
ISBN 978-7-5336-9907-9

Ⅰ. ①走… Ⅱ. ①洪… Ⅲ. ①郁达夫（1896—1945）—人物研究—国际学术会议—文集 Ⅳ. ①K825.6

中国版本图书馆 CIP 数据核字（2022）第 240548 号

**走近郁达夫：郁达夫研究国际学术会议论文集**
ZOU JIN YU DAFU：YU DAFU YANJIU GUOJI XUESHU HUIYI LUNWENJI

---

出 版 人：费世平
策划编辑：何 客
责任编辑：郜 旻 周 佳
装帧设计：阮 娟
责任印制：陈善军

出版发行：安徽教育出版社
地 址：合肥市经开区繁华大道西路 398 号 邮编：230601
网 址：http://www.ahep.com.cn
营销电话：(0551)63683012，63683013
排 版：安徽时代华印出版服务有限责任公司
印 刷：安徽新华印刷股份有限公司

开 本：650 mm×960 mm 1/16
印 张：28.5
字 数：406 千字
版 次：2022 年 12 月第 1 版
印 次：2022 年 12 月第 1 次印刷
定 价：68.00 元

---

# 前　言

郁达夫系中国现代文学史上的著名作家，浙江富阳人。他的小说、散文和诗歌，均对中国现代文学的发展产生了深远的影响。1921年，他出版第一部中国现代白话小说集《沉沦》，并与郭沫若等人发起成立新文学重要社团“创造社”；1922年开始，主编《创造》季刊、《洪水》等刊物，发表了大量优秀作品及文艺论文，由此奠定了他在中国现代文学史上的重要地位；1928年加入“太阳社”，并在鲁迅支持下，主编《大众文艺》。20世纪30年代，郁达夫加入中国左翼作家联盟，随后与鲁迅、茅盾等联名发表《上海文化界告世界书》，强烈谴责日本帝国主义发动侵华战争。全民族抗战爆发后，郁达夫赴武汉参加军委会政治部的抗日宣传工作，并于1938年底辗转至新加坡，主编《星洲日报》等报刊副刊，宣传抗日。1945年日本投降后，被日军宪兵杀害于南洋。

为了进一步拓展郁达夫创作研究，推动并深化国内外学界在郁达夫研究领域的学术交流，同时也为了纪念郁达夫的《沉沦》出版100周年，2022年3月，由杭州市富阳区文联、杭州师范大学人文学院主办，郁达夫研究学会、杭州师范大学文艺批评研究院、华东师范大学《现代中文学刊》杂志社共同承办的“郁达夫研究国际学术论坛”在杭州召开，会议主题为“郁达夫创作的本土性与世界性”。来自美国、日本、韩国、新加坡、中国的70余位学者参加了本次会议，并在大会上分享了自己的研究成果。

这本论文集所收录的20余篇论文，便是这次“郁达夫研究国际学术论坛”的重要交流成果。这些论文，或从史料角度，对郁达夫的生平经历、佚文佚诗进行了发掘与阐释；或从文本细读的层面，对他的经典作品进行了现代诠释；或从思想文化或艺术维度，重新探讨了他的创作特点。虽属一家之言，但不乏学术洞见。在此，我们衷心感谢各位学者的倾力支持，也希望推动郁达夫创作研究走向更广更深，为下一届的“郁达夫研究国际学术论坛”提供宽阔的研究视野。

编者

2022年10月

# 目　录

# 佚文与史料

# 郁达夫与《时事新报》副刊
## ——兼谈新发现的郁达夫两篇佚文

陈子善

翻开一部中国现代文学史，作家发表作品，不外乎通过以下几种途径：一、在杂志上刊登；二、在报纸副刊上刊登；三、交付出版社印行单行本，又有先在报刊发表后编集和直接出书之区别；四、作者自印。以郁达夫为例，他的成名作小说集《沉沦》，就是1921年10月由上海泰东图书局初版的。《沉沦》收入《银灰色的死》《沉沦》《南迁》三篇小说，《沉沦》和《南迁》都是在小说集中首次发表的，此前并未在报刊上刊登。

然而，《银灰色的死》就有所不同了。这篇小说先于1921年7月7日至9日、11日至13日在上海《时事新报·学灯》连载。《学灯》与北京的《晨报副刊》《京报副刊》和上海的《民国日报·觉悟》并称为五四时期的"四大副刊"，名气很大，它与创造社另一元老郭沫若的密切关系，也早为人知，不必再多做介绍。其时《学灯》的编者是李石岑，但《银灰色的死》的发表并不一帆风顺，其曲折经过，郭沫若曾在《我的作诗的经过》中有所交代〔1〕，郁达夫本人后来对此篇投稿半年之

---

〔1〕 郭沫若回忆："李在编《学灯》，达夫在1921年初头做了那篇处女作（?）《银灰色的死》寄给石岑，要他在《学灯》发表，然而寄去三个月，作品不见发表，连回信也没有。鼎鼎大名的郁达夫先生在未出名时也受过这样的冷遇，这是富有教训意义的一段逸事。这事是那年的六月我们为创造社的组织聚首在东京时，他亲自向我提起的，并叫我回上海后从李处把那篇小说稿取回，然而在我六月尾回上海后，不久那篇小说却在《学灯》上和世人见面了。"《我的作诗的经过》，《质文》，1936年第2卷第2期。

后方才刊出也表示过不满。[1] 但这是郁达夫与《时事新报》副刊关系之始，不能不提。

接着，郁达夫在1921年9月27日、29日《时事新报·学灯》上连载新诗《最后的慰安也被夺去》，又在同年11月3日于该刊发表散文《芜城日记》，与《学灯》的合作是一而再再而三了。不过，此后郁达夫的作品就不再在《时事新报》副刊上出现。这是郁达夫与《时事新报》副刊关系的第一阶段，也是我们早已熟知的阶段，《郁达夫全集》[2] 和《郁达夫年谱》[3] 均可复按。

郁达夫再在《时事新报》副刊亮相已到了十一年之后。1932年10月23日《时事新报》"第四张第二版"刊登署名"达夫"的书评《一个女剧员的生活》（沈从文著，大东书局出版）。《时事新报》"第四张第二版"虽无具体名称，其实是文学书评版。除了郁达夫此文，还有张资平的《日本文学之新趋势》、谢六逸的《北欧民间文学》、崔万秋的《英国桂冠诗人曼斯斐尔悬赏征诗》、赵景深的《清平山堂话本》等，以及现代、光华、开明、大东书局的新书广告。先把郁达夫这篇佚文照录如下：

> 《一个女剧员的生活》，表现和结构是很特殊的，就是内容的倾向，是一种不平衡的恋爱的转变，理想与环境的冲突：它表现的外形，是把女主角的生活组为剧体的描写。
>
> 女主角萝，是剧员中一个典型的人物，她以天生的骄傲和机警的智能，她想要演出很多戏，相信都能变成一种力量，放到年青人身上去，撅动那些软弱的血同软弱的灵魂。
>
> 因此，她对于追逐她的士平先生和男剧员陈白，善于在他们的弱点上嘲笑他们，她不是为同情这种苦恼的人抢着"恋爱同演戏完

---

〔1〕 郁达夫1938年春在武汉对王平陵说："《银灰色的死》，耗费一年多的时间才写成，竟毫无消息，几乎失却写作的自信心，真想洗手不干，从此改行了。可是在一年多以后，忽然露面了。又鼓励我抛了在帝大学习的经济学程，钻向文艺的牛角尖。"转引自王平陵：《三十年文坛沧桑录》，北京：海豚出版社，2016年，第38页。

〔2〕 参见郁达夫：《郁达夫全集》第一卷，杭州：浙江大学出版社，2007年。

〔3〕 参见李杭春、郁峻峰：《郁达夫年谱》，杭州：浙江大学出版社，2021年，第92—97页。

全是两件事”的主观，她说：“我因为不承认爱我的男子，用得着妒忌，使我负一种条约上的义务，所以同陈白分手了的。现在士平先生最不幸，又为了这点事，把我对于他的幻想失去了。”

这是《一个女剧员的生活》的思想的重心结果！女主角萝的生活，竟在“一个不合理的败仗”下而完结了。这种结构正如剧场的转变，如我们读屠格涅夫的《烟》后而感往事如烟的心情一样。

从文的文章是有深邃沉抑的意味，本篇表现中的人物心理，多是选择复杂的象征，这一种象征选择的苦闷，就是文学家人生观的苦闷，而成为它的高级的艺术。

沈从文的中篇《一个女剧员的生活》最初连载于1930年10月至1931年5月上海《现代学生》第1卷第1至6期，1931年8月由上海大东书局初版单行本。这部中篇出版一年后被郁达夫注意到，郁达夫为其写了这则书评。郁达夫为何对沈从文这部中篇感兴趣？或许因为他自己也写过反映“女伶”生活的中篇《迷羊》。无论如何，对沈从文这部中篇，当时及后来均未见评论，迄今只有郁达夫这篇《一个女剧员的生活》书评，颇难得。“从文的文章是有深邃沉抑的意味”云云，口气很亲切，只有对沈从文其人其文有真切了解，才能这样写。郁达夫认为这部中篇以表现剧中人物心理而表现文学家人生观的苦闷，评价也不低。对郁达夫与沈从文的关系，我们以前只知道郁达夫写过有名的《给一个文学青年的公开状》，还推荐沈从文的长篇《阿丽思漫游中国》为其“所喜爱的文艺读物”〔1〕，而随着这篇《郁达夫全集》失收、《郁达夫年谱》也未著录的书评佚作的发现，郁达夫对沈从文的推重得到了新的证明。

自1932年12月24日、25日在《申报·自由谈》上连载《说死及自杀情死之类》起，郁达夫成为黎烈文主编的《自由谈》的主要作者之一，他还介绍鲁迅为《自由谈》撰文，因而他为《时事新报》副刊撰稿

〔1〕 郁达夫：《我所喜爱的文艺读物》，福州《小民报·新村·每周文坛》，1936年9月6日。郁达夫在此文中开列了沈从文这部长篇和鲁迅的《野草》、茅盾的《子夜》三部作品。

就再次中断。一直到1935年3月21日、22日在《时事新报·青光》上连载《两位英国的东方学者》，郁达夫才又恢复为《时事新报》副刊撰稿，不久他又为1935年9月4日和9月20日的《青光》接连撰写了《文坛的低气压》和《出版界的年轮》两文。当年我找到这三篇郁达夫未收入集的文字时，确实十分高兴，它们也早已编入《郁达夫全集》。而郁达夫之所以又重新为《时事新报》的副刊撰稿，或与《青光》此时由朱曼华主编有关。朱曼华曾是创造社“小伙计”之一，曾在《洪水》《新消息》等创造社刊物发表诗文。[1] 所以，若他向郁达夫约稿，郁达夫当然盛情难却。

原以为郁达夫1936年2月赴福州出任福建省政府参议后，他为《时事新报·青光》的撰稿就真的停止了，不料还有新的惊喜。1937年2月17日《时事新报·青光》刊出郁达夫的《游记云乎哉》。文虽不长，却挺有意思：

> 在三个月中间，走路总走尽了万余里的光景！不是为名，不是为利，自然更谈不到是为了写游记。
>
> 人生的中岁，是最危险的时期。遁入虚无，醉心神秘，或者热中名利，把身外之物，看得重于生命，都是中年人易染的恶疾。为防避这些症状起见，沉思默考，当然也是一种预防的治疗，但是行旅涉险，借健全的空气来洗涤身心，更是极有效验的抗毒金针。门枢不朽，流水长清，若欲以这两句古语来说明转换空气的好处，一部分原也可以适合。
>
> 人之所以异于禽兽者，第一是为了他有思想，第二是为了他有意志。三军可以夺帅，而匹夫却不能夺他的志。这志字云云，是在合理的思想下之意志，是自己完成的唯一推动力量。要而言之，自

---

〔1〕 朱曼华先后在1927年4月《洪水》第3卷第31期发表《诗三首》、1927年3月26日《新消息》第2号发表《断歌》《莫要》、1927年4月（?）《新消息》第3号与周灵均发表“合记”《广州分部的第一周年》。关于朱曼华主编《时事新报·青光》事，参见陈子善、王自立：《“左联”的最后一个机关刊》，《中国现代文艺资料丛刊》第5辑，上海：上海文艺出版社，1980年，第107页。

己完成，是我们努力的目标；推己及人及物，以完成的自己，来完成周围上下，留光芒余泽于时间与空间之外，是我们的理想。

一时的毁誉褒贬，极微的利害得丧，比起自己完成的大来，真觉得是泰山之于蚁塚，蜉蝣之于长桥；蜗牛角上，所争究为何事？至如昧却良心，造谣作怪，损人之大则不足，证己之奸则有余，日孜孜于小利，夜岌岌于浮名，形同鼠窃的那些自称名士之所为，更是说不上的那话儿了。

古人说，读万卷书，行万里路，养气十年，贵在一得，完成自己，大道坦坦，此外我就不知道更有些什么。

一九三七年二月十二日

此文发表后才四天，1937年2月21日《时事新报·青光》又接着发表郁达夫的《俗吏么！》一文，更有意思了。因已有研究者发现了此文，故不再全文引录。〔1〕《游记云乎哉》和《俗吏么！》这两篇也均为《郁达夫全集》所失收，《郁达夫年谱》未著录，而且发表时间又相隔这么近，完全可以联系起来加以考察。郁达夫到福建出任省政府参议，接着又兼任省秘书处公报室主任〔2〕，其间曾游历福建山水，作有《闽游滴沥》系列游记。但更重要的是，他于1936年11月11日离沪赴日，对日本“学校、图书馆以及其他文学方面之现状进行游历考察，并兼作有关支那文化、哲学和文学方面的讲演”，其间曾多次会晤在日本避难的郭沫若。12月19日又从日本赴台湾考察、演讲并进行学术交流〔3〕，12月30日自台湾返厦门。在厦门拜访弘一法师和游历后，于1937年1月30日经莆田返回福州，风尘仆仆，历时逾三个月。这段旅行应该就是《游记云乎哉》一文开头所说的“在三个月中间，走路总走尽了万余里的光景！”显然，郁达夫在这篇文章中强调他人到中年，乐于“行旅

---

〔1〕 参见肖伊绯：《“俗吏”郁达夫》，《书屋》，2021年第9期。

〔2〕 郁达夫抵达日本长崎时的入境检查记录，转引自武继平：《1936年郁达夫访日史实新考》，《中国文化研究》，2010年第1期。

〔3〕 郁达夫访问台湾详情，参见武继平：《郁达夫访台史实考订》，《东岳论丛》，2011年第3期。

涉险”，而他的“行旅”“不是为名，不是为利，自然更谈不到是为了写游记”，暗示他的“行旅”是负有某种使命的[1]，不计“一时的毁誉褒贬”。总之，郁达夫借这篇文章，以抑扬顿挫的文字来向读者解释，剖明心迹，这是耐人寻味的。

接下来发表的《俗吏么!》则起因于南京“李黑先生”的“一段言论”。李黑在《俗吏郁某》中借郭沫若《达夫的来访》中的话讽刺郁达夫为“俗吏”。[2] 郭沫若的《达夫的来访》发表于1937年2月16日上海《宇宙风》第35期，此文详细回顾了郁达夫在日逗留期间与他的六次见面，写得很感人。文中有这样一段话：

> 我看达夫的使命依然是做个文艺作家，与其为俗吏式的事务所纠缠，宁应该随时随地去丰富自己的作家的生命。凡是达夫的友人，怕应该注重在这一点，玉成达夫的志愿的吧。

近在南京的李黑应该第一时间就读到了郭沫若此文[3]，因而马上引用“俗吏”之说嘲讽郁达夫。而远在福州的郁达夫虽还未读到《达夫的来访》，但也立即做出反应，写下这篇《俗吏么!》，一方面对郭沫若对自己的关心和“规劝”做了实事求是的说明，另一方面对自己为何在陈仪治下的福建省政府任职做了澄清，强调自己当然是一个文艺作家，“暂时的俗吏”“是不是也可以作一种作家的经验?”因此，《游记云乎哉》和《俗吏么!》对了解和研究郁达夫这一时期的心态和作为无疑是

---

〔1〕 关于郁达夫赴日时建议郭沫若归国一事，已有不少研究。郁达夫本人在五年之后是这样回忆的：“在抗战前一年，我到日本去劝他回国，以及我回国后，替他在中央作解除通缉令之运动，更托人向委员长进言，密电去请他回国的种种事实，只有我和他及当时在东京的许俊人大使三个人知道。”参见《为郭沫若氏祝五十寿辰》，新加坡《星洲日报·晨星》，1941年10月24日。

〔2〕 李墨此文原刊于1937年2月何日南京何报，待查。

〔3〕 郭沫若的《达夫的来访》1937年2月16日发表于上海，在南京的李墨读到即撰文批评郁达夫，在福州的郁达夫读到李墨文后也即撰写《俗吏么!》回应，落款时间是“2月18日”，与2月16日只相隔两天，无论如何是来不及的。因此，唯一合乎情理的解释应该是发表《达夫的来访》的《宇宙风》第35期虽然印作2月16日出版，其实已提前数天印行，这种情形在20世纪30年代司空见惯。这样，南京的李墨也就能提前读到而撰文，郁达夫也才有可能在2月18日读到李墨此文而写出《俗吏么!》。

第一手的新文献。

郁达夫的文学生涯其实是与报纸副刊的关系共始终的，从最初在上海《神州日报》副刊《神皋杂俎》上发表旧体诗开始，一直到在新加坡《星洲日报》的副刊上不断发表作品止。其间他自己也先后编过上海《中华新报·创造日》和《星洲日报》的《晨星》《繁星》《文艺》三个副刊。而郁达夫与《时事新报》副刊的因缘，从大名鼎鼎的《学灯》到后来的《青光》，时断时续，之前已知前后维持了十四年，随着《一个女剧员的生活》《游记云乎哉》《俗吏么!》等佚文的出现，又延续到十六年之久。这不仅在郁达夫个人创作史上绝无仅有，而且在中国现代文学史上一个作家与一份大报的数个副刊前后保持那么长时间的关系也是不多见的吧。

最后应该指出的是，新版《郁达夫全集》问世后，郁达夫的集外文字仍时有发现，但大都是诗词、佚简（当然，书信中也有十分重要的）、题词和他人记录的演讲等，属于公开发表的正式文章其实并不多，除了拙编《全集补》已经收录的《福建的文化》《反省人应有的认识》《读浙江战时政治纲领后的感想》等三篇〔1〕，2018 年发现的《反帝国主义运动之前途》〔2〕和 2021 年发现的《杂感一二》〔3〕《俗吏么!》之外，似乏善可陈。因此，这两篇郁达夫佚文能够同时重见天日，是令人欣喜的，希望能够有助于郁达夫研究的深入。（本文承赵国忠兄提供帮助，谨此致谢!）

作者简介：陈子善，华东师范大学中文系教授，上海市文史研究馆馆员。著有《中国现代文学文献学十讲》《沉醉春风：追寻郁达夫及其他》《说郁达夫》《从鲁迅到张爱玲》等。

〔1〕 参见郁达夫著；陈子善编：《全集补》，北京：海豚出版社，2016 年，第 3—10 页。

〔2〕 达夫：《反帝国主义运动之前途》，《武汉评论》，1925 年第 23 期。参见曾祥金：《新发现郁达夫佚文考释》，《新文学史料》，2018 年第 2 期。

〔3〕 郁达夫：《杂感一二》，湖南《国民日报》副刊，1938 年 9 月 26 日。参见王金华：《郁达夫湘行漫记》，《书屋》，2021 年第 5 期。

# 郁达夫的读书体验
## ——以日本留学时代为中心[1]

大东和重

## 一、沉溺读书的郁达夫

郁达夫于大正二年（1913）赴日本留学，去除其临时回国的时间，郁达夫最终于大正十一年（1922）离开日本回国。在近九年的留学生活中，郁达夫阅读了大量的日本文学及外国文学作品。本文以郁达夫的阅读行为，即怎样阅读以及阅读的这些作品在他的创作中留下了怎样的痕迹为前提，对郁达夫的学校体验、留学生活、日语习得，以及对日本文学和外国文学的接受进行考察。

郁达夫可以说是终身都喜爱读书的人，书几乎成了他生活的全部。虽然郁达夫常醉于饮酒，酷爱烟草，热衷于与女性的恋爱，但占据他生活中心的依然是读书和文学创作。郁达夫的前半生囿于职业和经济等原因，后半生则因为全民族抗日战争的爆发，而始终在频繁地更换住处。仅列举其主要的住所，即包括故乡的浙江富阳、中学时期的嘉兴与杭州（1911—1913）、留学所在地的东京与名古屋（1913—1922）。此外，在郁达夫回国后，他又在安庆、上海、北京、武汉、广州（1921—1926）等地担任教师和编辑，之后又在上海和杭州与第二任夫人王映霞过了一

〔1〕 本文译者为宋新亚。本文原题为《郁达夫的读书体验——以日本留学时代为中心》，发表于《比较文学研究》第94号，东大比较文学会，2010年1月。后收入大东和重：《郁达夫与大正文学：从“自我表现”到“自我实现”的时代》，东京大学出版会，2012年。该书于2014年荣获日本比较文学会奖。本文即依据此书进行翻译。本文中文版刊发于《汉语言文学研究》2020年第1期。

段相对安稳的日子（1926—1936），后赴福州担任政府官员（1936—1938）。全民族抗日战争爆发后，他又辗转于武汉、新加坡、苏门答腊等地（1938—1945），其间，郁达夫的足迹还遍布中国沿海地区，以及日本和东南亚地区。但是，他很少在一个地方常住，始终在各地之间辗转。

尽管郁达夫过着各地辗转的生活，但书几乎从未离开过他的手边，他也沉浸于读书的生活之中。1938年末，郁达夫赴新加坡担任当地报刊《星洲日报》的副刊编辑，其间，他积极参加抗日宣传。尽管他过着白云苍狗的生活，但从没放弃过购书。郁达夫的儿子郁飞随父亲一起前往新加坡，对于当时的父亲，他是这样描述的：

> 父亲嗜好的烟酒和书籍在这天南一角更是方便而多样。欧美的好烟名酒多而便宜（因为新加坡是不征关税的自由港），书籍也是古今中外皆可买到。两万多册藏书在杭州陷于敌手，他还是每到一地就置备起备查的或爱读的中外书籍，抵星的第二天，女记者李葆真来访时就见到他抱了一大包外国书回旅社，为价廉物美而喜笑颜开。此后数年间他堆积起满房书籍，到烽烟中仓皇出走时当然一册也带不走。〔1〕

本文以郁达夫的日本留学时代为中心，兼以其青少年期和回国后的读书情况为线索，对郁达夫的读书体验进行考察。关于日本留学时代的郁达夫研究，已有较多的成果问世。其中，稻叶昭二的《郁达夫：青春与诗》〔2〕可以被视为关于这一研究课题的基础研究，其主要考察了郁达夫创作汉诗和投稿的情况，也描述了他与汉诗人交往的故事。郁云所著的《郁达夫传》〔3〕可以被视为郁达夫传记的基本文献，其通过一手

---

〔1〕郁飞：《郁达夫的星洲三年》，载陈子善、王自立编《回忆郁达夫》，长沙：湖南文艺出版社，1986年，第456页。

〔2〕稻叶昭二：『郁達夫　その青春と詩』，東方書店，1982年。

〔3〕郁云：《郁达夫传》，福州：福建人民出版社，1984年。

资料对郁达夫的留学时代进行了素描。李丽君《大正日本的留学生郁达夫》〔1〕一文，则从制度面和情感面入手，并依据《第一高等学校六十年史》（第一高等学校，1939年）、《名古屋大学五十年史》（全四册，名古屋大学史编集委员会编，1989—1995年）、《东京大学百年史》（东京大学百年史编集委员会编，全十册，东京大学出版会，1984—1987年）等校史资料，以及郁达夫的自传和自传式小说，对郁达夫留学时代进行了全面考察。严安生所著《陶晶孙：多舛的一生》〔2〕的第三章《在文学运动中相聚合的郁达夫等人》，全面考察了文学团体创造社（1921年6月—1930年）同人陶晶孙和郭沫若等人的留学经历及文学活动。本文不再涉及先行研究中所考察过的具体的留学过程和与之相关联的制度问题，而是将视点聚焦于郁达夫的读书体验之上，并以此为基础对其留学生活进行考察。

遗憾的是，由于郁达夫的频繁搬家，特别是晚年因惨遭战火而遗失了大量的藏书，因此，至今也没有一份完整的藏书目录。本文的考察以郁达夫所著的传记、日记、随笔、文论等为基础，并利用诸人的回忆录，参照同时代的文学家的自传，对塑造郁达夫文学基底的读书体验的形态进行描绘。但是，这些读书体验如何实际影响郁达夫的创作，笔者在其他文章中已有详细考察。〔3〕本文所关注的重点并不是郁达夫究竟读了哪些书，而是他在怎样的环境下进行阅读。

---

〔1〕 李丽君：『「大正日本」の留学生郁達夫』，『ポリグロシア』，2006年第11号。

〔2〕 严安生：『陶晶孫　その数奇な生涯もう一つの中国人留学生精神史』，岩波書店，2009年。

〔3〕 译者注：关于郁达夫对外国文学的受容的考察，大东和重在其论文『「自意識」の肖像　田山花袋「蒲団」と郁達夫「沈淪」』（『比较文学』，2002年第45期）、『郁達夫における志賀直哉の受容　自伝的文学とシンセリティ』（『近畿大学語教育部紀要』，2006年第6期第2号）、『郁達夫における大正教養主義の受容　自我をめぐる思考の脈絡』（『野草』，2007年第80期）、『郁達夫におけるワイルドの受容　唯美詩主義と個人主義』（『現代中国』，2008年第82期）、『郁達夫における大正の自伝的恋愛小説の受容「懺悔録」・「受難者」・「新生」』（『野草』，2009年第84期）中多有详细考察。另，这些论文和其他相关论文已结集为『郁達夫と大正文学』（東京大学出版会，2012年）一书出版。

## 二、幼年和少年时代的学校体验——书塾与中学

本文的主要目的是明确郁达夫日本留学时代的读书体验，因此，对于其幼少年时期的读书体验，则通过与同时代的文学家们的体验的对照，进行简单考察。

郁达夫的读书体验最早可以追溯到他的书塾时期。当时书塾的教师大都是在科举中取得一定成绩的知识分子，他们的教育对象通常是幼儿、少年，教育方式主要是朗读经典。郁达夫自 5 岁起进入书塾读书，最初学习《三字经》。《三字经》是书塾教育和家庭教育对于初学者进行儒家教育和文字教育所使用的教科书，其成书年代虽然不详，但从元代起就已经被广泛使用。[1] 直至今天，《三字经》多以配有有声朗读的形式出版，可以说是中文圈中极为流行的传统教科书。郁达夫在其自传《书塾与学堂》中提到，他在书塾的生活非常愉快，由于从早到晚都坐在那里，因此朗读是“可以助消化，健身体的运动，自然只有身体的死劲摇摆与放大喉咙的高叫了”[2]。

对比郁达夫年长或同龄的，出生于都市或近郊农村的文学者们来说，在以家族为中心的家塾学习，或是在城市里的私塾进行学习的经验是共通的。如出生于浙江省绍兴的鲁迅，他在收录于《朝花夕拾》中的散文《从百草园到三味书屋》中，提到在“全城中被称为最严厉的书塾”的“三味书屋”里，“放开喉咙”读《论语》和《易经》《书经》的经历，还提及了捕蝉和绘画等令人怀念的生活。[3] 与郁达夫同龄的茅盾，出生于浙江省北部的乌镇，由于是大家族，因此在他的家族中，有

---

〔1〕 此处参照近藤春雄：『中国学芸大事典』（大修館書店，1978 年）中关于『三字经』的条目（第 273 页），其他关于古典文学的项目，也参照该书，并参考孟庆远主编、小岛晋治等人翻译的『中国历史文化事典』（新潮社，1998 年）。

〔2〕 郁达夫：《书塾与学堂——自传之三》，载《郁达夫全集》第四卷，杭州：浙江大学出版社，2007 年，第 270 页。

〔3〕 鲁迅：《从百草园到三味书屋》，载《鲁迅全集》第二卷，北京：人民文学出版社，1981 年，第 278 页。

他墨守传统教育规范的祖父所开设的家塾。茅盾在他父亲执教期间进入家塾读书，父亲病倒后又转入亲戚开设的私塾中继续学业。虽然父亲所选定的教材多是新书，但祖父和亲戚们所使用的依然是《三字经》《千家诗》等旧式的教科书。〔1〕比郁达夫稍年轻的夏衍，出生于浙江省杭州市的郊外，他所在的私塾的规模很小，需要借用村外的店铺的一间小屋，夏衍在那里也是从《三字经》开始学习的。〔2〕

类似的书塾体验，在其他省份也相同。创造社成员郭沫若，出生于四川省乐山市附近的一个乡村，因为郭氏一族人数众多，因此在郭家内部开设有家塾，郭沫若便就读于此。因母亲喜欢诗歌，且常说起《善书》，郭沫若受母亲的影响，很早就对读书抱有好奇心。但真正的读书生活则从他 5 岁时进入家塾就读开始。读书从《三字经》开始，白天学习《易经》等经书，夜里则利用《唐诗三百首》来学习汉诗。〔3〕在书塾读书的习惯，在比他们稍微年轻的萧乾那里也能看到。萧乾生在北京一个已经被汉化的蒙古族家庭，6 岁时进入一家设立于尼姑庵内的私塾，“好像解闷似的，从早到晚我们就扯了喉咙‘唱’着经文”〔4〕。

在接受过书塾的传统教育之后，等待着他们的是新式学校及小学堂。1906 年，9 岁的郁达夫进入富阳县立高等小学堂。根据郁达夫所说，“由书塾而到学堂！这一个转变，在当时的我的心里，比从天上飞到地上，还要来得大而且奇”〔5〕。由于在当时，新式学堂是极为罕见的新事物，因此村里人还带着雨伞、饭包，成群结队地跑去参观。

清末以后，小学堂的设置日趋健全。根据 1904 年颁布的章程来看，初等小学堂课程以传统的读经、讲经为中心，以修身、中国文学、算

---

〔1〕 茅盾：《我走过的道路》（上），载《茅盾全集》第 34 卷，北京：人民文学出版社，1997 年，第 70—71 页。
〔2〕 夏衍：《懒寻旧梦录》，北京：生活·读书·新知三联书店，1985 年，第 1—15 页。
〔3〕 郭沫若：《我的童年》，载《郭沫若全集（文学编）》第 11 卷，北京：人民文学出版社，1992 年，第 52—53 页。
〔4〕 萧乾：《萧乾回忆录》，北京：中国工人出版社，2005 年，第 14 页。
〔5〕 郁达夫：《书塾与学堂——自传之三》，载《郁达夫全集》第四卷，杭州：浙江大学出版社，2007 年，第 270 页。

术、历史、地理、体操等为必修科目，绘画和音乐等为选修科目。[1] 茅盾在1903年进入设置在乌镇的初等小学堂，成为这个学堂的第一批学生。由于当时的学校设置仍处于过渡期，因此在当时，茅盾所学习的科目仅有国语、历史、修身和算术等，体操、绘画和音乐等科目并未开设。等进入高等小学堂后，学校在此基础上又加入了英语、物理和化学等课程。[2] 郁达夫则是跳过了初等小学堂的阶段而直接进入高等小学堂，在算数和地理等西洋知识之外，还开始接触英语。正如在前文中提到的郁达夫在书塾中诵读古代典籍的样子，他在进入小学堂后，依然“曲着背，耸着肩，摇摆着身体，用了读《古文辞类纂》的腔调”朗读英语课文。[3]

从以上的考察中可以看出，在截止到小学阶段的读书体验中，郁达夫和同时代的文学家几乎没有大的差异。其读书体验与同时代的人发生差异大概开始于他进入中学之后。1911年，郁达夫在杭州参加了中学的入学考试，进入了位于浙江省北部嘉兴的浙江第二中学堂。但由于经济的原因，在暑假过后，他又转入杭州第一中学堂。不巧的是，当年因辛亥革命的爆发，学校进入休校状态。因此，第二年他又进入属于基督教会学校的之江大学预科，一年之后又进入同为教会学校的蕙兰中学学习。

清末民初时期的中等教育与传统书塾所奉行的初等教育不同，中等教育为学生提供西洋科学的学习。但当时由于仍在教育改革的过渡期，存在师资力量的匮乏、教育体制的不健全、运营基础的不稳定等问题，因而常引起学生的不满，也给学校的运行带来一定的障碍。[4] 这种不

---

〔1〕 参考阿部洋：『中国近代学校史研究　清末における近代学校制度の成立過程』一书第一章『清末中国における近代教育の展開過程』，福村出版，1993年，第23页。阿部洋：『旧中国の教育構造』，载小林文男编『中国社会主义教育の発展』，アジア経済研究所，1975年。

〔2〕 茅盾：《我走过的道路》（上），载《茅盾全集》第34卷，北京：人民文学出版社，1997年，第70—71页。

〔3〕 郁达夫：《水样的春愁——自传之四》，载《郁达夫全集》第四卷，杭州：浙江大学出版社，2007年，第274页。

〔4〕 小林春文：『中国近代教育の普及と改革に関する研究』，汲古書院，2002年，第93—94页。

满在同时代的许多文人的回忆录中都可窥见一斑。如郭沫若，虽然在1907年进入四川乐山的中学学习，但对学校的教育水平十分不满，“学生在教课上得不到满足，在校内便时常爱闹风潮，在校外也时常惹是生非”，学校里所教授的东西，如英语和日语等，都极其肤浅。因此，他要离开这种无法忍受的生活，去他“向往的”的日本，“东洋去不成便想往北京、上海。再办不到，至少也要到省城了”〔1〕。1909年，郭沫若因反对封建专制而受到退学的处分，之后又转入“憧憬了多年的成都学校”，但这里的教育水平与郭沫若所期待的相差甚远，因而感到的都是“失望、焦躁、愤懑、烦恼”〔2〕。郭沫若这种不满的情绪与郁达夫是共通的，特别是身在信仰强制、规矩繁杂的教会学校，“我的失望，却比在省立的中学里读死书更加大了”〔3〕。

值得注意的是，无论是郭沫若还是郁达夫，虽然他们对学校感到失望，但对于升学和进入繁华的都会还是怀抱着极大的兴奋感的。郭沫若从乐山徒步四天到达成都，面对成都时还在瞠目结舌地感慨“成都毕竟是四川的政治中心乃至文化中心”〔4〕。在这里，郭沫若接触到了劝业场和改良川剧，也开始接触与政治相关的活动。对于少年时代的郁达夫来说，杭州也是一个遥远的都市。在以前，从江南出发远行要利用水路，富阳人以为杭州是“非犯下流罪，是可以不去的极边”，当决定不得不去的时候，家里要向先祖祈祷庇佑，出发时邻里都要来一起送行，还要一起喊“顺风！顺风！”等到了杭州他才转而认为这里“自古是佳丽的名区”，参观名胜古迹，并品尝各种美食。〔5〕

---

〔1〕郭沫若：《我的童年》，载《郭沫若全集（文学编）》第11卷，北京：人民文学出版社，1992年，第105页。

〔2〕郭沫若：《反正前后》，载《郭沫若全集（文学编）》第11卷，北京：人民文学出版社，1992年，第184页。

〔3〕郁达夫：《孤独者——自传之六》，载《郁达夫全集》第四卷，杭州：浙江大学出版社，2007年，第290页。

〔4〕郭沫若：《反正前后》，载《郭沫若全集（文学编）》第11卷，北京：人民文学出版社，1992年，第195页。

〔5〕郁达夫：《远一程，再远一程——自传之五》，载《郁达夫全集》第四卷，杭州：浙江大学出版社，2007年，第281—283页。

在中学时代的三年时间里，形塑郁达夫文学特征的读书体验才得以展开。在对郁达夫中学时代的读书体验的讨论中，其对中国古代文学的挚爱是无法忽视的。郁达夫在《五六年来创作生活的回顾》中提到，在杭州学习时，在旧书店买入《西湖佳话》和《花月痕》。在教会学校时，又喜读《桃花扇》和《燕子笺》等作品。〔1〕对于郁达夫而言，可以说中国古典文学在他一生的文学活动中都有着重要的意义，其中，关于《西青散记》的接受、日本明治时期对于中国古典文学的接受等相关问题，今后值得更为深入考察。〔2〕

同时，这一时期郁达夫向报刊投稿的经验也不容忽视。当郁达夫学会创作诗词后，他向报刊投稿的欲望也越来越强烈，开始尝试匿名投稿。第一次投稿的时候，郁达夫因为过度兴奋而无法入睡，对食物也丧失了兴趣，在课堂上听讲也漫不经心，多次跑到报刊阅览室，去查阅有没有新的报刊寄到。当他的文章第一次被发表出来的时候，兴奋至极的郁达夫对着报纸读了好几遍，还在质疑这到底是不是自己的文章。而后在操场上走了一圈，等冷静下来后再确认一遍，才彻底安心下来，郁达夫形容自己当时“快活得想大叫起来”〔3〕。这种向报刊投稿的经验，对于当时的文学青年来说并不是罕见的事情。如施蛰存曾回忆过，他在1918年，即13岁前后开始创作诗、词、小说，并向上海的鸳鸯蝴蝶派报纸副刊及杂志投稿的经历，也回想过作品的发表的事情。〔4〕这种看着自己的作品变为铅字的喜悦之情，也引导着他在日后走向了作家的道路。郁达夫在前往日本留学后，仍在继续尝试投稿。关于向第八高等学

---

〔1〕郁达夫：《五六年来创作生活的回顾》，载《郁达夫全集》第十卷，杭州：浙江大学出版社，2007年，第309—310页。

〔2〕关于《西青散记》的受容的相关研究，高彩雯在2009年10月10日的日本中国学会第61次大会上，口头发表过『郁達夫と「西青散記」田園で歌われる不遇抒情詩』。

〔3〕郁达夫：《孤独者——自传之六》，载《郁达夫全集》第四卷，杭州：浙江大学出版社，2007年，第288页。

〔4〕施蛰存：《我的第一本书》，载《施蛰存文集》第3卷，上海：华东师范大学出版社，2001年。依据徐晓红在2009年10月发表于『東京大学中国語中国文学研究室紀要』第12号上的『新発見資料から再評価する施蟄存の初期文学』，现在能够确认的施蛰存最早的投稿时间是在1921年。

校（以下简称为“八高”）的《校友会杂志》和《新爱知新闻》《太阳》的投稿，稻叶昭二的《郁达夫：青春与诗》一文有详细的考察。[1]

与这一时期读书体验相关联的是郁达夫的书店之旅，这一点也同样值得注意。根据郁达夫所写的自传，在考入嘉兴中学那年（1911 年）的暑假，他在返乡时途径杭州，在杭州的旧书店购入了大量的书籍，而后这一个暑假都沉迷于阅读之中。郁达夫在暑假之后，转入了杭州的中学，更是耗费了大量的精力，用节约下来的零钱在旧书店里淘书。在杭州，大量的旧书店聚集在丰乐桥附近，每到休息日的早上，光是想想用手上的钱买哪些书都足以让他兴奋。一旦进入书店，等他再从书店出来的时候，已经赶不上回宿舍吃午饭的时间了。于是他无奈地走进街上的小面馆，一边在悔恨着吃面浪费的钱，一边享受着“翻阅书本时的那一刹那的恍惚”，这种感觉就如同“哥伦布当发现新大陆的时候所感到的一样”[2]。

此后，郁达夫养成了带着书去饭店，在那里翻阅买来的书的习惯，而这种习惯也让郁达夫感受到了无上的愉悦。同为创造社成员的郑伯奇，自 1921 年起，在上海与郁达夫保持着亲密的交往，他曾回忆说，郁达夫喜欢去茶楼，喜欢去买古书，他们经常一起去城隍庙附近“几家旧书店买了几本外文书，便到茶楼上，一面翻着，一面闲谈”[3]。

## 三、日本的留学生活——旧制高校

1913 年后，日本的留学生活打开了郁达夫的读书体验的新局面。在这种崭新的经验的内部，可以看到以教养主义为核心的旧制高校教育给他带来的思想和文化的洗礼，还能看到他对第一次世界大战后，日本

〔1〕 稻叶昭二：『郁達夫　その青春と詩』，東方書店，1982 年。
〔2〕 郁达夫：《孤独者——自传之六》，载《郁达夫全集》第四卷，杭州：浙江大学出版社，2007 年，第 287 页。
〔3〕 郑伯奇：《怀念郁达夫》，载陈子善、王自立编《回忆郁达夫》，长沙：湖南文艺出版社，1986 年，第 35 页。

大正时期新文学和文学青年形象的接受，以及他对日本大正中期流行的外国文学的接受。

1913年9月赴日的郁达夫，于同年11月进入神田正则学校，开始补习初中阶段的课程，并利用夜晚的时间补习日语，他以考进官费五校〔1〕为目标而发奋学习。关于在日本初期的学习经历，郁达夫在其自传《海上》中多有回忆。这种留学生以短期内合格为目标、刻苦奋发学习的身影，从当时怀有相同目标的郭沫若写给家人的信件中也可窥见一二。〔2〕

努力的学习最终取得了成果，郁达夫于1914年7月通过了第一高等学校特设预科的入学考试，经过一年的预科学习后，于1915年9月进入八高第三部（医科），并于第二年转入第一部（文科）。1919年10月，郁达夫进入东京帝国大学经济学部，并于1922年3月毕业。之后他虽又进入文学部，但于同年7月离开日本回到中国。郁达夫这种历经一年日语学校、一年预科、四年八高、两年半的东京帝国大学的教育经历，借用日本精英教育研究学者竹内洋的说法，即“经由旧制高校的帝国大学毕业生”的教育经历，正是日本所谓的“正统的学历贵族”〔3〕。

对于郁达夫来说，留学期间最大的收获莫过于这一时期的读书体验。严安生在《日本留学精神史》中也曾指出，逛书店可以说是在日本的留学生们的一大乐趣，也是他们人生的一大收获。〔4〕周作人留学东京期间，当时东京的气候并没有北京好，还要时常担心地震和火灾的发

〔1〕“五校特约”中的五校即东京第一高等学校、东京高等工业学校、东京高等师范学校、千叶医学专门学校、山口高等商业学校。考入这五校后可获得官费生的资格，从而可以从政府那里得到奖学金。关于“五校特约”的研究，参照阿部洋：『中国の近代教育と明治日本』，龍溪書舍，1990年，第128—133页。关于战前在日本的中国留学生研究，参照实藤秀惠：『中国人日本留学史』，くろしお出版社，1960年，第32—33页。同时参照实藤秀惠：『中国留学生史談』，第一書房，1981年；大里浩秋、孙安石编：『中国人日本留学史研究の現段階』，御茶の水書房，2002年。

〔2〕郭沫若：《樱花书简：1913—1923家信选》，成都：四川人民出版社，1981年。

〔3〕竹内洋：『日本の近代12 学歴貴族の栄光と挫折』，中央公論社，1999年，第31页。另外，关于旧制高校教育的中心所在教养主义，参考竹内洋：『教養主義の末落　変わりゆくエリート学生文化』，中公書社，2003年。

〔4〕严安生：『日本留学精神史　近代中国知識人の軌跡』，岩波書店，1991年，第352页。

生，也无甚余力游玩山水名胜，在缺少娱乐的生活中，他最喜欢的即是“日本旧式的衣食住”，“此外是买新书旧书的快乐，在日本桥神田本乡一带的洋书和书新旧各店，杂志摊，夜店，日夜巡阅，不知疲倦，这是许多人都喜欢的，不必要我来再多说明。回到故乡，这种快乐是没有了，北京虽有市场里书摊，但情趣很不相同”〔1〕。郭沫若也曾回忆，“我们在日本留学的时候，‘书店渔猎’是我们学生间顶有趣味的一项风习。下课没事便走到新旧书店里去徘徊，不必是因为定要去买什么书，只是如像女人们游玩公园，上海人上游戏场一样，完全是出于一种消遣。在书店里巡览书籍，或者翻翻目录，遇着有好书的时候，有钱时便买他一本，没钱时便立着读完半本或一本小本的全书”〔2〕。

郁达夫的读书体验，哪怕是在中国现代文学作家群中来说，也是稀有的。留学期间所阅读的大量的书籍，奠定了其文学创作的基础，这种痕迹在郁达夫的文学创作中更是随处可见。如在常被研究者所引用的《五六年来创作生活的回顾》一文中，郁达夫曾写道：“在高等学校里住了四年，共计所读的俄、德、英、日、法的小说，总有一千部内外，后来进了东京的帝大，这读小说之癖，也终于改不过来，就是现在，于吃饭做事之外，坐下来读的，也以小说为最多。这是我和西洋小说发生关系以来的大概情形，在高等学校的神经病时代，说不定也因为读俄国小说过多，致受了一点坏的影响。”〔3〕

与郁达夫在一高预科时代便已相识的郭沫若也回忆道：“达夫很聪明，他的英文、德文都很好，中国文学的根底也很深，在预备班时代他已经会作一手很好的旧诗。……他也喜欢读欧美的文学书，特别是小说。在我们的朋友中没有谁比他更读得丰富的。”〔4〕来自浙江省上虞的

---

〔1〕周作人：《怀东京》，载《周作人散文全集》第7卷，桂林：广西师范大学出版社，2009年，第325页。

〔2〕郭沫若：《百合与番茄》，载《水平线下》，上海：现代书局，1932年，第121页。

〔3〕郁达夫：《五六年来创作生活的回顾》，载《郁达夫全集》第十卷，杭州：浙江大学出版社，2007年，第310页。

〔4〕郭沫若：《论郁达夫》，载陈子善、王自立编《回忆郁达夫》，长沙：湖南文艺出版社，1986年，第2页。

范寿康，与郁、郭同时考入一高预科，他也回忆说郁达夫“平日课余，嗜读外国小说，常带在身边衣袋中，有暇即行翻阅”〔1〕。

这种读书行为成为可能的前提，正是因为旧制高校这一特殊的教育场域的存在。旧制高校所奉行的教育方式，正是被称为“大日本帝国的奢侈品”〔2〕的教养主义。永岭重敏在考察东大学生的阅读史时曾指出，大学的读书生活与旧制高校之间恰好形成一个对照关系，与大学中被枯燥无味的专业知识所禁锢的生活不同，“在明治以后的高等学校中，读书生活主要是以国内外的古典文献为中心的教养主义式的阅读方式展开”。从东大毕业生的回忆中也可以看到，关于读书生活的回想主要集中于旧制高校期间，大内兵卫就是其中一例。〔3〕郁达夫正是在这样的环境中沉溺于读书，接触到了以旧制高校为中心流行开来的教养主义，以及受其影响的文学作品。

关于郁达夫对仓田百三的《出家及其弟子》〔4〕的接受（岩波书店，1917年）等对大正教养主义的接受研究，笔者另有他文详述。〔5〕这里想对其在《沉沦》中描述的留学生活进行考察。郁达夫在《沉沦》中记载过，尽管他在学校的生活中经常感受到屈辱和同学间的生疏，对祖国的忧患之情也在蔓延，但与日本同学之间，还是能够通过文学交流而打开胸襟相交。小说以郁达夫的八高生活经验为题材，主人公常感受到来自同学的恶意，“在稠人广众之中，感得的这种孤独，倒比一个人在冷清的地方，感得的那种孤独，还更难受”。在街边碰到的日本女学生因为自己是“支那人”而不和自己打招呼时，感到“若有一个妇人，无论

---

〔1〕范寿康：《忆达夫学兄》，载陈子善、王自立编《回忆郁达夫》，长沙：湖南文艺出版社，1986年，第24页。

〔2〕秦郁彦：『旧制高校物語』，文春新書，2003年，第239页。

〔3〕永岭重敏：『東大生はどんな本を読んできたか　本郷・駒場の読書生活130年』，平凡社新書，2007年，第52页。

〔4〕仓田百三：『出家とその弟子』，岩波書店，1917年。

〔5〕详见大东和重：『郁達夫における大正教養主義の受容　自我をめぐる思考の脈絡』，『野草』，2007年第80期。

她是美是丑，能真心真意的爱我，我也愿意为她死的”[1]。

事实上，郁达夫在刚进入八高时，与《沉沦》的主人公一样，患有神经衰弱，甚至一度厌世。他在到日本后感受到了作为弱国子民的屈辱，在他对日本女性有着强烈的追求欲的同时，却因“支那”这一词汇带来的屈辱而感到绝望，这种带着“性苦闷”特征的神经衰弱，在郁达夫的自传《雪夜》中也被提及。[2] 关于郁达夫所受到的日本人的语言攻击，是有证言存在的。他在八高就读期间，借由向《新爱知新闻》投稿旧体诗的契机，拜访了住在爱知县的日本汉诗人服部担风，并参加了作诗会。在进入东京帝国大学后，郁达夫与服部的弟子富长蝶如维持了亲密的友情。他曾提及郁达夫在本乡[3]的咖啡厅里，被包括大学生在内的年轻人恶语相向的事情，并记下了郁达夫“这种事并不少见”的“静默的声音”[4]。

但是，从富长的记载中还可以看出，郁达夫与服部担风、富长蝶如的交往还是十分温馨的。郁达夫在八高和东京帝国大学期间，与同学福田武雄保持着“非常诚恳的交往”，福田曾回忆说，“在喜爱文学这一点上很合拍”，“主要是在谈论文学，虽然谈论的东西常毫无忌惮，但因为我们大致的倾向相似，所以类似于争吵的事情并没有发生过”[5]。同时，福田还回忆说，“平时我会很注意，不让他感受到作为外国人的自卑”。彼时因为郁达夫常回国，到了考试的时候福田还帮他买来资料。在八高时期两人常一起在湖边散步，东京帝国大学时期，郁达夫还经常造访福田的住所。当冬季的衣服还没送到的时候，福田常把自己加了棉的和服借给郁达夫穿。据福田回忆，郁达夫曾希望有朝一日在自己的故

〔1〕 郁达夫：《沉沦》，载《郁达夫全集》第一卷，杭州：浙江大学出版社，2007年，第44、47页。

〔2〕 郁达夫：《雪夜——自传之一章》，载《郁达夫全集》第四卷，杭州：浙江大学出版社，2007年，第307页。

〔3〕 译者注：即东京帝国大学的所在地。

〔4〕 富长蝶如：『郁達夫の思い出』，载稻叶昭二『郁達夫　その青春と詩』，東方書店，1982年，第185页。

〔5〕 福田武雄：『福田武雄氏书翰二通』，载稻叶昭二『郁達夫　その青春と詩』，東方書店，1982年，第199—205页。

乡招待福田。同时，郁达夫在帝国大学时期结识的友人、东洋史学者石田干之助与他常在正门前的茶馆饮茶，他曾说，与郁达夫“经常见面聊天”，觉得他“给人印象非常开朗、豁达，是一个能与人坦诚相见的直率的少年。在我看来，他并不是一个（像作品中展现出）阴暗、忧郁的人，而是个落落大方的人”〔1〕。石田干之助毕业于东京第一高等学校，是作家芥川龙之介的同学。

郁达夫在回国之后，1928 年在上海结识了金子光晴，他回忆郁达夫“给我的印象完全不像是中国人，反而更接近日本人”，“是一个聊天的时候没有距离感，非常亲近，一眼就能将他看透的人”〔2〕。在中国朋友的回忆中，郁达夫这种无论年龄长幼，在交往中都能非常得体的性格也能得到证实。但是，那种从郁达夫行为作风联想出的热爱世纪末文学的颓废派形象，仅就他所表现出来的天性来说，是看不到的。例如，郑伯奇在留学时期并不认识郁达夫，而是先读了郁达夫的作品，他回忆说：“达夫给我的印象是一个非常聪明活泼而且比较乐观的人。他没有他的作品所表现得那样富于忧郁性的色彩，反使我感到轻微的失望。”〔3〕

同时，与《沉沦》主人公相重叠的与日本女性交往失败的挫折记忆，也只不过是郁达夫对自己八高时代早期经验的一个取材而已。在八高时代所写的旧体诗中，有颂咏他借宿地房东女儿后藤隆子的诗，但郁达夫与女性交往的经验并不止于此。与郁达夫同龄、出生于杭州的钱潮，在一高预科和八高时代与郁达夫同窗，他回忆说，暑假后从国内回到名古屋，得知郁达夫与日本女性同居的消息，感到“大吃一惊”。虽然与这个女性不久就分开了，“达夫在名古屋时生活很浪漫，常去妓院，

---

〔1〕『我が国の文学者等との交友に関する資料』，伊藤虎丸、稲叶昭二、铃木正夫编『郁達夫資料補編』（下），東洋学文献センター叢刊第 22 輯，東京大学東洋文化研究所附属東洋学文献センター刊行委員会，1974 年，第 199 页。

〔2〕『我が国の文学者等との交友に関する資料』，伊藤虎丸、稲叶昭二、铃木正夫编『郁達夫資料補編』（下），東洋学文献センター叢刊第 22 輯，東京大学東洋文化研究所附属東洋学文献センター刊行委員会，1974 年，第 205 页。

〔3〕郑伯奇：《怀念郁达夫》，载陈子善、王自立编《回忆郁达夫》，长沙：湖南文艺出版社，1986 年，第 33 页。

有时回来还向我介绍他的见闻”[1]。郁达夫自己也在回忆东京帝国大学时期的生活时提到“学校的功课很宽，每天于读小说之暇，大半就在咖啡馆里找女孩子喝酒”[2]。

从以上的考察来看，可以说郁达夫对于度过了自己青春时代的日本来说，所怀有的是一种爱恨交加的、强烈的情感。1922 年的 7 月，郁达夫在回国的途中所作的散文《中途》中，记载了他对日本复杂的感情：

> 十年久住的这海东的岛国，把我那同玫瑰露似的青春消磨了的这异乡的天地，我虽受了她的凌辱不少，我虽不愿第二次再使她来吻我的脚底，但是因为这厌恶的情太深了，到了将离的时候，我倒反而生起一种不忍与她诀别的心来。[3]

日本给郁达夫留下了屈辱的回忆，但同时也不可否认，日本还给他留下了诸多深刻的记忆。在散文的结尾，他又借由“日本呀日本，我去了。我死了也不再回到你这里来了。但是，但是我受了故国社会的压迫，不得不自杀的时候，最后浮上我的脑子里来的，怕就是你这岛国哩!”[4] 的诉说，表达了惜别之情。也正因此，大正时期的日本对于郁达夫来说，是影响其人格和文学成型的一个重要场域。

## 四、日语与日本文学——与大正文学的共鸣

能够证明郁达夫对于日本深厚的感情的，正是他卓越的日语能

---

〔1〕 钱潮：《我与郁达夫同学》，载陈子善、王自立编《回忆郁达夫》，长沙：湖南文艺出版社，1986 年，第 29 页。

〔2〕 郁达夫：《五六年来创作生活的回顾》，载《郁达夫全集》第十卷，杭州：浙江大学出版社，2007 年，第 311 页。

〔3〕 郁达夫：《中途》，载《郁达夫全集》第三卷，杭州：浙江大学出版社，2007 年，第 1—2 页。

〔4〕 郁达夫：《中途》，《创造》季刊，1924 年第 2 卷第 2 号。随后改题为《归航》。引用自《郁达夫全集》第三卷，杭州：浙江大学出版社，2007 年，第 8—9 页。

力。[1] 从与他讲过话的日本人那里来看，几乎都是对他的称赞。富长蝶如曾提及，“他能极其自如地运用日语，虽然多少有点音调和发音的问题，但重要的是他能用正确的日语进行交流，对于日语文学书籍也可以毫无障碍地阅读”，他的回忆佐证了郁达夫极其优异的日语交流和阅读能力。尽管富长提到了郁达夫爱吹牛的癖好，但也提到郁达夫在初次拜会服部担风时，就对服部说已经读完了《源氏物语》。[2] 石田干之助也曾提到郁达夫的日语“非常流利”[3]。普罗作家前田河广一郎于1928年底访问中国时，同包括郁达夫在内的许多中国作家进行了交流，回到日本后，他在《读卖新闻》发表的文章中便提到“很佩服他优异的日语能力”[4]。1935年，中国史学者增井经夫在回忆他于杭州拜访郁达夫的情景时，提及“他的日语会使用江户方言中的卷舌音等，非常厉害”[5]。1936年，郁达夫在访日时曾见过的井伏鳟二也回忆说，郁达夫的“日语非常好”[6]。

中国现代文学研究者、鲁迅的弟子增田涉曾回忆道：“郁氏的日语非常好。”增田涉在收到郁达夫给《大鲁迅全集》宣传册写的文章时，提到其日语文章中“混杂着平假名，十分惊讶”。“就算是能写日语的中国人，如鲁迅等，写的日语也是混杂着片假名。而混杂着平假名写的日

---

〔1〕 关于郁达夫的日语能力，参考李丽君：『郁達夫と近代日本について』，『比较社会文化研究』，2001年第10号。

〔2〕 富长蝶如：『郁達夫の思い出』，载稻叶昭二『郁達夫　その青春と詩』，東方書店，1982年，第159—160页。

〔3〕『我が国の文学者等との交友に関する資料』，伊藤虎丸、稻叶昭二、铃木正夫编『郁達夫資料補編』（下），東洋学文献センター叢刊第22輯，東京大学東洋文化研究所附属東洋学文献センター刊行委員会，1974年，第199页。

〔4〕 前田河广一郎：『支那の文学者』，『读卖新闻』，1929年2月13日。

〔5〕『我が国の文学者等との交友に関する資料』，伊藤虎丸、稻叶昭二、铃木正夫编『郁達夫資料補編』（下），東洋学文献センター叢刊第22輯，東京大学東洋文化研究所附属東洋学文献センター刊行委員会，1974年，第210页。

〔6〕『我が国の文学者等との交友に関する資料』，伊藤虎丸、稻叶昭二、铃木正夫编『郁達夫資料補編』（下），東洋学文献センター叢刊第22輯，東京大学東洋文化研究所附属東洋学文献センター刊行委員会，1974年，第213页。

语文章，除非在日本生活了很久，而且对日语非常熟悉，否则是做不到的。”[1] 1920年，郁达夫曾在自己的笔记本上写下了日语小说《圆明园一夜》。[2] 虽然这只是一个未写完的片段，但是文中流畅的日语也显示了他惊人的日语能力。在他早期公开发表的用日语写的文章《盐原十日记》中，就使用了非常流畅的文体。[3]

这种流畅的程度，绝不是仅靠刻苦学习就可以达到的。在八高生活的四年中，郁达夫利用日语、德语和英语沉浸在文学的世界之中。这种对文学的沉迷，也在无形中塑造了他的外语能力。

事实上，郁达夫比他的所有来留学的同学都要读过更多的日本文学作品，这也恰恰说明了日语对于郁达夫而言，并不仅仅是学习的工具。福田武雄曾提到，他在和郁达夫讨论文学时，“对芥川、菊池、谷崎等日本作家的评论非常合拍。佐藤春夫的《田园的忧郁》刚在杂志上刊出时，我们对其夸赞不止的记忆还残存在脑中”。佐藤春夫的《田园的忧郁》的一部分《病蔷薇》，发表于1917年6月的《黑潮》杂志上，其余部分则发表于1918年9月的《中外》杂志上，而郁达夫进入东京帝国大学的时间为1919年10月，因此，郁达夫阅读《田园的忧郁》的时间，应该是其八高时代。福田还说，“在东大时，郁君在经济系，我在政治系，但我们都没有改变过对文学的热爱，聊天的话题也大都是这方面的”[4]。

这种对文学的挚爱，在郁达夫的小说、随笔、文学论、日记和书信中随处可见其痕迹。关于郁达夫对日本文学的接受的研究，伊藤虎丸的

---

〔1〕『我が国の文学者等との交友に関する資料』，伊藤虎丸、稻叶昭二、铃木正夫编『郁達夫資料補編』(下)，東洋学文献センター叢刊第22輯，東京大学東洋文化研究所附属東洋学文献センター刊行委員会，1974年，第208页。

〔2〕铃木正夫整理、解说：『郁達夫の日本語小説残稿「円明園の一夜」』，『野草』，2008年第81号。

〔3〕伊藤虎丸、稻叶昭二、铃木正夫编：『郁達夫資料——作品目録・参考資料目録及び年譜』，東洋学文献センター叢刊第5輯，東京大学東洋文化研究所附属東洋学文献センター刊行委員会，1969年。

〔4〕福田武雄：『福田武雄氏书翰二通』，载稻叶昭二『郁達夫　その青春と詩』，東方書店，1982年，第199页。

《郁达夫与大正文学》[1]已有详论，笔者也曾以他文讨论过郁达夫对田山花袋《被团》，对志贺直哉、有岛五郎、佐藤春夫等作家的接受，以及对江马修《受难者》和岛崎藤村《新生》等大正时期的自传恋爱小说的接受。

在对大正文学的接受中，非常显著的一个特征是，郁达夫在作品中常将当时文学青年的形象如实地描绘出来。其早期小说中主人公的形象，仿佛就是大正时代文学青年的化身。在《银灰色的死》[2]中，主人公病死在路边时，他的衣袋中还装着英国世纪末诗人欧内斯特・道生的 *Poems and Prose*；《沉沦》中在田园散步的主人公，其手中拿着华兹华斯的诗集。比郁达夫年轻三岁，曾就读于早稻田高等预科学校的浅见渊，在回忆他 1919 年入学前后的情景时说，"那时候短歌的颓势已经显现，由于萩原朔太郎的《吠月》等作品的出版，诗歌迎来了它的黄金时代。当时很多的文科生走进丸善书店，都如当时的潮流般在怀里抱着英文诗集"[3]。其所提到的萩原朔太郎的《吠月》出版于 1917 年 2 月。

在郁达夫早期以东京为舞台所创作的小说《沉沦》《南迁》中，"寄宿公寓"[4]作为一个十分典型的素材出现在作品中。《沉沦》的主人公十分爱慕房东的女儿，于是跑去浴室偷窥，感到十分兴奋。《南迁》的主人公虽然与房东的女儿有着亲密的关系，但因她被其他男性抢走而十分伤心。根据浅见的回忆，"直到大正末期，寄宿公寓这种东西十分风

---

〔1〕 伊藤虎丸：『郁達夫と大正文学』，原载『中国文学研究』1961 年第 1 期、1965 年第 3 期，中国文学の会。收入伊藤虎丸、祖父江昭二、丸山昇编『近代文学における中国と日本　共同研究・日中文学関係史』，汲古書院，1986 年。后又收入三人所编『近代の精神と中国現代文学』，汲古書院，2007 年。

〔2〕 郁达夫：《银灰色的死》，《时事新报》，1921 年 7 月 7—9 日、11—13 日。

〔3〕 浅见渊：『昭和文壇側面史』，講談社，1968 年。引用自讲谈社文艺文库本，1996 年，第 38 页。

〔4〕 译者注：明治末期至大正时期的日本留学生，由于学校的宿舍（寮）容纳人数有限，因此，还有很多人寄宿在当地人的家中，或者是类似于留学生会馆的地方。此处采用"寄宿公寓"一词进行翻译，其寄宿方式是寄宿在别人家中的房间里，而非完全独立的租住。

靡”，藤泽清造所作的《根津权现里》[1]可以说是“寄宿公寓文学”的代表。在当时，很多的学生都受到了寄宿公寓的关照，他们常在那里高谈阔论，或与女房东、房东女儿和女佣保持着恋爱关系，歌颂自己的青春。

《沉沦》所描绘的留学生形象，自我意识过强而意志薄弱，身患神经衰弱的疾病，饱受着性苦闷和恋爱绝望的折磨，小说最后以暗示主人公跳海自杀的场面结束。这种模式使用了大正中期小说中非常常见的设定。对于读过芥川和菊池的郁达夫来说，他有很大的可能性读过久米正雄的作品。久米早期的代表作《考生的手记》[2]讲述了一个从外地到东京来准备考试的考生，以考入东京第一高等学校为目标而发奋学习，最后却以失败告终而跳水自杀的故事。小说的主人公在一年前考试失败后，因受到周围人的轻视而丧失了自信，并陷入了焦虑之中。同时，一个亲戚的孩子来寄宿公寓游玩，她是一个很现代、具有都市风的少女，与主人公无法与她顺利相恋所不同的是，同为到东京赴考的优秀的弟弟却与少女极为亲近。主人公因无法恋爱的懊恼，和对弟弟的嫉妒而身患神经衰弱，第二次的考试也以失败告终，最终在故乡投湖自杀。在构成这个故事的要素中，在大城市的自信丧失、对恋爱的恐惧和渴望、自我意识过强与神经衰弱、最后跳水等，除了主人公是东京之外的日本考生，而非中国留学生之外，其余要素基本与《沉沦》相同。

不仅是作品的内容，而且在作为新式作家的形象方面，或者说作家在面对作品时的姿态方面，郁达夫与大正文学之间有着多重的共通性。永井荷风的《竞艳》塑造了一个“所谓的新式艺术家的”形象。此人因小有才干和喜欢故弄玄虚，而成为一个比较出色的文学家。尽管如此，他自己没有家庭，赖在寄宿公寓，还提前预支稿费，重复投稿，轻而易举地随手卖掉别人的稿子。永井荷风在小说中对这样的人进行了揶揄：

---

〔1〕 藤泽清造：『根津権現裏』，日本図書出版，1922年。
〔2〕 久米正雄：『受験生の手記』，『黒潮』，1918年3月。

看戏或赴宴后的归途自不必说，哪怕为相当正儿八经的事情造访他人后回家，只要天色已晚，山井就怎么也不愿意直接回到出租屋去，晃晃悠悠漫无目的地在各处的花街柳巷里游荡。不过，由于所欠的老账没还，常常被酒馆婉拒，囊中空空，再也掏不出去吉原、洲崎妓院的车费时，那么就是再阴惨的魔窟，他也会不管不顾地趁着酒醉进去过夜，有时一觉醒来，才会感到惭愧后悔。然而，常年的放荡荒唐使他的肉欲完全呈现病态，并不是他的意志力所能驾御的。山井把自己这一弱点所带出的种种情感写成短歌加以吟咏，用上“肉体的悲哀”“接吻的苦涩”等新式表达，肆无忌惮地发表所谓“生命的真实自白”之类的言论。所幸的是此类自白受到总爱追求新奇的文坛的欢迎，有的浅薄冒失的批评家居然把山井要说成“新时代中真正的新诗人”。他还自称自己是日本的魏尔伦，酩酊之时情绪就会激昂起来，心情显得格外豪迈，他最终会为了这般艺术的功名心强迫自己在这种颓废的感情中沉沦下去。[1]（下划线由笔者添加）

郁达夫在现实中是否是这样的人先不讨论，但是如“逛妓院”“肉欲的悲哀”“真实的生命自白”这种充满了戏剧意义的“颓废”特征的作品，正如郁达夫的《沉沦》和《茫茫夜》一样。如果把从作品中联想出来的郁达夫不道德的、颓废的作家形象进行彻底的戏剧化创作的话，其不正与《竞艳》中的山井相似吗？永井荷风所展示给我们的大正中期的“新式艺术家”的形象，无论是否刻意，与郁达夫的形象都是有重叠之处的。

此外，“作为所谓的新式艺术家，戏号和雅号都没有，世间也只知道其本名山井要”的这一特征，也与郁达夫共通。郁达夫在《沉沦》登上文坛的两年之后，发表了《郁达夫启事》一文：

---

〔1〕 永井荷风：『腕くらべ』，『文明』，1916年8月—1917年10月。译文参见永井荷风：《竞艳》，谭晶华译，上海：上海译文出版社，2018年1月，第113页。

我平常做的东西很少，这很少的作品也只在《创造》上发表，并且发表时都署我的真名。近来有许多朋友写信来问我，以为某报上的两篇小说是我做的，我不得不在此地声明一句："我并没有做那两篇小说"。我更要请我的朋友注意，我是从来不用雅号的，请诸君不要弄错了。[1]

在名和字之外使用雅号或者别号的习惯，从战国时代绵延至今。在20世纪20年代的中国，具有文人气质的作家会使用，如周作人，以"启明"为号，并还有"仲密""苦雨""知堂"等笔名。这种习惯自然也被传入日本，明治时代的作家们，几乎所有的作家都给自己取有号，如鸥外森林太郎、漱石夏目金之助、荷风永井壮吉等。

虽然这一习惯在日本较为普遍，但从20世纪10年代后期开始，使用雅号的习惯开始急速地消失。岩佐荘四郎在注意到《竞艳》中雅号问题的同时，认为用本名取代雅号来署名的习惯，兴起于明治末年《白桦》和第二次《新思潮》创刊之后。他指出，"小说家使用本名而非雅号来登上文坛，至少直至1900年代后期都是无法想象的事情。然而，这一情况到了1910年代中期以后，却变成了一道常见的风景"。当然，文人意识浓厚的作家依然持有雅号。如芥川龙之介以"澄江堂主人"等号来自称，石川淳使用别号"夷斋"。

根据岩佐的研究，从雅号到本名的变化，实际上是"围绕着艺术观念发生的改变的一种反映"。但是，这种转换的原因不能简单地归结为"近代艺术观念的确立"和"艺术家意识的成立"。他认为，"这与'我'作为主体的近代的个人的观念的觉醒是很难分离开来的"，"与其他任何东西相比，'作品'都更能刻画出'自我'的形象，换言之，作品是必须展现其'独创性'的东西"，"作品是被作为固有名词的作者的姓名所召唤而来的，也是被作为独立性的'我'所创造出来的，或者说是为了

---

〔1〕郁达夫：《郁达夫启事》，载《郁达夫全集》第八卷，杭州：浙江大学出版社，2007年，第1页。

展现‘我’的独立性而存在的表现世界”[1]。

这种作家意识的转换，在郁达夫那里也能看到。正如在《郁达夫启事》中看到的那样，郁达夫是很执着于“郁达夫”这一固有名词的。郁达夫名文，字达夫。虽然在发表旧诗时，他使用过“春江钓徒”“海外流人荫生”“江南一布衣”等名字，发表处女作《银灰色的死》时使用其首字母“T. D. Y.”，但是，除了极少数会使用“文”和“郁”等名字外，他并没有雅号或笔名。[2]无论在中国还是日本，在号被废除之后，很多人都开始使用笔名来代替本名，但郁达夫都不使用。从这里也能看出，郁达夫始终如一的作风所展现出的，是他无法被其他事物所取代的自我同一性，以及从独立性中发掘文学价值的作家姿态。

最后再来看郁达夫实际的文学活动。前文所提到的福田曾回忆说，他与郁达夫曾策划发行同人杂志的计划。成员包括四名日本人和郁达夫，杂志名被定为《寂光》。1919年进入东京帝国大学后，“虽然学习了‘新思潮’，但最终因没有把稿件整合起来，之前所设立的计划也未能实现。如果成功了的话，说不定郁君就可以在日本文坛出道了，想来还是有一些遗憾的”[3]。这里所提到的“新思潮”从时期上来看，是稍在此之前的，即1916年2月之后，芥川、菊池、久米活跃的第四时期。

比郁达夫年长两岁的木村毅，正如他所自称“作为最后的投稿文人”那样，从明治时代到大正初期，全日本的文学青年以向《文库》（1895—1910）和《文章世界》（1906—1920）为代表的杂志投稿为目标而进行创作。但是，到了大正中期，由于印刷费用的下降，以及聚集文学青年们的教育机构逐渐健全，同人杂志成了他们磨炼自我的场域。[4]高见顺所谓的“同人杂志的全盛时代”，虽然指涉的是关东大地震之后

---

〔1〕 岩佐荘四郎：『雅号の終焉』，『日本文学』，1996年第45卷第11号。

〔2〕 关于郁达夫的笔名等信息，参考陈玉堂编：《中国近现代人物名号大辞典（全编增订本）》，杭州：浙江古籍出版社，2005年，第765页。

〔3〕 福田武雄：『福田武雄氏书翰二通』，载稻叶昭二『郁達夫　その青春と詩』，東方書店，1982年，第199、204页。此外，其他相关证言参考曾谷道子：『日本留学時代の郁達夫　八高・東大同期生よりの聞き書き』，『鲁迅研究』，1963年第32号。

〔4〕 木村毅：『私の文学回顧録』，青蛙房，1979年，第382—383页。

的1924年、1925年前后[1]，但是在此之前的1921年前后，作为“昭和文学源流”的同人杂志已经大量出现。[2] 例如，比郁达夫小一岁的十一谷毅三郎，毕业于旧制第三高等学校，与郁达夫同年（1919年）考入东京帝国大学。他在入学的当年，创办了同人杂志《行路》，并勤勉于文学的学习，日后作为《文艺时代》（1924—1927）的中心作家之一，活跃于文坛。同样，比郁达夫年轻三岁的尾崎一雄，他的作品最早在《文章世界》上发表，但他在早稻田的高等学院的《学友会杂志》磨炼之后，在进入早稻田大学后的1925年，创办了同人杂志《主潮》。[3] 郁达夫正是在这样的氛围下被熏陶，并和他们一样产生了对于文学的野心的。

昭和时代后，在殖民地接受过日语教育，并以进入中心文坛为目标的作家们，如朝鲜作家张赫宙、金史良，台湾的杨达、龙瑛宗等开始出现。其中，虽然张赫宙活跃于中心文坛[4]，但从大正中期这一时代背景来考虑的话，郁达夫的日语创作依然是一个特例。虽然福田回忆说，“没有听过郁君的作品构思”，但正如前所述，郁达夫还是留下了用日语创作的作品。

1921年6月，郁达夫与郭沫若、成仿吾、张资平等人结成创造社，同年7月，郁达夫在上海发表了其处女作《银灰色的死》，10月发表小说集《沉沦》，并自此登上中国文坛。在上海登上文坛之前的一段时期里，郁达夫与其在文学方面趣味相投的日本朋友有过以日语创办同人杂志的计划。对于他的中文创作来说，以进入日本文坛为目标创作日语小说的经验，不可否认地有着重要的作用。

---

〔1〕 高见顺：『昭和文学盛衰史』，文艺春秋新社，1985年。引用自文春文库版，第81页。
〔2〕 野口富士男编：『座談会昭和文学史』，講談社，1976年，第85页。参考其中『昭和十年代文学の見かた』中关于红野敏郎的发言。
〔3〕 尾崎一雄：『あの日この日』，講談社，1975年。
〔4〕 白川丰：『朝鲜近代の知日派作家、苦闘の軌跡　廉想涉、張赫宙とその文学』，勉誠出版，2008年。和泉司：『憧れの「中央文壇」一九三〇年代の「台湾文壇」形成と「中央文壇」志向』，载岛村辉等编『文学年報2ポストコロニアルの地平』，世織書房，2005年。

## 五、对外国文学的吸收——对屠格涅夫的接受

如前所述，郁达夫的日语能力正是在对日本文学的“贪恋”中获得的。但是，郁达夫对于文学的吸收并不是仅仅通过中文和日语。

对于有长期留日经验的中国作家来说，熟练掌握德语或英语的人有很多。例如鲁迅，从仙台医学专门学校退学后，在东京的德语专修学校学习过三年以上的德语。北冈正子在对鲁迅这一学习经历考察的基础上指出，“德语专修学校塑造了鲁迅德语能力的基础，他的德语能力也成为‘文艺运动’的推进力。于是，在鲁迅此后的人生中，德语和日语一起，成为他接受外国文化所必需的工具，也成为支撑他文学活动的一环”〔1〕。

与鲁迅类似，郁达夫的德语和英语能力对他而言也起到了很大的作用。在郁达夫所接受的旧制高等学校的四年教育中，外语学习所占比例极高，占据了学习时间的三分之一以上。根据竹内洋的研究，这种课程设置的方式与德国的文理中学（Gymnasium）、英国的公学（Public School）中教授拉丁语和希腊语相对应。教科书中也多使用歌德的名作，“教养主义被列入正规课程之中”〔2〕。这一点，同样在比郁达夫年长的安倍能成和辻哲郎的回忆录中可看出。他们都经由东京第一高等学校的学习，并最终从东京帝国大学毕业，在他们对于一高时代的回忆中，充满着对于德语课程、德语老师、同学们的德语能力的话题。〔3〕

关于郁达夫的外语能力，其八高和帝大时代的朋友福田证实说，“（郁达夫）因为会外语，所以读了各种各样的外国的东西”，“会英语和

---

〔1〕 北冈正子：『文芸運動をたすけたドイツ語　独逸語専修学校での学習』，载『鲁迅　教亡の夢のゆくえ　悪魔派詩人論から「狂人日記」まで』，関西大学出版部，2006年，第27页。
〔2〕 竹内洋：『日本の近代12 学歴貴族の栄光と挫折』，中央公論社，1999年，第251页。
〔3〕 安倍能成：『我が生ひ立ち』，岩波書店，1966年。和辻哲郎：『自叙伝の試み』，中公公論社，1961年。

德语，且非常好”〔1〕。这种称赞在郁达夫年轻时认识的朋友那里也能得到证实。其一高预科和八高时代的同窗钱潮曾回忆说，郁达夫“精通日语和德语，英语也不错”，在八高时，“经常去找德语老师谈天，流利地用德语会话”〔2〕。郁达夫的日语和德语是到日本之后所学的，而英语是在他的中学时代，进入教会学校时，因觉得“英文一通，万事就好办了”〔3〕而学的，尽管学校生活最后以失败而告终，但在故乡自学时依然勤勉奋发。〔4〕

对于《沉沦》出版时期的郁达夫，郑伯奇回忆道：

> 达夫的外国文学知识也是相当渊博的。……他读书的范围非常广泛，不专读一个作家，也不专攻一国文学，凡是名著杰作，他大都阅读。甚至初露头角的作家，或者不大出名的作品，只要兴趣投合，他也津津乐道。他的兴趣所在似乎是浪漫气息浓厚的、富有抒情味的、艺术性较高的作家。譬如帝俄时代几位大师中，他似乎喜爱屠格涅夫和契诃夫。……他非常喜爱王尔德，也好读道生、渴姆生等人的诗，而王尔德的艺术对他的影响较深。〔5〕

1924年，尚在北京大学读书的冯至与郁达夫交往甚密，他曾向郁达夫求取喜爱的外国文学书单，与王尔德的《道林·格雷的画像》等小说所并于书单之中的，还有屠格涅夫的小说。〔6〕

---

〔1〕 福田武雄：『福田武雄氏书翰二通』，载稻叶昭二『郁達夫　その青春と詩』，東方書店，1982年，第199页。

〔2〕 钱潮：《我与郁达夫同学》，载陈子善、王自立编《回忆郁达夫》，长沙：湖南文艺出版社，1986年，第26—27页。

〔3〕 郁达夫：《孤独者——自传之六》，载《郁达夫全集》第四卷，杭州：浙江大学出版社，2007年，第289页。

〔4〕 郁达夫：《大风圈外——自传之七》，载《郁达夫全集》第四卷，杭州：浙江大学出版社，2007年，第291—297页。

〔5〕 郑伯奇：《忆创造社》，载王延晞、王利编《中国现代文学史资料汇编（乙种）　郑伯奇研究资料》，济南：山东大学出版社，1996年，第109页。

〔6〕 冯至：《相濡与相望——忆郁达夫在北京》，载陈子善、王自立编《回忆郁达夫》，长沙：湖南文艺出版社，1986年，第65页。

关于郁达夫为何偏爱王尔德，笔者在其他文章中，结合从明治末期到大正时代以佐藤春夫为代表的“王尔德热”进行过考察。〔1〕本节将对屠格涅夫进行简单考察。郁达夫写有不少关于屠格涅夫的文章，其中在介绍其前半生的文章《屠格涅夫的〈罗亭〉问世以前》的开头说道：

> 在许许多多古今大小的外国作家里面，我觉得最可爱、最熟悉，同他的作品交往得最久而不会生厌的，便是屠格涅夫。这在我也许是和人不同的一种特别的偏嗜，因为我的开始读小说，开始想写小说，受的完全是这一位相貌柔和，眼睛有点忧郁，绕腮胡长得满满的北国巨人的影响。〔2〕

尽管郁达夫说“是和人不同的一种特别的偏嗜”，但从屠格涅夫在日本明治末期到大正时代的流行来看，这种偏好也并不特别。郁达夫最早接触屠格涅夫是在 1914 年进入一高预科时，在课间所读的英译本《初恋》和《春潮》。这是他对西洋文学的最初接触，此后，逐渐阅读托尔斯泰、陀思妥耶夫斯基、果戈理、契诃夫等人的作品。〔3〕在 1917 年 10 月 8 日的日记中，记录了郁达夫与回国从事开垦事业的朋友谈话，说“觉兔儿葛纳夫《新土》第一页之引用语忽成金色”〔4〕。在回国后的 1928 年，郁达夫从德语翻译了屠格涅夫一篇著名的演讲《哈孟雷特和堂吉诃德》。〔5〕此外，也有翻译其小说 *Rauchen* 的打算。〔6〕

从 20 世纪 10 年代中期的翻译开始，屠格涅夫在中国文坛开始成为

---

〔1〕 大东和重：『郁達夫におけるワイルドの受容　唯美詩主義と個人主義』，『現代中国』2008 年第 82 期，第 143—155 页。
〔2〕 郁达夫：《屠格涅夫的〈罗亭〉问世以前》，载《郁达夫全集》第十一卷，杭州：浙江大学出版社，2007 年，第 89 页。
〔3〕 郁达夫：《五六年来创作生活的回顾》，载《郁达夫全集》第十卷，杭州：浙江大学出版社，2007 年，第 310 页。
〔4〕 郁达夫：《丁巳（1917）日记》，载《郁达夫全集》第五卷，杭州：浙江大学出版社，2007 年，第 8 页。
〔5〕 郁达夫：《哈孟雷特和堂吉诃德》，《奔流》，1928 年第 1 卷第 1 期。
〔6〕 郁达夫：《日记九种》，载《郁达夫全集》第五卷，杭州：浙江大学出版社，2007 年，第 71 页。

一个有一定影响力的作家。[1] 但是，郁达夫对屠格涅夫的接受始于他在日本留学时期，因此，对屠格涅夫在日本的接受情况的考察是为必要。由于二叶亭四迷所翻译的《猎人日记》中的一节《幽会》[2]，以及《罗亭》[3] 的译本太有名气，且对日本明治文坛，特别是自然主义作家带来了巨大的影响，因此至今为止关于屠格涅夫在日本接受情况的考察，基本都以此为中心而展开。安田保雄虽然详细考察了明治中期对屠格涅夫的接受情况，但也指出"明治四十年代才是日本屠格涅夫热潮到达最高潮的时代"[4]。

直至明治末年，屠格涅夫的热潮依然存在。虽然对某一个作家的影响力进行判断显得过于困难，但作为一个指标，可以尝试通过对《文艺时评大系　大正篇》别卷的索引篇[5]，考察 1912 年至 1926 年出版的文艺评论的情况，并以此来简略考察作家的影响力。该书共收入外国人名共计 549 人，其中超过一大半的人仅仅被提及 1 次到 3 次。被提及 10 次以上的人有 52 人，除去历史名人、古代哲学家和艺术家，对其出现频率进行顺位罗列的话，出现 100 次以上的有托尔斯泰（177 次）、契诃夫（160 次）、陀思妥耶夫斯基（160 次）等 3 人；出现 50 次以上的有斯特林堡（85 次）、莫泊桑（77 次）、易卜生（76 次）、屠格涅夫（63 次）等 4 人；出现 30 次以上的有高尔基、梅特林克、王尔德等 12 人。从这一数字统计来看，屠格涅夫实际上在大正文坛中依然被评论家多次提及。同时，以上所涉及的作家名，在郁达夫的文学论中也常常出现。

屠格涅夫作品的英译本和日译本，正是支撑起日本从明治末年到大正时期的流行文学的关键所在。郁达夫最早阅读的英译本究竟是谁翻译

---

〔1〕 关于屠格涅夫在中国的受容研究，参考马祖毅等：《中国翻译通史》第 2 卷，武汉：湖北教育出版社，2006 年，第 81—86 页；秋吉收：『中国におけるツルゲーネフ受容　民国初期の文壇を中心に』，『愛知女子大学紀要　人文社会科学編』，1996 年第 44 卷。

〔2〕 二叶亭四迷：『あひゞき』，『国民之友』，1888 年 7 月、9 月。

〔3〕 二叶亭四迷：『うき草』，『太陽』，1897 年 5—12 月。

〔4〕 安田保雄：『日本におけるツルゲーネフ』，载『比較文学論考』续篇，学友社，1974 年，第 50 页。

〔5〕 宗像和重编：『文芸時評大系　大正篇』别卷，ゆまに書房，2007 年。

的很难判断，但在日本被广泛接受的是康斯坦斯·加内特翻译的版本，在明治三十年代时，田山花袋和岛崎藤村都很喜欢读她的译本。关于其译本的流行程度，安田指出，“在明治末年到大正初期活跃的日本作家中，没有受到加内特女士的英译本《屠格涅夫小说集》的恩惠的作家几乎不存在”，在这样的流行程度下，他还特别论及了郁达夫喜欢的有岛武郎、志贺直哉等大正作家对屠格涅夫的接受。[1]

从明治末年到大正时期，屠格涅夫的日译本也不断问世。其中的集大成者，是1918年至1922年出版的，由英语、德语翻译而来的十卷本《屠格涅夫全集》[2]，其中郁达夫曾翻译过的《哈孟雷特和堂吉诃德》一文也在这一时期被译出。[3] 在此之前的1907年前后，相马御风全力向日本译介屠格涅夫。他翻译了《前夜》[4]《父与子》[5]《贵族之家》[6]《处女地》[7] 等主要的长篇小说，还介绍了《屠格涅夫、态度、人》[8] 等自传。在大正时期所写的评论集中，也多次提到屠格涅夫。柳富子认为，在“以创立近代文体文目标而尽力将屠格涅夫介绍进我国”的二叶亭之后，御风“以明治四十年代为中心，有力地将屠格涅夫在文坛推广开来”[9]。如据笔者在《奥斯卡·王尔德的受容——唯美主义与个人主义》一文中的考察，相马御风在《自我生活与文学》[10] 等作品中论及王尔德和屠格涅夫的同时，提倡个人主义，从郁达夫的文学论中可以看出相马御风的文学论对他所产生的影响，他对于屠格涅夫

---

〔1〕 安田保雄：『「猟人日記」と近代日本文学（2）有島武郎と志賀直哉』，载『比較文学論考』续篇，学友社，1974年。

〔2〕 纪田顺一郎监修：『新潮社一〇〇年図書総目録』，新潮社，1996年，第79—80页。

〔3〕 宮原晃一郎译：『講演論文及び書翰』，杜翁全集刊行会，1920年。

〔4〕 相马御风译：『その前夜』，内外出版協会，1908年。

〔5〕 相马御风译：『父と子』，新潮社，1909年。

〔6〕 相马御风译：『貴族の巣』，新潮社，1910年。

〔7〕 相马御风译：『処女地』，博文館，1914年。

〔8〕 相马御风译：『黎明期の文学』，新潮社，1912年。其中收入了关于对传记『屠格涅夫、态度、人』的介绍。

〔9〕 柳富子：『御風とツルゲーネフ』，载红野敏郎、司马文子编『相馬御風の人と文学』，名著刊行会，1982年9月，第292页。

〔10〕 相馬御風：『自我生活と文学』，新潮社，1914年6月。

的阅读，也被认为是受到了相马御风的影响。郁达夫最早读屠格涅夫是在1914年，这一年也是《自我生活与文学》和昇曙梦所著《屠格涅夫》[1]的出版之年，也是屠格涅夫摆脱陀思妥耶夫斯基强大的影响话语，开始受到关注的时期。[2]郁达夫正是在屠格涅夫成为外国作家代表之一的大正初期，开始接触屠格涅夫的。

如果这样来看的话，郁达夫的读书体验中对于大正日本文学的接受，并不仅仅是日本文学，对于外国文学的接受面也得以呈现。对郁达夫作品进行仔细阅读的话，可以发现其作品中展现的正是郁达夫丰富的阅读经验，以及日本大正时期文学的一种姿态。

## 六、回国后的读书体验

由本文开头所引用的郁飞的回忆来看，郁达夫不管在哪儿都会买书，也继续着读书的生活。回国后的郁达夫作为教师在全国各地任教。1924年，郁达夫执教于北京大学，居住在兄长郁曼陀家。冯至前去拜访时，看到在一面墙上，摆放着大量的英、德、日、中文书籍。[3]关于在北京的藏书，郁达夫的侄子郁风在回忆中也谈到，当郁达夫离开兄长家的时候，做了六个大的书架。郁风说，“他从日本就运回许多书，回国后在上海、北京到处买书，几乎每天从外面回来都看见他夹着几本书”[4]。第二期创造社的成员之一叶灵凤，在郁达夫刚从北京返回上海时拜访了他，叶灵凤回忆说，当时在除了椅子、桌子和床以外什么都没有的空旷的房间里，只堆满了书。[5]在上海时代之后，郁达夫于1933年开始在杭州居住。当时同住在杭州的民俗学者钟敬文在回忆拜访郁达

[1] 昇曙梦：『ツルゲーニェフ』，実業之日本社，1914年。
[2] 佐藤清郎：『ツルゲーネフの生涯』，筑摩書房，1977年，第265页。
[3] 冯至：《相濡与相望——忆郁达夫在北京》，载陈子善、王自立编《回忆郁达夫》，长沙：湖南文艺出版社，1986年，第64页。
[4] 郁风：《三叔达夫——一个真正的“文人”》，载陈子善、王自立编《回忆郁达夫》，长沙：湖南文艺出版社，1986年，第193页。
[5] 叶灵凤：《达夫先生二三事》，载陈子善、王自立编《回忆郁达夫》，长沙：湖南文艺出版社，1986年，第165页。

夫的情景时说到，那些书籍遮住了几个房间的墙壁，郁达夫不厌其烦地讲述着这些书的内容、版本，以及在哪儿买的等等，兴致浓烈之时就把它拿来送给客人。〔1〕

郁达夫在回国后依然对日本文坛保持着关心。关于郁达夫回国后的读书情况，从他的文学活动中也可窥见端倪。作为详细的记录，有1926年12月1日至1927年7月31日的《日记九种》，该日记作为明确郁达夫读书体验的基础资料，一面记述了与创造社相关的事务、与王映霞的恋爱关系，一面记述了连日找寻并购入英语、德语的文学书籍，埋头读书的事情。

在1927年到1933年的上海时期，郁达夫通过内山书店购入日语书籍。内山书店自1924年开始正式营业，郁达夫在1927年以后便成了书店的常客。当时在内山书店工作的王宝良回忆说，郁达夫常常每天下午来到书店，与同为常客的鲁迅聊天。内山完造和郑伯奇有时也会加入他们的聊天，“他们常用日语交谈，一谈就是一二小时，谈到高兴处，还会会心地大笑起来”。郁达夫买书很大方，经常会大包大包地来买。作为对照项，同为创造社成员的张资平，对店员态度傲慢，且时常赊账，郁达夫不仅不傲慢自大，与店员交谈也很亲切，在结账的时候也是很迅速地把钱算清。〔2〕金子光晴曾回忆，1928年前后，他常与郁达夫和鲁迅二人一起散步、聊天，还在内山书店“后面的沙龙的椅子上坐着，在书架前面并列而立”〔3〕。此外，郁达夫还常去上海可以买到西洋书籍的书店。郁达夫刚回国的时候，在泰东图书局工作的沈松泉的介绍下，就造访过可以买到英文原版书籍的代表性书店——别发书店〔4〕，也与郑

---

〔1〕 钟敬文：《忆达夫先生》，载陈子善、王自立编《回忆郁达夫》，长沙：湖南文艺出版社，1986年，第218—219页。

〔2〕 王宝良：《忆达夫先生与内山书店》，载陈子善、王自立编《回忆郁达夫》，长沙：湖南文艺出版社，1986年，第236—237页。

〔3〕 金子光晴：『どくろ杯』，中央公论社，1971年。

〔4〕 沈松泉：《回忆郁达夫先生》，载陈子善、王自立编《回忆郁达夫》，长沙：湖南文艺出版社，1986年，第46页。关于“别发书店”，参考木之内诚编：『上海歴史ガイドマップ』，大修館書店，1999年，第70页。

伯奇一起去位于虹口的贩卖西洋书的旧书店，与法国女店员嬉闹。[1]郁达夫因为买书造成的浪费对他实际的生活产生了一定的压力，从1928年与王映霞同居开始，家里的账务就由王映霞负责管理了。[2]

郁达夫对于日本文学的关心，在此后也一如既往。福州时代的1936年11月，郁达夫在十数年后再次造访日本时，给作家小田岳夫发了电报，以求相见。他们两人虽然是第一次见面，但在此之前，小田因为翻译了郁达夫的小说，而与郁达夫多有书信往来。小田所撰写的《城外》[3]获得第三届芥川奖时，意料之外地收到了来自郁达夫的贺信。芥川奖的评奖正是在郁达夫赴日前不久的8月10日。

郁达夫是一个就算与人初次见面也不会让人有任何隔阂感的人，小田回忆说，“因为对于日本文坛非常熟悉，因此不会缺少话题”，“聊天的内容全部都是日本的文坛和作家”，谈话中出现的作家包括龙胆寺熊、葛西善藏、嘉村矶多、志贺直哉。龙胆寺熊是1920年成立的新兴艺术派俱乐部的中心人物，直至《写给M子的遗书》[4]为止，都是文坛上的红人。与郁达夫同年代的嘉村矶多，继承了郁达夫挚爱的作家志贺直哉和葛西善藏的衣钵，是著名的私小说作家。最初，他们两人围绕着小田获得的第三届芥川奖，讨论了太宰治所发起的运动、佐藤春夫的《芥川奖　正因为愤怒才是爱的极点》[5]等话题。在郁达夫赴日的时候，作家佐藤春夫以及与太宰竞争并最终夺得芥川奖的小田，必然会成为他们所关注的话题。而这些也佐证了郁达夫在关注着日本文坛的动向。小田说“我逐渐觉得我不是在跟外国人聊天，而是感觉在跟一个常年在海外居住回到日本的日本人聊天”[6]。郁达夫到日本后见到的井伏鳟二也

---

〔1〕郑伯奇：《怀念郁达夫》，载陈子善、王自立编《回忆郁达夫》，长沙：湖南文艺出版社，1986年，第35页。

〔2〕高桥みつる：『郁達夫と孫荃・王映霞　家・家族・愛の視点から』下の1，『愛知教育大学研究報告　人文・社会科学』，2008年第57号。

〔3〕小田岳夫：『城外』，『文学生活』，1936年6月。

〔4〕龙胆寺熊：『M・子への遺書』，『文艺』，1934年7月。

〔5〕佐藤春夫：『芥川賞　憤怒こそ愛の極点』，『改造』，1936年11月。

〔6〕小田岳夫：『郁達夫伝　その詩と愛と日本』，中央公論社，1975年，第149—152页。类似的对话记忆还见于：『漂泊の中国作家』，现代書房，1965年，第31—33页。

回忆说："（郁达夫）对日本文坛的八卦消息，也是惊人的精通。"〔1〕

郁达夫于全民族抗日战争爆发后，前往新加坡，发表了《日本的侵略战争与作家》一文。在文中，他对战争爆发以来的日本文坛的作家"只在跟着指挥刀一步一步的倒走到十八世纪、十五六世纪的路上去"〔2〕的趋势，进行了猛烈的批评。郁达夫这种交织着爱与恨的关于日本的读书体验，日后也仍在持续。

郁达夫对日本文学的接受研究，至今作为中国文学研究的一环得以顺利展开。同时，对郁达夫的读书体验的考察，并不只是中日比较文学研究中的一个重要课题，通过郁达夫这一视角去重考大正文学的这一方法，可以说也给日本文学的研究带来了新的刺激。而这一方法成为可能的基础，正是郁达夫在日本留学的九年的时光，也是其在与社会隔离可以沉溺于读书世界的旧制高校这一特殊的空间，对包括日语在内的外语的熟练掌握，最为重要的是他对文学的偏爱，对日本及海外文学广泛涉猎，和令人惊叹的读书量。通过对大正文学凝结在郁达夫身上的痕迹的考察，至今很难被注意到的日本大正文学的多样性，也得以逐渐浮出水面。

但是，值得注意的是，拥有日本留学经验的中国作家不仅仅是郁达夫。创造社成员中，郭沫若和田汉留下了大量的文学理论、翻译、自传和日记等，作为窥其全貌的必备资料现在已被整理完成〔3〕，关于其留学时代的体验的研究也在进行。〔4〕对于同为大正时期在日本留学的这些人的体验来说，在明确郁达夫的日本体验的特殊性和普遍性的基础之上，有必要进行更为深入的考察。同为创造社成员的张资平和成仿吾、

---

〔1〕『我が国の文学者等との交友に関する資料』，伊藤虎丸、稲叶昭二、铃木正夫编『郁達夫資料補編』（下），東洋学文献センター叢刊第22輯，東京大学東洋文化研究所附属東洋学文献センター刊行委員会，1974年，第213页。

〔2〕郁达夫：《日本的侵略战争与作家》，载《郁达夫全集》第十一卷，杭州：浙江大学出版社，2007年，第339页。

〔3〕郭沫若：《郭沫若全集（文学编）》，北京：人民文学出版社，1982—1992年；田汉：《田汉全集》，石家庄：花山文艺出版社，2000年。

〔4〕小谷一郎、刘平编：『田汉在日本』，北京：人民文学出版社，1997年；武继平：『異文化のなかの郭沫若　日本留学の時代』，九州大学出版会，2002年；严安生：『陶晶孫その数奇な生涯もう一つの中国人留学生精神史』，岩波書店，2009年。

徐祖正的全集、著作集还没有被整理完全，因此对他们留学体验全貌的考察显得相对困难。特别是对于关注当时在日本流行的文学的张资平而言，对他的深入考察是有价值的。此外，作为对照项，在他们之前赴日本留学的鲁迅和周作人〔1〕，以及在他们之后的第三期创造社成员〔2〕及夏衍，甚至是在此之后聚集在东京左联的人〔3〕，都有必要纳入考察视野之中。

但是，郁达夫读书的广度，以及他对日本文学的理解，恐怕除了周作人之外，其余的作家很难与之匹敌。郁达夫也正是在本文所论及的读书体验的基础上，于1921年怀揣着极大的野心，登上了中国的文坛。

作者简介：大东和重，日本关西学院大学教授，研究方向为中日比较文学、台湾文学。

译者简介：宋新亚，日本大阪大学招聘研究员，研究方向为中国现代文学。

---

〔1〕关于郁达夫的上一个世代的留学生的研究，参考严安生：『日本留学精神史　近代中国知識人の軌跡』，岩波書店，1991年，第352页。

〔2〕小谷一郎：『四・一二クーデター前後における第三期創造社同人の動向　留日学生運動とのかかわりから』，『中国文化研究と教育 漢文学会会報』，1982年第40号，第36—37页。

〔3〕小谷一郎：『一九三〇年代中国人日本留学生文学・芸術活動史』，汲古書院，2010年。

# 郁达夫的题诗、佚简与演讲文稿

宫　立

浙江大学出版社2007年11月出版的12卷本的《郁达夫全集》和2006年12月出版的《郁达夫研究资料索引（1915—2005）》《中外郁达夫研究文选》（上、下），为郁达夫研究提供了相对完善的文献保障体系。但是，“作家研究文献保障体系的建立是一个过程，一个漫长而曲折的过程，不可能一蹴而就”[1]，“‘不全’‘难全’似乎是所有已版中国现代作家全集的宿命”[2]，浙江大学出版社出版的《郁达夫全集》相对于浙江文艺出版社1992年12月出版的《郁达夫全集》增收22篇郁达夫的佚作，但是散珠难捡，难免仍有遗珠之憾。自2007年以来，郁达夫的一些佚文、佚诗、佚简陆续被发现。为尊重发现者的“首发权”，有必要将他们先后发现的情况依次略作说明。

郁达夫1929年4月5日致张曼华的书信一通，录自1930年1月21日出版的《南洋时报》文艺副刊《南洋的文艺》刊载的张曼华的《剩语——当一封信寄给达夫先生》。郭惠芬据此写成《郁达夫致张曼华的书信及其他》，刊于《新文学史料》2007年第2期。

郁达夫在闽题为《中国文学的展望》的演讲词，载1936年2月23日《南京日报》来自福州的通讯。沈平子公布此演讲词，并对郁达夫1928年9月致邵洵美的信、1936年3月23日致王映霞的信的出处作了新的考证，写成《新版〈郁达夫全集〉补遗》，刊于《博览群书》2009年第5期。

郁达夫1925年12月2日致李孤帆、1936年致郑子瑜、1937年8月

---

〔1〕 陈子善：《打捞现代作家集外文的乐趣》，《书城》，2015年第8期。
〔2〕 陈建军：《〈穆时英全集〉补遗说明》，《中国现代文学研究丛刊》，2012年第4期。

2日致许广平书信各一通。致李孤帆的信是郁达夫用毛笔写在一张240格稿纸上的，被臧伟强收藏，陈松溪据此写成《一封民间收藏的郁达夫佚信》，刊于《世纪》2009年第5期。致郑子瑜的信载于龙协涛编的《郑子瑜墨缘录》，致许广平的信载于湖南文艺出版社1987年1月出版的《鲁迅、许广平所藏书信选》。陈松溪据此写成《郁达夫的三封佚信》，刊于《炎黄纵横》2009年第8期。

郁达夫1933年10月5日致袁牧之书信一通，载《戏》第2期。管冠生据此写成《郁达夫的一封佚信》，刊于《鲁迅研究月刊》2011年第1期。

郁达夫的日记片段（1917年9月27日、1918年7月16日、1918年9月30日、1919年8月5日、1919年10月19日、1931年11月21日、1931年11月22日、1932年1月4日、1933年2月16日），书信片段（1917年致郁华、1918年7月24日致孙荃、1919年8月15日致孙荃、1919年11月28日致孙荃、1919年11月29日致孙荃、1919年家信、1920年2月24日致孙荃、1920年7月4日致郁华、1920年7月26日致郁华、1920年家信、1931年3月致孙荃、1933年5月6日致李小峰、1933年5月28日致李小峰、1936年致郑子瑜），诗文（秋在何处、无题三首、为胡仁东先生题海粟大师画芦雁、对于鲁迅死的感想、题《福建民报·节约运动特刊》、厦门馥香堂题词、黄花岗烈士殉国纪念题词、题《救亡日报》、王映霞《请看事实——到新加坡的经过》的附记、一九四二年遗嘱），诗（《偶成》《王薇子为陈紫荷画〈秋风马背图〉索题》《再游高庄偶感续成》《题西施庙》《步何君〈半山娘娘庙题壁〉续成》）后自记。蒋成德将散见于1936年2月15日出版的福州《瑰玱诗刊》第1期、《郁达夫文集》、郭文友编《千秋饮恨：郁达夫年谱长编》、于听和周艾文编《郁达夫诗词钞》、郁文著《郁达夫传》、于听著《郁达夫风雨说》、詹亚园著《郁达夫诗词笺注》的郁达夫的日记、书信片段与诗后自记整理为《新版〈郁达夫全集〉未录之日记、书信与诗文》，刊于《新文学史料》2012年第2期。

《郁达夫全集》收有郁达夫1927年2月10日致王映霞的一封信，陈子善将其与自己收藏的郁达夫用紫墨水钢笔写在“幻社出版部”之

"原稿纸第一号"上的这封信的手迹相对照，发现原信中"然而我"后并无标点符号，并结合郁达夫的《穷冬日记》，将此信的写作时间考订为"二月十一日午后"，而非"二月十日午后"，写成《富春江上神仙侣——郁达夫致王映霞的一通情书》，刊于《收藏》2012年第8期。

郁达夫1938年10月14日致王映霞信，原件由美国伊利诺伊州吴怀家收藏。黄世中将其收入河南文艺出版社2013年10月出版的《王映霞：关于郁达夫的心声——王映霞致黄世中书简（165封）笺注》。

郁达夫1927年2月7日致《汎报》编辑书信一通，原题为《创造社郁达夫君来函》，载《汎报》1927年第1卷第5期。笔者发现此信并写成《郁达夫关于创造社与〈幻洲〉关系的信函》，刊于《郭沫若学刊》2013年第4期。

郁达夫1929年7月12日致翟永坤书信一通，附录于《武汉日报》1946年11月5日翟永坤的《怀念郁达夫》文后。廖太燕发现此函并写成《郁达夫与翟永坤、王余杞：从一封佚函谈起》，刊于《广播电视大学学报》（哲学社会科学版）2015年第2期。

《福建的文化》载1936年7月出版的《全球通讯社福州分社两年纪念特刊》，《读浙江战时政治纲领后的感想》载1938年3月8日的《新力》周刊第2期。陈建军将其整理成《郁达夫佚文二篇》，收入北岳文艺出版社2015年9月出版的《掸尘录：现代文坛史料考释》。

## 一、新发现的郁达夫的题诗、佚简

笔者翻阅现代旧期刊，找到了郁达夫的一首题诗、两封佚简，不见于《郁达夫全集》和王自立、陈子善编的《郁达夫著译目录》。

《题山居集》刊于《厦大校刊》1937年第1卷第13期，署名郁达夫，照录如下：

东阁官梅西崦日，永嘉山水厦门涛，春来多少田园景？合让何郎再和陶。

该期《厦大校刊》先刊有何励生的《〈山居集〉自序》，紧随其后的即是郁达夫的这首题诗。《山居集》是何励生当时准备出版的一部诗集。郁达夫时任福建省政府参议、政府公报室主任，何励生时任厦门大学校长办公室襄理。何励生将《山居集》数百首诗誊抄成帙，郁达夫、冒广生、李雁晴为其作序，郁达夫、余仲詹等为其题词。可惜由于种种原因，《山居集》当时未能出版，直至 1996 年 11 月才由何的子女编入《期颐老人何励生诗集》，并收录了郁达夫的这首题诗。

《郁达夫先生致陈代校长函》刊于《北大日刊》1929 年 10 月 14 日第 2254 号，照录如下：

百年先生：

顷接由上海转来沁电，敬悉。先生招我去北平应讲席，感激之至。但王星拱先生因安大接手过迟，找不到人教书，硬拉我来此相助。北平电报来时，已在我到安庆之后，所以今年年内，无论如何，是已经不能上北平来了。敢请给假半年，俾得在这半年之中稍事准备，一到明年春期始业，定当遵命北上，与先生等共处。此事前已与启明先生谈及，大约此信到日，启明先生总已将鄙意转达。好在北平教书者多，缺席半年，谅亦无大碍耳。匆此敬覆，并祝康健，幼渔先生处乞代候。

达夫谨具　九月三十日

《郁达夫全集》第五卷为日记卷，收有《断篇日记五（1929 年 9 月 8 日—10 月 6 日）》，正好呈现了郁达夫致函陈百年校长的背景，特摘录如下：

1929 年 9 月 10 日记：“明天早晨起来，当写周启明的信一封，他住在八道湾十一号。”

9 月 11 日记：“早晨起床后，写了一早晨的信，周作人先生处也已经有信去了。”

9月14日记：“午前汪静之送了一张建设大学的文学系主任的聘书来，我打算于一两天后送回去还了他们。”

9月17日记：“今天是中秋节，一天自朝至暮，只为拜节饮酒忙。午后接安徽省立大学来电，聘为文学教授，月薪三百四十元。想了半天，终于答应去教半年试试。就覆了他们一个电报。晚上因为想将来的计划，睡不着觉。”

9月18日记：“早起即出去到书铺去买书，是预备带往安庆去的。午后接安庆来电并电汇薪水一月三百四十元。大约这几天又须忙杀我也。”

9月19日记：“早晨发安庆快信一封，拟去中国银行取钱。午后接北京周作人先生来书，即作覆函一，亦寄快信。买了两册德文小说，拟在船上阅读者。下半年事情总算已经决定，以后就是行期了，打算于二十四五动身。”

9月22日记：“午后小睡，醒来已将五点，上新开河口去看了一次船，到安庆的官舱，为十四円五角。大约三日后可以动身，当待江顺来也。”

9月24日记：“买行李船票烟酒等，忙到了夜，决定于二十六日晚上船，坐江安去安庆。晚上写快信一，去安徽大学通知。”

9月25日记：“整理带赴安庆之书，忙了一日。”

9月26日记：“午前装行李，午后三时左右登船如入大餐间第一号房。晚上上海文艺漫谈会设宴送行，并欢迎新居格及山田一夫氏。因座中所遇之人多系无聊的新闻记者，所以未终席即上船。”

10月1日记：“昨晚上接北大来电，促我北行，除已令学校打电报去外，因又作书一封寄陈伯年。”

10月6日记：“从安庆坐下水船赴沪，行李衣箱皆不带，真是

一次仓皇的出走。”〔1〕

郁达夫1929年10月1日的日记提到“作书一封寄陈伯年”，指的即是《郁达夫先生致陈代校长函》。郁达夫在1929年9月19日的日记中提到给周作人的复函，原信手稿保存于北京鲁迅博物馆，可惜第一页缺，信中郁达夫说：“关于我个人的事情，是一件奇怪不可思议的谣言。上海的各小报及文坛，都在说我已经应了北京燕京大学之聘，去作什么文学系的主任了。并且薪水数目也有，到校的日期也已经有过，弄得大家来问我究竟，我倒反如张天师着了鬼谜，瞠目不能答对，你说这种谣言奇怪不奇怪呢？大约此事的出处，是由革文家等制造出来，意思是在（一）说我拜倒在美国拜金主义之下，（二）说我的确是小资产或有资产阶级，每月收入有几多几多，所以是反动的代表。这一种中伤谗诬，实在是可笑得很，但是中国人却专喜欢弄这些小玩意儿，那也是没有法子的。”〔2〕1929年8月，汪静之应好友、上海建设大学的校长翟俊千之邀，请郁达夫担任中国文学系专任教授，1929年9月14日汪静之就把建设大学文学系主任的聘书送给了郁达夫。由郁达夫的日记和书信可知，当时的上海小报散播着郁达夫就任燕京大学文学系主任的谣言，郁达夫谢绝了上海建设大学的邀请，并为去安徽省立大学教书作了十分充足的准备。可惜的是，郁达夫1929年9月29日下午3时才到达安徽省立大学，10月6日就遭安徽省教育厅长程天放的攻击，并被列入“赤化分子”名单，不得不“从安庆坐下水船赴沪，行李衣箱皆不带，真是一次仓皇的出走”，真是乘兴而来，败兴而归。郁达夫在给陈百年的信中曾允诺“一到明年春期始业，定当遵命北上，与先生等共处”，1930年3月25日周作人也曾“代寄给郁达夫北京大学、北京师范大学聘书二

〔1〕郁达夫：《断篇日记五（1929年9月8日—10月6日）》，载《郁达夫全集》第五卷，杭州：浙江大学出版社，2007年，第253—262页。
〔2〕郁达夫：《郁达夫致周作人（1929年9月19日）》，载《郁达夫全集》第六卷，杭州：浙江大学出版社，2007年，第177页。

件”[1]，但由于种种原因，郁达夫最终未能北上践约。

另外，笔者翻阅《创造月刊》第1卷第6期，注意到封里刊有《创造社启事》，全文如下：

> 最近之《汎报》，有关于本社与《幻洲》之关系一节，纯系无根之谈。
>
> （一）查本社并无人在外宣言说：有该报所登载之事实。
>
> （二）《幻洲》本与创造社无关，所有印刷等费，全系由该刊自行筹划，创造社并未代为出资。又周君赴北京，亦系个人行动，与本社并无金钱关系，恐读者不察，致起疑窦，谨此布告。

关于这则启事，有两个问题需要解决：第一，《汎报》报道的具体内容是什么？第二，启事出自谁之手？

幸运的是，笔者在上海图书馆找到了《汎报》，发现在1927年第1卷第4期“上海周”上刊有《关于出版界三则》，涉及创造社与《幻洲》关系的是后两则，内容如下：

> 形似附属于创造社之幻社，有定期刊物《幻洲》一种，本由创造社出版部发行。近闻将改由光华书局发行。据创造社人言：该刊名义上虽由幻社出版，实则所有全部成本——印刷广告等费，均开入创造社账内。而售书所入，则由幻社同人收用。近闻郁达夫由粤来沪，曾查核创造社账目，用亏甚巨。拟将《幻洲》收归创造社办；幻社未允，故将改由光华发行云。
>
> 创造社定期刊物，《创造月刊》及《洪水》两种，均改由郁达夫负责编辑。郁君来沪，闻将专任整理社务事。至原《洪水》编辑周君，闻系因某种银钱事项脱离该社赴京云。

---

〔1〕张菊香、张铁荣编著：《周作人年谱（1885—1967）》，天津：天津人民出版社，2000年，第395页。

为此，叶灵凤、潘汉年写信给《汎报》编辑孙师毅，信照录如下：

《汎报》编辑师毅先生鉴：

贵报四期所载关于创造社与幻社消息一则，所谓“创造社人”究系何人。请即明白答复。并言明此项消息究从何处得来，否则事关名誉，同人等唯有请法律顾问起诉。此请

候覆

潘汉年　叶灵凤合启

二月九日

孙师毅将这封信刊于《汎报》1927 年第 1 卷第 5 期，并专门写了《覆幻洲编辑潘汉年叶灵凤二君来书》，全文如下：

灵凤、汉年二君：

接到你们共同署名给我的信，（十日午后八时十分收到）行文用笔，均使我看后微微觉得：颇能极声色俱厉之妙致。我倒不曾想着，本刊发表那样一则报告事实的新闻，（读者可参看本刊第四期中之上海周）便能使二位气忿填膺地写来这样一封类于审诘又类于恐吓的信：——

我不晓得二位也曾想过一想否，在动手写这封信来时？对于报纸或杂志的记者之刊载新闻，假定其所刊之稿件有与事实不符者时，稿件涉及之关系人，能否如足下等之一“究”二“究”的以“否则”为挟迫而要求如何如何。我很怀疑我有没有答覆如你们那样的来信的义务，但是我终于愿意在本刊上简单的回答你们几句话，顺便把你们的来信也附在这里公开。我想：你们应该知道，这样的来信是错了！如果那则新闻之所报告，是不尽责任，或完全不实在，为什么贵社不将理由和证据和盘托出以求见信于读者？倘以这种方式来和我们交涉，如更正式的书函，我们怎能抹杀，读者又

怎能不尽消疑虑?

昨晚（十六）和郁达夫君在大东闲谈，说到《幻洲》与《汎报》的交涉事件。他说："《幻洲》他们，听说已经准备二百元请律师和你们的《汎报》涉讼了。"由此，我知道你们已决定用"否则"的办法，请"法律顾问"出马了。这个，在办法上，倒也不失为一个光明的办法；我们也当然是谨候教了。

还有许多关于这事件的话，恕我不再在这里多谈奉扰了。让最后的机会来时，再行多嘴罢。

创造社方面的更正函，已在本期刊出，附告。

孙师毅复　二月十七日

潘汉年还写有语言犀利的《质〈汎报〉》，最后一句即是最好的证明："贵《汎报》如不能以事实真相来证明你们所载消息并非造谣，请将'狗屁'二字载上贵报封面!"他文中还提到的"达夫告诉我已有信到《汎报》去声明"[1]和孙师毅信中所说的"创造社方面的更正函"，即同期刊出的《创造社郁达夫君来函》，全文照录如下：

敬启者：

顷读贵报第三期，载有本社与幻社关系一则，全系无根之谈，应请代为更正：

一、查本社并无人在外宣言，说：有幻社流用创造社款项之事实。

二、《幻洲》本与创造社无关，所有印刷等费，全系该刊自行筹划，创造社并未代为出资，又原《洪水》编辑周君去京，亦并非为金钱关系，诚恐以讹传讹，有惑众听，敬请代为更正，此致

《汎报》编辑先生

达夫上　二月七日

---

〔1〕亚灵（潘汉年）：《质〈汎报〉》，《幻洲》，1927年第1卷第9期。

对照《创造社启事》和《创造社郁达夫君来函》，内容基本相同，只是形式不同，前者是启事，后者是书函而已。刊有《创造社启事》的这期《创造月刊》是由郁达夫编辑的，他在编辑的同时，还写有《关于编辑、介绍以及私事等等》，其中介绍了两种刊物，其中一种刊物就是启事中涉及的《汎报》，“《汎报》，上海贝勒路西门路汎报社出版，是一种周报。虽则内容没有形式整齐的长篇大作，然而一鳞一爪，也可以培养我们的趣味，我觉得这是一种小趣味刊物中的后起之秀。不过市气太重，希望以后编者经营者，不要太顾及低级趣味，而降落了你们的格调”[1]。

综合以上种种，可以确认《创造月刊》1927年第1卷第6期刊发的《创作社启事》出自郁达夫之手，《创造社启事》和《创造社郁达夫君来函》，查2007年浙江大学出版社版《郁达夫全集》失收，当为郁达夫的佚文、佚简。

## 二、新发现郁达夫的“演讲文稿”

同时，笔者还新发现了一篇郁氏的演讲文稿。

《郁达夫全集》第八卷杂文卷收录有《教育要注意发展创造欲》，注明“本文系作者一九三五年初夏在浙江萧山湘湖师范的讲演辞，由汪赞源、张龙骧记录”，依据的是1982年3月21日的《杭州日报》。笔者在1933年1月出版的《湘湖生活》第2卷第2期找到《教育要注重发展“创造欲”》，署名为“郁达夫先生讲，张龙骧记”。笔者将《教育要注重发展“创造欲”》与《教育要注意发展创造欲》做了对比，发现前者比后者记录得更为详细，单是字数就多了350字左右。因此将《湘湖生活》版的《教育要注重发展“创造欲”》照录如下：

---

[1] 郁达夫：《关于编辑、介绍以及私事等等》，《创造月刊》，1927年第1卷第6期。

今天承蒙贵校，要我演说，我觉得非常高兴，其实，我是不会说话的；我为了不会说话，近来连教书也不愿意了。写文章倒可以马马虎虎弄得过去，所以我今天来说话，感到非常的压迫。

湘湖我早已闻名了，从前我们也曾谈起湘湖的风景，至于贵校晓得的时间并不早，因为二年前，有个穷学生要我想办法，后来我就介绍他到这里来。但是这个人现在已经不在这里了。今天我到贵校来是偶然的事，本来我近来想到各处跑跑，前几天跑到了杭州，有几位朋友就拖着我到了这里。刚刚看了贵校一切设施，觉得非常满意，因为现在的学校，大部分是贵族式的，要像贵校一样，有印刷机，缝纫机，及其他生产的方法的工学制度的学校还很少。在我所晓得的，从前有陶行知先生所办的燕子矶学校和定县的平民教育。不过定县的平民教育机关，经费有十几万，虽然他们范围很大，可是没有像贵校一样能够多方经济，而挣得很大的效果。我刚刚又听赵先生说，同学们都很用功，早上五点钟就起来读书。我想这是很好的现象，有些教育局长，他们做的事，实在近似空干，对于教育经验毫无，你们要有了教育上的各种经验，然后去做教育局长或督学，那才不致瞎干盲动。因为自己在工作上找出路，是最妥当的事情；其他想做官的方法，实在不是出路。近年来中国农村经济破产，也为了农人想做官的缘故。比如农人都去当了兵，田便没有人来耕种，而且兵是只吃不干事情的，当了几年兵回来，就什么不干了，于是乎，农业生产量骤减，农村经济便频于破产。

向来中国教育的出路有二条：一是轮回教育，一是做官教育，做官教育既如上述那样危险，轮回教育自然也站不住了。

一个人最大的问题是吃饭穿衣，但是吃饭穿衣是容易的事。至于饮食男女，也是容易做到的事情；只要你肯做工便不怕没饭吃，只要你能努力追求，不怕没女人到手。人最不容易做到的事，还是“创造”。“创造”的确不是一件容易的事。“创造”不是跟了人家依样画葫芦，“创造”是以自己的精神来发明一种新的事物。而且这新的事物须与大多数人有利益者。罗素说：“人有二种欲望：其一，是创造欲；其二，是所有欲。”创造欲是最好的欲望，如果中国人个个能够把创造欲发展起来，中国就好了。奈何中国人的创造欲完全不扩张，所有欲却很扩张。譬如一座风景很好的山，本来大家可以欣赏，游玩，可是偏偏有人把围墙围起来，禁止人家来看，说这山是他的了，人家就不能够踏进一双脚去。还有许多把平民的钱刮来存在银行里，算是他的了；其实，人家穷得连饭也没得吃。中国所以种种地方都不及外国，乃创造欲不发达的原故，人们只晓得在所有欲上着想，结果，弄得整个中国毫无办法。

从前的学校只叫学生读书，并没有注意到创造欲的发展，可是读书不是一件容易的事，读了书能创造一件新的事业才算读书；读书如果只想做官，或者学几句“洋泾浜”，来谈谈自由恋爱，这算什么意思呢？这是根本违反读书的目的了。贵校能够以读书之力来求创造，而且各人又学得了一种技术自己去找出路，这实在是最好的办法。我希望贵校能够以湘湖为中心，把这精神推广到外界去，由一县一省推行到全中国，使整个的中国翻身过来，大家从创造欲上去着想。这才是好哩！

湖湘师范的校长金海观当时正在推行“做学教工学制”，郁达夫对于湖湘师范的工学制度表示了“非常满意”，并由此提出中国教育不应是做官的教育和轮回的教育，而应是创造的教育，中国人人都应有创造欲，中国的翻身应从人人的创造欲上着想，这正是郁达夫在湘湖师范演讲的主旨。

陈平原曾说，“编全集碰到的最大困难，很可能是如何处理各式各样未经作者本人审定的演说。‘演说’确实存在，可‘记录稿’未必可信”[1]。单是郁达夫在湖湘师范学院的这次演讲，如今就有两种不同的记录整理稿，一为汪赞源、张龙骧记录，一为张龙骧记。同一人整理的

〔1〕 陈平原：《为何以及如何编“全集”——从〈章太炎全集〉说起》，《中华读书报》，2014年6月25日。

演讲记录都存在着差异，因此笔者赞同这样的观点，“除非能够证实演讲稿已经作家本人审定，否则，不宜匆忙收入文集或全集，最多只能编入‘附录’，聊备一格”〔1〕。

樊骏先生在20世纪80年代就曾指出，“只要我们把史料工作理解为一项宏大的系统工程，不只继承古已有之的模式而能同时开创新的方式，不但充实已有丰厚积累的部门还能从零开始地建设过去忽略的项目，不但着眼于史料工作本身的建设并能兼顾研究工作的客观需要，就会打开思路，扩大视野，发现有难以穷尽的史料等待着我们去收集、整理和使用”〔2〕。现代文学史料的研究的确是一项宏大而系统的工程，也是一种接力的事业，笔者期待更多的郁达夫佚文佚简被研究者早日发掘并公布出来，为现代文学的研究作出贡献。

作者简介：宫立，山东大学文学院教授，博士生导师，入选国家高层次青年人才计划（2022年度）。著有《中国现代作家佚文佚简考释》《风骨：中国现代文学学人素描》等。

---

〔1〕 陈建军：《掸尘录——现代文坛史料考释》，太原：北岳文艺出版社，2015年，“序”第6页。

〔2〕 樊骏：《这是一项宏大的系统工程——关于中国现代文学史料工作的总体考察》（上），《新文学史料》，1989年第1期。

# 郁达夫与失落的“喀拉衣儿”

## ——基于一篇存目文章的考释

梁鸿威

1922年，郁达夫在《艺文私见》中强调“真的文艺批评，是为常人而作的一种‘天才的赞词’”，为此他振臂呼吁以Thomas Carlyle等人为代表的“真正的大批评家”“真有识见的批评家”的出现。[1] Thomas Carlyle即托马斯·卡莱尔（1795—1881），英国散文家、历史学家，郁达夫在不同时期将其翻译为“喀拉衣儿”“喀拉依儿”“喀拉衣耳”“喀拉爱而”“卡拉儿”等。郑振铎坚定地认为：“卡莱尔是19世纪后半叶最伟大的作家，他的给与当时的影响，没有一个人能比得上。”[2] 然而，时过境迁，不仅卡莱尔因为英雄崇拜学说而逐渐褪去光芒，郁达夫和卡莱尔的关系也鲜少被提及。李初梨曾评价郁达夫是“摩拟的颓唐派，本质的清教徒”[3]，但更多研究者只是将其视为一种虚指的比喻。笔者认为，“本质的清教徒”在另一个角度上也是实指，即郁达夫实际上与清教徒卡莱尔有着莫大的关系，后者的清教思想体系对他的影响深远，这是我们不应忽略的。

### 一、《喀拉衣儿和他的批评态度》的“流产”

1926年3月18日，郁达夫一行从上海坐船启程去广州。就在这一

---

〔1〕 郁达夫：《艺文私见》，《创造》季刊，1922年第1卷第1期。
〔2〕 郑振铎：《文学大纲》第4卷，上海：商务印书馆，1927年，第141页。
〔3〕 郭沫若：《论郁达夫》，《人物杂志》，1946年第3期。

天，北京发生了三一八惨案。在广州住下以后，郁达夫因为龙儿生病曾于6月初赶赴北京，同年10月底又重返广州。从11月3日开始到11月30日郁达夫作了《劳生日记》（后来成为《日记九种》的第一种），紧接着又继续写下《病闲日记》，这便是郁达夫在广州任教期间所留下的两本日记。1926年12月15日，郁达夫最终离开广州，结束了前后不到五个月的广州生活。11月3日至5日，郁达夫在日记中写道：

> 十一月初三……在文科学院闷住了十余天，昨日始搬来天官里法科学院居住……
>
> 四日……晚上上东山去，“迷羊”作成后，想写一篇《喀拉衣儿和他的批评态度》寄给东方杂志，去卖几个钱。作上海郑心南的信。
>
> 五日……十二点前后去教会书馆看书，遇见了一位岭南大学的学生。同他向海珠公园，先施天台逛了两个钟头……〔1〕

从日记可知，郁达夫已经计划要写一篇文章，题目就叫作《喀拉衣儿和他的批评态度》，“喀拉衣儿”即卡莱尔，但这篇论文后来有没有发表呢？笔者查浙江大学出版社出版的《郁达夫全集》并没有发现这篇文章；再翻阅《东方杂志》，发现郁达夫1926年1月10日、4月25日在《东方杂志》第23卷第1号、第8号分别发表过小说《离散之前》和《烟影》；约七年后，郁达夫1933年1月1日在《东方杂志》第30卷第1号又发表小说《碧浪湖的秋夜》，此后便不复见郁达夫的文章。因此，这便成了一篇充满未解之谜的存目文章。另外，郁达夫1926年上半年被国立广东大学（稍后改名为国立中山大学）聘为英国文学系主任兼教授，下半年又被聘为法科教授，所以他是从文科学院搬到了法科学院才

〔1〕郁达夫：《劳生日记》，载《日记九种》，上海：北新书局，1928年，第1—4页。

开始写日记的，日记中所谓“天官里”即现在广州的法政路[1]；而郁达夫所去的“教会书馆”应当指的是教会学校岭南大学的格兰堂，位于现在广州的康乐路、岭南路附近。[2] 笔者经过实地考察，这两个地方距离较为遥远，超过六公里，而且必须要跨越珠江（笔者绘制方位图如下）。

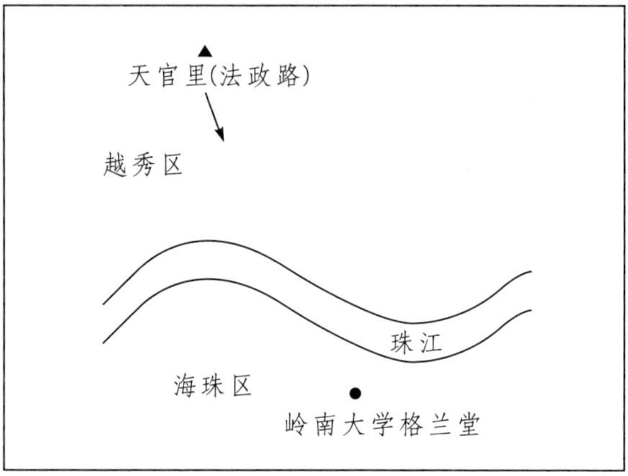


**天宫里、岭南大学格兰堂方位图**

通过日记和地图，我们难免会有以下疑惑。第一，郁达夫既然在11

〔1〕 1924年11月，孙中山将国立广东高等师范学校、广东公立法科大学、广东公立农业专门学校合并为国立广东大学，当郁达夫赶赴北京看望妻儿重返广州时，学校在稍前时候（1926年8月）已改名为国立中山大学。因此当时的广东大学散布四处，“校本部和文理两科学院、图书总馆及附校在文明路原高师所在地（即今鲁迅纪念馆）……法科学院在天官里后街（即今法政路中共广州市委附近）”。参见梁山、李坚等：《中山大学校史1924—1949》，上海：上海教育出版社，1983年，第10页。

〔2〕 笔者查阅有关广州教会图书馆的资料，据《广州宗教志》，广州在民国初期有长老会在北京路创办的圣教书楼（1905年后改称救世书楼）；1897—1921年公理会在十八甫开办的星导书楼；浸信会1899年在沙面创办广州美华书局、1915年在仁济路创办南华基督教图书馆（广州市宗教志编纂委员会编撰；李伟云主编：《广州宗教志》，广州：广东人民出版社，1996年，第292页）。在1926年还存在的只有救世书楼和南华基督教图书馆，但是郁达夫日记所记为“教会书馆”，故可能是南华基督教图书馆，然而此馆并不在海珠岛，而是在岭南大学和海珠公园的对岸，与郁达夫日记不符，这是因为《广州宗教志》忽略了岭南大学图书馆。尽管有学者匆匆一笔提到了郁达夫去过岭南大学图书馆（李克义：《创造社出版部广州分部考析》，《广州文博》2010年）。但是李克义并未提及郁达夫移居法科学院的史实，具体是哪个图书馆文中也没有说明。实际上，命运多舛的广州岭南大学最终定址于海珠岛的康乐园，离海珠公园较近，是当时中国著名的13所教会大学之一。有研究表明，1916—1928年岭南大学图书馆搬出狭窄的马丁堂后，将格兰堂东侧房间辟作馆舍，这段时期它藏书非常丰富，图书管理尤为妥善（参见周旖：《岭南大学图书馆藏书研究》，广州：广东人民出版社，2018年，第47—48页）。综上可见，郁达夫在1926年11月5日这一天中午所去的应当是岭南大学的格兰堂。

月 4 日晚上就拟定了《喀拉衣儿和他的批评态度》这一题目，可是紧接着第二天为何他并没有下笔去完成，反而是中午大约十二点就出门阅读资料了？第二，郁达夫何以舍近求远，不在自己任教的国立中山大学寻找资料，反而不辞辛苦、跨越珠江“去教会书馆看书”？对于这些疑问的答案，现在当然已经无从考证了。但是我们有理由猜测，郁达夫这次的看书行动，很大概率是和他计划要写的《喀拉衣儿和他的批评态度》有关。这不仅是因为这两个事件发生的时间紧密相连，而且卡莱尔本来就是一个教会学校出身的清教徒。如若猜测成立，那么足以说明郁达夫自己对这篇评论是非常看重的。既然如此，《喀拉衣儿和他的批评态度》最终为何成为存目文章便值得我们追索了。

众所周知，初期创造社崇拜天才、青睐英雄，而卡莱尔更是因为“英雄崇拜”理论体系为世人所知。如此说来，郁达夫在创造社如日中天时热衷于卡莱尔的思想似乎理所当然。然而，事实并非如此。这是因为卡莱尔的英雄崇拜学说在传播过程中本来就被不断地曲解、误读。首先，卡莱尔对于“英雄”的概念界定，在最早时候并非意指高高在上的“统治者”，而仅仅是品质优良、信仰坚定的人。他把英雄分为六类：神明英雄、先知英雄、诗人英雄、教士英雄、文人英雄和帝王英雄，这几乎可概括世间有所成就的众人了，故卡莱尔相信人人其实都可以努力成为“英雄”。[1] 最特别的是所谓“文人英雄”，卡莱尔只举出三个出身贫寒的人：约翰生、卢梭、彭斯。尤其是彭斯，作为土生土长的耕田农民——正是他成为卡莱尔和郁达夫重视的对象的原因。至于卡莱尔对卢梭的嫌恶态度，则为郁达夫所不取，这便涉及郁达夫与梁实秋在 1928 年前后的“反目成仇”。梁实秋赴美之前曾经与前期创造社保持良好的关系，但就在郁达夫从广州启程回上海的同一天（1926 年 12 月 15 日），

〔1〕［英］托马斯·卡莱尔：《论历史上的英雄、英雄崇拜和英雄业绩》，周祖达译，北京：商务印书馆，2010 年，第 153 页。

梁实秋发表了《卢梭论女子教育》，后来再重刊时被鲁迅严厉批评[1]，亦拉开了郁、梁之间时隐时现的论战，这一文坛事件已为研究者们所熟知，但郁、梁与卡莱尔的“三角关系”仍鲜少被详述。[2] 卡莱尔对卢梭的情感很矛盾，一方面他承认卢梭是“文人英雄”，但另一方面又极力嘲讽卢梭所谓“忏悔”的情感和文人无行的生活作风。梁实秋是卡莱尔思想的信奉者，他不仅更看重卡莱尔对天才的推崇和英雄史观，而且从对卢梭浪漫主义的批判文字中都可以看出有卡莱尔的风格。相比之下，郁达夫因为支持无产阶级而反对“英雄主义”，倾向于把卡莱尔理解为是一个能够欣赏彭斯的“平民的先知”。[3] 换言之，郁、梁二人在各自的解读中接受了卡莱尔思想的不同层面。1927 年夏，梁实秋出版了论文集《浪漫的与古典的》，其中便收录了《喀赖尔的文学批评观》一文。单从题目来看，它与郁达夫拟定的《喀拉衣儿和他的批评态度》非常类似。两人不约而同在 1926 年底把目光投向卡莱尔，但梁氏在 1926 年 12 月 30 日已将《喀赖尔的文学批评观》发表于《晨报副刊》，而郁达夫因为拖延得太久，仍未完成他的写作计划。梁实秋认为卡莱尔的哲学是一种“超绝哲学”，真理和读者中间至少要经过“两层阶级”，而文学批评的方法也是三层递进的。笔者把梁实秋的文字总结如下。

---

〔1〕 1926 年 12 月 15 日初载于北京《晨报副刊》，1927 年 10 月 11 日又载于上海《复旦旬刊》创刊号。实际上，梁实秋对卢梭的不满，在 1926 年 3 月 25 日至 27 日《晨报副刊》发表的《现代中国文学之浪漫的趋势》中已经表现出来，在这篇文章中梁实秋也欣赏卡莱尔对德国文学的引进。

〔2〕 斯洛伐克学者高利克在《梁实秋与中国新人文主义》一文中指出了梁实秋在革命文学上所受卡莱尔的影响，不过他尚未指出梁实秋与郁达夫在卡莱尔接受上的异同之处。参阅［斯洛伐克］玛利安·高利克：《中国现代文学批评发生史 1917—1930》，陈圣生等译，北京：社会科学文献出版社，1997 年，第 285—287 页。

〔3〕 郁达夫接受了卡莱尔前期英雄崇拜理论中的“平民精神”，梁实秋则接受了卡莱尔后期排斥大众、崇尚天才和英雄的说法。不过近来也有人认为，卡莱尔始终都是“平民的先知”。台湾学者方志强不赞成克拉克于 1864 年提出的“两个卡莱尔”的命题，同时也反对学术界长期将卡莱尔分为前期（平民史观）与后期（英雄史观）进行颂扬与贬斥的批评模式，他认为卡莱尔是“农民的圣者”，从早年到晚年都以“平民思想”为中心（参见方志强：《平民的先知：卡莱尔与英国维多利亚社会》，台北：台湾大学出版中心，2011 年，第 17、65 页）。

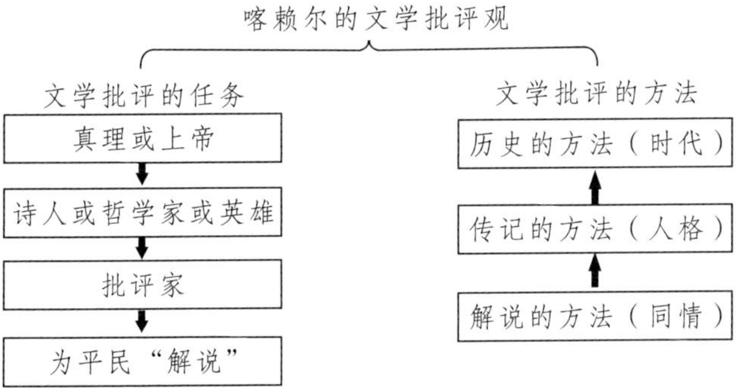


有趣的是，梁实秋列举了卡莱尔的三种批评方法，即从下到上解说的、传记的、历史的方法，却出人意料又都排斥了它们，他坚持只有"严谨的判断"这一种才是"纯正的批评方法"[1]。我们虽无法得知郁达夫是否看过这篇文章，但他非常看重"解说的方法"中的"同情态度"（见后文），因此他不会同意梁实秋的观点。巧合的是，造化弄人，由于恰逢与梁实秋论战，1928 年 1 月郁达夫的兴趣暂时发生了转移，他改作了另一篇论文《卢骚的思想和他的创作》，这便导致多年以后他才重新提起卡莱尔的批评态度。总之，《喀拉衣儿和他的批评态度》之所以在 1927 年、1928 年前后被有意或无意搁置起来，不合时宜地"胎死腹中"，最根本的原因当然是郁达夫为了处理创造社的内务事而从广州匆忙北上，不久与创造社同人在国共合作的革命政府上产生严重分歧，从而对卡莱尔的英雄崇拜理论产生怀疑。郁达夫回到上海后，这样反省："足以破坏我们目下革命运动的最大危险，还是中国人脑筋里洗涤不去的封建时代的英雄主义。"[2] 尽管此处所谓"封建时代的英雄主义"与卡莱尔在近代的英雄崇拜理论有所区别，而且郁达夫佩服的仅仅是卡莱尔冠以"文人英雄"的彭斯这位农民诗人，但是郁达夫还是很谨慎地避免宣扬与"平民主义"相颉颃的"英雄主义"（关于这一层政治因素，后文详论）。尤其是郁达夫反省时说出那句话仅仅四天以后，如

[1] 梁实秋：《喀赖尔的文学批评观》，载《梁实秋文集》第 1 卷，厦门：鹭江出版社，2002 年，第 78—82 页。

[2] 郁达夫：《在方向转换的途中》，载《郁达夫全集》第八卷，杭州：浙江大学出版社，2007 年，第 26 页。

他预言而来临的四一二反革命政变又加强了他对“一二位英雄”进行“个人独裁”的怀疑。[1] 但应该要补充的是，在文坛生态上还有两个接踵而至的可能原因：第一，郁达夫不满于梁实秋与卡莱尔论调一致的“卢梭论”——即对卢梭人品的褒贬杂糅；第二，郁达夫或许发现梁实秋比他稍前发表了题目相似的文章，不得不暂时规避对卡莱尔批评态度的书写（尽管在郁、梁二人立意撰文专门介绍卡莱尔之前，谢六逸在《文学旬刊》早已发表《批评家“卡莱尔”》）。[2]

当然，郁达夫并非就此放弃了对卡莱尔的言说，恰恰相反，郁达夫一生都在断断续续阐释他的思想，即使在与梁实秋论战中也不例外。譬如同样在1928年，郁达夫开始翻译美国辛克莱的《拜金艺术》，在此书第三章《艺术与个人性》中辛克莱就为艺术家的“个性”辩护：

> 艺术家就在做预言者和哲学者的工作，在阐发出人类精神上的真理来。……个个茶话会的小诗人和半病的虚弱汉都在抱强大而残酷的幻梦——尼揩的金发猛兽（Nietzsche with his Blond Beast），喀拉依儿的崇拜英雄（Carlyle with his Hero-worship）……都是的呀。[3]

此处“喀拉依儿的崇拜英雄”即卡莱尔的英雄崇拜思想体系，郁达夫显然是借辛克莱之口代替了他对卡莱尔的言说，为此他在撰写辛克莱传略（即《拜金艺术》开篇《关于本书的作者》）中也特意提到辛克莱青少年上学时期对卡莱尔的喜好，“像喀拉衣耳的衣裳哲学，法国革命史，及许多诗人的作品等，这时候已经是他的最爱的伴侣了”[4]。与其

---

〔1〕郁达夫：《在方向转换的途中》，载《郁达夫全集》第八卷，杭州：浙江大学出版社，2007年，第27页。

〔2〕六逸（谢六逸）：《批评家“卡莱尔”》，《时事新报·文学旬刊》，1923年4月22日。

〔3〕郁达夫：《拜金艺术》，载《郁达夫全集》第十二卷，杭州：浙江大学出版社，2007年，第233页。

〔4〕郁达夫：《拜金艺术》，载《郁达夫全集》第十二卷，杭州：浙江大学出版社，2007年，第202页。

说郁达夫在为辛克莱作传，实际上也可以说是为他自己作传，因为郁达夫在名古屋八高留学期间，卡莱尔可以说也是他“最爱的伴侣”了。[1] 20世纪30年代在中国各地奔波时，郁达夫也会时常提及卡莱尔的《衣裳哲学》《法国大革命史》，甚至他去往南洋，在新加坡的《星洲日报·晨星》上再次谈起“英国批评家汤麦斯·喀拉衣耳”[2]。可见郁达夫对卡莱尔的念念不忘。

郁达夫既然拟定题目为《喀拉衣儿和他的批评态度》，说明他将会把文章分为两大部分来谈：一者是介绍“喀拉衣儿”的生平，一如他和卡莱尔两人都热衷于书写作家传记；二者是介绍喀拉衣儿的“批评态度”。因此接下来，笔者将通过梳理郁达夫对卡莱尔思想的接受史，试图勾勒这篇“流产”文章的基本轮廓。

## 二、郁达夫对“喀拉衣儿”的接受缘起

1873年，辜鸿铭就读于英国爱丁堡大学，师从托马斯·卡莱尔，因此成为中国最早也是清末民初最了解卡莱尔思想的人。[3] 辜鸿铭接受卡莱尔的英雄崇拜情结、排斥教会和教士阶级，得益于他令人称奇的出身经历；而郁达夫对卡莱尔青睐有加，也与他们两人的求学过程和专攻方向两大方面息息相关，但郁达夫却走上与尊孔保皇的辜鸿铭完全不同的道路。

在晚清度过贫苦的童年以后，随着民国建立，少年郁达夫上过两所教会学校。1912年秋，郁达夫从杭州府中学转入之江学堂预科，这所教会学校由美国长老会从育英书院迁址并易名而成。然而，由于祷告、礼拜、查读《圣经》等种种活动限制了自由，“信神的强迫，祷告的迭来，

---

〔1〕 郁达夫1919年已经借爱默生仰慕卡莱尔的事迹特别提到了卡莱尔，参见郁达夫：《致胡适》，载《郁达夫全集》第六卷，杭州：浙江大学出版社，2007年，第40页。

〔2〕 郁达夫：《几个问题》，载《郁达夫全集》第十一卷，杭州：浙江大学出版社，2007年，第307页。原载《星洲日报·晨星》1939年1月21日。

〔3〕 乔修峰：《文学交流史中的侨易语境》，载乐黛云、[法] 李比雄主编：《跨文化对话》第38辑，北京：商务印书馆，2018年，第409页。

以及校内枝节细目的窒塞”使得郁达夫对之积怨尤深[1]；1913 年春，郁达夫转入杭州蕙兰中学，这是一所由美国浸礼会创办的教会学校。美国校长“态度和蔼，中怀磊落”，主动欢迎和接纳郁达夫这类反抗教会专制的“义士”[2]，使得郁达夫颇为感动。关于在两所教会学校的求学生涯，郁达夫后来也写进小说《沉沦》。但在《沉沦》中，郁达夫对 W 中学的校长 M 氏（即蕙兰中学的美国校长）却是负面评价：“校长 M 氏，也是一个糊涂的美国宣教师。”[3] 这说明郁达夫对教会学校的态度其实是很矛盾的。耐人寻味的是，过了二十余年后（1934 年），郁达夫以教师身份在母校私立之江文理学院兼授“文艺批评”课程时[4]，授课内容“多是 19 世纪西欧文艺思潮和文艺批评”[5]。我们虽无法确认郁达夫在这门课上是否提及卡莱尔，但卡莱尔作为 19 世纪引领英国时代风气的散文家和批评家，郁达夫在准备讲义的过程中应当有所考察，更何况在此之前（即任教于广州期间），他早已计划要写《喀拉衣儿和他的批评态度》这篇文章了。另外，据当时听课的学生回忆，郁达夫还在之江文理学院大礼堂做过一次《宗教与文艺》的学术报告（讲稿已佚），“从宗教与音乐、绘画、雕刻一直谈到文学；他对《圣经》的文学价值评价很高”[6]。即便如此，就在大礼堂演讲稍后，郁达夫回忆中国晚清封建礼制社会不通人情的残酷程度时，依然是用“压制得比英国清教徒治世的革命时代还要严刻”[7] 这样的形容句，这足以说明教会学

[1] 郁达夫：《孤独者——自传之六》，《人间世》，1935 年第 23 期。
[2] 郁达夫：《大风圈外——自传之七》，《人间世》，1935 年第 26 期。
[3] 郁达夫：《沉沦》，载《郁达夫全集》第一卷，杭州：浙江大学出版社，2007 年，第 49 页。
[4] 1914 年之江学堂改名为“之江大学”，1928 年一度停办，复校后于 1931 年通过向国民政府教育部立案，撤去大学预科，改为“私立之江文理学院”。有研究者指出，1930 年之江文理学院爆发拒绝做礼拜的学生运动，这次风潮以及学校立案以后，“信教自由的情况在之江文理学院一直得到良好保持”（参见张立程、汪林茂：《之江大学史》，杭州：杭州出版社，2015 年，第 36、50 页）。可见，当郁达夫在立案以后的之江文理学院兼课，学校风气显然比他少年所读的之江学堂要自由得多。
[5] 张白山：《我所知道的郁达夫》，《新文学史料》，1983 年第 2 期。
[6] 张白山：《我所知道的郁达夫》，《新文学史料》，1983 年第 2 期。
[7] 郁达夫：《悲剧的出生——自传之一》，载《郁达夫全集》第四卷，杭州：浙江大学出版社，2007 年，第 258 页。

校对郁达夫留下的心理创伤是很长远的。

然而，这难免令人疑惑，郁达夫所上的两所学校是美国教会创办的，何以他反而对英国清教心存不满？这便涉及清教的传播问题。英国清教受加尔文教影响而产生，与很多人误解的不同，加尔文教并非悲观论教派，反而是“一种积极的和激进的力量”，并且提倡“资本、借贷、银行、大规模商业和金融活动”，此教派实行的是重商主义，甚至不认可“贫困本身值得称赞”〔1〕。在这种教义的鼓吹之下，英国的清教徒与国教相互抗争，一批教徒不堪战乱，乘坐五月花号轮船移民美洲以开辟新殖民地，从而也催生了美国的清教组织。当清教徒克伦威尔建立共和政体以后，反而开始独裁统治，并且展开非常严苛的禁欲运动，郁达夫在自传里所谓“压制得比英国清教徒治世的革命时代还要严刻”当指此事件，正如他曾经斥责过“克郎威儿（Cromwell）的清教徒式的专制”〔2〕。总而言之，笔者认为郁达夫之所以不能接受教会学校，以及中年以后仍对清教颇有微词，不仅仅是因为追求自由，同时也因为贫病交加的他对清教教义多少有些排斥，正如他因为家中买不起皮鞋而拼命“和同学中的贫苦者相往来”，仇视“有钱的人，经商的人”〔3〕。这当然也与20世纪20年代后期他的思想倾向于阶级斗争理论有关，后文将会继续分析。

问题的关键在于，当郁达夫痛恨“英国清教徒治世的革命时代”时，卡莱尔却是一个典型的彻底的清教徒。卡莱尔出生在一个虽然贫穷但是生活和谐的乡下家庭，父母都是虔诚的加尔文教信徒，准确来说是诺克斯创立的苏格兰长老会。〔4〕更有意思的是，郁达夫在1921年作《〈沉沦〉自序》时，结尾还发愿自己的作品能够与卡莱尔的《法国革命史》相提并论：

---

〔1〕［英］理查德·H. 托尼：《宗教与资本主义的兴起》，沈汉等译，北京：商务印书馆，2017年，第102—105页。

〔2〕郁达夫：《艺术与国家》，《创造周报》，1923年第7号。

〔3〕郁达夫：《书塾与学堂——自传之三》，《人间世》（新年特大号），1935年第19期。

〔4〕方志强：《平民的先知：卡莱尔与英国维多利亚社会》，台北：台湾大学出版中心，2011年，第24页。

……往年也曾做过一篇《还乡记》，但是在北京的时候，把它烧失了，我现在正想再做它出来，不晓得也可以比得客拉衣耳的《法国革命史》么？[1]

这句话在《〈沉沦〉自序》中经常被研究者忽略，“客拉衣耳”即卡莱尔。郁达夫对其如此感兴趣，直接原因在于他对卡莱尔的身世产生了“移情”作用。郁达夫在《文艺赏鉴上之偏爱价值》曾经有过解释：

文艺赏鉴上的偏爱价值，在正则的文艺批评上，本来是有害而无益的，不过我们当读坎坷不遇的批评家所作的坎坷不遇的文人的批评时，每有不得不为感动，甚至有为流涕太息的地方……例如贾生的评屈原，喀拉衣儿的评彭思（*Carlyle*：*Essay on Burns*）都是如此。所以我敢说对于文艺作品，不能感得偏爱者，就是没有根器的人，像这一种人是没有赏鉴文艺的资格的。[2]

郁达夫把“贾生的评屈原”和“喀拉衣儿的评彭思”两种现象放在一块讨论，可见，他喜欢引借“喀拉衣儿”进行文艺批评，也属于一种所谓“坎坷不遇的批评家所作的坎坷不遇的文人的批评”。确实，卡莱尔贫困潦倒的一生往往令人扼腕叹息。与郁达夫离开富阳去杭州府中学却因为“穷极计生”、转学到更远的嘉兴府读书一样[3]，少年卡莱尔离乡跋涉到遥远的爱丁堡读书也担负不起学费。加上爱丁堡大学的教育无法满足卡莱尔旺盛的求知欲，于是在尚未取得学位的情况下他转校去了安南文法学校。然而，尽管他为泥水匠父亲的宗教信仰而骄傲，但因为“神学方面的怀疑”，自己还是改变了当教会牧师的初衷，从此“使他不

〔1〕 郁达夫：《〈沉沦〉自序》，载《郁达夫全集》第十卷，杭州：浙江大学出版社，2007年，第18—19页。
〔2〕 郁达夫：《文艺赏鉴上之偏爱价值》，《创造周报》，1923年第14号。
〔3〕 郁达夫：《远一程，再远一程——自传之五》，《人间世》，1935年第21期。

可能站在圣坛上布道”[1]。

郁达夫和卡莱尔都逃出了“教会”的精神束缚之后，幸运的是，德国文学走进了他们的视野，拯救了他们热烈求知而又充满焦虑的心灵。郁达夫在东京一高预科毕业后，就读于名古屋八高，1916 年在转科过程中，他最终选择“德语法律科”，这说明德语在他心中的分量是很重的。加上他嗜好读德语作品，后者无疑也给予了他非常多的灵感启迪。郁达夫留日期间所作的《南迁》引用的歌德《迷娘曲》出自《威廉·迈斯特的学习时代》，他还为郭沫若《女神之再生》寄过一首自己创作的德文诗《百无聊奈之歌》；1922 年从东京帝国大学毕业回国奔波以后，除了翻译的许多德国小说之外，他所译的现存的三首诗歌也均出自德国诗人。与郁达夫一样，19 世纪初卡莱尔（时年 24 岁）也开始学习德语和法律，亦把歌德当作他的人生向导，他因为大力译介、评论德国文学而登上历史舞台，为英国读者所熟知。卡莱尔翻译过歌德的《威廉·迈斯特》，这赢得了郁达夫的佩服和尊重，郁达夫在武昌师范大学离职后所作《小说论》中，还不忘提及一件关于卡莱尔的家庭轶事：“喀拉衣儿”的母亲平生只读过一本小说，那就是他的儿子从德语翻译成英文的《威廉·迈斯特》。[2] 从这里可看出，郁达夫不仅高度关注卡莱尔的生平细节，而且对其译介的作品也长期保持着热爱。

除了德国文学之外，卡莱尔对“平民英雄”彭斯的推崇备至也是郁达夫比较关注的话题。早在日本高等学校留学期间（1914—1919），郁达夫便已经热心研究彭思的诗，他不仅收集彭思的诗集，还对彭思评传印象深刻，后来将这番经验写进散文体小说发表于上海《平民》周刊

〔1〕参见美国耶鲁大学英文教授 John Chester Adams 为卡莱尔《英雄与英雄崇拜》所作的长篇序文，何欣在 20 世纪中后期将 J. C. Adams 的序文和卡莱尔的原著一并译出，而梁实秋“曾冒八月溽暑，对译文详加校订”（《〈英雄与英雄崇拜〉译后记》）。“新世纪万有文库”出版《英雄与英雄崇拜》一书时，将此序改名为《卡莱尔和他的英雄观》（［英］卡莱尔：《英雄与英雄崇拜》，何欣译，沈阳：辽宁教育出版社，1998 年）。

〔2〕郁达夫：《小说论》，上海：光华书局，1926 年，第 4—5 页。

上。[1]罗伯特·彭斯（1759—1796）是苏格兰的农民诗人，他在卡莱尔出生的第二年逝世，被卡莱尔誉为近代的“农民之神”[2]。彭斯家境贫困，没有受过正规教育，在劳动中用方言改编过许多民间歌谣，他生命的最后十年正处在法国大革命爆发前后，因此写过《自由树》歌颂法兰西树结出的自由之果，他还创作了《国内有这样一群恶棍》控诉苏格兰被英格兰侵略和吞并。[3]可见，彭斯既向往世界先进文明，同时也痛心于本国人的卖国求荣。显然，这与郁达夫在日本留学的心境基本相通。1923 年，郁达夫受到黑格尔、马克思历史观的启发，将艺术史社会运动史等同起来，发表了《文学上的阶级斗争》。他列举了法国、德国、俄国、英国文坛上描写阶级斗争的文学作品，其中他最为不满的是英国的所谓“社会主义作品”，认为那不过是富有阶级的辩词和无产阶级的诱歌，于是在英语世界中他只承认美国杰克·伦敦和厄普顿·辛克莱的小说。[4]然而，同年 8 月，郁达夫又发表《文艺赏鉴上之偏爱价值》，并在行文末尾特别推崇卡莱尔的评彭思。换言之，在郁达夫热心于阶级斗争文学的这一时期，他继续在英国文学搜索中，把视线又投向了卡莱尔，以及卡莱尔尊崇的诗人彭斯。19 世纪 20 年代，卡莱尔在《爱丁堡评论》这本近代著名杂志上发表了《论彭斯》，后来出版的四卷《批评和杂文集》（*Critical and Miscellaneous Essays*）将其收录，卡莱尔在发表《论历史上的英雄、英雄崇拜和英雄业绩》的演讲时再次论及彭斯。而郁达夫一生中对“爱丁堡评论”派文人都特别欣赏，因此卡莱尔对彭斯的批评态度更是留给他很深的印象，以至于介绍完卡莱尔所作的评论 *Essay on Burns* 以后两个月，他去北京大学任教，还把自己比作去往苏

[1] 郁达夫：《胃病》，载《郁达夫全集》第一卷，杭州：浙江大学出版社，2007 年，第 81 页。
[2] [英] 卡莱尔：《论历史上的英雄、英雄崇拜和英雄业绩》，周祖达译，北京：商务印书馆，2010 年，第 224 页。
[3] [英] 彭斯：《彭斯诗钞》，袁可嘉译，上海：上海文艺出版社，1981 年，第 1、26 页。
[4] 郁达夫：《文学上的阶级斗争》，《创造周报》，1923 年第 3 号。

格兰首府爱丁堡的农民彭斯。[1]

总之，郁达夫对卡莱尔的追随，不仅因为卡莱尔对歌德、彭斯的热爱契合他的品位，而且也缘于他们有着同样的生平经历和人格结构。卡莱尔长期被肠胃病和神经过敏症折磨，求职命运一生坎坷，这是参加外交官考试和高等文官考试均告失败，并且体弱多病的郁达夫所能感同身受的。尤其是郁达夫半生到处漂泊，在南北各大高校任职，生活却依然捉襟见肘，正如他在《大众文艺》上发表德国诗人法而该《祷告》中的诗句："在天之主，有时候也得使挨挨穷饿，/饱食朝朝是鲁钝偷闲之祖，/更烦遣些敌人来，个对个，/要维持活力还须争斗。"[2] 郁达夫想必也会经常想起卡莱尔，毕竟卡莱尔即使担任各类公立或私人教师，经济上仍入不敷出，甚至在伦敦为了养家糊口，卡莱尔还硬着头皮四年内演讲了三十次。[3]

## 三、"喀拉衣儿"的批评态度与郁达夫的二元历史观

上文已经阐述了郁达夫对卡莱尔有着持续性的兴趣，因此当他在广州时，计划写一篇《喀拉衣儿和他的批评态度》便不是一件意料之外的事了。耐人寻味的是，尽管此文 1926 年不幸"流产"，但郁达夫于七年之后（1933 年）发表了一篇截去"喀拉衣儿"名字的《批评的态度》，指出"独断的批评"等七类批评方法，并声称斯宾冈的学说与"英国的卡莱尔（Carlyle）所说亦同"，都属于"创造的批评"，同时强调"率

〔1〕 郁达夫：《送仿吾的行》，载《郁达夫全集》第三卷，杭州：浙江大学出版社，2007 年，第 115 页。

〔2〕 原载《大众文艺》1928 年第 3 期，后改题为《祈祷》，参见郁达夫：《祈祷》，载《郁达夫全集》第十二卷，杭州：浙江大学出版社，2007 年，第 8 页。

〔3〕 根据周祖达《卡莱尔生平、思想和著作年表》，卡莱尔 1837—1840 年每年分别演讲六次、十二次、六次、六次，内容分别涉及德国文学、欧洲文化史、近代欧洲革命、英雄与英雄崇拜。见［英］卡莱尔：《论历史上的英雄、英雄崇拜和英雄业绩》，周祖达译，北京：商务印书馆，2010 年，第 315 页。

真，宽容，同情，学识，为批评家之四德”[1]。其实，郁达夫对卡莱尔批评方法的分类明显窄化了，反倒不如梁实秋在《喀赖尔的文学批评观》中总结的“三种递进式的批评方法”[2]。充满戏剧性的是，郁达夫又强调文艺批评要博采众长，有机融合以上七类方法，无形中否定了梁实秋把独断的批评作为“纯正的批评方法”，以及大力宣扬卡莱尔所谓“同情”的批评态度，这无疑是在绕了个弯之后，巧妙地契合了卡莱尔的原意。

显然，从《喀拉衣儿和他的批评态度》到《批评的态度》，两篇“孪生”文章有着密切的联系，失落的“喀拉衣儿”因此成了破解郁达夫心态史谜题的关键。遗憾的是，这种联系一直不被人们注意。有学者曾凭借郁达夫《批评的态度》一文探讨过“率真”这一“批评家之素质”[3]，然而他既没有在历史层面看到上述两篇文章的前后相承关系，也没有在比较层面指出“率真”概念来自英国文豪卡莱尔，以至于他对“率真”的探讨引向了一种道德批评的范式。实际上，早在1922年，郁达夫回复读者对小说《茫茫夜》的指责时已经指出“率真”（Sincere）来自卡莱尔。[4] 因此，郁达夫所谓的“率真”便并非只注重“表现”充分与否的“创造的批评”（Creative Criticism）——这属于所谓“主观的印象的态度”，而是必须要结合另一种“社会主义的批评”（Socialistic Criticism）——这属于所谓“科学的客观的态度”。显然，这也是梁实秋所谓“传记的方法”与“历史的方法”之结合。譬如，与鲁迅早年称彭斯为“精神而质”的精神界伟人不同[5]，郁达夫终其一生对农民诗人彭斯感兴趣，本身已经包含了对经济基础改革和革命斗争的要求，即在“自叙传”理论影响下强调农民文艺必须由农民自己来创造。[6] 为

[1] 郁达夫：《批评的态度》，载《郁达夫全集》第十一卷，杭州：浙江大学出版社，2007年，第77页。
[2] 梁实秋：《梁实秋文集》第1卷，厦门：鹭江出版社，2002年，第78—82页。
[3] 唐光胜：《率真与宽容——郁达夫论批评家之素质》，《文艺争鸣》，2017年第4期。
[4] 郁达夫：《〈茫茫夜〉发表以后》，《时事新报·学灯》，1922年6月22日。
[5] 令飞（鲁迅）：《摩罗诗力说》，《河南》月刊，1908年第2、3号。
[6] 郁达夫：《农民文艺的实质》，《民众》旬刊，1927年第2期。

了证明这一点，还可以看郁达夫是如何“批评”蒋光慈《鸭绿江上》的。郁达夫首先利用“主观”的批评态度强调艺术家是天才，是比庸人更加敏感的“革命先驱者”，这部短篇小说集对无产阶级的“同情”已经做到了；其次又利用“客观”的批判态度指责这种同情并不“真挚”，原因是小资产阶级的蒋光慈还未真正把握无产阶级的阶级意识，不能做到“文学是时代的反映”[1]。明乎此，便能理解即使是“率真”的农民诗人彭斯以及站在工农群众这一边的卡莱尔，只因为他们都没能鼓吹阶级斗争运动，其作品都不被郁达夫列举在《文学上的阶级斗争》里。

再进一步说，郁达夫主张将“主观的印象的态度”和“科学的客观的态度”两种批评态度结合起来，与他的二元历史观息息相关，换言之，郁达夫始终在努力调和唯心史观和唯物史观的关系。1926年3月郁达夫临去广州的前一个星期，作了《历史小说论》来启示中国人若要写革命小说最好借“法国或俄国革命前的史实”[2]，这说明郁达夫此时已经有写革命题材历史小说的念头了。与之类似，卡莱尔在《历史论》中也提出过“将历史的方法去研究文学”[3]。遗憾的是，郁达夫住在广州期间，认真拟定的《喀拉衣儿和他的批评态度》尚未下笔完成，就带着不愉快的体验返回上海。1927年初，他痛定思痛，发现自己来回挣扎在英国功利主义者所谓“最大多数的最大幸福”理论中，而这一理论正是卡莱尔不断抨击的，“边沁主义是一种盲目的英雄精神：人类就好像一个不幸失明的参孙在非利士人的大庙里受折磨，他紧抱大庙的柱子，造成巨大的坍塌，从而获得最终的解脱”[4]。但郁达夫最终无奈地信服了

---

〔1〕 达夫（郁达夫）：《〈鸭绿江上〉读后感》，《洪水》，1927年第3卷第29期。

〔2〕 郁达夫：《历史小说论》，《创造月刊》，1926年第1卷第2期。

〔3〕 笔者查阅《时事新报》发现，一篇署名六逸的文章《批评家“卡莱尔”》发表于《时事新报·文学旬刊》1923年4月22日，“六逸”即作家谢六逸。与梁实秋的反对不同，谢六逸赞许卡莱尔“传记的及历史的”批评方法：“他在文艺批评史上的功绩，乃是揭明新批评的目的，将文学批评，置于人间性的基础上，澈底的实行传列的，历史的批评态度。”此外，谢六逸还特别介绍了卡莱尔的《历史论》：“因此将历史的方法去研究文学，他以为要全体的了解一国民的文学，非承认其国民之精神开展的自叙传不可。”可见，卡莱尔与郁达夫在对“时代精神”的提倡上相互呼应。

〔4〕 ［英］卡莱尔：《论历史上的英雄、英雄崇拜和英雄业绩》，周祖达译，北京：商务印书馆，2010年，第205页。

边沁主义，并指出中国无产阶级文学的不成立，根本原因在于经济条件的不允许。[1] 他还相信中国的精神文明进化和成熟得太早，因此质问现代社会“物质文明有什么罪呢?”[2] 然而，郁达夫很快又自我反驳，大力宣扬人类的“欲念”[3]、卡莱尔式的“精神”才是当前时代进步的根本动力。1933 年 10 月 2 日，郁达夫在杭州之江文理学院进行了一次演讲，题目是《中国人的出路》。在演讲中，郁达夫预言第二次世界大战短期内会爆发，而中国在物质建设和精神建设两方面仍然堪忧，因此在物质层面便要实行“经济的国家主义”、解除“帝国主义的压迫”，但郁达夫认为巩固“精神的根基”这一层面更为重要，甚至呼吁人人若有无私精神“纵使在专制政体之下亦无不可”：“要有牺牲勇敢锐进的精神，正如基督教十字军那种冒险的精神和热情一般。”[4] 中世纪在五四一代启蒙者那里都是黑暗时代的象征，十字军东征作为西方多次以宗教为借口的军事侵略行动更是备受谴责，郁达夫却面向教会学校的青年们发表这番演讲，难免匪夷所思。不过，笔者以为，郁达夫这样的思想很有可能来自卡莱尔。

就在上述演讲两个月后，郁达夫继续写下《静的文艺作品》，在文中就提到“卡拉儿”（即卡莱尔——笔者注）等许多先知“为欲救精神的失坠，物欲的蔽人，无不在振臂狂呼，痛说西洋各国的皮相文明的可鄙”，郁达夫虽鼓励一部分读者可以赏读他们的文艺作品，然而也不断强调在当下物质文明尚未发达的中国，亦步亦趋追求精神文明是不恰当的。[5] 显然，郁达夫始终在历史发展的动力论上摇摆不定，这正是受卡莱尔的影响所致。

将郁达夫演讲的时间推前一百年，即 1838 年 4 月至 6 月，卡莱尔

---

〔1〕 郁达夫：《无产阶级专政和无产阶级的文学》，载《郁达夫全集》第十卷，杭州：浙江大学出版社，2007 年，第 262 页。
〔2〕 郁达夫：《谈食色与欲》，《申报·自由谈》，1932 年 12 月 30 日。
〔3〕 郁达夫：《谈食色与欲》，《申报·自由谈》，1932 年 12 月 30 日。
〔4〕 郁达夫：《中国人的出路》，载《郁达夫全集》第八卷，杭州：浙江大学出版社，2007 年，第 129 页。原载《之江校刊》1933 年第 58 期。
〔5〕 郁达夫：《静的文艺作品》，载《郁达夫全集》第十一卷，杭州：浙江大学出版社，2007 年，第 120 页。原载《黄钟》1934 年第 4 卷第 1 期。

在伦敦波特曼广场也进行过有关西方文学史的十二次演讲，其中第四次演讲便涉及中世纪文学。卡莱尔极度称赞歌德这样的历史判断：人类历史即是有信仰和无信仰两个原则斗争的历史。因此，卡莱尔坚信中世纪是有信仰战胜无信仰的一个伟大时代，“欧洲的精神站到了欧洲的物质之上，思想战胜了暴力”〔1〕。但与此同时，卡莱尔仍强调物质文明不可丢弃，人类历史的发展永远是前进的。实际上，这种文艺批评思想在卡莱尔的两本专著——《衣裳哲学》和《法国大革命史》中已被阐发，卡莱尔因为它们的出版从默默无闻而爆得大名，因此才被追捧上了伦敦的演讲台。这两本杰作郁达夫都曾提到或阅读过。

与郁达夫20世纪20年代因为信仰阶级斗争理论而南下广州一样，约一百年前，卡莱尔为了给自己的新著《衣裳哲学》寻找出版社，从农场南下到正在改革议会的伦敦，几年后他又被卷进时代风潮，碰上许多工人运动，如宪章运动。同样，当郁达夫与创造社同人出现严重的思想分歧，卡莱尔在另一时代也遇到了类似的困境：他在伦敦时，结识了法国圣西蒙派青年而向他们积极靠拢，当卡莱尔在译介和思索社会主义学说过程中，却对其产生一种抗拒心理，于是最终选择脱离了圣西蒙派青年。〔2〕我们有理由相信，郁达夫在广州对革命政府的政治、教育以及当地的农工运动大为失望时，想到要写一篇《喀拉衣儿和他的批评态度》，与他想起卡莱尔的思想转变历程有某种关联性，甚至后来连“广州事情”这一标题的拟定与卡莱尔所创“英国情况”（the Condition of

---

〔1〕［英］卡莱尔：《卡莱尔文学史演讲集》，姜智芹译，桂林：广西师范大学出版社，2005年，第68页。

〔2〕关于卡莱尔的生平传记，笔者主要参考的是雷·奎斯尼（A. L. Le Quesne）所著《英雄的崇拜者卡莱尔》一书，作者与卡莱尔同为英国人，故此传记考察较为深入，且对卡莱尔《衣裳哲学》出版前后的英国社会背景介绍甚详。此处所引可参阅［英］雷·奎斯尼：《英雄的崇拜者卡莱尔》，彭小妍译，台北：时报出版公司，1983年，第52—53页。

England）这一术语都惊人相似。[1] 当然，郁达夫还是坚定着他自己心目中的“无产阶级革命”理论，而不是像卡莱尔晚年那样完全转向了“伟人崇拜”“英雄崇拜”，甚至专制独裁的“帝王崇拜”。因此在笔者看来，这正是郁达夫从广州回到上海以后，经过深思熟虑，决定不再按照原计划完成此文的原因之一。

《衣裳哲学》（又译为《拼凑的裁缝》）采用非常奇异的行文结构，在散文、小说、哲学等多种体裁的混合中，严厉而又不失幽默地抨击当时盛行的科学理性主义和边沁功利主义。所谓“衣裳哲学”，意指“物质世界本身只是上帝的衣服或象征；人是精神，虽然人被皮肉包裹着；人为自己所创造的一切，仅是试图给思想以形体或表达”[2]。郁达夫在1935 年翻译过类似的一段话：

> 喀拉爱而（即卡莱尔——笔者注）利用幽默和想象的交织，以人生背景的无限与永久为目标，故能轻视传统的旧习，以睥睨一世。……幽默之源，就在这人类不灭的灵魂与必灭的物质关系的对称矛盾之上。将这幽默，说得最透彻的书，当无过于喀拉爱而的那部《衣裳哲学》（*Sartor Resartus*）了。[3]

在这段话中，卡莱尔看到了物质文明（“衣服”或“肉体”）和精神文明（“心灵”或“信仰”）都必不可少，但是后者更为重要，郁达

---

〔1〕“英国情况”这一术语出自卡莱尔《宪章运动》（1839），王佐良将其概括为：“当时英国城乡对立，贫富悬殊，自由资本主义使得现金交易变成了‘人与人之间的唯一纽带’，从而为贫苦的工人农民带来无穷的灾难。这就是他所见的‘英国情况’（the Condition of England）。”见王佐良：《英国散文的流变》，载《王佐良全集》第 4 卷，北京：外语教学与研究出版社，2016 年，第 173—174 页。尽管郁达夫所面临的中国情况与卡莱尔的时代不可同日而语，但是对于风起云涌的工农运动的利弊，他们都有切身体会。因此，我们对于郁达夫采用“广州事情”这一题目（见郁达夫：《广州事情》，《洪水》，1927 年第 3 卷第 25 期），如果与卡莱尔的“英国情况”进行对读，不啻为一种有意义的启发。

〔2〕见威廉·亨利·赫德森（W. H. Hudson）的导言文章，引自［英］卡莱尔：《拼凑的裁缝》，马秋武等译，桂林：广西师范大学出版社，2004 年，第 6 页。

〔3〕郁达夫：《MABIE 氏幽默论抄》，《论语》（西洋幽默专号），1935 年第 56 期。

夫在广州时期也是赞同这一点的。然而，多年以后，郁达夫最终还是肯定了“物质”的先决性。

当卡莱尔的浪漫主义史学专著《法国大革命史》初稿被朋友无意烧毁后，他不甘气馁重新创作并出版，不料它竟然成了卡莱尔的成名作，而郁达夫早年也希望自己被烧失的《还乡记》重作后，能够像《法国大革命史》一样出彩（见《〈沉沦〉自序》）。卡莱尔虽根本否定基督教腐朽的经院哲学，但由于根深蒂固的清教徒身份使得他创造了自己内心的另一种“信仰”来作为历史发展的动力。正如西方学者雷·奎斯尼一针见血地指出，卡莱尔坚信“历史”即是“真理再现”，但他无法把握“真理”的属性，以至其思想体系始终不连贯：“他有时主张历史是神的意旨，有时由于歌德和圣西蒙派的影响，又主张历史是自然演进的。”但是“超自然论”或“神意论”在卡莱尔的后期思想中还是占了上风。[1] 受卡莱尔的影响，郁达夫同样也是在“超自然论”和“自然论”上摇摆不定，但他还是改造了卡莱尔思想体系中物质文明（必灭）/精神文明（不灭）这一有所偏至的矛盾体，在糅合唯物史观和唯心史观中，他更倾向于前者。郁达夫发表《中国人的出路》两年后（1935 年），他在《文学》月刊发表了一生中的最后一篇小说，同时也是革命历史题材小说《出奔》。

《出奔》的前部分暗合了卡莱尔式的“衣裳哲学”：宣传股股长钱时英在广东接受过党政训练，北伐中跟党军从广州出发到浙江，阴差阳错地与混入县党部的地主女儿董婉珍相爱，结婚以后又被她腐蚀了革命精神。作者希望传达经济基础的变革必须与精神建设相结合才能改造社会这一主题，因此小说中还以他和白薇的“精神交往”为原型，耐人寻味地插入了钱时英和女同志黄烈在广州深厚的革命友谊，在浪漫主义史学叙述模式中兼顾制度（政权更迭）与灵魂（民众信仰）的互动关系；但是小说结尾出人意料地转折，钱时英带着阶级对立的怒火烧死了包括爱

---

[1] ［英］雷·奎斯尼：《英雄的崇拜者卡莱尔》，彭小妍译，台北：时报出版公司，1983 年，第 59—60 页。

妻在内的地主一家，出奔而冷笑的姿态加强了唯物论基础上“阶级斗争”的永恒性和压倒“伦常义理”的残酷性。换言之，郁达夫之所以放弃在广州拟定的撰文计划，很可能是他为了摆脱清教徒“喀拉衣儿”的“超自然论/神意论”历史观对他的影响。我们不应该忘记，郁达夫是从东京帝国大学的政治经济学部毕业的，政治经济生活永远是他最为关注的根本问题，他还受过法国早期马克思主义者“拉法古”（即马克思的女婿保尔·拉法格）哲学思想的影响〔1〕，而拉法格是坚定不移反击所谓二元史观的。拉法格坚决否定关于“正义”“同情”的观念先验论，认为这种唯心史观根本不能推动“历史的进化”，它也不能和主张“经济的必然性”的唯物史观相调和。〔2〕因此，郁达夫后半生尽管也屡次提及卡莱尔，但终于还是没能落笔去写以“喀拉衣儿”为题的文章。相比卡莱尔一生只能以“先知英雄”之身份警示人类历史动向，郁达夫更愿意以“文人英雄”的实干精神来改变中国的命运，这也是《出奔》写毕以后的1936年，在一片嘲笑声中他决定从杭州风雨茅庐去福州从政的一部分原因。

## 四、余论

全民族抗战爆发以后，去往南洋的郁达夫曾面对槟城朋友的质疑，即南洋文艺界总是“把国内的问题全盘搬过来”是否适用？郁达夫的回答是第一看题目是否有讨论价值，第二看讨论的态度是否真率。接着，郁达夫郑重补充道：“我在此地所说的真率两字，是英国批评家汤麦

〔1〕郁达夫：《对话》，载《郁达夫全集》第八卷，杭州：浙江大学出版社，2007年，第4—7页。原载《北京大学经济学会》1923年第17号。

〔2〕［法］拉法格：《唯心史观和唯物史观》，王子野译，北京：生活·读书·新知三联书店，1965年，第11、15页。拉法格的这一观点来源于他对同时代人饶勒斯的反驳。1894年，让·饶勒斯发表了题为《唯心史观和唯物史观》的演讲，认为人类社会制度的演变不能完全归因于经济因素，还应该包括“同情”“正义”等多种先验观念和固有道德，倡议唯心史观和唯物史观的有机调和。让·饶勒斯的讲稿与拉法格的回应文章均收于《唯心史观和唯物史观》一书。

斯·喀拉衣耳所说的 Sincerity 这一个字的直译。”[1] 郁氏此番回答是在 1939 年 1 月，距离他计划要写《喀拉衣儿和他的批评态度》已经过去了十二年。从“喀拉衣儿”到“喀拉衣耳”，在时间长河中郁达夫更换过许多译名，却不曾改变他对批评家卡莱尔的追思。仅过三个多月，他又把卡莱尔的这一“批评态度”作为救治“抗战八股”病根的灵丹妙药。[2]

1941 年，当梅光迪借卡莱尔对中国的叙述话语来促进中英关系时[3]，同一年，郁达夫在新加坡《星洲日报·晨星》也翻译了英国人所作的传记《温斯敦·邱吉尔——一位苦干实行的人物》[4]，对这位“实干”的英国首相寄予厚望。郁达夫的这一思想变动，令人想到晚年卡莱尔把全部精力投进了《腓特烈二世传》的书写，尤其是郁达夫对“造时势的英雄/造英雄的时势”的区分与卡莱尔的“人造境遇/境遇造人”之说不谋而合。[5] 当然，同样是推崇“帝王英雄”，郁达夫和卡莱尔有着本质的不同，前者是对世界各民族正义的反击战争抱着无限的热情和希望，后者则是对本民族充满了绝望和“恨铁不成钢”的痛斥。当听闻郁达夫在南洋被杀害的消息后，郭沫若难抑悲痛，用“英国的加莱尔说过‘英国宁肯失掉印度，不愿失掉莎士比亚’”这句话来悼念“我

[1] 郁达夫：《几个问题》，载《郁达夫全集》第十一卷，杭州：浙江大学出版社，2007 年，第 307 页。原载《星洲日报·晨星》1939 年 1 月 21 日。

[2] 郁达夫：《略谈抗战八股》，载《郁达夫全集》第十一卷，杭州：浙江大学出版社，2007 年，第 373 页。原载《星洲日报·晨星》1939 年 5 月 5 日。

[3] 收梅光迪：《卡莱尔与中国》，载《梅光迪文存》，武汉：华中师范大学出版社，2011 年，第 228—236 页。原载《浙江大学文学院集刊》1941 年第 1 辑。

[4] 此传记作者是英国的恩斯脱·詹姆斯，郁达夫在 1941 年 5 月 14 日的《星洲日报·晨星》上未译完，但李杭春最近发现，这一译作已出版单行本，并易名为《勇毅果敢之邱吉尔先生》。见李杭春：《新发现郁达夫的两篇“未完稿”》，《新文学评论》，2021 年第 2 期。

[5] 郁达夫在翻译《温斯敦·邱吉尔——一位苦干实行的人物》前两年，已区分过“造时势的英雄”与“造英雄的时势”这两种书写对象在兼容中孰轻孰重的问题，但他认为在抗战中，所缺乏的还是写“人物性格”的前者（郁达夫：《事物实写与人物性格》，《星洲日报·晨星》，1939 年 4 月 29 日）。无独有偶，卡莱尔也申明“人造境遇”和“境遇造人”二者并存，但更应注重“英雄造时势”之说。《批评家“卡莱尔”》如此介绍卡氏思想：“他曾说：人造境遇，由精神的物质的说来，是真理的一方面……所以境遇造人，也同为真理的一方面……关于英雄造时势或时势造英雄的问题，他也相信前说。他以个人为基础，以研究时代的特性。”（六逸：《批评家“卡莱尔”》，《时事新报·文学旬刊》，1923 年 4 月 22 日）

们今天失掉了郁达夫”[1]。郭沫若此处所说“英国的加莱尔”正是卡莱尔。同样，李初梨对郁达夫的经典评价，即“摩拟的颓唐派，本质的清教徒”，很有可能也具备实指的意味。郭、李二人不愧是郁达夫的知音，有意或无意中都点明了卡莱尔与郁达夫或隐或显的关系。

总之，当“喀拉衣儿”这一个充满神秘和魅力的名字在郁达夫的笔下散落在各处时，我们应该在卡莱尔的中国接受史上还原郁达夫的基本精神面貌，寻找失落的“喀拉衣儿”，便是寻找郁达夫一生的心灵挣扎历程。

作者简介：梁鸿威，北京师范大学文学院博士研究生，主要从事中国现当代文学研究。

---

〔1〕 郭沫若：《论郁达夫》，《人物杂志》，1946年第3期。

# 新发现郁达夫的题词及合照

刘　涛

## 一、郁达夫题写的《若禧许公象赞》

在星洲三年多的时间里，郁达夫撰写政论、随笔、文艺评论、诗词及书信达460余篇。多年来，海内外学者一直孜孜以求，不仅做了辛勤的辑佚工作，还进行了周详的考证，收集、整理郁达夫文稿，并将其编撰成著，如《郁达夫佚文集》《郁达夫诗集》《郁达夫海外文集》等，遗憾的是，未见到一本将郁达夫在新加坡时所撰写的或发表的文章编辑成册的综合性文集。自1990年以来，郁达夫研究学会和新加坡文艺协会建立互访机制，多次开展学术交流活动，在郁达夫研究方面积累了丰硕的成果。作为后续研究的一个重要项目，双方携手辑集《郁达夫新加坡文集》。

两会同人在吸收前辈们研究成果的基础上，依循相关信息，查证文史资料，新发现郁达夫题写的《若禧许公象赞》一则。此象赞上方为陈图仪题写的“若禧先生遗像”，“题”字下方盖有陈图仪印章一枚。中间是一张若禧先生照片，彬彬然，有长者风范。下方为郁达夫写的《若禧许公象赞》：“千里瘗亲，群钦孝子。田园庐舍，奉祖甘旨。大略鸿才，涉洋经始。龙蛇岁厄，哲人其逝。”〔1〕钤有郁达夫的印章一方。

人们不禁要问：许若禧为何许人？郁达夫为何会题写此赞呢？

据时任新加坡文艺协会副会长成君先生介绍，许若禧为其妻大姐秋

〔1〕 郁达夫著，刘涛、沈小惠主编：《郁达夫新加坡文集》（下），杭州：浙江文艺出版社，2014年，第114页。

莹（原名：刘有娟）的家翁，秋女士至今存有《许太翁若禧赴告》，此赞辑录于这份《赴告》内。此外，《赴告》还含有《若禧公行状》、哀辞和哀跋等。《若禧公行状》首段简述若禧先生：

> 宗叔若禧公，讳锡昌，字克俭。祖叔兴嘉公之子，男也，少颖，异有大志，不屑与庸俗伍，然家世式微，学业中辍，未获深造，终不沮，其志先是。

此《赴告》的哀跋附有其内侄冯蕉衣写的一份挽词《许府姑父大人千古》：

> 数生平事迹，弱年蓄志，毋辞劳瘁，秉力气以壮，远道频渡狮城，殚心苦劳，学朱陶，市井咸德。
>
> 五十余年，尊祖训，勉儿郎，承先起后，誉震乡邦。
>
> 惜哉！晚景未娱，而音容隔世，骤令英灵永乖，悲泪何已？

冯蕉衣为郁达夫编辑文艺副刊时发现的一位新加坡青年诗人，颇得郁达夫艺术上的指点，其作品常发表于文艺副刊上，1940 年 10 月因贫病交迫而英年早逝。郁达夫送其入殓和入土，并写下纪念文章《悼诗人冯蕉衣》，后为冯蕉衣的遗诗集写了序言——《序冯蕉衣的遗诗》，称之为“一位生来的抒情诗人”[1]。

《孝经》曰：“夫孝，德之本也，教之所由生也。”以孝修身，以孝道教化天下，是我们优秀传统文化的主流。《若禧公行状》如此评述许若禧的“孝”：

> 宗叔孝本天生，悲恸之心无时或释，每念先人骸骨寄葬他乡，

---

〔1〕 郁达夫著，刘涛、沈小惠主编：《郁达夫新加坡文集》（下），杭州：浙江文艺出版社，2014 年，第 231 页。

辄悲不能胜，泪簌簌下，誓必令。

先骸先获归故壤，乃分增毫积，预蓄旅费，越四年，即星驰就道，前赴河源，不意归途遇盗，财物俱罄，无所措手，迫得重寄故土，只身归籍。迨弱冠以株守，故筑茔。祖茔安妥。先灵之宿志于焉以售。宗叔以。

祖茔告竣，得慰乃衷第。祖婶中年即矢志，柏舟淡薄，自甘高风雅操，闾里景仰。虽甘旨常供，犹未造以尽人子之道，必使燕处闲居静养，高年始，克以报大德，而慰萱堂，遂卜地鸠工盖建大厦。宗叔之孝，思可之至矣晚年。

据秋莹女士介绍，当时，若禧先生下南洋经商致富，重回家乡。而其父在河源去世，与家乡汕头相隔甚远。若禧先生欲将先父骨骸运回汕头安葬，故雇人协助迁回骨骸，途中却遇盗洗劫。强盗以为装着的骨骸是金银珠宝，遂将若禧捆绑树上，雇工见之落荒而逃，其父骨骸散落满地。最后，若禧先生重拾先父骨骸，亲自一人挑着骨骸，远途回返家乡汕头。

许若禧先生于1939年2月2日去世，享年58岁。鉴于冯蕉衣与许若禧为姑侄亲缘，以及若禧先生至孝之道为人所钦，郁达夫便作《若禧许公象赞》，赞之“群钦孝子”，悼许若禧先生！

## 二、郁达夫与杜迪希、广洽法师合照

记得几年前，在筹备郁达夫殉难七十周年纪念活动之时，我意外收到郁美兰女士（郁达夫之女）发来的一张黑白照，署名为“郁达夫与杜迪希、广洽法师合影（摄于一九四〇年）”。照片里，郁达夫立于杜迪希、广洽法师中间，穿白衬衣，配领带，着黑皮鞋，显得较为庄重。郁达夫左边为广洽法师，着僧衣，简单朴素，符合佛门子弟的身份。杜迪希在郁达夫的右边，短袖短裤，脚穿凉鞋，比较随意。旁边是他的女儿伊娃（Eva），年尚幼。

见此合照，大家就会问：杜迪希是哪国人？郁达夫、杜迪希、广洽法师是如何相识相知的？

### （一）雕塑家杜迪希

杜迪希，1902 年出生于波兰，犹太人。第一次世界大战时，举家迁往维也纳。因钟爱美术，杜迪希入学维也纳艺术学院，毕业后，周游各地，学习雕塑艺术。其创作的雕塑作品曾在维也纳和德国慕尼黑展出。

1938 年 4 月，维也纳被纳粹德国占领，犹太人深受迫害。杜迪希考虑到自己为犹太人，为免受其害，不得已只身逃至瑞士。后其妻和女儿也逃离波兰，在瑞士与其团聚。这一年冬，杜迪希一家在友人的帮助下，流亡至新加坡。

在星岛，为了生计，杜迪希创办了一所美术学校，夫妇俩共同任教，很多学生慕名前来学习，校舍狭小的难题凸显。著名侨领、《星洲日报》创办者胡文虎则慷慨相助，将自己闲置的房屋借用于杜迪希，帮助其解决校舍问题。杜迪希则为胡文虎、胡文豹兄弟俩塑像，报答胡文虎的义举。

### （二）广洽法师

广洽法师，1900 年生于福建南安，俗名黄润智，1921 年在厦门南普陀寺出家。1928 年岁末，弘一法师南下，至福建厦门。广洽法师与其相识，并受之器重。全民族抗战爆发后，广洽法师赴南洋弘扬佛法，从事慈善教育事业。1938 年，徐悲鸿在新加坡举办个人画展，将画作义卖所得支援抗战。广洽法师则介绍信徒踊跃购买，声援祖国的抗战事业。广洽法师在新加坡有着颇高的声望，曾担任新加坡佛教总会主席，1994 年圆寂于新加坡，享年 94 岁。

对于弘一法师，郁达夫仰慕已久，希望能进谒见教。1936 年 12 月 30 日，郁达夫从台湾至厦门，由《星光日报》记者赵家欣陪同游览南普陀寺，在游览过程中，郁达夫提出拜见弘一法师的想法。赵家欣认识广洽法师，请广洽法师向弘一法师通报。31 日，广洽法师陪同郁达夫至鼓浪屿日光岩寺，拜谒弘一法师。后郁达夫写了《丁丑春日，偕广洽法师等访高僧弘一于日光岩下，蒙赠以〈佛法导论〉诸书，归福州后，续成长句却寄》[1] 一诗，记述此事。这说明广洽法师与郁达夫早在1936年就相识了。

### （三）星洲结谊

1938年，是一个动荡不安的年份。郁达夫受侨领胡文虎的邀请，远赴南洋，于1938年末抵达新加坡，担任《星洲日报》副刊编辑，向海外华人宣传抗战工作。据郭存幸撰写的《郁达夫与杜迪希的情谊》记载，1939年10月，郁达夫采访雕塑家杜迪希，同时观赏其创作的雕塑作品。11月27日，郁达夫在《星洲日报》副刊《晨报》上，发表《介绍雕刻家杜迪希》一文，称赞杜迪希"最令人佩服的，是他那一种富于艺术气质的动作与气度"[2]，还帮助其推销作品。杜迪希对郁达夫如此厚爱自己，不胜感激，遂成为莫逆之交。

据《郁达夫赋诗惜别杜迪希》记述，杜迪希分别于1939年、1940年为广洽法师画了坐像和立像各一幅，两幅画像均有广洽法师的题识，都提到郁达夫陪同前往的事宜。据此，推测杜迪希和广洽法师是由郁达夫介绍认识并结为友伴的，此张合照为他们间深厚的情谊提供了一个有力的印证。

正当在星洲施展自己的抱负之际，杜迪希却接到英国殖民当局让其限期离境的指令。1940年8月7日，郁达夫设宴为杜迪希夫妇饯行。饭后，郁达夫赋《送杜迪希先生行》[3] 诗一首相赠，诗曰：

---

[1] 郁达夫：《丁丑春日，偕广洽法师等访高僧弘一于日光岩下，蒙赠以〈佛法导论〉诸书，归福州后，续成长句却寄》，载《郁达夫全集》第七卷，杭州：浙江大学出版社，2007年，第161页。

[2] 郁达夫著，刘涛、沈小惠主编：《郁达夫新加坡文集》（下），杭州：浙江文艺出版社，2014年，第205页。

[3] 郁达夫：《送杜迪希先生行》，载《郁达夫全集》第七卷，杭州：浙江大学出版社，2007年，第199页。

烽烟迷宇宙，此去何复之？
客里难为别，相期会有时。

一九四〇年八月七日　新加坡

据《郁达夫与杜迪希的情谊》记述，9 月 16 日，与杜迪希临别前，郁达夫又为他写了致澳洲华侨的介绍信，具体内容为：

杜迪希（Karl Duldig）先生系奥国之雕刻家。此次被希特勒之所逐，先来马来西亚住，达夫曾与友善，并为介绍雕刻工作。此次去澳洲，深望我国同胞亦能加以爱顾。此间胡文虎、胡文豹先生，曾乞以为塑铜像也。

郁达夫具

一九四〇年九月十六日在星加坡

郁达夫担心华侨久居澳洲，忘记中文，又把信件翻译成英文，还签上自己的英文名。事虽小，但足见郁达夫待杜迪希既诚恳又周到。此后，杜迪希凭自己一技之长努力打拼，终在澳洲立住脚跟，并成功定居，后曾数次去新加坡寻访旧友，得知自己的挚友郁达夫被日本人杀害，心甚悲痛。郁达夫当年给他的诗和信尽管没有发挥作用，但杜迪希也一直保存着，因为它们是挚友郁达夫与自己这段弥足珍贵的友情的记录者。

作者简介：刘涛，现为郁达夫研究学会副会长。

# 关于郁达夫1936年在福州青年会的演讲报道[1]

宋新亚

1936年2月15日，郁达夫应邀在福州青年会做公开演讲，关于这次演讲，他自己在日记中写道："至三时，去影戏场讲演《中国新文学的展望》；来听的男女，约有千余人，挤得讲堂上水泄不通。讲完一小时，下台后，来求写字签名者，又有廿四五人，应付至晚上始毕。晚饭后，又有电政局的江苏縻文开先生来谈，坐至十一点前始去。"[2] 縻文开曾在后来的回忆中提及郁达夫的演讲"正确地指出今后新文学的趋向，将以中国民族解放为中心，而写作的方法，仍旧继承着普罗文学运动中所提出的写实主义"[3]，因为一直缺少郁达夫此次演讲的原稿，因此縻文开的这篇文章成为后来研究者所常引之文。近年来，在陈松溪、金传胜等学者的努力下，关于此次演讲的相关中文报道史料已经浮出水面[4]，但因郁达夫在其1936年3月27日的日记中记有"午后去省府，又上图书馆查叶观国《绿筠书屋诗钞》及孟超然《瓶庵居士诗钞》，都不见。只看到了上海日文报所译载之我在福州青年会讲过的演稿一道。译者名菊池生，系当日在场听众之一，比中国记者所记，更为详尽而得

---

〔1〕 本文所录日语报道之原文首发于日本《中国文艺研究会报》2019年第455号，原题为『1936年2月15日，郁达夫は福州青年会で何を語ったか』。另，对《上海日报》这一史料的关注，以及与本文相关的观点讨论，曾受教于孟庆澍、李杭春两位老师，特此感谢。

〔2〕 郁达夫：《闽游日记》，载《郁达夫全集》第五卷，杭州：浙江大学出版社，2007年，第410页。

〔3〕 縻文开：《论郁达夫先生的新写实主义》，《小民报·新村》，1936年10月9日。

〔4〕 关于此次演讲的史料报道，见陈松溪：《郁达夫在福州的一次重要演讲》，《新文学史料》1989年第3期；陈松溪：《郁达夫在福建的文学活动及其影响》，《新文学史料》，2008年第4期；沈平子：《新版〈郁达夫全集〉补遗》，《博览群书》，2009年第5期；金传胜：《关于郁达夫的两则新史料》，《现代中文学刊》，2016年第6期。

要领”[1]，因此，寻找郁达夫所提及之日文报道则尤有必要。

近日，笔者在对日本国立国会图书馆所藏日文报刊《上海日报》的调查中，在1936年3月13日的报纸中发现署名菊池勇所译之郁达夫的这次演讲《中国文学的展望》，应为郁达夫在日记中所记之报道，此处将原文转引如下，由笔者译出并稍加考释。

另，由于资料已采用微缩胶卷的方式进行保存，因画面质量导致无法辨认的字体，下文用“●”表示，对于因元宝纸的残缺所造成的漏字，用“■”表示。由上下文和其他资料可以判定的漏字，则由笔者补出，并以“[　]”进行注明。日文报道中所采用的旧体汉字，均由笔者改为常用汉字。

## 中国文学の展望

郁達夫

中国文壇の雄、郁達夫氏は福建省参議に任命され先日、杭州より上海に出で汽船で福州に向つたがこれは福州青年会で『中国文学的展望』と題して講演した時の要旨である中国は五四運動以後、社会、政治上に新動向が現れたばかりでなく新文学は表面では一個の雛型を形成した、しかし内面をみれば甚だ●●[空虚]である、こゝにおいて思想革命が起り全国に伝播した、当時、文語と白話の競争が最も猛烈で頭脳清晰の知識階級は白話を主張し文語打倒をさけび頑固な老成派は文語は幾千年の長い歴史を持つてゐる、この寶を放棄することは出来ない、又大邸の人が使ひなれてゐるとの理由で懸命に反対した、論戦の結果、白話はつひに一般の青年にうけいれられたところが事実は白話文は決して五四運動以後の新産物でない、昔の人が白話を用ひて文芸を創作したものは非常に多い、例へば紅楼夢水滸伝などの如きはすべて中国

[1] 郁达夫：《闽游日记》，载《郁达夫全集》第五卷，杭州：浙江大学出版社，2007年，第427页。

の有名な白話小説である、故に白話運動の成功は文学上にあつてはー種の工具を決定したにすぎない青年は何故、白話をうけたかといへば時代の潮流がなしたものであるといふことが出来る、しかし事実は思想が転変したためである、中国は五四前では青年は旧礼教の壁塁に包囲されその思想は非常な束縛を受けてゐた、文章を作るには必ず六経を基本とし話をするには六経でなければ談じないといふ風であつた、彼らの思想が自由発展出来なかつた理由の一つは中国の家族制度が非常に深く家長の家訓は甚だ厳格であつた、即ち当時の教育は専ら少年の老成教育であつたため、青年は封建的意識の支配をうけ思想の自由をしばられ非常に苦悶した、彼らはこの桎梏から離脱せんとしてゐた、あたかも起こつた五四運動は彼らに爆発の機会をあたへたのである、従つて白話運動はすみやかに成功することが出来た、これはまつたくこゝに語つた潜在力によるものである、五四運動以後、思想は解放されたが一致した中心思想がなかつた、丁度、網を離れた野馬の如く乱奔乱竄したのである、即ち欧洲の思想をうけて自由平等、デモクラシー●等が入りみだれ複雑化して行つた、相当の混乱期を経て民国十四五年になると思想は漸く軌道に乗りーつに帰宿したのである、即ち社会主義思想の出現である、従つて行動上の表現からいへば国民革命の成功であるといへるのである或る人は文学無用論を唱へる、即ち寒いときは文学で衣服を着ることは出来ないし餓ゑたときは文学で飯を喰ふことは出来ない、銭のないとき文学で銭を使用することが出来ないといふのである、しかし思想の解放は文学が成功への唯一の動力である、所謂文学家は一般人に比較して思想が清晰であり感覚が機敏でよく社会の背景をとらへ解剖し或は描写して民衆にあたへ彼らの思想を激発するのである、革命の起るにはー種の文学を創生し中心思想が醸成され思想より行動が発生するのである、これが即ち文学の収穫である。

大戦後の欧洲思想界は非常に複雑になつた……時代思想の改

変により文学の中心も亦改変した、こゝでプロ文学が欧洲で台頭したのである、中国は国民革命後、思想界は非常に混乱した、文学においてはプロ文学、民族主義文学らが出現した、最もさかんだつたのはプロ文学であつた、当時の民族主義文学を提唱する人があつたが大多数の人はみて頭痛を覚ゆるものであつた、中国の社会情勢は欧州と一様でない、プロ階級も亦、欧州の如く明顯でない、即ち労働者と労働者でない者の限界はまつたくつかないのである、例へば郷村で数百元所有してゐるものは資産階級といふことが出来る、しかし都会においてはプロ階級に入るのである、故にプロ文学は中国においては大きな役割を果さない、又成功することも出来ないのである現在、国家は千鈞一髪の危急期にある、環境の関係によつて民族主義文学の一道に走らざるを得ないのである。

民族主義文学は必ずしも被圧迫民族の呼声ではない、同時に侵略者は民族主義をさけんで外に向つて侵略的野心を実行するのである故に民族主義文学の発生は侵略と被侵略の相対的のものである民族主義文学は広義■■■［と狭義］と二種に分けられる、吾人は広■［義］の民族主義文学を提唱するものである、狭義の民族主義文学はたゞ暫時、刺激をあたへるだけですぐ消滅してしまふものである、これでは民族を永久に維持する事は到底出来ない今後の文学の展望の中心目標は当然民族主義文学でなければならないその方法はプロ文学の写実主義をとる、しかしこゝに云ふ写実主義は情感をもたないプロ文学ではない、情感をもつた新写実主義である、情感をもたない写実主義とはどんなものか例へば美人を描写するとき「一分増せば長すぎ、一分少くすれば短すぎる」といふやうな描写は情感のない写実であるプロ作家の失敗の所以はこの点にもあつたのである、いかにすれば、情感のある描写が出来るか例へば「ある人が妾をめとつたところ夫人が大いに怒り刀をもつて妾を殺しに行き頭を梳り刀をあげてまさにきらんとしたとき妾が頭をもたげたのでつひに殺すに忍びなかつた」。

この中には妾の美は少しも描写してない、よむ人は彼女がきつときれいに違ひないと信ずるのであるこれが情感ある写実である、すべて情感（感覚）する写真作品こそ偉大な文学作品である。

中国新文学の前途については多くの人は悲観的態度をもつてゐるが、私はむしろ非常に楽観してゐる、諸位が文学に向つて努力奮闘されんことを祈る次第である（菊池勇訳）。

译文：

## 中国文学的展望

郁达夫

中国文坛之雄，郁达夫先生在被任命为福建省参议员前后，由杭州到上海，从上海出发坐汽船到了福州。这是他在福州青年会以“中国文学的展望”为题所做报告的摘要。

中国在五四运动之后，不但在社会、政治上出现了新的动向，在新文学的表面上也形成了一个雏形。但是，如果看其内在的话还很●●［空虚］。于是，思想革命发生，并在全国范围内传播开来。当时，在文言文和白话文论争最为猛烈的时候，头脑清晰的知识分子阶级主张白话文，呼吁打倒文言。顽固的老成派则认为文言拥有几千年悠久的历史，不可以放弃这一宝贝，而且，很多人都习惯使用文言，因此拼命地反对废除文言文。这一论战的结果是，白话文最终被一般的青年所接受。

但是，白话文事实上绝不是五四运动以后的新产物。从前的人使用白话文进行文艺创作的例子也很多，如《红楼梦》《水浒传》等，都是中国有名的白话小说。所以说，白话运动的成功在文学上来说，只不过是决定一种工具而已。

为什么青年接受了白话文呢？可以说是时代的潮流造就了这一选择。但是，实际上是因为其思想发生了转变。在五四之前的中国，青年们被旧礼教的壁垒所包围，思想受到了极大的束缚。写文章时必须以六经为基准，说话也必须谈论六经，这使他们的思想无法自由发展。另一个原因是中国家族制度的纵深性，家长们的家训极为严苛。也即是说，由于当时对少年进行的老成教育，使得青年们受到封建意识的束缚，因此思想的自由被束缚，非常苦闷。他们试图摆脱这一桎梏。此时恰好兴起的五四运动给他们带来了爆发的机会。也正因此，白话运动才迅速取得了成功，这就是我们在这里所说的由内在潜力所诱发的。五四运动以后，虽然思想获得了解放，但是并没有一致的中心思想。这正如脱缰之野马，乱奔乱窜。即是说，接受了欧洲的思想后，自由平等、民主主义等思想，走向了杂乱且极为复杂的境地。经过极为混乱的时期后，到了民国十四五年，思想才走上了轨道，有了一个归宿，也即是社会主义思想的出现。因此，从行动表现上来说，就是国民革命的成功。

有人提倡文学无用论，即是说，在寒冷的时候不能把文学当作衣服穿；饥饿的时候也无法把文学当饭吃；没有钱的时候不能把文学当钱用。但是，思想的解放是文学走向成功的唯一的推动力。所谓文学家，就是比一般人的思想更为清晰，更为敏感，能够对社会背景进行捕捉和描写，并将其传达给民众，激发他们的思想。在革命开始之前，一种文学产生，中心思想形成，这种思想又诱发了行动，这也正是文学的收获。

大战后的欧洲思想界变得极为复杂……由于时代思想的改变，文学的中心发生了转移。此时，普罗文学在欧洲开始出现。中国在国民革命之后，思想界非常混乱，在文学上，普罗文学和民族主义文学等出现，最为兴盛的是普罗文学。虽然在当时有人提倡民族主义文学，但大多数人读起来会感到头痛。中国的社会状况与欧洲并非相同，普罗阶级也不像欧洲那么明显。即是说，劳动者和非劳动者之间界限难以明确分辨。比如说，一个人在乡村有几百元的话，就可以说是资产阶级，但是在都会就成了普罗阶级。因此，普罗文学在中国无法起到很大的作用，也无法取得成功。现今，国家正处于千钧一发的危急期，民族主义文学是由于环境的关系而不得不走的一条路径。

民族主义文学未必只是被压迫民族的呼声。同时，侵略者也高喊着民族主义来展示其对外侵略的野心。因此，民族主义文学的发生，在于侵略和被侵略这两种相对的场合。民族主义文学可以分为广义和■■■［狭义的］两种，吾辈所提倡的是广■［义］的民族主义文学。狭义的民族主义文学只能够暂时地带来刺激，随后便会消亡。其终究无法维持一个民族的长久。关于今后文学展望的中心目标，当然也必须是民族主义文学。其方法是采用普罗文学的写实主义。但是，这里所说的写实主义并不是没有情感的普罗文学，而是带有情感的新写实主义。没有情感的写实主义是什么样的呢？比如在描写美人的时候，“增之一分则太长，减之一分则太短”这样的描写就是没有情感的写实。普罗作家的失败也正是在这一点上。那么如何才是有情感的描写呢？例如，“有一个人取了妾，夫人非常生气，拿着刀要去杀了妾。妾在梳头。当她把刀架在妾的脖子上，就要动手时，却因为妾抬起了头，而终于不忍杀了她”。

这里没有描写妾的美貌，然而读的人一定会认为她非常漂亮，这就是有情感的写实。所有能感受到情感的写实作品，就是伟大的文学作品。

很多人对于中国新文学的前途抱有悲观的态度，但是我反而非常乐观，我企盼诸位能够为文学而努力奋斗（菊池勇译，下划线由笔者添加）。

值得注意的是，尽管郁达夫在日记中指出日文报道比中国记者所记更为详细且抓要领，但事实上，这篇发表于1936年3月13日的日文报道与1936年2月24日《新闻报》副刊《茶话》中署名“中”的演讲会记录稿内容相同，可视为同篇。金传胜先生针对该史料已有相关考辨，本文不再赘述，但尚有几点需要说明。

首先，两篇文章虽然内容相同，但是如本文下划线处所示，两篇文章在对“思想解放”与“文学”之关系的记载时出现出入。《新闻报·茶话》中所记为“但是在思想的解放上，文学就成功为推进的唯一动力”[1]，而日文报道中则记为“思想的解放是文学走向成功的唯一的推动力”。根据演讲的上下文关系可以发现，郁达夫在此处想要强调的应为文学是推动思想解放的动力，因此可以说，菊池勇的翻译应为误译。关于本文的出处《上海日报》，在20世纪20至30年代与《上海日日新报》《上海每日新闻》并称为上海三大日文报纸。[2]

其次，郁达夫所记之译者“菊池生”之名应为误记。如郁达夫所说，译者系当日听众之一，也即是说，对这一演讲内容进行报道的应为熟悉中文的人。笔者通过对相关资料，对日本明治至昭和期（1872—1989）的日本人名进行检索[3]，“菊池生”所对应的均为农学、经济学等相关专业门类，与中国相关的记载并未发现；而“菊池勇”不仅译载了郁达夫这篇讲稿，还翻译有崔万秋（《上海日报》1936年2月？日—1936年3月7日）、杨屯人（《上海日报》1936年5月26日—1936年5月30日）等人的作品，其翻译、中国文坛评论、中国电影评论等文章共发表17篇，从其活动轨迹也可知其1936年、1937年前后的确活动于中国，由此可推测菊池勇对中文及中国文坛的熟悉程度。

再次，在迄今发现的几则史料中，关于本次演讲的题目记载稍有不同。在包括本文在内的四则史料中，除《华侨日报》所载题目为“中国

---

〔1〕 中：《郁达夫在福州青年会讲中国文学的展望》，《新闻报·茶话》，1936年2月24日。引用自金传胜：《关于郁达夫的两则新史料》，《现代中文学刊》，2016年第6期。

〔2〕 关于《上海日报》的创办问题，周传荣指出其前身应为杉尾胜三于1903年创办的《上海新报》，且与19世纪90年代的同名报纸并无接续关系［周传荣：《近代日本人在上海的办报活动（1882—1945）》，《社会科学》，2008年第6期］。但是，该报后来的负责人波多博之回忆，其前身应为1893年松野平三郎所组织创办之《上海时报》（波多博：『中国と六十年』，波多博出版，1965年，第114页）。在曹聚仁的回忆中，《上海日报》的前身被视为松野平三郎组织的修文书馆所创办的《上海新报》（曹聚仁：《上海春秋》，北京：生活·读书·新知三联书店，2016年，第187页）。

〔3〕 本文调查基于日本国立国会图书馆在线数据库（NDL-ONLINE）、日本国立国会图书馆电子数据库（NDLデジタルコレクション）、日本杂志报道索引集成数据库（杂志记事索引データベース）、饭田吉郎编《现代中国文学研究文献目录（增补版）》（汲古书院，1991年）中所记事项进行索引调查。

新文学的展望”外，其余三份报道均为“中国文学的展望”。根据郁达夫日记记载及演讲内容，此处题目应采“中国新文学的展望”，日语报道中所使用的题目很可能直接由菊池勇译自《新闻报》之报道。

最后，通过对比迄今为止发掘出的几则史料可以发现，日语之报道无论是篇幅还是内容都“更为详尽”。正如金传胜所注意到的那样，这篇报道中关于“白话文事实上绝不是五四运动以后的新产物”等阐发是其余两则史料中未曾涉及的内容，且从上录的报道中可见，郁达夫用了大量的篇幅去讨论青年对于白话文的接受，以及思想和文学之间的关系，这也是与其他两则史料之间最大的不同。也正因如此，应该可以推断，除了“带有情感的新写实主义”外，郁达夫所言“得要领”之内容，也应包括于此。

作者简介：宋新亚，日本大阪大学招聘研究员，研究方向为中国现代文学。

# 闽游遗珠

## ——试论新发现的郁达夫三首佚诗

余景行

### 一

第二次世界大战结束四十年后的1985年，是郁达夫烈士在海外殉难的第四十个年头，同时也是郁达夫研究在中国大陆重新兴起的元年。

为了不能忘却的纪念，上海学者陈子善与王自立两位先生合作先行，与时间赛跑，抢救“文物”，编成一部里程碑式的郁达夫研究文献《回忆郁达夫》。书前环衬铭印着“谨以本书　纪念郁达夫先生遇害四十周年”两行醒目黑字。《编辑说明》告诉读者：“郁达夫一生各个时期的活动，包括留学日本、创办创造社、执教北京大学、南下广州、大革命前后在上海、迁居杭州、抗战军兴去武汉、远走南洋，直至最后以身殉国，在本书中都或多或少得到了反映。”

还有三段短暂而不容忽视的时期：安庆、武昌、福州，虽未提及却并未漏收，郁达夫一生的行藏概尽乎于此。

郁达夫入闽时间在1936年2月间，陈其强先生编写的《郁达夫年谱》（浙江大学出版社，1989年）认为，这次赴闽，是因郁达夫“起了绝大的游兴——想南下泉漳，去看一看倭寇的故垒及前明末世的遗踪，北上武夷，好品评品评三三六六的山水与水貌”，还说“可以多看一点山水，多做一点文章”。据王映霞说，郁达夫此去福州，一方面固然出于游闽之心，另一方面，陈公洽招其出任，亦出于“找一位精通日语，在日本人眼中有点声望和地位的人，来专门应付当时蜂拥而至的日本政客、军人、特务、浪人等特殊客人……”[1] 的打算。这当然是堂而皇之的说法。

舍离杭州爱巢“风雨茅庐”赴闽入职，其实标志着郁达夫其后的万里投荒踏出了第一步。《毁家诗纪》第一首开头两句就是“离家三日是元宵，灯火高楼夜寂寥”，远走他乡情非得已之感透过纸背。“只身南下，意欲漫游武夷太姥，饱采南天景物，重做些记游述志的长文，实就是我毁家之始。”这并不是诗人的敏感神经或者错觉，而是实实在在的爱情婚姻危机。

郁达夫的学生也看出老师的家庭出了问题：“我们是师生关系，关于郁先生为什么把家眷放在杭州，只身入闽，我是不好问的。”[2] 不只是学生，与郁达夫熟稔的，“他们觉得当时郁达夫在杭州无论是社会环境或者是家庭环境，均不能再逗留了，还是迁地为良”[3]。若不是为了顾全“每对人自称厅长夫人，于以取乐”的妻子，郁达夫该不会豁出去厕足官场。杭州学者罗以民先生认为，郁达夫赴闽的行动与“保家”有重大关系，因为背后牵涉到神秘大人。[4] 郁达夫确实是奔着福建省教育厅厅长去的，论资历、论声望，郁达夫担任一个教育厅厅长是绰绰有余的。[5] 然而造物弄人，教育厅厅长的位置始终没有留给他。合该福州有福，虽然少了一位教育史上的郁厅长，但是福建地方文学这条支流得以汇入以郁达夫为代表的新文学主流，这又是福建之幸。[6] 外省来福建的作家中，影响最大的是在厦门大学教过书的鲁迅先生；来福州的，只有叶圣陶、郭绍虞两位，在美国教会办的协和大学教过书，其余

---

[1] 陈其强：《郁达夫年谱》，杭州：浙江大学出版社，1989 年，第 323—324 页。
[2] 张白山：《我所知道的郁达夫》，载陈子善、王自立编《回忆郁达夫》，长沙：湖南文艺出版社，1986 年，第 348 页。
[3] 陈觉民：《郁达夫在福州》，载陈子善、王自立编《回忆郁达夫》，长沙：湖南文艺出版社，1986 年，第 376 页。
[4] 罗以民：《天涯孤舟：郁达夫传》，杭州：杭州出版社，2004 年，第 174 页。
[5] 陈觉民：《郁达夫在福州》，载陈子善、王自立编《回忆郁达夫》，长沙：湖南文艺出版社，1986 年，第 374—389 页。
[6] 参见徐君藩等编：《两岸故人集》，福州：海峡文艺出版社，1994 年，“代序”第 1—4 页。

的似乎还不多见。所以郁达夫一来，就轰动了福州市。[1]

## 二

早在1979年，郁达夫研究学者、福建师范高等专科学校的张均先生，曾经访问本省的前辈和师长，收集到许多第一手资料，首先关注到郁达夫和福建这一课题，得出郁达夫对福建现代文化厥功至伟的结论。[2] 这些前辈和师长，可能不但包括了郁达夫在福建省政府任职的旧同事，更多的是活跃在20世纪30年代福州文坛的新秀。福州这批文学青年，在郁达夫等新文学大师的带动和指引下，造成了富有朝气的福州文坛。[3] 诗人黑尼（1917—2001）正是当时倾心郁达夫的福州好青年之一。何以见得呢？郁达夫刚来到福州住在苍霞洲基督教青年会（Y. M. C. A）宿舍的后两日，黑尼就前来访晤。当天《福建民报》报道郁达夫入闽，“像春风般传遍福州文艺界”。当时黑尼如何辨识郁达夫本尊呢？这倒不难，原来他早已在《论语》上见到郁达夫赠给林语堂的玉照（该签名照片广为人知，何以流传至今，个中原因似为他人所未道及）。拜访时还正好赶上工友给郁达夫送聘书，郁达夫先生面露愉快，掏出两个银圆打发给了省府工友。这次拜会“春风沉醉，像醇酒”，黑尼不愧是与郁达夫先生心有神会的诗人，为了纪念这初次会晤，他不但及时写诗《丙子元宵，访郁达夫先生于青年会宿舍》，诗云：“月色江声共一楼，隔桥锣鼓闹难休。先生休洒新亭泪，有福由来是此州！”诗下自注：首句引用郁先生为《瑰玱诗刊》题词。[4] 之后又作文《春风沉醉的晚上——忆初访达夫先生》。[5] 诗也好，文也好，都直接移用郁达夫诗句或文题；值得注意的是，“先生休洒新亭泪”一句诗暗含着对郁

---

[1] 钱履周：《达夫在闽轶事》，《福建文史资料》，1988年第19辑。

[2] 张均：《郁达夫的文学道路》，福州：福建教育出版社，1997年。

[3] 参见徐君藩等编：《两岸故人集》，福州：海峡文艺出版社，1994年，“代序”第1—4页。

[4] 黑尼：《风雨集》，福州：自印本，1991年，第32页。

[5] 黑尼：《春风沉醉的晚上——忆初访达夫先生》，载徐君藩等编《福州文坛回忆录》，福州：海潮摄影艺术出版社，1993年，第199—201页。

达夫的某种回应，然而又点到即止了。这一幕与一年后在厦门，郑子瑜初次拜见郁达夫的情景何其相似乃尔。在郁达夫研究史上，郑子瑜先生是举足轻重的人物，他对郁达夫的终身情意是知者尽知。可是直到如今，黑尼对郁达夫先生的深情，他提供的极具文学价值和文献价值的回忆文章，却尘封在书山这么多年并不为人知。1936 年郁达夫在福州写给厦门郑子瑜的一封信直到 2015 年才引起陈子善先生重视[1]，2016 年正式纳入全集佚简。[2] 那么，可想而知，郁达夫初见黑尼时的赠诗，若不是后者诗人使命在身，若不是郁达夫研究云开雾散，若不是福建主事者开明，郁达夫初到福州所写的这三首诗恐为沧海遗珠了。

## 三

南朝往事去悠悠，有福何尝一福州。
今日凭栏休洒泪，偏安事业亦千秋。

东南形胜足偏安，赵宋王朝梦里残。
奚怪今人咏风月，新亭我却耻儒冠。

剩水残山月仍圆，客心何用转凄然。
春风十里南台处，且听珠娘弄管弦。

这三首诗经由黑尼在《郁达夫先生在福州琐忆》中毫无保留地公布出来，刊载于 1988 年福州出版的《福建文史资料》第 19 辑（人物述林）。三首诗皆不曾出现在《郁达夫全集》，佚诗！三首！郁达夫研究资深前辈学者身在福州的陈松溪先生近水楼台，考证郁达夫时也曾引用《福建文史资料》，不知为何也没注意到，简直不可思议！这不能不令人

---

〔1〕 陈子善：《郁达夫致郑子瑜佚简》，载《不日记二集》，济南：山东画报出版社，2015 年，第 11—13 页。
〔2〕 陈子善编：《全集补》，北京：海豚出版社，2016 年，第 57 页。

“心跳加速”。但确否为郁达夫所作，有人或许存有疑虑，还需略为考释。除了黑尼本人，还有另外一位福州文坛的亲历者林冷秋回忆郁达夫时也道及两首诗。

1936年2月4日，郁达夫来福州，下榻于南台苍霞洲基督教青年会的客舍，他频繁地接待记者和文化界青年的来访，应邀出席各种宴会，并为慕名求书的人们写下大量的诗词条幅。他来的那天晚上，同几位文学青年在南台仓前山一带游览。那天恰逢元宵节，大街火树银花，急管繁弦，一幅太平景象。他对此感慨甚深，于游览中对青年朋友谈了许多南宋往事，愤慨地斥责国民党政府一如赵宋王朝，对外屈辱让步，苟且偷安，对内欺压人民，于残山剩水中却恣情享乐。那一夜回去后，他乘兴写了两首旧体诗，赠给同游的青年友人。〔1〕林冷秋提到的两首诗与黑尼提供的三首中的其一其二完全相同。而且他的回忆与黑尼《春风沉醉的晚上——忆初访达夫先生》中所记录的高度吻合：

> 这一夜，恰值元宵佳节前夜，从餐厅倚窗远眺，大街上火树银花，急管繁弦，完全是一片“大地春风十万家，偏安原不减繁华”那种苟且偷安下的“升平”气象。先生对此感慨甚深，为我们讲了许多南宋往事，并谓此等现象，自古已然，于今尤烈，福州面对台湾，而闽人都怀着“福州有福”的侥幸心理，实是自欺，必须及时唤醒。先生越说越显出愤激之情，含在嘴角的烟蒂已快燃及胡须，还不自觉地把它扔掉。〔2〕

两段回忆文字的内容，几乎就是三首诗作的散文化表述，诗与文是互相印证的。郁达夫的文体，无论散文小说皆是自成一家。新加坡学者方修曾这样评论：即使郁达夫没有署名，所有经常阅读郁达夫作品的朋

---

〔1〕 林冷秋：《郁达夫在福州三年间》，载徐君藩等编《福州文坛回忆录》，福州：海潮摄影艺术出版社，1993年，第103页。

〔2〕 黑尼：《春风沉醉的晚上——忆初访达夫先生》，载徐君藩等编《福州文坛回忆录》，福州：海潮摄影艺术出版社，1993年，第200—201页。

友都会从疏影横斜、摇曳多姿的文字中，轻易地看出那确是郁的才子之笔。[1] 这三首诗，经常阅读郁达夫作品的读者，特别是熟悉郁达夫诗词的读者，恐怕心中已经有了明朗的答案。古典文学专家蒋祖怡将郁达夫诗词归为六大类：爱情诗、政论诗、论诗诗、山水诗、异国风情诗以及题画诗，这些不同类型的诗各有特点和成就，最后总的风格是“豪华落尽见真淳”。这三首诗不好完全归入上述哪一类，或许可以算作郁达夫诗词的第七个大类：赠勉诗。虽为赠诗，但分明可以看出郁达夫诗词的情感特点：一个“真”字；同时也能看出郁达夫诗歌的风格特色：一个“韵”字，那种“风神绰约，韵味盎然，令人有一唱三叹，回肠荡气之感”[2] 确实不是任谁都能模拟出来的。

郁达夫赠诗，又会注意对方年龄身份等的差异，并视与对方契合程度而定。一般的说法，郁达夫先生对于初次求字者多写前人句，而对投合者不吝写自己的诗句。郁达夫初见厦门记者赵家欣就是如此。赵希望郁达夫先生写一幅龚自珍的条幅“避席畏闻文字狱，著书都为稻粱谋”，郁达夫对他说：“你尚年轻，此诗现在对你还不适用，但望今后永不适用。”于是为他写下了《青岛杂事诗》其一。[3] 郁达夫当然不乏金刚怒目的诗，但是他面对青年时心地是那样纯洁，与青年相处时情绪又是那样克制。他虽然有时默认青年从事激进的工作，却也从不鼓励他们去冒险。

在全民族抗战爆发的前夕，在人心惶惑不安的年代里，这三首诗表现出来的寄幽愤于平和，与自己内心冲突妥协的感情色彩，不会陷眼前的年轻人于凶境，不只是在自励，更在于保护年轻人。这种思想在郁达夫身上也是一贯有之的。这三首诗没有诗题，就思想内容和表现手法而言都是统一的，可以看出是一气呵成的组诗，诗中偏好用语和独特用典

---

〔1〕 郁风：《编者前言》，载《郁达夫海外文集》，北京：生活・读书・新知三联书店，1990年，第5页。

〔2〕 吴战垒：《郁达夫诗词》，载陈子善、王自立编《郁达夫研究资料》，广州：花城出版社；香港：生活・读书・新知三联书店香港分店，1985年，第330页。

〔3〕 赵家欣：《忆郁达夫先生》，载陈子善、王自立编《回忆郁达夫》，长沙：湖南文艺出版社，1986年，第403页。

皆不难从郁达夫之前之后的诗作中找到出处。试举几例：

南朝往事去悠悠：
南朝句：南朝天子爱风流（《过岳坟有感时事》）
悠悠句：呐喊彷徨两悠悠（《赠鲁迅》）

有福何尝一福州：
万斛涛头一岛青（《青岛杂事诗》）

偏安事业亦千秋：
偏安原不损繁华（《乙亥元日读〈龙川文集〉暮登吴山》）

东南形胜足偏安：
劫数东南天作孽（《钓台题壁》）
长淮形胜比雄关（《赋呈德公》）

新亭我却耻儒冠：
泣上新亭望帝城（《感时》）

春风十里南台处：
大地春风十万家（《乙亥元日读〈龙川文集〉暮登吴山》）
秋来十里松陵路（《听丹书画伯述小红事有赠》）

无须更多引证了，无论从修辞学还是诗歌意境上，甚至只从语感上，就可以确认这三首诗与郁达夫诗集中的清词丽句同为孪生兄弟，只是它们分散得太久太久了。

## 四

黑尼《郁达夫先生在福州琐忆》一文的价值绝非仅仅贡献出了三首郁达夫佚诗，这是郁达夫研究史上一颗失落的明珠。

黑尼先生道人所未道。

例如，郁达夫从来不发表对于新诗的意见，他的学生们也没听他评论过新诗，尽管郭沫若、徐志摩、戴望舒这几位代表诗人都是他的挚友。但是郁达夫对新诗提出了一个重要意见：要写好新诗，必须多读旧诗。反观现代成就卓越的新诗人的旧学功底，可谓至简直明，一语道破玄机。

再如郁达夫和郑振铎，创造社和文学研究会的两大巨头竟有过再次合作。郁达夫为帮助青年诗人陈洪海上暨南大学而写信给郑振铎，可惜校务委员会未能通过。黑尼虽然就读于暨南大学，却是在苦待十年直到抗战胜利后才返校的。华东师范大学地理系教授钱今昔（1918—2012）或许知情，可惜无法求证了。他其时正就读于暨南大学文学院，是王统照授业弟子〔1〕，毕业后辗转来到东南，融入福建作家群，结识一群“心心相通的文友”〔2〕。现存一册黑尼签名赠送给“今昔教授”的《秕糠集》或可证明，扉页除题签落款钤印外还附有便笺：

> 君藩兄转示大札，拙作谬荷赞许，不胜愧怍。现寄奉台版《秕糠集》乞指教！今昔教授　黑尼 1991.9.15

钱今昔教授在《盛衰一梦胡健中》一文中多处语及郁达夫、王映

---

〔1〕 钱今昔：《亲切授业最难忘》，载《回忆王统照》，北京：中国文史出版社，2017 年，第 109—110 页。

〔2〕 钱今昔：《闽江月明挚友情》，载徐君藩等编《福州文坛回忆录》，福州：海潮摄影艺术出版社，1993 年，第 231—237 页。

霞，对郁、王显示出了持久的兴趣，表达了对郁达夫应有的尊重。[1]至于郁达夫在福州因广泛接触各个层面的人物而引起青年文艺工作者陈揖旗的抨击[2]，简直就是杭州时期孙用（1902—1983）对郁达夫的言行责难而上书鲁迅先生故事的翻版。[3] 鲁学专家陈漱渝曾写信问孙用为何要写那样一封信，孙用回复说因为“年少气盛”。陈先生感慨岁月会对一个文人的性格不断打磨，晚年的孙用与年轻时判若两人。[4] 青年总是不及鲁迅观人深刻，也许只有当他们老了才能懂得鲁迅对郁达夫“同情的理解”。

黑尼告诉读者，这三首诗隐藏了半个世纪之久，完全来自郁达夫的本意：他写了三首旧体诗送给我，坚嘱我勿以示人。这是“由于当时环境的关系”使然，并不是他私藏心重。这就不难理解，为何直到 1988 年，神州大陆各行各业展现复兴景象，郁达夫研究学会业已宣告成立，黑尼才打破秘不示人的心灵契约。

黑尼作为郁达夫在福州时期的“密接者”之一，对郁达夫的《闽游日记》有着非同寻常的理解，他看到了郁达夫的实际活动与日记记录取舍之间的不对等，进一步证实了郁达夫公开出版的日记其实存在言说限度（能见度）的问题，这对于后世正确解读郁达夫的种种“日记文学”大有裨益。

## 五

黑尼原名陈毓淦，在福建省文史馆官方网站上查得简介，毕业于国立暨南大学国际贸易专业，新旧两个时期都曾从事税务工作。他以新诗

---

〔1〕 钱初颖编：《花与微笑：钱今昔文存》，上海：上海三联书店，2015 年，第 352—360 页。

〔2〕 陈揖旗作《关于郁达夫在福州》，对郁达夫在福州的活动提出他的看法。见林仲麟（林冷秋）：《冰华开垦的处女地——记 1936 年福州〈小民报〉副刊〈新村〉》，载徐君藩等编《福州文坛回忆录》，福州：海潮摄影艺术出版社，1993 年，第 298—303 页。

〔3〕 黄源：《在〈蜃楼〉描绘的葛岭追念前辈郁达夫》，载陈子善、王自立编《回忆郁达夫》，长沙：湖南文艺出版社，1986 年，第 310—319 页。

〔4〕 陈漱渝：《孙用印象》，《新文学史料》，2021 年第 1 期。

人身份活跃在20世纪三四十年代的福建文学界，由他主要负责的《南风》诗刊独步福州诗坛[1]；他诗名远播，并不局限于东南一隅；1936年创刊于北平而影响“全国各大城市”的《小雅》诗刊（吴奔星先生主编）作者阵容群星璀璨，黑尼的名字赫然位列其中（与名诗人林庚并列）。[2] 他的新体诗作的功力并不亚于传统诗词[3]，可惜生前未见出版，现在能找到的《秕糠集》《风雨集》等，是为自印1931—1949年间所作旧体诗词。他初见郁达夫时虽只有19岁，却从14岁就开始写诗，与郁达夫开始作诗的年龄正好相仿。在他身上既体现出新文学的时代力量，同时也没有偏废传统的古典气息，或许郁达夫从这个福州青年身上看到了自己曾经的模样，才会对他如此青睐有加。

在一本签名本《风雨集》扉页，受赠人留下这样一段文字：“于南后街遇毓淦兄　他即从手提包中抽出一册相赠。94.3.”可见他虽出身商科，却始终保持天真烂漫的诗人本色，也从一个侧面折射出他对旧体诗的理论自信与创作自信。

在郁达夫关照过的众多文学青年中，有像沈从文那样的文学大师，有像刘大杰那样的大学者，有像李俊民那样的革命家，有像刘开渠那样的大雕刻家，有像贺扬灵那样的政治家。[4] 同为暨南大学校友，黑尼不像钱今昔教授那样幸运，黑尼埋没了他那么新潮的国际贸易专业。命运唯所遇，有幸有不幸，无可奈何。但凡是受到过达夫先生拂携的，只要良心不泯，总在寻找机会报恩。黑尼诗集中现存四首以郁达夫为题的旧体诗，第一首作于1936年初见郁达夫之时，1946年读到胡愈之先生《郁达夫的流亡和失踪》，得知达夫先生遇难之时情难自禁连写了第二、

---

〔1〕 黑尼：《抗战前夕福州的几个诗刊》，载徐君藩等编《福州文坛回忆录》，福州：海潮摄影艺术出版社，1993年，第293—297页。

〔2〕 吴奔星：《〈小雅〉诗刊漫忆》，《新文学史料》，1983年第1期；吴奔星：《烂缦胡同之恋》，载吴心海编《待漏轩文存》，上海：上海辞书出版社，2014年，第208—216页。原载《光明日报》1995年1月25日。

〔3〕 辰乞：《后记》，载《桑榆集》，自印本，2001年。

〔4〕 郁黎民：《浙江行署贺扬灵主任》，载《我这一生》，长沙：湖南文艺出版社，2013年，第31—32页。

三两首。一而再，再而三，三而四地咏怀郁达夫，之前仅见于刘大杰。〔1〕郁达夫与黑尼并无师生之名，但黑尼对郁达夫先生的情谊之深，似并不稍逊达夫先生的众贤弟子（黑尼有个笔名“郁甘”，与本名谐音，却露心迹）。

郁达夫来福州的1936年前后，正是福建文坛的黄金时代。〔2〕郁达夫殉难四十周年之际，除北京和故乡杭州富阳两地之外，福建文学界也举办了纪念会。郁达夫入闽纯属私人原因和偶然，不意却以他的天才和光辉人格逐渐成为福建文坛最重要的精神支柱，身后留给福建可观的文学遗产，其意义正如鲁迅先生之莅临厦门。现在这三首佚诗为郁达夫在福建短暂而绚烂的文学与生命行旅作了雪泥鸿爪的见证。

最后附上一首黑尼晚年诗作《于山观摩岩郁达夫〈满江红〉石刻》，以志情缘：

伟烈丰功敌胆寒，
先生词作迹犹殷。
中华自具同仇忾，
万劫不磨一寸丹！

2021年12月22日初稿
2021年12月29日二稿
2021年12月31日三稿

作者简介：余景行，本名余垒，2004年毕业于湖北大学汉语言文学专业，业余时间从事郁达夫研究。

---

〔1〕陈子善：《刘大杰四咏郁达夫》，载《不日记三集》，济南：山东画报出版社，2017年，第210—214页。
〔2〕林仲麟（林冷秋）：《冰华开垦的处女地——记1936年福州〈小民报〉副刊〈新村〉》，载徐君藩等编《福州文坛回忆录》，福州：海潮摄影艺术出版社，1993年，第298页。

# 从手稿本到删改本

## ——《她是一个弱女子》的版本与修改

汤志辉　郑师懿

在郁达夫小说创作史上，《她是一个弱女子》占据着特殊的位置，它以全新的叙事面向与艺术效果标志着郁达夫创作的重要转变。小说出版的同年，就引来了不少评论，有批评也有褒扬。其中刘大杰撰文称："作者自己说，这本书恐怕是他作品中最恶劣的一篇，我觉得不然。我觉得在郁先生所有的作品中，这是很值得注意的一本书。"因为，郁达夫此前的作品"无论长的短的，几乎没有一篇，不是描写他自己，至少是把他自己经验过的事件，改了一下装，写出来的东西。因此，他作品中的主人公的观念态度言行和身世，几乎成为一个共同的典型，而在他每篇的作品里出现了"。但是"《一个弱女子》在他的作品中，是穿着完全异样的装束出现的。明白地说，作者在这本书里，是完全改变了他从前的作风。他抛弃了作者自己，把题材扩张到社会的各方面去了。在这本书里，我完全找不出时常出现在他从前作品中的那种贫穷漂泊的作者个人的影子。每一个人，都有他特殊的个性特殊的身份，并且都是社会上实有的人物实有的事件，所以我们读来，觉得很有趣味了。作者十几年来从未有变过的作风，这次在《一个弱女子》里起了转变的这件事实，我们是必得注意的"〔1〕。刘大杰看到了郁达夫这篇小说与其过去创作小说的重要转变，自叙传色彩变弱，小说的社会性得到了加强。

正是这篇小说社会性的加强，使得它被国民党当局三禁三改，最终仍难逃被禁命运。在删改过程中，出现了手稿原本、手稿改定本、初版

〔1〕 刘大杰：《读郁达夫的〈一个弱女子〉》，《申江日报》，1932年9月25日。

本、再版本和删改本等不同版本。在版本变迁过程中出现了大量异文，这些异文有些是标点符号或字词的微调，主要是作者出于艺术完善的考虑，无碍于文本意义的整体表达；有些则涉及篇幅的大段增删，蕴含着作者的美学立场或是构思编排的重要变化轨迹，可由此侧面观得时代语境及意识形态的某些“留痕”。对于这些各异版本的整理和研究，特别是删改前后的对校梳理，可以窥得作家的审美心理如何影响文本演变，以及个人写作与时代语境的复杂关系。本文侧重从艺术改编与时代语境两个维度探讨《她是一个弱女子》的版本问题，在试图复原作者创作实相的同时，也为我们进一步探讨郁达夫创作观提供了更真实有效的切入视角。

## 一、《她是一个弱女子》的版本谱系

郁达夫在1927年便开始着手构思这部小说，但从原书题记和末尾《后叙》的落款时间，可知小说是于1932年淞沪抗战期间以十天的时间创作完成的。关于这篇小说的创作，刘大杰曾回忆：“作者自己曾告诉过我，当上海战事紧张，百业凋零，经济压迫得无可奈何的时候，费了十天的工夫，写好这本书，换了几个钱，度过了当时极其窘迫的日子。”[1] 郁达夫后来在《沪战中的生活》中对这一创作过程又有进一步的交代：

> 在战期里为经济所逼，用了最大的速力写出来的一篇小说《她是一个弱女子》。这小说的题材，我是在好几年前就想好了的，不过有许多细节和近事，是在这一次的沪战中，因为阅旧时的日记，才编好穿插进去，用作点缀的东西。我的意思，是在造出三个意识志趣不同的女性来，如实地描写出她们所走的路径和所有的结果，好叫读者自己去选择应该走哪一条路。三个女性中间，不消说一个

〔1〕 刘大杰：《读郁达夫的〈一个弱女子〉》，《申江日报》，1932年9月25日。

是代表土豪资产阶级的堕落的女性，一个是代表小资产阶级的犹疑不决的女性，一个是代表向上的小资产阶级的奋斗的女性。这小说的情节人物，当然是凭空的捏造，实际上既没有这样的人物存在，也并没有这样的事情发生过的。[1]

郁达夫在这段概述中详细阐明了小说的创作宗旨和意图，小说以1927年四一二反革命政变前后至1932年一·二八淞沪抗战的社会现实为创作背景，通过不同的人物群像连缀情节，描绘了郑秀岳、冯世芬和李文卿三个青年女性的不同人生道路和结局，同时也包含了郁达夫关于“弱国情结”的影射和宣泄。

这部小说于1932年4月20日由湖风书局首次出版（下称“湖风初版本”），并被列为“文艺创作丛书”之一，印数1500册。但该书问世不久后即被国民党反动派指为“普罗文艺”并禁止发售。湖风书局被封之后，文艺书籍的纸型转让给现代书局。现代书局为了躲避审查采取倒填年份的方式，于同年（版权页作1928年12月）12月重印一版（下称“现代修改本”）。1933年该版也因内容“暗示阶级意识，描写淫秽情节”而遭查扣。关于该书查扣禁售令如下：

“案准内政部警字第一三八三号：咨以据上海湖风书局及现代书局先后以郁达夫所著之《她是一个弱女子》著作物呈请注册到部。当以该书内容与著作权法第二十二条之规定显有违反，业经分别批示，不准注册在案。查该书内容暗示阶级意识，描写淫秽情节，实属违反出版法第十九条三、四两款之限制，亟应依照同法第二十三条之规定禁止该书发行，相应咨请查照转饬主管机关遵照办理，见复为荷。等由，到府除分令外，合行令仰该局，即便会同公安局遵照办理，具复此令”等因；奉此，除呈复，并分别令行外；合行令仰一体注意查扣，一律禁售为要。

---

〔1〕郁达夫：《郁达夫自传》，南京：江苏文艺出版社，2012年，第168—169页。

此令。

中华民国二十二年六月六日

局长潘公展〔1〕

经过交涉，当局同意按其要求删改后出版，但删改的重心却不是所谓“描写淫秽情节”之处，而是审查者认为暗示阶级意识，鼓动革命政变的表述。例如“新军阀”“共产主义”这些政治指向十分明确的词汇，在1933年的时代背景下自然不能公之于众。改后重新出版的书中革命意味大大弱化，对于军阀混战以及日军屠杀平民等场景的纪实性描述也基本删去，同时关于肉欲及情色的描述也大大洁化。删改本于1933年12月重排出版。扉页上印有“本书原名《她是一个弱女子》奉内政部警字第四三三号批令修正改名业经遵令修改呈部注册准予发行在案”的声明，并将书名改为《饶了她》（下称“《饶了她》本”）。该书名取自吴一粟为郑秀岳求饶时的乞语：“饶了她，饶了她，她是一个弱女子！”初版书名用的是下半句，而删改本用的是含义双关的上半句，在原题所寓的同情悲悯意味之上又重新赋予了一层讽刺色彩。因为这本书与郑秀岳的命运如出一辙，《饶了她》也并没有真正地被“饶”。到了1934年4月，国民党反动派又给它安插上“诋毁政府”的罪名，在禁止出版的同时没收了全部存书。〔2〕

综上所述，《她是一个弱女子》较为重要的版本有以下几种，如下所示。

手稿原本　1932年创作，2017年中华书局影印出版

↓

手稿改定本　1932年，在原稿基础上直接进行修改

〔1〕《为奉令取缔湖风书局等出版之〈她是一个弱女子〉刊物转令一体禁扣、一律禁售由》，《上海市教育局教育周报》，1933年6月13日。

〔2〕参见郁达夫：《郁达夫手稿：〈她是一个弱女子〉》，北京：中华书局，2017年，“序言”第6页。

↓

湖风初版本　湖风书局 1932 年 4 月版

↓

现代修改本　现代书局 1932 年 12 月版（版权页作 1928 年 12 月）

↓

《饶了她》本　现代书局 1933 年 12 月版

在《她是一个弱女子》版本变迁的过程中，按时间顺序可以归纳为：手稿原本、手稿改定本（在原稿基础上直接进行的修改）、湖风初版本、现代修改本、《饶了她》本。其中以手稿改定本、湖风初版本以及《饶了她》本改动较大，因此本文主要围绕这三者的改动加以探讨。

## 二、艺术的完善：手稿本与初版本的修改

《她是一个弱女子》手稿共 154 页，对折装订成册，封面有郁达夫亲笔书名："她是一个弱女子"。该手稿 2017 年由中华书局影印出版，这对郁达夫手稿整理与研究有重要意义。参与其事的陈子善称："郁达夫中篇小说《她是一个弱女子》手稿本的影印问世，不仅使读者能够欣赏难得一见的郁达夫钢笔书法，对郁达夫手稿的研究更是零的突破，对整个郁达夫研究也具有非同寻常的意义。"[1] 此手稿既为初稿，同时又在其基础上斟酌修改，完整保留了作家在创作时的谋篇布局与精细构思。整部手稿行文流畅，并没有"伤筋动骨"的结构性大调整，但每一页几乎都有或大或小的变动。有时一页修改有十余处之多，且先后进行了数次修改。这些遗留在手稿原本上的修改痕迹，使"我们可以揣摩郁达夫怎样谋篇布局，怎样遣词造句，怎样交代时代背景，怎样描写风土人情，怎样设计人物对话，怎样塑造主人公形象，一言以蔽之，可以窥

〔1〕 郁达夫：《郁达夫手稿：〈她是一个弱女子〉》，北京：中华书局，2017 年，"序言"第 3 页。

见郁达夫是怎么修改小说的"[1]。手稿本的修改大多数是字词的增删或者调换顺序，这些细微修改主要是出于艺术上的完善，或称之为修辞性的改动，现将其归纳为以下几个方面。

一是使表达更为具体精确。例如手稿本第 41 页第 8 章，冯世芬欲在"有一天五月将尽的闷热的礼拜二的午后"去上海接刚回国的舅舅陈应环，但翻阅手稿可以看到"礼拜二的"这个明确的时间节点是后来加上的，为后续情节开展提供了时间依据。手稿本第 73 页第 14 章中，手稿原文为："世间所非难的什么血族通奸，长幼交好之类。"作者后将"长幼交好"改成"长幼聚麀"，在意义上虽然没有太大变动，但"聚麀"将语义范围缩小至两代间的乱伦行为，使李文卿的这段自我辩护更具指向性，用词上的生僻化取向也更加贴近李文卿喜欢卖弄辞藻的性格。

二是使描述更加真实妥帖，更符合人物性格及心态。比如手稿本第 97 页第 18 章手稿原文中，照顾冯世芬的一位幼年男工在看到她醒来后说的是："喔，冯世芬同志，你醒了么？好好，我马上去拿开水来给你喝好不好。"作者斟酌后将其改为："啊，世芬阿姊，你醒了么？好好，我马上就倒点开水给你喝。"显然，郁达夫在创作这部小说时显示出创作实践上的调整，郁达夫想要把冯世芬塑造为奋斗的革命者形象，但其擅长的抒情技法并不能完美承载革命题材如洪钟大吕般的浑厚底色。所以，通读全书不难发现冯世芬这一形象相较郑秀岳而言，略显粗糙单薄。作为描写革命者间深情厚谊的场景，作者在此处有意修正革命者身上的平面化色彩，进行了精细的修饰和加工，对人物的内心活动、情绪与思路的描摹更加细致合理，修改后的对话更加口语化且富于表现力。把"冯世芬同志"改为"世芬阿姊"更符合幼年男工的人物个性和时下情境，也使得革命者之间的情感更为真实细腻。第 104 页第 19 章在谈及吴一粟编纂的杂志收录文章情况时，原文介绍如下："关于苏俄的女性及性生活的介绍，却是一篇也没有。"后改为："关于苏俄的女性及妇

---

〔1〕 郁达夫：《郁达夫手稿：〈她是一个弱女子〉》，北京：中华书局，2017 年，"序言"第 9 页。

女生活的介绍，却只有短短的一两篇。”作者把“性生活”改为“妇女生活”，把“一篇也没有”调整为“一两篇”，在增加文本可信度的同时，也更加贴合吴一粟“谈性色变”的卫道士形象。

三是通过字词的变动寄寓作者的感情色彩，使语句的内涵得到进一步延伸。比如手稿本第57页第11章中，作者借李文卿床伴之口来讲述“他的历史和李文卿的家庭关系。说他本来是在徐州乡下一个开宿店兼营农业的人”。在后续的修改中，作者在原文的两个“他”之后都插入了“——李文卿的爸爸——”来吸引读者注意，同时着重强调人物的亲缘属性和身份体认。原文虽然也是在谈论李文卿家境的殷实显赫，但其内涵远不如改后的语句丰富。从这个细微却精妙的添改中，作者将对话人物选定为李文卿的床伴们，这些爱慕虚荣的青年们将李文卿的家世视为夸示和炫耀的谈资，并借她们之口寄寓了作者对于李文卿一家所代表的土豪资产阶级的蔑视和不屑，以及对于这一乱伦父女的暗讽。另外在手稿本第78页第14章中，作者简要描述了李文卿和郑秀岳初次夜宿旅店时的环境：“这一天晚上，蒸闷得实在厉害”，而后又将“厉害”改为“异常”，用词上的变动显然体现了叙述意蕴上的延伸。这里的“异常”具有超越气象描写的隐喻意义，以一种更为抽象的口吻去写郑秀岳二人的紧张与焦虑，同时也表现出这段同性情欲的扭曲与反常，从中可以窥见郁达夫在遣词造句时全盘周密的考虑。

四是增加语句的抒情色彩。作者在创作冯世芬写给郑秀岳的信这一章节时，进行了较多这一类型的修改。如手稿本第62页至第63页中改动后的“心里绞割”“无邪地在那里打鼾”“最爱最敬重的母亲”三处，相较于原稿中“心里的如何难过”“无邪地睡在那里”“敬重的母亲”等用词，更注重具象化的细节描摹以及深层次的情感共鸣。冯世芬是一个立场坚定且不囿于世俗眼光，有爱国气节和革命热情的新知识女性，这一人物形象寄寓了作者关于革命女性的理想化塑造。即使在立足于意识形态的文字的处理过程中，仍承继着读者熟悉的“郁式抒情”——反复咏叹、情爱纠缠以及自伤自悼。写这封信的时候，作者对这一转圜于亲情、爱情和理想中的革命者抱有充分的同情和理解，这些细微的修改看似于句意并无太大差别，但字词上的改动使得冯世芬悲伤、眷恋与内疚的感情更加深厚与鲜活，也使得革命者形象不再流于公式化的塑造而具有丰富且深刻的面向。

除了字词和语序调换等细小变动之外，手稿本的修改过程中也出现了较多语句的增替，这些语句的增替主要体现了以下两方面的功用。

一是对人物形象的深入刻画。比如李文卿写给郑秀岳的情书中，原文为："桃红柳绿，鸟语花香，芳草缤纷，落英满地。"作者在此句之后增加"一日不见，如三秋矣，一秋不见，如三百年也"〔1〕。作者在前期对于李文卿这一人物的塑造过程中，着眼点并没有放在丑陋的外貌，而在于通过人物对话及所书文字挖掘她性格中轻浮虚伪、善于玩弄情感的一面，这些"桃红柳绿"的文章看似辞藻华丽，实则空洞无物，无病呻吟，却赢得了郑秀岳的芳心。比如描写吴一粟在得知郑秀岳和两位教员偷情之后，震惊之余不忘劝慰郑秀岳，原文写道："他把张康劝平了下去，一面又向郑秀岳解劝了半天，她才起来。"作者在改动时增加了吴一粟才"从地上扶了她起来，拿了一块手巾，把她脸上的血和眼泪揩了一揩"〔2〕。作者对于吴一粟和郑秀岳这一段战火中的结合自始至终秉持悲观态度，但这并不妨碍作者对这两个苦难怨侣的同情和惋惜。吴一粟这一典型的"零余者"形象不仅带有郁达夫自画性质的苦闷色彩，同时也是战乱中卑微怯懦、贫病交加的大众之缩影。但吴一粟和郑秀岳的结局并不是英雄救美的故事，而是重新演绎了两个不觉悟者如何在大开大合的命运中寻求一线生机。这一连串的动作，虽侧面显示吴一粟身上善良专一且温柔的一面，但更重要的是刻画出在芜杂的社会历史语境中两个精神软弱的悲剧人物在时代大潮面前抱团取暖的无奈场景。

二是对情节的补充叙述。比如在郑秀岳翻阅冯世芬收到的信件时，作者增加了来信者身份的补充说明："发信者有些是教员，有些是同学，还有些是她所不知道的人，不过其中的一大部分，却是曾经也写信给她

---

〔1〕 郁达夫：《郁达夫手稿：〈她是一个弱女子〉》，北京：中华书局，2017年，第27页。
〔2〕 郁达夫：《郁达夫手稿：〈她是一个弱女子〉》，北京：中华书局，2017年，第150页。

自己过的。”[1] 这里作者补充说明了冯世芬的追求者包括教员和同学等等，而且其中大部分来信者也曾写信给郑秀岳。联系二者对于信件不同的重视程度和处理方式，两相对比更加凸显了冯世芬在感情上的独立和意志上的坚定。

另外还有几处改动则是由于作者主观情感的介入。比如第 16 章写到国共合作北伐时，手稿初稿是如此交代的："孙传芳占据东南不上数月，广州革命政府的北伐军队，受了第三国际的领导和工农大众的扶持，着着进逼。革命军到处，百姓箪食壶浆，欢迎惟恐不及。于是军阀的残部，就不得不显出他们的最后毒牙，来向无辜的百姓农工，试一次最后的噬咬。”[2] 修改稿中补充了革命军的行进动向，同时以更加抒情炽烈的语言来控诉军阀的残忍行径，在先前较为直接洗练的叙述文本中掺入了阶级意识和主观情感色彩："孙传芳占据东南五省不上几月，广州革命政府的北伐军队，受了第三国际的领导和工农大众的扶持，着着进逼，已攻下了武汉，攻下了福建，迫近江浙的境界来了。革命军到处，百姓箪食壶浆，欢迎惟恐不及。于是旧军阀的残部，在放弃地盘之先，就不得不露出他们的最后毒牙，来向无辜的农工百姓，试一次致命的噬咬，来一次绝命的杀人放火，掳掠奸淫。”[3] 结合郁达夫日记中关于孙传芳残部与国民革命军第二十九军在富阳对峙的记述，可以看出此时蛰居上海的郁达夫因为信息不通，时刻在忧虑老母及富阳家中亲戚的安危。因而他对孙传芳的愤怒和仇视立场，在修改后的文字中显得更为明确。从手稿看，小说中几段与时局背景相关的文字，删改、增补的地方特别多。作者结合日记以及切身经历尽可能完整翔实地还原革命与战争，同时透过这些文字所承载的具象表达，读者也可以反观这些暗含时代叠影和价值判断的历史角落。

手稿本上大量的修改痕迹显示出作者在美学立场上的修饰和调整，

---

[1] 郁达夫：《郁达夫手稿：〈她是一个弱女子〉》，北京：中华书局，2017 年，第 30 页。
[2] 郁达夫：《郁达夫手稿：〈她是一个弱女子〉》，北京：中华书局，2017 年，第 86 页。
[3] 郁达夫：《郁达夫手稿：〈她是一个弱女子〉》，北京：中华书局，2017 年，第 86 页。

也包含着创作意图上的某些变化轨迹。另外值得注意的是手稿本中多次出现人名的反复改动，比如教员张康在手稿本中原作“姓黄名康”，李文卿女友史丽娟在初次登场时名为“史文娟”，并以“史文娟”的名字出现了3次。包括女主人公郑秀岳在文中11次被写作“郑秀侠”，1次被写作“郑秀岳侠”，而郁达夫仅将其中3处订正为“郑秀岳”。在初版本及再版本中仍可见到“郑秀岳”和“郑秀侠”两者并存于一书中。此三例姓名上的异文并不是由于笔误造成的，因为这些字读音和写法上都相去甚远。但从姓名的来回修改中可以看出作者塑造人物形象的字斟句酌以及人物在作者笔下的不断蜕变和成型的过程。

经1932年4月湖风书局初版本与手稿本对校，初版本的《她是一个弱女子》在手稿本的基础上修改了248处[1]，而1932年12月重印的（版权页作1928年）现代书局版《她是一个弱女子》，由于在付印过程中使用的是湖风书局的纸型，所以相较于初版本而言只有零星几处误植或衍字，故本文不作详细分析。1932年湖风书局初版本与手稿本相比进行的改动，大多是艺术修饰意义上的微调，包括删繁就简以及字词的增删和更替。

一是在现代汉语衍化过程中所出现的异文。比如“鳄鱼”写作“鳌鱼”，“共同”写作“共通”。但这些汉语规范化过程中产生的异动基本不会对理解造成偏差，所以此处不予详细说明。二是加入人称代词使指代更加明确。原文中出于作者的行文习惯，经常在句中省略代词，比如“你把（牠）带了回去”“一定要（我）放在这里的”“不看（她们）又有什么办法呢”，在1932年湖风初版本中，作者将省略的代词重新添上，使得句子的成分更加完整，句意指向更为明显且易于理解。三是书写或排印错误导致的异文。由于手工误植，排版中的误排现象在校对过程中较为常见，较有代表性的如1932年湖风初版本第73页第14章中把原稿所作“下层意识里的一种”误排为“一层意识下的”。又如“二”

[1] 此处修改次数的计算以逗号隔开的半句为最小单位，半句中字词、标点、语句调换分别记为1处。其他增、删的句段连续成片的算1处。

和“三”、“二”和“两”、“他”和“她”、“想”和“相”、“隔”和“割”、“性”和“姓”、“亨亨”和“哼哼”、“眼睛”和“眼镜”这些较为普遍的字词混淆也常有见到。四是使用更符合现代汉语规范的词汇。比如将文言色彩浓厚的“於”“之”“翌”等词分别改为“在”“的”“第二”，以及将口语色彩浓厚的语气词“么”“吓”“呵”改为“吗”“呀”“啊”，将“晓得”改为“知道”，但这方面的修改并不彻底。五是涉及情感指向的词汇的修改。比如在手稿本第19章中，“对于苏俄的乱婚的主张，也不难猜度了”。但是1932年湖风初版本中用“结婚”代替了“乱婚”这一带有主观色彩臆断的词汇，模糊了原句中的贬义基调，这一改动内蕴着作者情感指向上的立场态度。

此外还有一些语句方面的增删，这些改动大多是为了删繁就简，删掉多余字句，使表达更为简洁。如第13章末尾的修改，手稿改定本为：

> 她若在杭州，当然可以帮忙商议，就是她不在杭州，她的同学及先生也很多很多，托托人家，也并不是一件难事。[1]

1932年湖风初版本为：

> 她若在杭州，她的同学及先生也很多很多，托托人家，也并不是一件难事。[2]

作者把“当然可以帮忙商议，就是她不在杭州”删去后并不影响读者理解句意，反而使语句看起来更为简洁。另外初版本在第20章中把“外国帝国主义”改为“帝国主义”，也起到了避免重复的作用。

---

〔1〕 郁达夫：《郁达夫手稿：〈她是一个弱女子〉》，北京：中华书局，2017年，第70页。
〔2〕 郁达夫：《她是一个弱女子》，上海：湖风书局，1932年，第70页。

## 三、性与革命的禁忌：从初版本到《饶了她》

根据1933年《饶了她》与湖风书局初版本《她是一个弱女子》对校后统计，删改本《饶了她》在初版本的基础上修改多达158处。而这其中绝大多数的修改内容为涉及“革命”“屠杀”以及性描写的句段，尤其是对于涉及“革命”和性描写的改动，是“妨害善良风俗”指控下本书重点修改的地方。

首先通过比较涉及“革命”内容的前后修改。1932年湖风书局初版本中用了相当篇幅详细复述了四一二反革命政变的残忍行径。小说中直接指涉这一史实的句段主要集中在第17章到20章。例如第18章中的节选片段：“上海的劳苦群众既忍受了这重大的牺牲，罢了工在静候着民众自己的革命军队的到来，但军队中的已在渐露狐尾的新军阀们，却偏是迟迟其行，等等还是不到，等等还是不来。悲壮的第一次总罢工，于是终被工贼所破坏，死在军阀及帝国主义者的刀下的许多无名义士，就只能饮恨于黄泉，在地下悲声痛哭，变作了不平的厉鬼。”[1] 这段话不仅直接描摹了上海工人大罢工这一真实的政治革命，同时还包含例如“已在渐露狐尾的新军阀们”这类略带戏谑且影射国民党反动当局的词汇。这些基于社会现实的加工创作，包含着强烈的政治意识和阶级色彩，旨在控诉国民党反动派作为屠杀革命群众的罪魁，联合帝国主义和封建资产阶级制造白色恐怖的罪行。这一带有鲜明政治立场的创作在审查的过程中无疑是有悖于反动当权派意愿的，在《饶了她》中都被整段删除。

另外，全书删改幅度最大的当属第20章开头长达748字的影射四一二反革命政变的叙述：

> 新军阀的羊皮下的狼身，终于全部显露出来了。革命告了一个

[1] 郁达夫：《她是一个弱女子》，上海：湖风书局，1932年，第95页。

段落之后，革命军阀就不要民众，不要革命的工农兵了。

一九二七年四月十一日的夜半，革命军阀竟派了大军，在闸北南市等处，包围住了总工会的纠察队营部屠杀起来。赤手空拳的上海劳工大众，以用了那样重大的牺牲去向孙传芳残部手里夺来的破旧的枪械，抵抗了一昼夜，结果当然是枪械的全部被夺，和纠察队的全部灭亡。

那时候冯世芬的右肩的伤处，还没有完全收口。但一听到了这军部派人来包围纠察队总部的消息，她就连晚冒雨赤足，从沪西走到了闸北。但是纠察队总部的外围，革命军阀的军队，前后左右竟包围了三匝。她走走这条路也不通，走走那条路也不通，终于在暗夜雨里徘徊绕走了三四个钟头。天亮之后，却有一条虬江路北的路通了，但走了一段，又被兵士阻止了去路。

到了第二天早晨，南北市纠察队的军械全部被缴去了，纠察队员也全部被杀戮了，冯世芬赶到了闸北商务印书馆的东方图书馆外，仍旧还不能够进去。含着眼泪，鼓着勇气，谈判争论了半天，她才得了一个守门的兵士的许可，走进了尸身积叠的那间临时充作总工会纠察队本部的东方图书馆内。找来找去的又找了许多时候，在图书馆楼下大厅的角落里，她终于寻出了一个鲜血淋漓的陈应环的尸体。因为他是跟广州军出发北伐，在革命军到沪之先的三个月前，从武汉被派来上海参加组织总罢工大暴动的，而她自己却一向就留在上海，没有去到广州。

中国的革命运动，从此又转了方向了。南京新军阀政府成立以后，第一件重要工作，就是向各帝国主义的投降和对苏俄的绝交。冯世芬也因被政府的走狗压迫不过，从沪西的大华纱厂，转到了沪东的新开起来的一家厂家。

正当这个中国政治回复了昔日的旧观，军阀党棍贪官污吏土豪劣绅联结了帝国主义者和买办地主来压迫中国民众的大把戏新开幕的时候，郑秀岳和吴一粟的恋爱也成熟了。[1]

作者在创作时丝毫不吝笔墨，花了整整两页篇幅来叙述四一二反革命政变的残酷与惨烈。郁达夫在此刻意淡化主观抒情化的技法和倾向，而是以冷静而尖刻的态度纪实性地展示革命本身的面貌，连“一九二七年四月十一日的夜半”这一时间节点都精准地与事实相符。而“军阀党棍”“羊皮狼身”“联结了帝国主义者和买办地主来压迫中国民众”这些将矛头直接对准反动当权派的词汇在删改本中无一例外地被勒令删除。删改后的第20章将叙述焦点转向了描述郑秀岳和吴一粟情感升温的契机。虽然原文在描述政变的末尾同样也谈到了“郑秀岳和吴一粟的恋爱也成熟了”，但这句简要伏笔只是为了说明生长于动荡之际的爱情注定要面临夭折的命运。作者将爱情这一叙事线索续接于血腥残酷的革命斗争之下，使得剧情冲突与意义增殖更加复杂化和多面化，体现了郁达夫叙事策略的丰富性。而粗暴地删去动荡的社会背景和革命现实，也使得爱情主线过于单薄而缺乏深度，文本的审美效果也进而大打折扣。

另外还有一些细微的改动，比如在湖风书局版本第12章中，冯世芬写给郑秀岳的信中说：“等杭州的苏维埃政府成立之后，再来和你相见。”[2]《饶了她》中把“杭州的苏维埃政府”改为“杭州××”，以及把出现的“同志”全部改为“同伴”，其实这些词语并无明显的宣传鼓动色彩，但在当时风声鹤唳的政治壁垒与舆论圈层中，这些词语统一被模糊和隐去。

从初版本到删改本最普遍最直接的修改还是体现在大量涉及性描写的内容方面，在中国文学的洁化叙事成规下，性作为评判道德品质的重要准绳时常与堕落腐坏的价值观联系在一起。小说中郑秀岳和李文卿之间的同性情欲关系，以及结尾郑秀岳与张康偷情场面的描写，不仅涉及大量性真实描写，同样也挑战了当时洁化叙事语境所建立的道德准则和

---

〔1〕 郁达夫：《她是一个弱女子》，上海：湖风书局，1932年，第106—107页。

〔2〕 郁达夫：《她是一个弱女子》，上海：湖风书局，1932年，第64页。

训谕立场，因而不可避免地面临“无害化”处理的命运。

在郑秀岳和李文卿的涉性描写中，原书用了将近一页的篇幅来详细描写李文卿初次猥亵郑秀岳的过程，原文用大胆直接的动作描写，将李文卿身体的肮脏丑陋和心理的变态下流暴露无遗：

闻得要头晕的那阵烂葱怪味，却忽而减轻了许多。停了一回，这怪气味又重起来了，同时那只大手又摸进了她的被里，在解她的小衫的纽扣。她又急起来了，用尽了力量，以两手紧紧捉住了那只大手，就又叫着说：

“你作什么？你作什么？我要叫起来了。”

“好好，你不要叫，我不作什么。我请你拿一只手到被外头来，让我来捏捏?”

郑秀侠没有法子，就以一只本来在捉住着那只大手的手随它伸出了被外。李文卿捉住了这只肥嫩娇小的手，突然间把它拖进了自己的被内。一拖进被，她就把这只手牢牢捏住当作了机器，向她自己的身上乱摸了一阵。郑秀侠的指头却触摸着了一层同沙皮似的皮肤，两只很松很宽向下倒垂的奶奶，腋下的几根短毛，在这短毛里凝结在那里的一块黏液。渐摸渐深，等到李文卿要拖她的这只手上腹部下去的时候，她却拼死命的挣扎了起来，马上想抽回她的这只手臂上已经被李文卿捏得有点酸痛了的右手。她虽用力挣扎了一阵，但终于挣扎不脱，李文卿到此也知道了她的意思了，就停住了不再往下摸，一边便以另外的一只空着的手拿了一个凉阴阴的戒指，套上了郑秀岳的那只手的中指。戒指套上之后，李文卿的手放松了，郑秀侠就把自己的手缩了回去，但当她的这只手拿过被头的时候，她的鼻里又闻着了一阵更猛烈更难闻的异臭。

郑秀侠的手缩回了被里，重将被头塞好的时候，李文卿便轻轻的朝她说：

“乖宝，那只戒指，是我老早就想送给你的，你也切莫要把冯世芬晓得。”[1]

但是删改本为了迎合审查者的审美和道德要求，将这些露骨的身体描写通篇删除。最后呈现出的面貌是：“闻得要头晕的那阵烂葱怪味，却忽而减轻了许多。停了一回，这怪气味又重起来了，同时那只大手又摸进了她的被里。一边便以另外的一只空的手拿了一个凉阴阴的戒指，套上了郑秀岳的那只手的中指。轻轻的朝她说：‘那只戒指，是我老早就想送给你的，你也切莫要把冯世芬晓得。’”[2] 动作细节和心理描写的大幅删减使得人物性格的丰富程度减弱不少，同时也使上下情节的承接过于生硬。郁达夫在创作中从不掩饰自己对于爱欲之情以及性本能的肯定。因此，郑秀岳这一人物形象内蕴着作者对于共同人性的体认和共鸣，对于她人生的悲剧底色作者潜意识中一直以怜悯的口吻为其辩护：原文中冯世芬的突然出走使得郑秀岳于爱而不得中被压抑下来的情感依赖转换为爱欲冲动和肉感狂欢。而《饶了她》删去了猥亵情节，故事变成郑秀岳和李文卿仅仅只是同寝而眠的关系，难以解释郑秀岳在初尝情欲快乐之后如何在身体和情感上都被重新激活，以及紧接其后一步步堕落的命运。

此外，像第二次李文卿将郑秀岳带到茶馆过夜时，原书用色情意味更为浓厚的描写，写出了郑秀岳如何由第一次的挣扎恐惧到第二次妥协接受甚至乐在其中。1933 年《饶了她》本在修改时，不仅将对性器官直白不讳的描写删去，而且像脱衣睡觉这类不易让人产生性欲联想的描述同样也删去了。因此，洁化后的第二次同寝就变成了单纯的出游同宿，这使这段同性关系所产生的戏剧张力和深层表征大大减弱。因为作者在原先创作时刻意夸张李文卿的外貌丑陋，以表达对这一人物的憎恶仇视之感，所以在性描写时作者同样以写实的笔法丑化她的身体和思想，以达到塑造一个样貌和伦理意义上皆猥琐的人物形象。但删去性描写后，

---

〔1〕 郁达夫：《她是一个弱女子》，上海：湖风书局，1932 年，第 49—50 页。
〔2〕 郁达夫：《饶了她》，上海：现代书局，1933 年，第 59 页。

李文卿这一人物的饱满度和立体感就受到了根本的影响，造成了由多元到单一的降级，从而留给读者的想象空间也自然受限。

在最后吴一粟目睹了郑秀岳和张康的私会现场时，原文并没有太多性描写的内容，而是将叙述中心放在交代郑秀岳和两个教员的偷情史上。但在寥寥几笔的裸露场面的描写中，审查者也要求将“胸乳是露出在外面的”〔1〕“把衣服裤子穿一穿好”〔2〕这种涉及裸体描写的句子删除。

在1932年湖风初版本第72页第14章中，李文卿在给郑秀岳的信中发表的自己关于“恋爱和性交”以及为血族通奸辩护的观点，同样也遭到了官方话语的拒斥和抹杀。这些毫无粉饰的大胆言论，即使在今天也不符合大众的道德认知和价值判断，因而文中涉及维护亲族通奸的言论基本都遭到删除。

原文中关于“罢工”以及“大屠杀”等事实的描写，虽然没有强烈的“摇旗呐喊”式的宣传，但在国民党反动当局眼里依然带有狂热和危险的革命意味。因此“妨害良善风俗”的罪名首当其冲地指向了这些煽动革命和支持共产党的描写，以期排除任何可能带有革命目的和政党主张的潜在宣传话语。而“性”描写这一禁忌，在删改过程中同样也遭遇了政权和制度的合力规训。尤其是同性情欲和长幼通奸这一话题，同样不可避免地遭到洁化和隐匿，以达到小说应有的教化作用。

综上所述，从《她是一个弱女子》到《饶了她》，郁达夫在涉及性与革命话语的部分做了大量的删改，以达到国民党反动当局对图书审查的要求。但这种删改使得小说在人物形象的塑造、情节的连贯性以及对军阀社会的控诉性上都遭到了削弱，甚至已经影响文意，这显然不是郁达夫的主观表达。因此，《饶了她》这个版本在《她是一个弱女子》版本谱系中是一个特殊的存在，就艺术表达而言，并不能代表郁达夫的本意，但作为特殊时代的特殊版本，为后人提供了那个时代图书查禁的生

〔1〕郁达夫：《她是一个弱女子》，上海：湖风书局，1932年，第142页。
〔2〕郁达夫：《她是一个弱女子》，上海：湖风书局，1932年，第148页。

动样本。

## 结语

文学作品的成型是一个渐进的行为，在这一过程中，作家要构思情节，酝酿取舍，动笔写作，反复修改直至作品问世。版本问题聚焦的核心正是这一“变化的文本”的过程，最后的完美文本是其间不断变形的结果。通过对《她是一个弱女子》这一作品从手稿到成书的演化过程的考察，试图拾取和阐释文本演变留下的种种“有形迹象”，了解作者创作意图、情感温度、审核形式等问题，捕捉作者的“创作心理机制”，更全面、深入地理解和阐释文本。在手稿本至《饶了她》这四个版本的变迁中，作者囿于当时政治审查的规训，对“性”“革命”等内容进行了不同程度的修改。除此之外，作者同样出于审美考量自觉自愿地进行了别出心裁的文本美化和提升。以此观之，研究《她是一个弱女子》的版本问题，厘清版本状况，同时展现版本演变背后的诸多因素，可以从中窥得作家写作时的反复酝酿及情感变迁，探究文本内在变化背后的隐秘意图，从而更准确深刻地理解这部作品的审美趣味和价值指向。

作者简介：汤志辉，湖南大学中国语言文学学院副教授，硕士生导师。主要研究方向为中国现代文学文献学、现代大学与文学，已发表论文 30 余篇，主持国家社科基金青年项目、省社科基金一般项目各一项。

郑师懿，湖南大学中国语言文学学院硕士研究生，主要研究方向为中国现当代文学。

# 郁达夫南洋时期的三次演讲

金传胜

郁达夫到南洋之后，不仅撰写了大量文章，还曾应文化、教育、实业等各界团体或组织之邀发表过一些演说。姚梦桐《郁达夫在新加坡》一文中统计过郁达夫这一时期的演讲："达夫经常受邀出席演讲，总共16次。"〔1〕还提到寓新期间郁达夫发表的458篇文字中含演讲词7篇。查浙江大学出版社2007年版《郁达夫全集》，已收《战时学生修养》〔2〕《星华茶业工友互助社开幕词》〔3〕《孔夫子博览会开幕词》《在〈原野〉公演揭幕式上的致词》《我国语言文字》五篇南洋期间的演讲词。可知，尚有一些郁氏演讲未被搜辑，或已经佚失难寻，或散见于南洋各种报刊上。笔者通过查阅1939年的新加坡《星洲日报》与《总汇报》〔4〕，检得《郁达夫全集》《全集补》〔5〕未收的几篇集外演讲，兹将其整理于此，以供学人参稽。

---

〔1〕姚梦桐：《郁达夫在新加坡》，载浙江省富阳县政协文史资料委员会编《富阳文史资料》第1辑，浙江省富阳县政协文史资料委员会，1985年，第70页。

〔2〕据1939年1月26日《总汇新报》早版"本坡新闻二"报道，讲题原为《抗战期间的学生修养问题》。《郁达夫海外文集》《郁达夫全集》等均以《战时学生修养》为题收录，其中全集版有一句阙文"都是在□□□打下一个坚固的基础□□"，原文作"都是在这时候打下一个坚固的基础才对"。

〔3〕1992年版《郁达夫全集》第8卷已辑入本文，但多有缺字，2007年版《郁达夫全集》第九卷仍据此本。陈子善在《〈孔夫子博览会开幕致词〉及其他》（先后被收入《捞针集：陈子善书话》《沉醉春风：追寻郁达夫及其他》）一文中披露了演说词的完整文本。

〔4〕据《星洲十年》一书中的介绍，《总汇报》是新加坡最早的华文报纸，创办于1905年，初名《南洋总汇报》。1906年改组，成为维新派的言论机关，1908年6月29日更名为《南洋总汇新报》。1929年由广帮侨商接手，改称《总汇新报》。1939年由胡文虎接盘，同年10月16日恢复原名《总汇报》。

〔5〕本书由陈子善主编，2016年海豚出版社出版，收2007年至2016年新发现的郁达夫作品。

## 一、记者节演剧筹赈大会开会词

1939年7月5日，郁达夫被新加坡华文报记者公推为“星华记者纪念九一节筹赈大会”主席，开始策划本年度记者节演剧筹赈大会。他多次主持筹备会议，亲随献旗队出发筹赈，先后起草《聘请出任售票及剧务顾问公函》《“九一”记者节演剧筹赈宣言》，并以主席的名义致电重庆国民政府，拥护抗战到底。〔1〕9月1日晚，记者节筹赈演剧在皇宫戏院举行，郁达夫出席并致开会词。关于演讲的发表情况，《千秋饮恨：郁达夫年谱长编》（下文简称《长编》）的著录信息为：“载一九三九年九月二日新加坡《星洲日报》晚版‘本坡要闻’，署名郁达夫。”〔2〕实际上这篇新闻题为《记者节演剧筹赈　昨晚热烈举行　主席郁达夫致词感谢各方赞助》，并无署名。经查，同日《总汇新报》晚版第二版亦刊有一则报道《昨九一记者节演剧筹赈盛会》。两则新闻都记载了郁达夫的“演词大意”，内容大同小异，仅个别文字略有出入，可视作同一篇。兹据《星洲日报》整理如下（原刊一逗到底，现酌加标点）：

> 今日为九一记者节，星华记者为纪念此节日，特在此举行演剧筹赈大会。至于纪念九一节之意义，各报记者节特刊中均已有阐明，兹为节省时间起见，不再在此重述。此次记者节马来亚各地均轰轰烈烈举行纪念，而星华记者用演剧筹赈来纪念九一节，此次尚属第一次。惟因同人等日常工作繁忙，故对于筹备方面，诸多不周之处。幸而得热心侨贤，及社团或个人，予以精神及物质上之赞助，故成绩尚属差强人意。当此困难严重哀鸿遍野之时，同人纪念之唯一目的在尽个人之力量，筹一点钱，多救几个难民。一月来之筹备工作，大部分以此为目标，故每日均抽出余暇，出发劝销门

〔1〕参见王慷鼎、姚梦桐：《郁达夫与新华记者演剧筹赈大会》，《新闻研究资料》，1985年第4期。

〔2〕郭文友：《千秋饮恨：郁达夫年谱长编》，成都：四川人民出版社，1996年，第1679页。

券。唯演剧问题，因种种关系直至最近始决定，并得养正校友会诸君鼎力帮忙，话剧始得演出，顺此为祖国难民致谢。

将两报的记录予以对勘后可知，《星洲日报》比《总汇新报》的表述更为准确。如“筹一点钱”一句，在《总汇新报》中作“因一出钱”，明显不通。演讲中说“至于纪念九一节之意义，各报记者节特刊中均已有阐明”，郁达夫为9月1日《星洲日报·晨星》“九一记者节特刊”撰写的《“九一”记者节》一文便旨在追溯记者节的由来，阐明纪念的意义。他还在《“九一”记者节演剧筹赈宣言》中以“恳乞侨贤共襄义举”[1]来号召侨胞对纪念活动予以支持，得到了各界朋友的积极响应。在上录讲演中，郁达夫简要回顾了筹备过程，对热心赞助的侨胞们表达了感谢之意。

据报道，此次公演的话剧为于伶的《花溅泪》，该剧一月前曾由爱华音乐戏剧社演出过，导演王绍清，颇获好评。当晚的公演仍由王绍清导演，得到了养正校友会的帮助。因此演讲中说“得养正校友会诸君鼎力帮忙，话剧始得演出”。演完第一幕时，大会总务王仲广代表大会向观众报告各界热心赞助的情形，同样提到了养正校友会对演剧的赞助。在导演与演员的共同努力下，筹赈演剧大获成功。中国旅行歌舞剧团胡明珠、陈莉莉等女团员登台客串，演唱了《长城谣》等名曲。据1940年3月5日《星洲日报》所刊《记者节筹赈会结束　义款达四万余元》，此次筹赈活动共筹得义款约合国币4万余元。

## 二、青年励志社鲁迅纪念会上的演说

1939年10月19日《南洋商报》第七版“本坡要闻二”登出简讯《青年励志社今日纪念鲁迅　郁达夫将报告鲁迅生平》。因值鲁迅逝世三

[1] 郁达夫：《“九一”记者节演剧筹赈宣言》，载《郁达夫全集》第九卷，杭州：浙江大学出版社，2007年，第113页。

周年纪念日，本坡青年励志社为了表示对这位文豪的景仰之意，将于晚上8时，在该社大礼堂开会纪念，届时邀请郁达夫报告鲁迅生平。10月20日《总汇报》早版第二张第一版（“本坡”新闻版）刊有本次纪念会的报道《青年励志社昨晚纪念鲁迅逝世三周年》。据载，10月19日晚到会的社员与社会各界人士达一百余人，主席吴逸生，司仪符和谦。首先全体向鲁迅遗像致敬，继由主席致开会词，略谓：“鲁迅先生，乃我民族解放工作者之导师，为纪念鲁先生过去奋斗之伟大精神，故特开此纪念盛会，不但如此，我人更应追随鲁先生之精神，继续奋斗，为中华民族之解放而努力，今日复荷郁达夫先生，惠临报告鲁迅先生之生平，谨此向郁先生致谢。”[1]随后郁达夫在掌声中起立报告，其发言内容如下（原刊一逗到底，现酌加标点）：

兄弟今日参加鲁先生之纪念会，已为第三次，在此三次纪念会，举行地点虽不同，然其热烈情形则一般，由此，可见鲁迅先生为人景仰一斑，关于鲁迅先生之生平，已有专书纪载。今日兄弟所报告者，仅为鲁迅先生为浙江绍兴人，与兄弟谊属同乡。彼之家庭，乃在远离市区十余里处一乡村中，从小即受封建社会之压迫，土豪劣绅之欺辱，因此，在彼之脑海中，留有极深刻之刺激，而造成一多疑之特性。有人以为鲁迅先生之文章刻薄，对人们亦如次。其实则大谬不然，鲁迅先生之为人，诚为一忠厚者。兹举一例，当彼与其弟周作人居北平时，鲁先生观于其弟之无谓糜费甚大，遂婉言劝之，经弟妇（日本妇人）从中挑拨，兄弟俩遂致反目，彼乃迁出独居，并不愿见弟面。然遇弟患病时，复托友殷殷致问。又者，经常有颇多青年，请彼指示，彼多乐意接受，热心扶助，但亦常时遭受彼等欺骗，然对扶助青年之热心，仍不稍减。

鲁迅先生在北平、厦门、广东、上海各地，因有些青年对彼不能了解，到处受人攻击，彼则一边与之反驳，一边为之开导，介绍

[1]《青年励志社昨晚纪念鲁迅逝世三周年》，《总汇报》，1939年10月20日，早版第二张第一版。

正确之理论，详为解释，务使彼等明了攻击点之错误。鲁迅先生因具此伟大之精神，故当出殡时，有四十余工人团体，以及一般官僚政客，甚至被攻击者诸人，均受感动，而热烈参加执绋。际兹抗战严重期，我人今日纪念鲁迅先生，第一，勿屈服勿投降不做汉奸，第二，不破坏统一阵线，至对于傀儡一类，不但善为开导，并须尽力设法拉拢过来，共同为中华民族解放而努力。

鲁迅逝世后，郁达夫不仅陆续撰有《怀鲁迅》《鲁迅的伟大》《鲁迅先生逝世一周年》《回忆鲁迅》等文章，还十分重视通过讲演的方式向青年学生与普通民众公开宣传鲁迅的作品、思想及其崇高精神。1936年11月4日《国立浙江大学日刊》第55号《本校鲁迅先生追悼大会纪详》记载，11月1日晚浙江大学学生举行鲁迅追悼大会，邀请了郁达夫、李絜非、吴志尧三位演讲。刚从上海参加鲁迅葬礼回杭的郁达夫向听众详述了鲁迅葬仪与后事料理，言及鲁迅本年拟整理出版其三十年来的著作，可惜未能成功，末谓鲁迅逝世后世人无不惋惜。1937年10月17日，福州文化界救亡协会（简称“文救”）在科学馆举行成立大会并提前纪念鲁迅先生逝世一周年。郁达夫致开会词，许钦文、杨骚、董秋芳相继报告鲁迅生平。〔1〕与会者“都以为纪念先生最好的方法，莫过于赓续先生的遗志，拼命地去和帝国主义侵略者及黑暗势力奋斗”〔2〕。据《郁达夫与鲁迅交往年表》（收入陈子善、王自立编注《郁达夫忆鲁迅》一书），1938年10月19日，郁达夫应邀出席福州艺术界及文化界青年在福州戚公祠举行的鲁迅逝世二周年纪念会，并亲笔书写鲁迅的诗句“横眉冷对千夫指，俯首甘为孺子牛”作为大会对联。

1939年10月，值鲁迅逝世三周年来临之际，身处海外的郁达夫再次呼吁南洋各界人士“从各方面来怀念他的人格、思想、行动”。他于10月15日发表《鲁迅逝世三周年纪念》，写道：“在这个纪念日里，我

〔1〕 王植伦主编：《福州新闻志·报纸志》，福州：福建人民出版社，1997年，第78—79页。
〔2〕 郁达夫：《鲁迅先生逝世一周年》，载《郁达夫全集》第三卷，杭州：浙江大学出版社，2007年，第305页。

们总想好好的，从多方面来纪念一下。现在拟定的节目是，第一，在本刊《晨星》栏里出一纪念专号；第二，和诚心纪念的人连结起来，开一个纪念会；第三，若有其他团体，举行演剧演讲或募捐赠送鲁迅艺术学院等运动时，我们想大家去参加。前几日的报上，曾经有过一次记载。说本坡爱同学校的校友会，将于这一日开一个纪念会，我们打算参加的，也就是这一个。”〔1〕可见，通过开办纪念活动，以演剧演讲等形式共同纪念鲁迅，正是郁达夫热心倡导、大力号召的。

10月20日的《星洲日报》刊有一则《鲁迅精神不死　逝世三周　三侨团集会热诚纪念》，是对三个华侨团体纪念鲁迅活动的报道。文章说10月19日“本坡爱同校友会，青年励志社，及韩江励志社，曾分别于晚间，举行纪念会，仪式简单而肃穆”，郁达夫出席青年励志社、爱同校友会的鲁迅纪念会并作报告。假若演说中“兄弟今日参加鲁先生之纪念会，已为第三次，在此三次纪念会，举行地点虽不同，然其热烈情形则一般”的记录无误的话，则可推郁达夫10月19日先后出席过不同地方举办的三次鲁迅纪念会，并不限于青年励志社、爱同校友会。郁氏同一日不辞辛苦地参加多个团体的鲁迅纪念大会，正是希冀鲁迅的伟大精神能够在南洋华侨青年中广泛植根与传播，并在这些活动中将“崇敬鲁迅、热爱祖国和坚决抗战的感情完全融合为一了”〔2〕。

郁达夫在爱同校友会的纪念会上同样报告了鲁迅的生平。他先由鲁迅之出生述及东渡日本留学，然后谈及其写作生涯，称“鲁迅初并不拟以文章鸣世，后因朋辈之怂恿，乃多写作。其对恶势力，死不妥协，韧性战斗精神，至足为我辈学习。其对青年，极能提掖，虽然数度上当，亦不馁懈。至临终时，尚在执笔为文。当其逝世之时，举国哀悼。国内青年于鲁迅先生逝世后，乃募纪念鲁迅基金，及设立鲁迅艺术学院，以纪念我人之导师”〔3〕。《鲁迅精神不死　逝世三周　三侨团集会热诚纪

〔1〕郁达夫：《鲁迅逝世三周年纪念》，载《郁达夫全集》第三卷，杭州：浙江大学出版社，2007年，第357页。
〔2〕刘炎生：《永恒的感情——郁达夫尊崇鲁迅事迹评述》，《鲁迅研究月刊》，1997年第5期。
〔3〕陈子善、王自立编注：《郁达夫忆鲁迅》，广州：花城出版社，1982年，第102页。

念》中这样描述郁达夫在青年励志社的报告：

> 郁先生除发扬鲁先生之伟大外，对其为人，复有清楚之分析。据称，人每以鲁迅先生文章刻薄，然其实并不刻薄，彼与乃弟周作人交恶后，虽终不愿相见，然私心尚念念不忘。其对于青年，极力克尽于提携诱掖之类。故本人均以导师事之。其对恶势力，绝不妥协。然对光明一面，则尽全力以赴之，历任厦门大学教授时，曾遭各方攻击，然其却能独当一面，韧性战斗。当其逝世之时，举国哀悼，出殡之日，青年，工人，女人，小商人，甚至连平日攻击彼之人，以及其所痛骂之资本家，亦皆受其感动，而亲临执绋，足征其为国人所敬仰。最后郁先生并述及鲁迅夫人许广平女士目下生活之苦况，并望各界能慷慨援助之。〔1〕

这段文字与上述《总汇报》的演讲主旨大体相近，即郁达夫主要谈论了鲁迅的为人忠厚，对青年的热心提携，及其逝世后受到各界的敬仰。郁达夫承认鲁迅性格上存在多疑的一面，但否定他为人的刻薄，并举以具体的事例，显然是希望廓清部分南洋读者对于鲁迅的偏见。

但《总汇报》的记载没有涉及许广平的生活窘况。许广平在 1940 年 1 月 3 日致郁达夫的回信中表示，她已收到爱同校友会与励志社捐助鲁迅家属的汇款，其中励志社寄来国币七十五元。〔2〕信中没有指明这笔捐款是否来自青年励志社，但说明郁达夫确实可能在该社的演说中发出援助许广平的倡议，《总汇报》关于此节或有失记。新闻记者在报道名人讲话时经常作摘要式的记录，因此一些细节被遗漏是常见现象。

细读之下还可发现，在《总汇报》记述的演讲词中，郁达夫所谓鲁迅具有的“伟大之精神”主要指鲁迅对青年的宽容与开导，而《星洲日

---

〔1〕《鲁迅精神不死　逝世三周　三侨团集会热诚纪念》，《星洲日报》，1939 年 10 月 20 日，本坡版。

〔2〕 参见许广平：《〈晨星〉通讯（许广平致郁达夫）》，载方修编《马华新文学大系》第 10 卷，吉隆坡：星洲世界书局有限公司，1972 年，第 433 页。

报》的报道中郁氏在爱同校友会、青年励志社的两处演讲侧重的是鲁迅对于恶势力绝不妥协的“韧性战斗”精神。这一细微的差异，是缘于《总汇报》记述不甚准确，抑或郁达夫的原意即是如此？欲厘清这一问题，尚待更多文献的发现。

## 三、“文协”昆明分会漫画木刻展览开幕式上的演讲

1939年8月初，中华全国文艺界抗敌协会昆明分会漫画展览团携抗战漫画、木刻、摄影五百余件赴南洋一带进行宣传。8月24日，展览团抵达缅甸，在缅各地工作历时一月，展览十余次。10月初，展览团抵达新加坡，下榻南天酒店。[1] 在新加坡侨界的鼎力支持下，展览定名为“漫画木刻助赈展览会”，由星华筹赈大会主办。10月27日，假中华总商会举行开幕礼暨预展会，正式展览日期为10月28日至31日。为宣传展览，郁达夫在10月27日的《星洲日报·晨星》上专辟“昆明文协分会漫画展览特刊”，亲自题写刊名并撰文《介绍昆明文协分会漫画展览团》。据10月28日《星洲日报》“本坡新闻二”《漫画木刻展览已开幕　总商会中琳琅满目　激发爱国热诚》报道，10月27日下午到各界名流与男女来宾共计一百余人，首先由中国驻新总领事高凌百剪彩，周献瑞、洪永安、高凌百、喻世海、郁达夫先后讲话。郁达夫的演讲大意如下（原刊一逗到底，现酌加标点）：

> 总领事、主席、来宾，今天为昆明中国文化协会分会漫画木刻展览会。鄙人谨以中国文协会理事，及《星洲日报》记者资格，前来参加。关于抗战状况，以及敌人危机，高总领事、喻世海君已先我言之，故不讲。惟吾人以为宣传工作，尚须努力。

---

〔1〕参见《漫画展览团赴海外宣传　取道滇缅路　定月底起程》，昆明《中央日报》，1939年7月19日，第3版；《我国漫画家喻世海宁涵章到缅甸工作　顺道来星观光》，《南洋商报》，1939年10月7日，第6版。

记得最近在菲律滨[1]举行之文协画展，不意日本同盟社竟于该会将闭会之时大造谣言，谓画展被当地政府禁止，结果画展当局特再延期，以事实证明敌寇之造谣。在菲作国际宣传，所收效果，尚属不错。此次在星展览，国际观瞻所系，亦可收到良好效果。至言团结一事，余有感焉。在今日抗战之下，固须团结，而团结必须无帮派、无家庭、无个人等之观念，存于其中。比方有人故造谣言，谓某人或某方破坏筹赈，吾人应详审察视，不应遽行相信。盖间有一二社团，如对某事不满，则以破坏筹赈名义，肆意□诬他人，分散同侨之团结。此种造谣生事，即为汉奸，即应打倒。总之，在此大时代中，无论何人应尽心竭力，捐献国家，使最后胜利，早日来临。

同在10月28日，《总汇报》早版第二张第二版（“本坡”新闻版）刊出报道《漫刻展览昨举行　高总领剪彩揭幕》，同样录载了郁达夫的演说摘要，因与《星洲日报》的记录不同，兹辑录如下（原刊一逗到底，现酌加标点）：

今日为漫画展览预展之期，兹就此良机，有管见二点，谨贡献于诸君之前。第一，此次我国抗战，对外宣传，似尚嫌不力。兹此次举一例，菲律滨近有举行画展，暴露敌人残酷行，敌遂施放谣言，谓将被政府制止。菲方发起人获讯后，会期本已告满，但立即召集大会，决定继续举行，以事实击破敌人之谣言。此番喻宁二君，在缅举行画展，成绩极佳，今日复来星展览，至低限度，当可收国际宣传之效。第二，团结尚感不力，如汪派之类，盖欲复兴国家，团结为第一要着，尤其须注意勿为汉奸所欺骗，或受其离间之阴谋。兹复有希望二点，一为扩展国民外交，争取友邦同情，二为牺牲一己，为国效劳，其为中华民族之光荣而奋斗。最后兄弟因为

〔1〕一般译作“菲律宾”。

文协会之代表，敬向赞助诸君道谢。

第一篇中的“中国文化协会”当作中华全国文艺界抗敌协会（一般简称“文协”），1938年2月27日成立于武汉。郁达夫与老舍、郭沫若、田汉、胡风等三百余位作家参加成立大会，并被推为理事，后又当选为常务理事兼研究部主任。在海外期间，郁达夫作为“文协”代表，与老舍、姚蓬子、梅林等保持联系，先后撰写《关于捐助文协的事情》《捐助文协的计划》等文章，多次向南洋华侨界发起为“文协”募捐的活动。《介绍昆明文协分会漫画展览团》一文写道：“我们发动的捐助文协款项，前后已经汇去两次，国币千元，用以资助文协的种种费用，如对海外的宣传，派前线慰问队与慰劳宣传队等的活动。现在这文协的昆明分会，又有漫画展览团到星洲来展览了。我们为沟通国内外的文化，获知祖国前线后方抗敌的诸种情形起见，当然是欢迎之至。”〔1〕表明在漫画展览之前，郁达夫已为“文协”汇去筹款两次。此后至少又有三次郁达夫汇寄“文协”捐款的记载〔2〕，足见郁达夫在南洋对于宣传与捐助“文协”的热心。

第二篇中的“喻宁二君”指展览团主任喻世海、成员宁涵章。郁达夫在《介绍昆明文协分会漫画展览团》中写道：“该展览团主任喻世海君，以及同来的宁涵章女士，都是云南大学的学生；他们这一次自备资斧，间关万里，携带了许多画幅，木刻与照相，由云南而之缅甸，由缅甸而之星洲，巡回展览，为的不外乎想暴露敌人的凶狠，与祖国难民的流离。喻君等在缅甸已获得很大的成功，所筹得的款项，是全部托交该地筹赈会寄回祖国的难民的，这一次在星洲展览的目的，自然也不外乎此。”〔3〕《星洲日报·晨星》，“昆明文协分会漫画展览特刊”特意发表

〔1〕郁达夫：《介绍昆明文协分会漫画展览团》，载《郁达夫全集》第十一卷，杭州：浙江大学出版社，2007年，第413页。

〔2〕参见张桂兴：《“孤客”、“总管”与“文协”——谈老舍与郁达夫的交往与友谊》，《汕头大学学报》（人文社会科学版），2009年第6期。

〔3〕郁达夫：《介绍昆明文协分会漫画展览团》，载《郁达夫全集》第十一卷，杭州：浙江大学出版社，2007年，第413页。

了喻世海的《献给参观画展的侨胞》一文，阐述展览目的“是介绍国际友人们知道敌人暴行，而给予我们以同情与援助”〔1〕。

《星洲日报》《总汇报》记录的都是郁达夫的演说大意，虽文字迥异，但核心内容接近。郁达夫主要围绕两点阐发了自己的看法。一是肯定了喻世海、宁涵章通过在海外举办画展来进行抗战宣传的重要意义，这是为中国抗战争取国际支持和“友邦同情”的可贵努力。二是希望南洋华侨各界能够团结一致，积极响应筹款，对汉奸的欺骗宣传与离间阴谋保持警惕，为中华民族的自由与解放共同奋斗。11 月 18 日昆明《中央日报》报道云：“此次在星洲除由高总领事凌百亲临主持外，并由陈嘉庚先生，及滞留该地之郁达夫徐悲鸿诸先生多方协助，展览成绩颇能博得国际人士同情，及增高侨胞对祖国抗建之认识。”〔2〕并透露五天（27 日至 31 日）展览的门票总收入国币万余元，全部捐作寒衣代金。

值得一提的是，“文协”昆明分会漫画展览团在南洋期间，喻世海与郁达夫一度交往密切。1946 年喻世海撰写了一篇《记郁达夫先生》，专门悼念已于前一年不幸遇难的郁达夫。文中回忆，1941 年 10 月，他在郁达夫同事兼好友徐君濂的介绍下，于《星洲日报》编辑部“会晤了郁先生”〔3〕。此处的年份与史实不符，疑有误记，应为 1939 年。喻世海还曾请郁达夫为自己的纪念册题字，郁氏欣然应允，将旧作《史公祠有感》（七绝）书于其上以为留念。

## 结语

上述三次演讲是郁达夫在南洋时期以社会活动进行抗战宣传与民众教育的历史见证与珍贵文献。虽然身在海外，郁达夫始终注目着国内抗战的局势，关心着中华民族的命运，与祖国人民与海外爱国华侨们血肉

---

〔1〕 喻世海：《献给参观画展的侨胞》，《星洲日报·晨星》，1939 年 10 月 27 日。

〔2〕《昆文协漫画展览团已抵星洲》，昆明《中央日报》，1939 年 11 月 18 日，第 2 版。

〔3〕 喻世海：《记郁达夫先生》，《新华日报·新华副刊》，1946 年 2 月 27 日。本文同年 3 月 4 日、5 日复刊于北平《光华日报·文艺》。

相连，心灵相通。《总汇报》由胡文虎接办后成为《星洲日报》的姊妹报，成为没有冠名“星”字的“星系报纸”。郁达夫与该报关系密切，不仅在1939年的《总汇新报·世纪风》副刊连续发表过《谈轰炸》《文艺与政治——介绍〈现代人生与文艺〉志》《欧洲人的生命力》《“八一三”淞沪抗战的意义》等文，而且于1939年8月联合《星中日报》副刊与《总汇新报·世纪风》举办“一个捐助文协的文稿义卖周”〔1〕，1941年7月再度联合《总汇报》副刊《文会》，向广大读者发起集体创作《马来亚的一日》征文活动。《总汇报》与《星洲日报》的新闻报道内容与论调大多接近。如《郁达夫全集》据《星洲日报》辑入的《在〈原野〉公演揭幕式上的致词》《孔夫子博览会开幕词》，据《南洋商报》收录的《我国语言文字》等演说词，同时期的《总汇报》亦曾登载，且文字基本相同〔2〕，这说明《星洲日报》《总汇报》等经常使用新闻通稿。鉴于郁达夫在南洋新闻界、文化界的地位，记者或演讲记录者当是怀着敬慕郁达夫的严肃态度进行笔录的，所记的演讲内容大部分应符合郁氏本意，但不排除存在漏记、记录不准确的情况，如前文已述的在青年励志社鲁迅纪念大会上的演说词。

目前学界对于新发现的文化名人的演讲记录，一般直接视为其著述文字。学者蔡震新近就郭沫若研究中的大量讲话、演讲、报告等文稿提出规范，认为满足以下条件的方可作为佚文：“需有完整的文本，摘编稿、摘录稿、座谈会发言（非主讲）不作佚文收录。文本如为记录稿、整理稿，需要经郭沫若校阅，或看过或认可。”再者，“需由郭沫若本人署名，或事实上是由他所署名”〔3〕。其他不宜作为佚文的文稿，一律视为史料进行整理与研究。如果将这一原则运用于郁达夫研究，则本文辑

---

〔1〕 郁达夫：《捐助文协的计划》，载《郁达夫全集》第九卷，杭州：浙江大学出版社，2007年，第101页。郁达夫《捐助文协的计划》中云“日期定在下月（八月）七日起至八月十二日止的一周间”，但《总汇新报·世纪风》文稿提及的“义卖周”实际为8月8日至19日，约两周时间。

〔2〕 参见1939年9月29日《总汇新报》晚版第三张第一版“南洋”《公演〈原野〉名剧　开幕礼中　郁达夫致词》，12月1日《总汇报》早版第二张第三版“本坡”《郁达夫演讲〈我国语言文字〉》，1941年8月16日《总汇报》早版第二张第一版“本坡”《孔夫子博览会昨隆重举行开幕　主席郁达夫述举办博览会意义　林文庆博士讲孔子学术与思想》。

〔3〕 蔡震：《关于郭沫若讲话、报告类文稿的整理、辑录》，《当代文坛》，2021年第3期。

录的四篇演说记录因无证据显示曾由郁达夫本人校阅过，且属于没有署名的新闻稿，似乎不能直接视为佚文，而应看作演讲史料。然而随之而来的问题是，《郁达夫全集》第九卷已收的演讲词《战时学生修养》《孔夫子博览会开幕词》《我国语言文字》《星华茶业工友互助社开幕词》皆辑自新闻报道，亦无法证实曾经演讲人审阅过，因而它们属于作者撰述的归属权同样将被剥夺。鉴于这种未经演讲者审定而发表的记录稿十分常见，数目较大，笔者以为上述规范过于严苛，佚文与史料的界限并非不可逾越，研究者需要做的工作正是辨析新见演讲的文献价值与学术意义，必然包含对于演说词（记录稿）可靠性与准确度的考察与判断。回到前文已述的四篇演说记录，第一篇记者节演剧筹赈大会开会词，以《星洲日报》版本为佳。第二篇在青年励志社鲁迅纪念会上的演说词尚待考定，暂时宜作为一则史料看待。在“文协”昆明分会漫画木刻展览开幕式上的演讲，《星洲日报》所载的记录版本稍比《总汇报》翔实，加之郁达夫是《星洲日报》编辑，该报的新闻刊发前可能经过他寓目，因而也以《星洲日报》版本更佳。总而言之，《星洲日报》上的两篇可循旧例（如《战时学生修养》等）全文辑入修订版《郁达夫全集》，《总汇报》上的两篇可依《全集补》体例以附录形式入集，以便读者参考。

最后想指出的是，郁达夫在南洋时期的佚文与史料尚有发掘的空间，如1939年9月28日《在〈原野〉公演揭幕式上的致词》说道：“关于这剧本的话我已经在《马华日报》上写过一点了，并且该报也已经出了专刊。想诸位来宾，都已经见过，此地亦可以不说。”可见，郁达夫曾在1939年9月间的吉隆坡《马华日报》上发表过一则关于曹禺话剧《原野》的评论。经查，《郁达夫全集》中仅收有一篇《〈原野〉的演出》。该文原载1939年10月8日《星洲日报星期刊·文艺》，而非《马华日报》。这表明《马华日报》中应尚有郁氏佚文等待学界发现。再就郁达夫的演讲而言，除去已辑入《郁达夫全集》的五篇演讲词和本文整理的四篇，现据《郁达夫年谱长编》《郁达夫在新加坡活动考略》等资料，将郁达夫南洋期间的其他几次演说粗略统计如下：1940年1月1日在金刚音乐社开幕典礼上讲话；1941年11月15日在南天酒楼主持新加坡华侨文化界庆祝郭沫若五十诞辰聚餐会并致词，后又出席游艺会并致词；12月28日下午在星华文化界战时工作团成立大会上致词；12月30日在新加坡文化界联席会议上致开会词；1942年1月6日出席星华文化界抗敌联合会成立大会并致开会词。这些讲话是否有较为完整的记录稿留存在民国报刊的某个角落里呢？笔者希望海内外学者能够共同努力，发掘出更多郁达夫在南洋时期的文献史料，以便我们对“这位中国伟大知识分子和文学家”〔1〕的文学活动与反法西斯斗争的意义有更为充分的认识。

作者简介：金传胜，文学博士，扬州大学文学院副教授，硕士生导师，研究方向为中国现代文学史料。

---

〔1〕贾植芳：《贾植芳全集》第2卷，太原：北岳文艺出版社，2020年，第216页。

# 新发现郁达夫佚文考释

曾祥金

关于郁达夫研究资料的收集工作开始得比较早，花城出版社在1985年就推出了陈子善、王自立编的《郁达夫研究资料》（上、下），后来该书经进一步补充修订，于2010年由知识产权出版社出版。1992年，浙江文艺出版社推出1949年后的首部《郁达夫全集》。1996年，郭文友编撰的厚厚一册《千秋饮恨：郁达夫年谱长编》由四川人民出版社出版。浙江大学出版社于2006年出版的《郁达夫研究资料索引（1915—2005）》《中外郁达夫研究文选》（上、下）和2007出版的12卷本《郁达夫全集》，为郁达夫研究提供了相对完善的文献保障系统。2016年，陈子善又编了一本《全集补》（海豚出版社）。此外，不少研究者也在积极收集郁达夫的佚文，比较有代表性的如陈梦熊[1]、陈松溪[2]等。然而，即使有学界和出版界中人的诸多努力，郁达夫研究资料的收集工作仍不免有遗珠之憾。

笔者在1925年第23期《武汉评论》上发现一篇题为《反帝国主义运动之前途》的文章，署名"达夫"（达夫为郁达夫常用笔名之一），未见于《郁达夫全集》《千秋饮恨：郁达夫年谱长编》和《郁达夫研究资料》，也没有收到新近出版的郁达夫《全集补》中，可断定为佚文。这篇文章虽然不是文学类作品，但它对我们理解郁达夫当时的思想状态和情感倾向有重要作用。同时，它给我们展示了一个与"零余者"不同的郁达夫形象。为保存史料，文章照录如下（按：原文看不清楚的字用□代替）：

---

〔1〕 陈梦熊：《新发现郁达夫写于南洋的佚文和佚信》，《新文学史料》，2008年第2期。
〔2〕 陈松溪：《关于郁达夫的两篇抗战佚文》，《新文学史料》，2005年第4期。

## 反帝国主义运动之前途

资本帝国主义倚靠着他的优越的政治势力，雄厚的资本，敏捷的机器，自鸦片战争侵入中国后，到现在虽只有几十余年，却把个老大的中国农业手工业社会破坏得片甲不存，兵匪遍地，民不聊生，失业者日甚一日。更订立种种不平等条约，如江宁条约，天津条约，北京条约，马关条约，辛丑条约，廿一条等；取得各种优越的权利：为租界租借地，领事裁判权，关税管理权，内河航运权，矿山开采权等；倚着这种优先权利，更是横行无忌，俨然为中国之太上政府。最近“五卅”及其以后各惨案，尤足把帝国主义之罪恶，整个的暴露出来，于是全国人民都觉悟帝国主义是我们的死敌，高呼“打倒帝国主义”！

这是一个好的现象，因为“反帝国主义”并不是少数觉悟者所能包办，是要大多数民众起来参加才能取得到胜利的。

然而却有少数的人们，凭着自己主观的见解，看着现在帝国主义的势力，说：“你们有多大的力量，能够打倒帝国主义？帝国主义有他的勇敢善战的海陆军队，有凶猛的武器，有……你们要想打倒他（帝国主义），是与‘螳臂当车’一样的可笑。”旁人听了这些似是而非的话，瞻顾前途，不无危惧，甚且奋斗之勇气全消。于是我们不得不略加解释，使国民对于帝国主义有一个正确的概念。

“反帝国主义之前途究竟怎样？是失败，还是胜利？”这个问题是要凭客观的见解，从物质上，经济上，事实上，考察帝国主义之因果，才能得着正确的观念的。

兹为便利起见，暂分为下面两段来说明：

（一）帝国主义是为何成立的？

帝国主义，即资本主义发达的最高形式，那么，就不得不从资本主义说起：

自十八世纪西欧科学发达，产业革命的结果，将当时手工业□□破坏，于是资本主义就开端了。其后更将手工业时代所留下来的封建社会，农业社会推翻，建设了近代大工业的资本主义社会。

资本主义社会里的生产有一个最重要的原则，就是“自由竞争”。原来在资本主义制度下之生产货物，并不以社会之需要为目的，而以资本家自己赚钱为目的，于是就不得不行无限制的自由竞争，以满足资本家的要求。自由竞争的结果，自然是小资本家为大资本家所压倒，如此迭次竞争，小资本家也迭次失败而破产，结果少数胜利的大资本家，掌握了全国的经济机关、生产机关，并且更进一步握住政权，以政治上的势力，保护自己所得的利益。

其次，竞争落伍的小资本家，破产的农业者手工业者，都很急速的或慢慢的变成了无产阶级——失业者。失业者日有增加，为资本家的少数工厂所不能容。他方面资本家生产了很多的货物，国内不能消化，便发生“生产过剩”的恐慌，资本家为避免这两种恐慌——失业的恐慌和生产过剩的恐慌——便不得不到国外寻找消化。结果果然被他找到了，便大施其侵略手段来，于是就形成了近代的帝国主义。

（二）帝国主义之前途——必然颠覆。

看了上面我们就可以晓得帝国主义的性质了。他的性质是什么呢？就是侵略。有帝国主义就有侵略，没有侵略就没有帝国主义。他底侵略的对象有二：一是国内无产阶级，一是被压迫弱小民族（殖民地）。

帝国主义既以榨压无产阶级与弱小民族以苟延其残年，反过来说，无产阶级与弱小民族就成为帝国主义的死敌了，将来帝国主义亦必然颠覆在这两个革命势力（无产阶级的社会革命和弱小民族的国民革命）之下。

先说无产阶级反抗帝国主义运动罢！

无产阶级革命的大导师马克司在共产党宣言上说：“资本阶级（即现所谓帝国主义），不但锻炼了致自己死命的武器，还培养了一些使用武器的人——就是近代劳动阶级——就是无产阶级。”

确然，资本帝国主义不但造出了许多致自己死命的无产阶级，而且使成千成万的无产阶级，在同地域同工厂内作工，团结了无产阶级革命势力。因此，无产阶级就成为反资本帝国主义的生力军，苏俄的革命，就是一个铁证。到现在，各工业先进的无产阶级，反抗资本帝国主义的运动，已经高长［涨］到沸点，并且进而为国际的联合了。

此外，各殖民地半殖民地反抗帝国主义的民族独立运动，也普遍的发展起来。最著者如爱尔兰，印度，朝鲜……之独立运动，埃及、中国之民族革命，皆足以使帝国主义丧胆。近数年土耳其国民革命成功，尤给各弱小民族一绝大的刺激；是以近来各地求独立反抗帝国主义运动之声风起云涌，不绝于耳。

这两种革命其目的虽不尽同，然却有一共同的目标，即“颠覆国际帝国主义”。在帝国主义未颠覆以前，这两种革命势力，自应互相援助合作，这是很清楚明白的事。尤其是这次“五卅”惨杀后，各国无产阶级与弱小民族给予中国以理论上实际上的援助（详情请看本刊第二十期青沪汉粤血案中对于国际及国内各阶级之总观察）。事实上已经证明无产阶级，与弱小民族，有联合的必要与可能，决不如狭义的国家主义者，所谓“非我族类，其心必异”，那样的逻辑。

帝国主义，除了上面两重敌人之外，还有一种危机，就是帝国主义者自身的冲突。帝国主义既以侵略为目的，在其分赃不均的时候，必然要起冲突。虽然有时为压迫抵抗弱小民族的民族革命而趋于联合一致，然而他们的互相冲突，总是不可免的。一九一四年的欧洲大战，就是他们最好的写真。

统观上文的大意，就可以总括一句说——

“帝国主义，一方面有与他为死敌的占全世界人口总额十分之八以上的无产阶级和弱小民族，他方面又因自身的利害冲突而分散势力，必定不免于崩溃。并且照社会进化原则，世界是一天一天的趋于在自由平等原则下的世界民族大联合，这种侵略的帝国主义，更无存在的可能。”

现在，帝国主义的末日到了；国人们，别胆怯罢！起来，团结我们自己的力量！

联合世界革命的友军！

一致向我们的敌人——帝国主义作战！[1]

《武汉评论》于1924年10月在武昌创刊，是一本政治性刊物。刊物的宗旨在于宣传孙中山“联俄、联共、扶助农工”的三大政策和中国革命的形势，介绍苏联十月革命经验及国共合作的情况。其中第22期和第23期是“反帝国主义运动专号”，共载有《反帝国主义运动周的释义》《反帝国主义运动的意义》《反帝国主义运动与中国国民党》《一周年间帝国主义在华行径之观察》《各地惨案运动给我们之教训》《潜江之反帝国主义运动》《中国国民党湖北省党部反帝国主义运动周告国民》《反帝国主义运动之前途》《武汉最近反帝国主义运动》《不平等条约摘要》。郁达夫的这篇文章就在其中。出版“专号”的目的在于呼应即将到来的反帝国主义运动周，“好好检阅我们的武装，锻炼我们的战斗力，向一切帝国主义者举行定期的总示威，一直做到打倒一切帝国主义为止”[2]。

1925年2月，郁达夫应国立武昌师范大学校长石瑛的邀请，离京赴武昌任武昌师范大学文科教授。关于这一点，李俊明在《落花如雨伴春泥——郁达夫殉国四十年祭》中有详细记载：“一九二四年寒假以前，当时我是武昌师大国文系二年级学生，听说下学期要来新校长了，他是来自北京的石瑛（字蘅青，国民党元老派，曾参加过南社），他来掌校对我思想上并无什么影响。不过听说他已聘了郭沫若、郁达夫前来任教，这就使我很兴奋，我是一个新文学的爱好者，觉得如果聘郭、郁之说实现，原来这个腐朽落后、死气沉沉的武汉最高学府，必将有一番振刷，是很有希望的。后来又听说郭沫若不能来，郁达夫一定来，我很高兴。”[3]事实上，郁达夫在武昌师大任教期间也确实吸引了一批文学青年，可以说是形成了一个以他为核心的文艺圈。在此期间，郁达夫指导了由该校

[1] 郁达夫：《反帝国主义运动之前途》，《武汉评论》，1925年第23期。

[2] 石颠：《反帝国主义运动周的释义》，《武汉评论》，1925年第22期。

[3] 陈子善、王自立编：《回忆郁达夫》，长沙：湖南文艺出版社，1986年，第118页。

国文系学生刘大杰、胡云翼、贺杨灵等组织的文学团体“艺林社”，并将他们编辑的《艺林旬刊》介绍附于北京《晨报副镌》发表。直到1925年11月，校长石瑛与教授黄侃之争加剧，石瑛愤而离职。郁达夫也因一直受到国家主义派和守旧派的排挤，愤而离职，回到上海。后来，郁达夫在写于1927年的《五六年来创作生活的回顾——〈过去集〉代序》中回忆道：“一九二五年，是不言不语，不做东西的一年。这一年在武昌大学里教书，看了不少的阴谋诡计，读了不少的线装书籍，结果终因为武昌的恶浊空气压人太重，就匆匆的走了。自我从事于创作以来，像这一年那么的心境恶劣的经验，还没有过。在这一年中，感到了许多幻灭，引起了许多疑心，我以为以后我的创作力将永久地消失了。”〔1〕

虽然说是“不做东西的一年”，但郁达夫在这一年里由于在武昌师大讲授文学课程，编写了一些文学理论方面的讲义，集成《小说论》《戏剧论》《文学概说》《诗论》等几本专著。此外，还创作了《骸骨迷恋者的独语》（散文）、《送仿吾的行》（散文）、《寒宵》（小说）、《街灯》（小说）、《说几句话》（通信）、《咒〈甲寅〉十四号的评新文学运动》（论文）、《生活与艺术（附书后）》（译文）等作品。郁达夫的这篇《反帝国主义运动之前途》也写在他任教于武昌师大期间。随着五卅惨案的发生，国内反帝国主义浪潮一波高过一波，但也有人对此持悲观态度。针对当时一部分中国人认为要想打倒帝国主义，“是与‘螳臂当车’一样的可笑”的观点，郁达夫写了这篇文章予以反驳。文章先是阐释帝国主义产生的原因和过程，进而得出帝国主义必然颠覆的命运：“帝国主义，一方面有与他为死敌的占全世界人口总额十分之八以上的无产阶级和弱小民族，他方面又因自身的利害冲突而分散势力，必定不免于崩溃。”文章的最后号召广大民众团结起来向帝国主义作战，这对于此前一直自称“零余者”的郁达夫是颇为难得的。

其实，郁达夫早在1921年发表的《沉沦》里就隐含了对帝国主义

---

〔1〕 郁达夫：《五六年创作生活的回顾》，载《郁达夫全集》第十卷，杭州：浙江大学出版社，2007年，第311—312页。

的痛恨情绪："他们都是日本人，他们都是我的仇敌，我总有一天来复仇，我总要复他们的仇。""祖国呀祖国！我的死是你害我的！你快富起来！强起来罢！你还有许多儿女在那里受苦呢！"[1] 而此后的《春风沉醉的晚上》和《薄奠》等作品，也一定程度上表现了作者对底层民众的同情以及对帝国主义势力残害吞食中国人的愤懑。大革命爆发后，郁达夫为南方的革命形势所鼓舞，于1926年3月前往广州，想着"改变旧习，把满腔热忱，满怀悲愤，都投向革命中去"[2]。后来又在《中国文学家对于英国资产阶级及一般民众宣言》上签名，《宣言》谴责英法等帝国主义勾结军阀屠杀中国工人的罪行，指出帝国主义是中国人民和全世界人民的共同敌人。同时，郁达夫不断发表作品表达他反对帝国主义的决心。他在1927年发表的《在方向转换的途中》指出："现在就各种事实综合起来，把我们这一次革命运动的障碍物来分析一下，我们就可以知道那些迷梦者所受的毒，其出处是在什么地方的。总而言之，帝国主义者，当这一个生死存亡之际，他们要拼死的活动，拼命的挑拨，是一件很明显的事实。这一层谁也看得清，谁也识得破。"[3] 而《诉诸日本无产阶级文艺界同志》里"无产阶级只知有阶级，不知有祖国，尤其是无产阶级文艺界上的战士，不应该有国境的概念"，"目下日本的无产阶级，应该尽其全力来帮助中国的无产阶级，应该唤醒日本的军阀和资本家的迷梦，阻止他们帮助蒋介石或张作霖。……今后希望我们更有密切的提携，强烈的互助，庶几世界被压迫的民众，全部能够得到自由，得到平等"[4]。这一段话更像是上述佚文中"事实上已经证明无产阶级，与弱小民族，有联合的必要与可能，决不如狭义的国家主义者"的最佳注解。由此可见，郁达夫的反帝国主义倾向是一以贯之的。

---

〔1〕郁达夫：《沉沦》，载《郁达夫全集》第一卷，杭州：浙江大学出版社，2007年，第44、75页。

〔2〕王自立、陈子善编：《郁达夫研究资料》，北京：知识产权出版社，2010年，第578页。

〔3〕郁达夫：《在方向转换的途中》，载《郁达夫全集》第八卷，杭州：浙江大学出版社，2007年，第25—26页。

〔4〕郁达夫：《诉诸日本无产阶级文艺界同志》，载《郁达夫全集》第八卷，杭州：浙江大学出版社，2007年，第29—30页。

此外，笔者还在1936年第1卷第8期的《浙东》上发现一则郁达夫的史料，同样能体现郁达夫的爱国主义精神，因未见于《郁达夫全集》《郁达夫年谱长编》和《郁达夫全集补》，也录在这里：

## 听郁达夫先生的演讲

——柳营日记的一页

背影

这天（五月九日），上午的精神讲话，大约已讲十分钟的光景，忽然跑来一个勤务兵，向着讲台的教官私下一说，那位嗓子如雷的教官，正在把我国的教育政策讲得津津有味的时候，见了便条，他就把那宏音收藏了，转变着低声向我们说："今天的精神讲话，本来是请郁达夫先生来讲的。因为他没有到，所以我来与各位谈谈。现在郁先生来了，所以我要把我要讲的话，留待下回和你们再讲。"话还未说完，他已离开讲台去了。我们听了他的报告后，起了非常的诧异。怎样郁达夫先生会到这里演讲呢？同时大家都是不约而同的朝着大门外注视，渴望着这位久闻大名的文学大家立刻的到临，可以领略看他的态度和文风。

一刹那间，他就登台了。他并不穿着摩登的西装，也不穿着黑得发光的皮鞋。他的上身单是穿着老布的蓝色长衫，外面还罩着一件黑色的马褂，他的黑的发亮的脸孔，加着一对越黑黑地眼珠，并没有和常人各样。他的短短圆头的黑发，亦是和普通的人相同的。惟有他的走路的姿势，那就和常人分别了。他走来的时候，拂着长袖，动着衣襟，姗姗而来，很有显出文豪的气概。他还未曾踏进讲堂的门上，我们的总值星官，就喊着"立正"。我们就静得呼吸的声音都仿佛断绝了。他上了讲台，就叫我们坐下。他自己很从容地把礼帽放在台桌上，接着就取出他的一块小方白纸条，也摊在桌上，他把这些工作做完了，然后抬起头来向着我们演讲。

他所讲的并不是关于文学的材料，他的题目都是政治国际方面的"战争与和平"的议论题。大概是因时间和他公事繁忙的关系，他并不把题目深深地探讨，只是把那纲领的一提就算了。他的所讲的大意：首先是说二十年前，他在日本东京的回忆。他说他们在那时留学生们怎样的开会，和怎样的抵抗残酷的二十一条件。其次他就提起欧洲形势的紧张，和日本乘机的侵略。他说："战争本来是残酷的，是不人道的。本来没有比那和平的好。不过没有战争是不能和平的。"他又说："有备战才有和平。"由此可知这位文豪在其环境中，也是崇尚战争的。他又提着我国过去许多军阀的没用，和着现在政府准备的趋势。……最后他还说明我国的复兴民族，洗雪国耻，需要我们自身起来努力的准备。否则想靠外交的手腕，去哀求国际的帮助，是不成功的。

总之，这回郁先生的演讲，都是揭其纲要的，都是一些中外国际的历史的引证，很少参进他的主观的批评，和切深的见解。这是我们听者最大的失望。其次我在郁先生未曾开口以前，我的意料里很想这位先生的演讲，能够讲些他的平生的技术的文学知识，和创作的经验。这非但我个人有这种私见，恐怕全堂的听众们，大多数也有同样的心理。谁知这位郁先生，偏要舍了本业，却要讲着毫不顾问的国际政治的问题，这也出于我们的意料之外了。〔1〕

《浙东》为浙江宁波中学的校刊，创刊于1935年，存在的时间较长，一直到1948年才终刊。杂志"以创造艺术，努力科学，牺牲救国，奋斗故事"为主导，主要刊登教育计划和方法、浙东教会的发展、历史人物论述、学校生活和教职员名录等，体裁主要有译述、小说、戏剧、民间故事和游记等。"背影"不知何许人也，从材料中只能知道是宁波中学的学生。郁达夫于1936年2月应福建省政府主席陈仪之邀前往福州，后来被委任为福建省政府参议。1936年4月底，因"风雨茅庐"落成，郁达夫回杭州小住。这次演讲有可能就发生在郁达夫回杭小住期间。这时正是日本加紧侵略中国的时候，所以郁达夫这次所讲的"并不是关于文学的材料"，而是"政治国际方面的'战争与和平'的议论题"。郁达夫在这里大声呼吁年轻学生做好"复兴民族，洗雪国耻"的

〔1〕 背影：《听郁达夫先生的演讲——柳营日记的一页》，《浙东》，1936年第1卷第8期。

准备，“有备战才有和平”。

郁达夫对日本的敌视从他在日本留学时期就开始了，这种敌视不仅有《沉沦》里表现出的私人因素，更是由于日本对中国的虎视眈眈所引起的。从郁达夫的这次演讲中我们可以知道，他在留学日本期间曾参加留学生的集体会议和商议反对“二十一条”。而到了1932年2月，郁达夫与鲁迅、茅盾等联名发表《上海文化界告世界书》，强烈谴责日本发动的一·二八事变。更为难得的是，郁达夫在1933年写的《从法治转向武治的日本》一文中直言道：“我虽不是预言家，但我相信日本在十年之内一定会起绝大的变动。先是军阀的横行，法律秩序的全灭，后来就是被压迫的大众的奋起，日本国体政体的改造。我们且等着吧！血样的红光，定会从这日出之国里照射到全世界来。”〔1〕全民族抗战爆发后，郁达夫任军委会政治部第三厅（郭沫若任厅长）设计委员，直接投入抗日宣传工作中。同时，作为文人的郁达夫用他手中的笔相继写下《救亡是义务》《倭寇的穷技》《抗战自入第二期后》《必胜的信念》《“一·二八”的当时》等文章，极大地鼓舞了国人的士气。特别是《必胜的信念》中的一段话：“这并且还是妇孺皆知的一句抗战老八股。这八股的起讲，就是：‘中国的土地，实在真大不过。’其次的承，转，合，当然也统是个老调子，就是：‘中国决不会亡，抗战到底，一定胜利。’”〔2〕它显示了郁达夫对抗战必胜的信心和深沉的爱国情怀。就像夏衍曾经说过的：“达夫是一个伟大的爱国者，爱国是他毕生的精神支柱。”〔3〕

作者简介：曾祥金，西安交通大学中文系副教授，硕士生导师，入选西安交通大学青年优秀人才计划。先后获批国家社科基金青年项目、陕西省社科基金青年项目和四川省郭沫若研究中心重点项目等。

〔1〕郁达夫：《从法治转向武治的日本》，载《郁达夫全集》第八卷，杭州：浙江大学出版社，2007年，第86页。
〔2〕郁达夫：《必胜的信念》，载《郁达夫全集》第三卷，杭州：浙江大学出版社，2007年，第336页。
〔3〕转引自胡桥华：《郁达夫性爱小说中的爱国与反帝反封建意识》，《周末文汇学术导刊》，2006年第2期。

# 郁达夫早年史料一束

郁峻峰

2017年秋，笔者接受杭州师范大学邀请，与浙江大学学者、郁达夫研究专家李杭春女士共同编撰《郁达夫年谱》。谱主郁达夫（1896—1945），他的生命在50岁时就令人扼腕地画上了句号，因而我和李老师约定以1921年为界，两人分别开展工作，其中我主要负责前25年（1896—1921）的内容。

然而这确实是一个相当艰巨的任务。熟悉郁达夫研究的学者都知道，郁达夫早年的生活、学习情况，除了作家本人的《自传》及《自述诗》外，可资参考的资料极少。而且哪怕是谱主本人的回忆性文字《自传》和《自述诗十八首》，具体年份也常常互相矛盾，需要花相当的精力去甄别和考证。事实上，真正可以采信的资料除了于听（郁达夫长子）创作于20世纪80年代的《说郁达夫的〈自传〉》[1]中所引家中所存日记、手稿、书信外，就剩下日本学者所编《郁达夫资料：作品目录、参考资料目录以及年谱》[2]《郁达夫资料补编上册》[3]《郁达夫资料补编下册》[4]所辑录的关于郁达夫在日本求学时期的第一手资料了。至于其他的传闻、说法，均要经过考证确认——正因为如此，经过近三年时间，通过查阅家谱、档案、县志、教育志等资料，笔者才基本掌握了郁达夫早期生活的基本脉络。其中，有几个问题值得引起注意，

---

〔1〕于听：《郁达夫风雨说》，杭州：浙江文艺出版社，1991年。

〔2〕［日］伊藤虎丸、稻叶昭二、铃木正夫编：《郁达夫资料：作品目录、参考资料目录以及年谱》，日本东京大学东洋文学研究所附属东洋学文献中心，1969年。

〔3〕［日］伊藤虎丸、稻叶昭二、铃木正夫编：《郁达夫资料补编上册》，日本东京大学东洋文学研究所附属东洋学文献中心，1973年。

〔4〕［日］伊藤虎丸、稻叶昭二、铃木正夫编：《郁达夫资料补编下册》，日本东京大学东洋文学研究所附属东洋学文献中心，1974年。

但囿于《年谱》体例，不适编入集中，现专文予以记录。

## 老宅

郁达夫1896年12月7日诞生于浙江省杭州府富阳县城郁家老宅这一点没有疑义。但老宅所在弄堂的称谓，却有三种说法，分别为满家弄（稻叶昭二《郁达夫：他的青春和诗》〔1〕）、满州弄（郁云《郁达夫传》〔2〕）、满舟弄（王观泉《席卷在最后的黑暗中：郁达夫传》〔3〕）。笔者针对这三种说法进行了溯源和考证。

满家弄说。据《萧邑郁氏宗谱》（1947年版）记载，郁氏自第四世郁义安始，"迁居富阳城内满家弄"；另据日本稻叶昭二、小田岳夫《郁达夫传记两种》"第八高等学校以后"所注"户籍证明书"：郁文　右学生系中华民国浙江富阳县满家弄人，郁华之三弟。

满州弄说。查光绪二十八年（1902）《富阳县志》"卷首图"，对照现存方位，在郁达夫祖宅原址上确有该弄位置，并标为"满州弄"。但康熙二十二年（1683）《富阳县志》卷一"县治图"及卷二"坊巷"中，无相关记录。

满舟弄说。无确切可信服的证据，唯一的来源是富阳本地的学者所编辑出版的、发行量仅2000册的一本小书《富阳地名传说》〔4〕，其中有一篇《满舟弄》的文章这样写道：因为这条弄的南端濒临富春江，弄口是个小码头，天天停满了船（舟）。站在弄口还可以看到江中帆船乘风破浪，百舸争流，帆腹饱满，所以叫"满舟弄"。郁达夫当年写的家信上，用的也是"满舟弄"。

既然是传说，且无另外史料旁证，满舟弄一说自然不应在采信之

〔1〕［日］小田岳夫、稻叶昭二：《郁达夫传记两种》，李平、阎振宇译，杭州：浙江文艺出版社，1984年。

〔2〕郁云：《郁达夫传》，福州：福建人民出版社，1984年。

〔3〕王观泉：《席卷在最后的黑暗中：郁达夫传》，天津：天津人民出版社，1986年。

〔4〕蒋玉鑫、鲍志华编：《富阳地名传说》，成都：四川民族出版社，1997年。

列。但郁达夫家信上用的也是这三个字，这当然要引起重视。所以在征得郁氏后人同意后，我查阅了当年的信件。因郁氏后人保存的信件大都信封缺失，那么只有查明信片了。经查，现存信件中，孙荃夫人还未嫁到郁家前的达夫来信，收件地址均是孙荃娘家。婚后始寄往老宅，其中就有郁达夫 1921 年 3 月 25 日发自日本东京的明信片一通，下述字迹非常清晰：

> 中华民国浙江富阳满家弄　郁孙荃君
> 日本东京本乡追分町三一　第二改盛馆　郁文

而之后的几通明信片，收件人地址也均为满家弄，并无“满舟弄”的出现。至此，该问题的考证告一段落。结合《宗谱》、“户籍证明书”的记录，笔者采信了老宅所在地址应为富阳县城满家弄。

## 名字

郁达夫原名文，字达夫，小名荫生，已是郁达夫研究界公论。因他所创作的中国现代文学史上第一本白话小说集《沉沦》署名为“郁达夫”，而使这个名字蜚声文坛，且以后他的文学作品，大都署名为“郁达夫”，他的原名“郁文”似乎被世人所遗忘。所以说，郁达夫是典型的“以字行”，即以他的字而闻名天下。然而恰恰在他的字上，有了新的发现。

据查，萧山郁氏建谱后，先后修谱 4 次，分别为 1811 年、1881 年、1914 年及 1947 年。现存《萧邑郁氏宗谱》正是 1947 年第四次修谱的成果。该谱记录了郁氏富阳支脉第一世至第十九世的谱系情况，郁达夫为第十九世，关于他的记录如下：

> 企曾公幼子
> 礼十一，讳荫生，字斐然，考名文

于宣统三年毕业于本县高等学校，考入第一等中学校，肄业后入蕙兰学堂又入之江学堂，后随胞兄赴日本明治大学堂兼学电气化术法事务

配小井下台门国学生孙孝贞公长女

公生于光绪廿二年丙申十一月初三子时

氏生于光绪廿三年丁酉九月廿一日丑时

此记录基本与事实相符。但其中出现的“字斐然”，着实让笔者惊讶，会不会与谱中所言“赴日本明治大学堂兼学电气化术法事务”一样，是误记？于是又查郁浩（达夫二兄）条，记有“礼四，讳浩生，一名振浩，考名彦超，字卓然，又字养吾”；郁华（达夫长兄）条，记有“礼二，讳莲生，字庆运，号曼陀，小名廉生”。郁氏三兄弟的讳分别为莲生、浩生、荫生，其中又有两兄弟的字分别为卓然、斐然，郁达夫原字斐然似乎可以采信。

正当笔者犹豫不决时，又发现了一个新的史料。富阳档案馆《敌伪政治档案·新编93卷》，收入了1917年编印的《富阳县立第一高等小学校同学录》，其中“第二次毕业同学姓名表”上，赫然有“（姓名）郁荫生　（字）裴然　（住址）本县城内”的记录。

“斐”和“裴”，字形相近。我国传统文化的特点，人的名和字之间应有意义上的联系，或相近，或相反。郁达夫名文，字斐然正好意义相近，顺理成章。而“裴”字，据《辞海》的解释，几乎只作为姓而存在，与“文”的意义既不相近也不相悖，毫无道理。所以笔者认为，富阳档案馆所存史料中的“裴然”，有很大可能为“斐然”的笔误。但无论如何，郁达夫幼年时期曾以“斐然”或“裴然”作为字，应该是事实。至于到底是哪个，还需更多的史料进行进一步考证。

在《郁达夫年谱》中，正文的表述是“名文，字达夫，幼名荫生”，并没有将“斐然”或“裴然”录入，但同页有注：《萧邑郁氏宗谱》谓“字斐然”；1917年6月编《富阳县立第一高等小学校同学录》“第二次毕业同学姓名表”有记：姓名郁荫生，字裴然，住址本县内。

## 小学堂

郁达夫的《自传·书塾与学堂》记录了清末富阳人家对小孩上学保留着的年久传统：必须择吉日，祭孔子，即所谓的“开笔仪式”。一般开笔的时间都选在冬尽春前之时，也就是过春节的前后。开笔之后，就是等着入学了。由于私塾和书院都只分年次，没有后来“洋学堂”所谓的“秋季班”，所以清末民初，都是自春季（也就是春节过后，一般阳历2月份始）始学，到腊冬书包藏起来过新春为一年。

据光绪二十八年（1902）《富阳县志》记载，春江书院原由历任县令所谓“捐廉俸”“劝输助”和拨了部分公地、公款所建立，为公办性质。富阳县的秀才考试、全国性质的“比年岁科试”都在这里举行。清政府于1904年颁布了《奏定学堂章程》（即癸卯学制），规定各府厅州县将书院改称为学堂。小学教育先是分为蒙学堂（儿童自6岁起，受蒙学四年）、寻常小学堂和高等小学堂（10岁以上的儿童小学堂，学习六年），后来改为初等小学堂与高等小学堂两级，学制为初小五年，高小四年。[1] 初等小学堂教育宗旨是“启其人生应有的知识，令其明伦理，爱国家之本基，调护儿童身体，令其发育，以识字之民日多为成效”。高等小学堂的教育宗旨是“培养国民之善性，扩充国民之知识，强壮国民之气体，以童年皆知作人之正理，并有谋生之计虑为成效”。

富阳档案馆《敌伪政治档案·新编93卷》记载，光绪三十二年（1906）初，春江书院才正式改建成富阳县立高等小学堂，并开始招收学员。书院的大部分学生便在这时进入了学堂。

郁达夫入新式学堂的起始时间，说法众多，仅取几例：

> 于听《郁达夫风雨说》[2] 认为，郁达夫为1906年进入高等小

〔1〕 陈学恂主编：《中国近代教育史教学参考资料》（上册），北京：人民教育出版社，1986年。

〔2〕 于听：《郁达夫风雨说》，杭州：浙江文艺出版社，1991年，第61—68页。

学堂。

郭文友《千秋饮恨：郁达夫年谱长编》[1] 认为，1906 年和下年（1907 年）谱主均未即入由春江书院改建之高等小学堂而是在家中学习或仍就读于奎星阁书塾。

罗以民《天涯孤舟：郁达夫传》[2] 考证的结果是郁达夫 1908 年春始入高等小学堂，而其未能在 1906 年进入该校的原因是年幼基础尚差没有考取，而郁达夫刻意隐瞒。

稻叶昭二《郁达夫：他的青春和诗》将自述诗和自传联系起来考察，推断出郁达夫赴日之前的修学经历为，1904 年春，转初等小学堂；1908 年，进高等小学堂。

陈其强《郁达夫年谱》[3] 认为，谱主是 1907 年转入由书院改建的学堂——富阳县立高等小学堂就读。

针对上述说法，笔者进行了进一步的梳理。发现这其中固然有郁达夫《自传》与《自述诗》年代记忆有误的原因，但究其根本，应该是几位专家忽略了当时小学堂分为初等小学与高等小学所致。

据富阳县教育局 1990 年编印的《浙江省富阳县教育志》（内部资料，未公开出版）记载，《清末富阳、新城小学发展简况》录入的 1907 年统计数据中，富阳共有高等小学堂 1 所，两等学堂 1 所，初等为 0 所，1908 年为高等小学堂 1 所，两等小学堂 0 所，初等小学 2 所。与此同时，又记录了富阳官立城西初等小学堂、富阳公立中城初等小学堂均成立于 1908 年农历正月。由此可推知，1906 年春江书院其实改成了包含高、初等各年级均有的“两等学堂”，直到 1908 年县城中成立了两所公立初等小学堂后，“富阳县立高等小学堂”才真正名副其实。

《奏定学堂章程》明令“至于在初等小学时，断不宜兼习洋文”，而应“宜注重读经，以存圣教”，所以初等小学的课程其实与旧式书院并

〔1〕郭文友：《千秋饮恨：郁达夫年谱长编》，成都：四川人民出版社，1996 年，第 84 页。
〔2〕罗以民：《天涯孤舟：郁达夫传》，杭州：杭州出版社，2004 年，第 28 页。
〔3〕陈其强：《郁达夫年谱》，杭州：浙江大学出版社，1989 年，第 12 页。

无实质性的区别，因此在郁达夫的《自传》与《自述诗》中均无特别记载，也因此易被研究者忽略。正因为初等小学不学外语，郁达夫《自述诗》第七首诗后自注："十三岁始学西欧文学。"

于听先生认为郁达夫10岁时，即1906年入"富阳县立高等小学堂"并没有错。只不过若按此时间推断，10岁入高小，到15岁毕业（郁达夫15岁时作为高等小学堂第二届毕业生毕业是有确切史料支撑的），其间还因成绩优异跳过一级，高等小学堂的学制不可能为6年。因此，达夫1906年入读初等小学四年级符合常理。

罗以民、郭文友二先生似乎发现时间上的连续性出了差错，但其中所列缘由仅为推测，并没有史料的支撑。

日本稻叶昭二先生是唯一一位提及初等小学的学者，但时间上早了两年。原因是癸卯学制虽在1904年颁行，但富阳真正实施的时间，是在两年后，即1906年。

综上所述，从目前考证的情况来看，1906年，郁达夫在春江书院改为新式学堂后，入的是初等小学四年级。1907年，就读于初等小学五年级并毕业。1908年春，入高等小学一年级，其间跳了一级，以三年时间完成了四年的学业，于1911年初作为"富阳县立高等小学堂"的第二届毕业生毕业。

## 致奶奶的白话信

该信最早出现于于听《说郁达夫的〈自传〉》，只不过是节选，并没有全文照录。2020年底至2021年3月，富阳郁达夫研究学会在本地黄公望美术馆故宫厅举办"郁达夫史料展"，其中就有该信原件。现将全文摘录如下：

> 奶奶：长久勿见面了。想想看，实在是想归来。因为夏天路上勿好走，并且回来了之后，又要到日本来，恐怕到了那时候，奶奶又要酸心，所以勿回来了。

奶奶无钱使用，我也知道。但是我在日本，寄钱又寄不来，并且我也没有多少钱好寄与奶奶。我虽然为奶奶伤心，然而也不能为奶奶出力。

今年大哥似乎要想回家，到了大哥将要回家的时（候），我教大哥私下交付五十块钱与奶奶就是了。

奶奶顶好勿来管母亲的事体，随他去说长也好，说短也好。总教装聋装哑，勿去听她就是。

二嫂做人，诚实不虚，贤良方正，我也知道。但是二哥勿喜欢他，母亲又勿喜欢他，恐怕他将来必定要生出变来。我因为我的妻子，将来亦要同二嫂一样，所以情愿勿取老婆，做孤老头。将来若说有几个铜钱的时候，我就想到莲华庵，或者到茅庵里去修行念佛，免得老婆也受苦，我也受苦。学堂里马上有考，不能多写。

荫生字

于听《说郁达夫的〈自传〉》所节录的文字，和全文对比，只少了最后一节。该信应作于郁达夫赴日留学之初。1917 年 6 月，郁达夫赴日后第一次归国省亲，信中又说“夏天路上勿好走”，所以该信不会迟于 1916 年夏。

郁达夫祖母戴氏（1838—1923），出生于富阳县城以东十余公里的赤松里戴村，与丈夫郁仰高（1838—1938）生二子，长子应龙殇，次子企曾，一女月娟。郁仰高年仅 31 岁就与世长辞，老祖母年轻守寡自怨命苦，从此开始了吃素念佛。据《说郁达夫的〈自传〉》，当年郁达夫的母亲嫁到郁家，在当年的除夕吃完年夜饭后，老祖母就把全家的收支债务和些微现款移交给儿子和刚过门不久的媳妇，讲了一些吉利话。次年起，也就是明天起要让年青一代当家了。用现在的话讲，就是老祖母从此“退居二线”，不再干预当家事务，整天专念佛了。郁氏三兄弟的父亲郁企曾英年（38 岁）早逝后，郁母更是家中说一不二的人物。孤儿寡母，母亲大人免不了用点强硬的手段。因此，在祖母与母亲意见不合时，孙儿们尽管不敢明目张胆选边站，感情上却清一色都是“祖母党”。

所以信中提及“母亲的事情”，让祖母只需“装聋装哑”，是有浓厚的站队祖母倾向的。

作为最小的孙儿，郁达夫与祖母的祖孙情，也似乎更深一些。郁达夫在《远一程，再远一程》中写道：“祖母为忧虑着我这一个最小的孙子，也将离乡别井，远去杭州之故，三日前就愁眉不展，不大吃饭不大说话了。”〔1〕所以特意写来这封纯白话体的通俗信，因为他知道祖母只能让别人念给她听，白话就容易听懂。信中还说要私下给祖母点钱，尽管此时的郁达夫还是名古屋八高的学生，领着官费生的份额，自身也入不敷出，还需要长兄长嫂时不常地给点接济。信中所说的“五十元钱”，估计也是慷他人之慨，要长兄“私下”出了。但祖母收到这样的来信，心里应该是欣慰的。

最后一段，也即于听先生“节选”刻意不选的内容。二哥郁养吾，确实有两任妻子，首配为富阳本地场口小园邑庠生李福贤之女李氏，名界如，无子女。继于氏，名俊英，天津人，生子女 13 人。笔者为此走访了养吾的女儿郁侠民女士，她说：“家里人都称李氏为‘小园姆妈’。父亲与小园姆妈完婚的当天晚上，被奶奶锁在婚房内。第二天一早，奶奶刚把锁打开，父亲就夺门而出，逃到不知哪里去了，也没有再与小园姆妈同过房，因此，父亲与小园姆妈没有孩子。父亲与我母亲结婚后，小园姆妈一直跟随奶奶住在鹳山上面，与我们是分开住的。”

郁养吾生于 1891 年，民国初年随长兄到北京，改入国立北京医专读书，1919 年参加第二文官考试及格，分配到海军部工作，这时他已 28 岁。在海军部工作期间，在天津与于氏相遇，直到 1925 年，他们的第一个女儿郁静民才出生。由此看来，郁达夫是看到二哥养吾颇为不幸的夫妻关系，生怕自己的婚姻步二哥的后尘，所以情愿“不娶老婆，做孤老头子”，这其实也是对母亲替二哥包办婚姻的一种无奈的反抗吧。

在《年谱》编撰过程中，类似需要考证的地方太多了。由于年代的

---

〔1〕 郁达夫：《远一程，再远一程——自传之五》，载《郁达夫全集》第四卷，杭州：浙江大学出版社，2007 年，第 281—282 页。

久远，特别经过十年浩劫的冲击，珍贵的史料遗失殆尽，这给研究工作带来了巨大影响。好在以前的郁达夫研究，在史料收集方面还是成果颇丰的，加上富阳郁氏后裔尽可能保存了一些日记、手稿、书信，我们才能将郁达夫早年的情况勉力梳理出一个较为清晰的脉络。对于我本人来说，《郁达夫年谱》虽然已经出版，但史料整理、挖掘、考证的工作似乎只是一个新的开始。希望随着时间的推移，能有更多的史料被披露，以便《年谱》更加准确和完善。

作者简介：郁峻峰，供职于杭州市富阳区文化部门，中国作家协会会员，业余时间从事中国现代文学研究。著有《郁达夫年谱》等多部专著，在《新文学史料》《中国现代文学研究丛刊》《现代中文学刊》发表论文多篇，为《郁达夫全集》（第五、六卷）主编。

# “戎马间关为国谋，南登太姥北徐州”
## ——郁达夫三大战区劳军事略

李杭春

郁达夫两度以政治部设计委员身份受命赶赴战争前线，代表政治部慰问和酬劳第一、第五和第三战区前线将士，以“文人入伍”的壮举，体现了自己“为国家牺牲一切”的决心和意志。这是郁达夫“战士”生涯中颇令人关注的事件，但在郁达夫研究中，此一事件似并未被特别重视。

拜读现有的郁达夫年谱和纪传，陈其强《郁达夫年谱》作“4月中旬，去台儿庄、徐州劳军”；“5月8日，视察结束，返回武汉”；“6月下旬，奉命去浙东、皖南第三战区视察”；“7月初，自东战场返回武汉”[1]，基本依据郁达夫《毁家诗纪》的说法；王自立、陈子善《郁达夫简谱》作“4月14日，与作家盛成等一起代表政治部和文协，携带‘还我河山’锦旗一面和《告慰台儿庄胜利将士书》万份去郑州、台儿庄、徐州等地劳军”；“5月3日，返回武汉”；“6月中旬，又去浙东、皖南视察战地防务”；“7月初，回到武汉”[2]，部分信息来自盛成的回忆；以资料翔实著称的郭文友《千秋饮恨：郁达夫年谱长编》，也仅有“4月14日，受政治部和文协委派，与作家盛成一起去郑州、台儿庄、徐州等地劳军”；“5月3日，视察结束，返回武汉”；“6月下旬，奉命去第三战区浙东、皖南视察”；“7月初，视察结束，回到武汉”[3]，未

〔1〕 陈其强：《郁达夫年谱》，杭州：浙江大学出版社，1989年，第364—367页。

〔2〕 王自立、陈子善：《郁达夫简谱》，载《郁达夫研究资料》，北京：生活·读书·新知三联书店，1985年，第840—841页。

〔3〕 郭文友：《千秋饮恨：郁达夫年谱长编》，成都：四川人民出版社，1996年，第1513、1517、1523页。

越出已有郁谱的信息框架。蒋增福、郁峻峰《抗战中的郁达夫》描述千里劳军，除郁氏本人诗文外，多采信盛成后来的回忆《与达夫一起去台儿庄劳军》一文。可以看到，这些记载还存在时间上的参差不一和史迹上的语焉不详，郁达夫长达四十余天的两度劳军或需要进一步梳理。

本着作家年谱亦首先是“全人年谱”的理念，我们在编修浙江省文化工程版《郁达夫年谱》时，将此一事件些许细节稍作落实与还原，节录在此，恳请指正。

## 1938年3月9日，从福州到武汉

1938年2月1日，国民党军事委员会总司令部原训政处扩大为政治部，陈诚兼任部长，周恩来代表共产党任副部长。3月1日，接手政治部第三厅筹办任务的政治部秘书郭沫若，在其“工作计划应不受限制”“人事问题应该有相对的自由”“事业费预算由我们提出”三项要求得陈诚“件件依从”后，即着手筹备第三厅，并致电身在海防前线福州的老友郁达夫，促其赴汉口政治部主持第三厅主管对敌宣传的第七处。[1]

接到郭沫若赴任电时的郁达夫，正在福州经历了敌机的来袭，文救会的被要求“改组”，老母在家乡惨死的噩耗亦始传到福州。哀痛欲绝的郁达夫以母丧向福建省政府主席陈仪呈请辞职，请假回籍。虽因战事纷扰，郁达夫辞呈获准的公报迟至5月7日才由时已内迁山城永安的福建省政府发布[2]，但3月9日上午，郁达夫即从福州启程。他先奔浙江丽水，接上避居丽水的王映霞和一家老小，途中还上庐山作了短暂游览，继从九江坐江轮，于3月下旬抵汉口——郁达夫内心明白，经了这一趟旅程，他将由一介“文人”，变身为可以戎马疆场的“战士”。

---

〔1〕这是郭沫若1947年《再谈郁达夫》中的说法，时已事隔十年，达夫亦已失踪两载。据1938年3月10日《福建民报》，则郁达夫“因就行之前已接总政治部秘书郭沫若电，促赴该部任科长，故还将赴汉口一行”，似并无主管第七处之说。

〔2〕“代理本府公报室主任郁达夫电请辞职，应予照准”，1938年6月15日《福建省政府公报》永字第2期。

抵汉不久，3 月 27 日，“中华全国文艺界抗敌协会”在汉口总商会礼堂举行成立大会，郁达夫被推为 45 人理事之一。4 月 3 日，在冯玉祥宅举行的文协第一次理事会上，郁达夫又被推为常务理事、研究部主任及文协会刊《抗战文艺》编辑委员。但查《抗战文艺》，郁达夫出席的文协会议、座谈、聚会等活动的记录并不太多，可以想见，这个时候的郁达夫并不仅仅关注着抗战文艺的组织工作。他誓言“今日不弹闲涕泪，挥戈先草册倭文”（《廿七年黄花岗烈士纪念节》），也致力于把家恨国仇化作以笔为戎，写下大量抗战诗文。他远走南洋以后，还竭己所能，想方设法为文协筹款，但身在当时政治、军事、文化中心的武汉，民众高涨的抗敌热情鼓舞着他首先去践行文协口号：“文章下乡，文章入伍。”

4 月 1 日，国民政府军事委员会政治部第三厅筹组完成，在昙华林正式成立，部长陈诚、副部长周恩来出席大会，郭沫若任第三厅厅长，主持宣传工作，因达夫抵汉也晚，郭沫若“就近”请第三厅副厅长范寿康兼了第七处，老友胡愈之、田汉、洪深、冯乃超等亦均到任，文化界知名人士郁达夫只被聘作政治部设计委员，研究、规划政治部的战时宣传事宜。

但郁达夫并不以为意，相比于文协理事，在武汉的郁达夫似更投入政治部的事务。“那时他也同我们一样穿起草绿色的军装，热情洋溢地做抗战宣传工作。”[1] 尤其因了设计委员这个“闲差”而得两度劳军，是郁达夫戎马间关、与国为谋的重要行迹。在当年聚集武汉的文人队伍里，作家盛成、谢冰莹，记者范长江、陆诒，亦曾到过台儿庄前线劳军或采访，今天来看，郁达夫无疑是他们当中最年长和最具知名度、影响力的一位了。

---

〔1〕 陆诒：《忆郁达夫先生》，载陈子善、王自立编《回忆郁达夫》，长沙：湖南文艺出版社，1986 年，第 330 页。

# 1938年4月17日，郑州第一战区

4月7日，台儿庄大捷，举国上下为之振奋。消息传到武汉三镇，自发参加祝捷大会、火炬游行的民众多达四五十万。当晚7时，由政治部联手武汉军政各界召集庆祝大会，除决定向前方将士致电致敬外，并提议“各机关团体学校迅推代表遄赴前线慰劳抗战将士”〔1〕。政治部遂派第三厅设计委员代表军委会，前往徐州战场劳军并巡视防务。

4月17日，晨7时一刻，由军委会政治部设计委员郁达夫、李侠公、杜冰坡、罗任一和电政总局局长庄智焕等组成的政治部慰劳前线将士代表团，携带“还我河山”锦旗和《告慰台儿庄胜利将士书》万余份，由汉口大智门车站出发赶赴徐州战区。同赴战区劳军的还有中华全国文艺界抗敌协会及国际宣传委员会代表盛成等。

是夜11时，车到郑州，第一战区司令部政训处处长李世璋上车欢迎政治部代表。虽夜已深，站台上结集欢迎之各民众团体仍有千余人。当晚，代表团下榻郑州鑫开饭店。〔2〕

郑州是代表团此行第一站。这里离黄河前线仅五六十里，“而郑州居民尚镇静如恒，当系民众运动做得起劲之效果”〔3〕。据《战地归鸿》和盛成《徐州慰劳报告》，抵郑州第二天，即4月18日，他们忙了一天，先是接受第一战区司令长官程潜的会见，又“莅临民众大会，向第×战区司令长官献旗，视察民训政训工作，接见工人代表团”〔4〕等。

4月19日晨，郁达夫与盛成等驱车往黄河南岸劳军，遥瞩倭寇北岸

〔1〕 徐咏平编：《台儿庄之捷》，重庆：独立出版社，1938年，第60页。

〔2〕 盛成：《徐州慰劳报告》，载《盛成台儿庄纪事》，北京：北京语言文化大学出版社，2007年，第17—18页。该报告完成于从台儿庄回汉不久，在细节叙事上或更可采信。

〔3〕 郁达夫：《战地归鸿》，载《郁达夫全集》第六卷，杭州：浙江大学出版社，2007年，第281页。

〔4〕 郁达夫：《战地归鸿》，载《郁达夫全集》第六卷，杭州：浙江大学出版社，2007年，第282页。

情形，并“拟向之大呼口号，招反战之日本士兵来归降也”[1]。乘车到大堤，见沿河工事非常坚实，铁路工人尚有冒炮火搬运铁轨者，“既闲散而又紧张”，而三公里长的黄河大桥已被炸毁。众人上得南岸最高处五龙顶，“却忽而吹来了一阵沙漠里常有的大风……弥天漫野的沙尘，遮住了我们的望眼”[2]，瞭望不成，口号也未竟，只得明碑上留诗一首，即七律《戊寅春日，北上劳军，视察河防后登五龙顶瞭望敌军营垒，翌日去徐州》，下山后重谒虞姬庙，正所谓“题诗五龙顶，归谒虞姬祠”。因意外发现虞姬祠里一个三等邮局还有一位邮务员在办公，欣喜之余，“大家就争买明信片，各写并非必要的信……为的是那一个某年某月某日的黄河南岸的邮戳，是可以作永久的纪念的”。郁达夫当有明信片寄王映霞，《战地归鸿（二）》称：“寄回此邮片，请善藏作永久纪念。”[3]

下午回郑州，在陇海花园众乐轩参观第一战区政训处抗敌画展，有油画、漆画、粉画、水彩、连环画等70件。晚去陇海大礼堂看第一战区政训处抗敌剧团演出《保卫大河南》。[4] 这与第三厅倡导的戏剧、音乐、美术、电影等可以下乡入伍的抗战宣传形式十分吻合，显然，郁达夫既是观赏，更是工作视察和业务指导。

## 1938年4月20日，徐州第五战区

据4月19日晚间作的《战地归鸿（一）》，代表团原定19日晚出发赴徐州，但最后成行是在20日早晨。代表团搭乘“蓝钢皮”特快车

---

〔1〕 郁达夫：《战地归鸿》，载《郁达夫全集》第六卷，杭州：浙江大学出版社，2007年，第282页。

〔2〕 郁达夫：《黄河南岸》，载《郁达夫全集》第三卷，杭州：浙江大学出版社，2007年，第310页。

〔3〕 郁达夫：《战地归鸿》，载《郁达夫全集》第六卷，杭州：浙江大学出版社，2007年，第282页。

〔4〕 盛成：《徐州慰劳报告》，载《盛成台儿庄纪事》，北京：北京语言文化大学出版社，2007年，第21页。

往第五战区。车到开封遇警报，又让行兵车，误点甚多。[1]

4月21日晨，特快车始抵距徐州18公里之夹河寨，因开车无期，遂弃车骑驴，依公路进徐州城，下榻徐州花园饭店。午后到第五战区司令长官部，先访参议林素园，下午5时得见司令长官李宗仁。[2]

当晚，在李宗仁倡议下，政治部在徐州组织了一个抗敌动员委员会，由郁达夫、盛成、林素园和著名记者范长江、陆诒等组成，委员们一同起草委员会章程，后来举行过多次抗日宣传活动。[3] 郁达夫还被推为第五战区民众总动员会设计委员会委员。[4]

4月22日晨7时，郁达夫和庄智焕、杜冰波等代表政治部向司令长官李宗仁献旗，中华全国文艺界抗敌协会和上海文化界国际宣传委员会亦分别献"还我河山"旗和"为世界和平而战"旗。李宗仁三受旗并致答礼。

为避空袭，4月22日午11时，设计委员们随第五战区司令长官部参议陈江，往游徐州郊外名胜云龙山，郁达夫作七律《晋谒李长官后，西行道阻，时约同老友陈参议东阜登云龙山避寇警，赋呈德公》。晚赴李宗仁宴。[5]

政治部抗敌剧团也在徐州前线慰劳将士，4月23日，郁达夫和委员们赴中枢街铜山县实验小学校剧团驻地看望剧团，并送去很多宣传品。[6]

4月23日中午，军委政治部、中华全国文艺界抗敌协会和上海文化

---

〔1〕 盛成：《徐州慰劳报告》，载《盛成台儿庄纪事》，北京：北京语言文化大学出版社，2007年，第21—22页。

〔2〕 盛成：《徐州慰劳报告》，载《盛成台儿庄纪事》，北京：北京语言文化大学出版社，2007年，第22—23页。

〔3〕 盛成：《与达夫一起去台儿庄劳军》，载陈子善、王自立编《回忆郁达夫》，长沙：湖南文艺出版社，1986年，第433页。

〔4〕 盛成：《徐州慰劳报告》，载《盛成台儿庄纪事》，北京：北京语言文化大学出版社，2007年，第82页。

〔5〕 盛成：《徐州慰劳报告》，载《盛成台儿庄纪事》，北京：北京语言文化大学出版社，2007年，第23—26页。

〔6〕《向台儿庄去——政治部抗敌剧团工作通讯》，《苦斗》，1938年第2期。

界国际宣传委员会三团体代表还在“徐州的花园饭店前面的一家叫致美楼的饭馆”宴请死守台儿庄的第三十一师师长池峰城，池师长为大家讲述了台儿庄战役中47位敢死义士的故事，这个故事后来被郁达夫记录在《在警报声里》一文中。

盛成在《与达夫一起去台儿庄劳军》〔1〕的回忆里，还记录了一件未见史载的事迹。时美国驻华武官参赞史迪威亦下榻花园饭店。他想去前线台儿庄，却被第五战区政治部阻止。盛成在花园饭店后院散步时遇见史迪威，得知详情后即找郁达夫商量。郁达夫认为这是一个非常重要的情况，当即与盛成一同带史迪威去见李宗仁。这天是4月23日。“李宗仁问史迪威有什么要求，史答曰想去台儿庄，李一口答应。因为政治部代表达夫在场，达夫不表示反对，就等于代表政治部破例同意了。所以，史迪威能到台儿庄，达夫之功实不可没。”〔2〕当晚，美国参赞史迪威就与政治部代表团同赴台儿庄。〔3〕

史迪威进入台儿庄亲眼看见了中国军队的战绩，证明中国军队有很强的战斗力。后来，史迪威撰写了一份报告给美国政府，希望美国政府给中国经济援助，以购买战略物资。可以说是郁达夫促成了美国的经济援华政策。

## 1938年4月23日，行向台儿庄

4月23日深夜，郁达夫、盛成与女兵作家谢冰莹、参议陈江和抗敌

〔1〕 作为事后回忆，盛成此文颇多谬误；但以盛成文字之喜为己立言，本文却将此事功多半推给郁达夫，虽然几处表述在细节上略有矛盾，但就史事本身，这一“达夫之功”的可信度应是无疑的。而此事之不见记录于《徐州慰劳报告》，或是“因为史迪威要求我们保密，所以我们回到武汉没有把此事写在工作报告中”。

〔2〕 盛成：《与达夫一起去台儿庄劳军》，载陈子善、王自立编《回忆郁达夫》，长沙：湖南文艺出版社，1986年，第434页。

〔3〕 参见盛成：《与达夫一起去台儿庄劳军》，载陈子善、王自立编《回忆郁达夫》，长沙：湖南文艺出版社，1986年，第434页。

剧团部分团员同车出发前往台儿庄。[1]“晚上十一点，我们跳上了开往台儿庄的专车。像前次去利国驿一般，我们又坐在那头等客厅里。每人独占了一张能够自由转动的沙发”[2]。

24日晨，车停宿牙山，为等兵车先开，足足停了一个钟头，兵车很多，“起码有一里路那么长”，士兵们高唱着“雄壮的救亡歌曲”[3]。7时向临枣台赵支线北行，闻炮声，到车辐小站，炮声隆隆，傍午到杨楼，略事休息后先乘车往于军部，见于学忠将军，再往孙军部，见孙连仲将军。下午三时半，代表团辞别军部，他们先到台儿庄南火车站，再从西门进台儿庄，看到一幅焦土抗战的画面……遂分头向士兵发放慰劳品和慰问信，在东岳庙会合后，结队同出西关，乘孙军部大汽车经由北站回车辐山车站。[4]

当年，赴台儿庄探望慰问的各地记者和各界群众络绎不绝。作为战地前线，台儿庄并不宜久留。虽然大战结束已近20天，战场业经清理和打扫，但被大战毁坏的房屋设施却远未及恢复：

> 入西门后，即见满街瓦砾、沙土、破纸、烂衣、倒壁、塌墙……所有房屋，无不壁穿顶破，箱柜残败，阒无一人，有福音堂一所，亦毫无例外的彻底被毁于敌人密集炮火之中。士兵之驻民房中者，皆另在地中掘孔而居，上盖厚土。[5]

这是记者范长江在“台儿庄完全规复后四小时”进入战场看到的景象，可见战争之惨烈，郁达夫抵台儿庄，这样的场景也还历历在目。空袭更是常态。4月20日以后，虽因我将士坚决抗拒，严防死守，“我多

---

〔1〕盛成：《徐州慰劳报告》，载《盛成台儿庄纪事》，北京：北京语言文化大学出版社，2007年，第26—43页。
〔2〕谢冰莹：《抗战日记》，台北：东大图书股份有限公司，1988年，第323页。
〔3〕谢冰莹：《抗战日记》，台北：东大图书股份有限公司，1988年，第323页。
〔4〕盛成：《徐州慰劳报告》，载《盛成台儿庄纪事》，北京：北京语言文化大学出版社，2007年，第44—49页。
〔5〕范长江：《慰问台儿庄》，《战地通信》，1938年第26期。

数阵地敌始终未能越雷池一步”，但“当时敌机数架曾滥炸终日”〔1〕，台儿庄和津浦沿线仍是硝烟弥漫，战火四起。郁达夫在4月27日给王映霞的信（《战地归鸿》）中写道：

来徐州已将四五日，前两天去了中国打倭寇划一时代的台儿庄。历访了于总司令学忠、孙总司令连仲等前线将士，总算是经过了敌人炮火下的一条血路。头上的炮火，时常飞来。轰隆隆轰隆隆的重炮声，不断地打着。还有飞机（敌机）的飞来飞去，麦田里躲避，也不知躲避了多少次。前线的将士，真能够拼命，我们扼守着台儿庄东南，扼守着郯城、临沂、峄县、邳县等地的血肉长城，不管他炮火轰得如何厉害，总是屹然不动，使倭寇无法可施。等炮火一停，或倭寇看见了之后，就冲出战壕来杀敌，砍，放机枪步枪。倭寇有的是炮火，我们有的是勇气。〔2〕

4月25日，在完成了战地巡视和慰问后，郁达夫与劳军人员的专车即被夹在50辆空车之间驶回徐州，次日清晨抵返徐州。〔3〕

## 1938年4月28日，前线观感

政治部此次劳军在当年影响很大，各报刊留下的消息和访谈颇多。4月28日下午，在奎光阁司令长官秘书宴上，郁达夫发表了本次前线观感：

五战区军纪好，军民合作，一切皆生气勃勃。必能阻止敌人打

---

〔1〕《第二十军团汤恩伯部参加鲁南会战各战役战斗详报（节选）》，载中国第二历史档案馆编《中华民国史档案资料汇编》第5辑第2编（军事2），南京：江苏古籍出版社，1998年，第582页。
〔2〕郁达夫：《战地归鸿》，载《郁达夫全集》第六卷，杭州：浙江大学出版社，2007年，第282—283页。
〔3〕盛成：《徐州慰劳报告》，载《盛成台儿庄纪事》，北京：北京语言文化大学出版社，2007年，第50页。

通津浦的企图。我方士兵抗战情绪极高，毫无畏怕的心理，反之日军则异常厌战怯战，从曹聚仁先生那里看到一本日本军官的日记，是一个彻底法西斯蒂曾参加“二二六”事变的青年将校所遗失的。内容记载非常强硬顽固，但是他写的“这次调为守备军，总算有了回家的希望”这么一句，却无形中暴露了他怕死的心理。〔1〕

这天，郁达夫还接受了中央社记者采访，告此行观感，称：

此次我们奉政治部之命，前来慰劳将士，一面也想看看前线的情形，如军民合作的现象，士兵风纪的整肃等等。我们到了台儿庄，到了利国驿，从前线归来，感想很多，而最重要的一点，是因此次的实地观察，更加强了我们最后胜利的确信。分开来说，（一）我们的士兵，已经有了十足的自信，觉得敌人的炮火战车飞机的乱轰乱放，终抵不过我们的忠勇刚毅；（二）是老百姓抗敌忾心的加强，敌人轰炸得愈厉害，奸淫掳掠得愈凶，老百姓的自卫与协助的工作，也做得愈周到。台儿庄一役、敌死伤万余人，郯城邳县峄县诸线，敌人的伤亡，每日总在三四千人以上，敌人想雪台儿庄的奇耻大辱，调其疲息之各路残兵，集中于津浦南北两段，未战就先已露出败兆，因为这类残兵，都已苦于久战、思乡心切，虽勉强集中，实早已丧失了英锐的战斗能力，这于这一次检阅了许多俘虏及战死倭寇的手记家信及日记之后，就可明白。最使我们感觉奇异的，是在台儿庄作战的许多华北驻军板垣、矶谷部队的手记，他们都是与“二二六”事件有关的青年将校及士兵，都是彻头彻尾的法西斯主义者，而在他们的日记里，我们也见到了“被役前的错误观念害煞了”等忏悔畏怯之辞。此外的感想还很多，当于去武汉之后

〔1〕盛成：《徐州慰劳报告》，载《盛成台儿庄纪事》，北京：北京语言文化大学出版社，2007年，第54—55页。

再慢慢的写出来。[1]

作为对日本文化、日本人颇为熟稔的一位文学知识分子，郁达夫在战场的观察十分独特，他言谈中对日本士兵厌战心理的剖析，无疑可以增强国人对法西斯主义必败，和确信“我们最后胜利”的信念，颇有感召民众、振奋士气的力量。

从现有资料来看，上述访谈同时（4 月 30 日）被刊载于上海《导报》、广州《中山日报》、杭州《东南日报》、西安《西京日报》、贵州《革命日报》和南宁《南宁民国日报》等，蔚为一时之热。

## 1938 年 5 月 3 日，回返武汉

4 月 27 日，郁达夫曾在徐州致函王映霞（《战地归鸿》）详细报告了战地行踪并回程安排：“拟于今晚动身到开封去。在开封顶多住一两日，然后就往郑州回武昌。四过信阳，当下车去潢川一看青年干部在那里训练的情形，到家当在五月初旬。”[2] 这个计划或并未完全履行。

据现有资料，郁达夫是 5 月 1 日离开徐州、5 月 3 日抵返武汉的，中间两天是否经停郑州或潢川，尚不得而知。抵汉之时，老舍、老向等作家在车站迎接[3]，郁达夫并再次接受记者采访，称还有意往西北前线一行：

> 前代表政治部往前线劳军的本会常务理事郁达夫，已于三日完成任务，回返武汉，他还有意往西北前线一行。[4]

---

〔1〕《政治部慰劳团考察津浦前线》，《申报》，1938 年 4 月 30 日，第 2 版。参见《郁达夫谈前线归来感想》，《西京日报》，1938 年 4 月 30 日，第 1 版；参见《前方一团朝气　军民自信极强　郁达夫自前线归来谈》，《中山日报》，1938 年 4 月 30 日，第 1 版。

〔2〕郁达夫：《战地归鸿》，载《郁达夫全集》第六卷，杭州：浙江大学出版社，2007 年，第 283 页。

〔3〕参见《盛成回忆录》，太原：山西人民出版社，2012 年，第 113 页。

〔4〕《文艺简报》，汉口《抗战文艺》（三日刊），1938 年 5 月 7 日第 1 卷第 2 号。

郁达夫没有食言。虽然西北之行实际上成了后来的东战场劳军。回汉及之后，郁达夫相继写下了《平汉陇海津浦的一带》《黄河南岸》《必胜的信念》《在警报声里》等文字，记录自己近距离经历和亲身感受的这一场民族战争，字里行间呈示了他的感动与思虑、乐观与自信。同时，郁达夫也将自己了解到的前方将士“希望我们在后方的执笔者，能多送些士兵的读物，及足以娱乐暇时的图画刊物等印刷品去，藉资消遣”诸需求，通过倡议发动“一种书”运动，建议后方文人“将我们所读过的定期刊物，书报小说之类，统统捐助出来；送上各战区的后方办事处去，请他们转送前线，分给守土的将士们阅读”〔1〕，并视此为文人笔友“在战时所应做的工作”中最重要的一部分。这一倡议，很好地体现了非常时期“文章下乡、文章入伍”的战时文化立场。

## 1938年6月5日，再赴浙东、皖南第三战区

郁达夫的东战场劳军，虽在《毁家诗纪》中有零星记载：“六月底边，又奉命去”第三战区浙东、皖南视察，“曾宿金华双溪桥畔……与季宽主席等一谈浙东防务、碧湖军训等事”〔2〕，并于7月初，“自东战场回武汉”等，但除了诗纪、自注和《余两过黄山，未登绝顶，抗战军兴后，巡视防务至屯溪遇雨，至朱砂泉一浴》（七律）等诗作外，郁达夫关于东战场劳军的文字其实并不丰富，记录也不完全确切，此次劳军的细节更是少为人知，以至几部年谱均未标注明确的时间节点。

查中华全国文艺界抗敌协会会刊《抗战文艺》，文协研究部主任郁达夫东战场劳军的信息曾在周刊第7、第8、第10期上三度被发布。5月27日《抗战文艺》（周刊）第1卷第7期刊出《会务报告》，称因

---

〔1〕 郁达夫：《平汉陇海津浦的一带》，载《郁达夫全集》第三卷，杭州：浙江大学出版社，2007年，第307—308页。

〔2〕 郁达夫：《毁家诗纪》，载《郁达夫全集》第七卷，杭州：浙江大学出版社，2007年，第173页。

“研究部主任郁达夫最近就到东线去调查，已决定再添请几位干事，帮助副主任胡风办理一切”[1]，为郁达夫的暂离会务特别作了安排；6月11日，《抗战文艺》（第1卷第8期）刊出文艺简讯：郁达夫又赴东战线视察，约两周后可返汉；6月25日，郁达夫返汉前夕，《抗战文艺》（第1卷第10期）再次预告：郁达夫将于日内从东战场返汉。

当年报刊对此事的报道更确切。1938年6月6日，《华美晨刊》第1版、《革命日报》第11版刊有《郁达夫等今赴东战场视察》的消息，《晶报》《新闻报》等亦有转载。消息称：6月5日，郁达夫与政治部设计委员邹静陶、汪啸涯、许宝驹、刘晋暄等人一起由武汉抵南昌，拟赴东战场视察。他们将于次日（6日）启程赴东战场，拟两星期后返武汉。

## 1938年6月27日，前线归来

郁达夫一行自浙东战场的返汉时间，是在1938年6月27日。《申报》消息《许宝驹等视察前线归来》中有称：

> 政治部长前曾派设计委员许宝驹、郁达夫、刘晋暄、汪啸涯、邹静陶五人，前往第×战区视察有关抗战之各项政治工作，并慰劳前方将士，许等历赴屯溪、青阳、宁国、河沥溪、木镇、金华、义乌、永康各地视察，已于廿七日返汉，向陈部长报告一切，据闻视察结果甚为圆满，前方士气极为振奋，民众抗敌情绪尤极热烈。[2]

这则消息基本上可以勾勒郁达夫与其他四位设计委员此次浙东、皖南战场劳军的行踪与轨迹。他们于1938年6月5日从武汉出发，6日经南昌赴东战场，巡视了安徽屯溪、青阳、宁国、河沥溪、木镇和浙江金华、义乌、永康各地防务，6月27日返回武汉，历时22天，比台儿庄

〔1〕文协总务部：《会务报告》，汉口《抗战文艺》（周刊），1938年6月5日第1卷第7期。
〔2〕《许宝驹等视察前线归来》，《申报》，1938年6月29日，第2版。

劳军时间更长，但与郁达夫本人“六月底边”“七月初”的记录颇有出入。

还有一个细节值得一提，战区劳军，还是委员们自己先行垫付的交通费。8月11日，衡山设计委员会第三处会计股来函，告以赴第三战区视察所用之旅费291.7元已核准。9月27日，王映霞收信后代为出具领据，并挂号寄出，因郁达夫已于9月22日应陈仪电召，从汉寿出发赴福建，其时正借宿江山。

## 节外变故

战区劳军期间，不意郁达夫家庭生活陡生变故。郁达夫在《国与家》中坦言：“自北去台儿庄，东又重临东战场，两度劳军之后，映霞和我中间的情感，忽而剧变了。据映霞说，是因为我平时待她的不好，所以她不得不另去找一位精神上可以慰藉她的朋友。”〔1〕汉口争吵，沸沸扬扬，周恩来、郭沫若等都曾出面调解。〔2〕7月9日，以周象贤、胡健中为“见证友人”，郁、王二人立据签订《协议书》：

> 达夫、映霞因过去各有错误，因而时时发生冲突，致家庭生活苦如地狱，旁人得乘虚生事，几至离异。现经友人之调解与指示，两人各自之反省与觉悟，拟将从前夫妇间之障碍与原因，一律扫尽，今后绝对不提。两人各守本分，各尽夫与妻之至善，以期恢复初结合时之圆满生活。夫妻间即有临时误解，亦当以互让与规劝之态度，开诚布公，勉求谅解。凡在今日以前之任何错误事情，及证据物件，能引起夫妻间感情之劣绪者，概置勿问。〔3〕

---

〔1〕郁达夫：《国与家》，载《郁达夫全集》第八卷，杭州：浙江大学出版社，2007年，第340—341页。

〔2〕参见黄世中：《王映霞：关于郁达夫的心声》，郑州：河南文艺出版社，2013年，第47—48页。

〔3〕王映霞：《王映霞自传》，合肥：黄山书社，2008年，第160—161页；参见罗以民：《天涯孤舟：郁达夫传》，杭州：杭州出版社，2004年，第193页。

经友人劝解和双方的“忏悔与深谈”，两人总算搁置争议，做了一回破镜重圆的努力。

然而好景不长。不久，武汉被围，政府下令疏散人口。1938年7月11日，郁达夫偕家人搭江轮离汉口往湘西，先避常德，再居汉寿。12月19日，郁达夫偕王映霞和郁飞，从马尾登上驶往南洋的邮轮——自此，诗人便零落天涯，最终消逝在遥远的赤道线上……在郁达夫南行的决绝中，有一部分或是为弥合家庭生活已经出现的裂隙，躲避“与国民党官僚层和决策者发生龃龉”（《嘉陵江上传书》）的可能而生的。无论如何，三大战区劳军至少是加剧这对富春江上神仙侣仳离的导火索，以至郁达夫那样悲壮地“为国家牺牲”了一切。

作者简介：李杭春，浙江大学退休教师，主要从事中国现代文学与文化研究。

# 郁达夫创造社时期期刊编辑活动研究

陈旭婷

郁达夫是现代文坛上的知名作家，同时也是一位十分出色的期刊编辑，就其对新文学发展所做出的贡献而言，他的编辑身份与作家身份具有同样重要的价值。郁达夫从创造社步入现代文坛，而创造社也因郁达夫的存在而彰显出独特的气质与个性。郁达夫之于创造社的影响以及对于发生期的新文学的影响与其文学创作及期刊编辑活动都密不可分，后者的影响甚至更为突出。所以，聚焦郁达夫的期刊编辑活动对审视郁达夫早期文学活动状况、解析郁达夫之于创造社文学生产的影响以及探究他如何通过办刊、编刊来参与新文学建设都有着重要的意义。

## 一、郁达夫创造社时期期刊编辑活动

郁达夫，1896 年 12 月 7 日生于浙江富阳，1913 年随长兄郁曼陀赴日本留学。早在留日期间，郁达夫就开始尝试办刊。1919 年 11 月，郁达夫与原名古屋第八高等学校的日本同学石谷武雄等四人合作创办日本文学杂志《寂光》（或名《凝视》）[1]，后因经费不足流产。1920 年春，郁达夫邀集成仿吾、张资平、郭沫若、田汉等人到他的寓楼，商议组织新文学社团与合办文学杂志，这被称为创造社的滥觞。为了推进办刊，郁达夫与友人多次往来书信。1921 年上半年，郁达夫与友人将作品编订成名为《格林》（*Green*）的小册子互相传阅，被看作《创造》季刊的前身，后因打字员的罢工，《格林》仅出两期就中止。郁达夫的办刊

---

〔1〕［日］小田岳夫、稻叶昭二：《郁达夫传记两种》，李平、阎振宇译，杭州：浙江文艺出版社，1984 年，第 276 页。

编辑活动没有就此终了，他对于创造社的建立及其刊物的问世做出了巨大贡献。1921 年 5 月，泰东图书局答应替郭沫若出版纯文学刊物。在制定刊名时，郁达夫的话给了郭沫若强心针，他表示赞成使用《创造》作为刊名，并承诺每期提供一两万字的文章。1921 年 6 月 8 日，郁达夫作为主要发起人之一在其寓所召集了张资平、郭沫若、田汉共同商议出版刊物，会议定刊名为《创造》，暂出季刊，这标志着创造社的诞生。

经郭沫若介绍，郁达夫于 1921 年 9 月 26 日到泰东图书局工作。《创造》季刊创刊号的选稿、编辑、校对工作由郁达夫全权负责，并于 1922 年 5 月问世。创刊号作为创造社的首次亮相，给世人留下离经叛道的形象，这与郁达夫的编辑活动息息相关。而郁达夫不管是作为编者还是作为作者引发的一系列文艺论战，某种程度上都提升了创造社的知名度。郁达夫在编辑完创刊号后未继续担任《创造》季刊的编辑，他表示，“我弄了半年的《创造》，出了这样的一个畸形儿来。《创造》第二期的编辑，我再也不敢担当了”〔1〕。

1923 年 4 月，郁达夫、成仿吾和郭沫若在上海会合，专心办刊。鉴于季刊发行周期过长，不能及时答辩，郁达夫提议出版《创造周报》。5 月 13 日，《创造周报》于上海泰东图书局创刊发行。郁达夫编辑《创造周报》的时间主要集中在 5 月到 7 月（后因为自 1923 年 7 月 21 日《创造日》创刊，郁达夫的精力主要放在《创造日》上）。

这个阶段的郁达夫以充沛的精力致力于文学创作与办刊活动。1923 年 7 月中旬，郭沫若收到了《中华新报》主笔张继鸾的请求，希望创造社为《中华新报》编写文学副刊。实际上郭沫若不赞成合作，在郁达夫和成仿吾的坚持下副刊才得以诞生，取名《创造日》。该刊由郁达夫主编，成仿吾负责处理编辑事务。一百元的薪资郁达夫用六十元，成仿吾和邓均吾各用二十元。就此创造社迎来鼎盛期。

直至 1923 年 10 月 5 日，郁达夫苦于泰东图书局的剥削以及抚育妻

〔1〕 郁达夫：《编辑余谈》，载《郁达夫全集》第十卷，杭州：浙江大学出版社，2007 年，第 26 页。

儿的压力，赴北大任统计学讲师，结束了创造社的办刊编辑活动。在北大，郁达夫亦不忘办刊编辑的初衷，鼓励青年进行文学创作。郁达夫走后，创造社的办刊活动日趋艰难。1923年10月中下旬，《中华新报》的总理殷柱夫以报馆经费支绌为由停了《创造日》；《创造》季刊“出到第五期以后便很难继续”[1]，于1924年3月停刊；郁达夫走后“《创造周报》已成了强弩之末，失掉了它从前的刺激性”[2]，于1924年6月第52期停刊；而郭沫若与成仿吾亦相继离开上海。实际上，郁达夫在北京仍然密切关注着办刊机会，1924年5月中旬，郁达夫提议与太阳社合办《现代评论》，为此他特意赶回上海，并在《创造周报》终刊号夹了一张发刊预告，后因郭沫若的强烈反对未能实现。值得一提的是1924年8月20日，郭沫若与周全平共同创办的周刊《洪水》在泰东图书局出版，但仅一期便中止（《洪水》在创造社第二阶段的办刊编辑中发挥了重要作用），至此创造社第一阶段的办刊编辑活动结束。

到了1925年，郁达夫考虑到“没有独立的机关，处处都要受人继母式的虐待”[3]，牵头组建创造社出版部，这意味着郁达夫重新回归创造社。5月，郁达夫与张资平、成仿吾在武昌印章程、拉人入股。11月，郁达夫回沪与郭沫若谋划设立出版部。但在实际募集工作中，因为股金太大，第一次募集并没有成功。不巧郁达夫染了吐血病，于杭州静养两月。待郁达夫出院，创造社出版部在周全平等一行人的努力下开始运营。此时，成仿吾、郭沫若在广州进行革命活动，创造社办刊编辑以及管理出版社的任务又落在郁达夫肩上。鉴于季刊发行太慢而周报太忙，郁达夫决定出版月刊作为机关刊物。1926年3月15日，创造社出版部开始营业，16日郁达夫主编的《创造月刊》创刊号的问世，标志着创造社的正式回归。

与此同时，创造社还有一个重要刊物——《洪水》，《洪水》的复刊代表了创造社中期的复活。1925年9月1日，《洪水》由周刊改为半月

---

〔1〕 郭沫若：《创造十年》，昆明：云南人民出版社，2011年，第138页。
〔2〕 郭沫若：《创造十年》，昆明：云南人民出版社，2011年，第138页。
〔3〕 郭沫若：《创造十年》，昆明：云南人民出版社，2011年，第221页。

刊，由光华书局出版。起初《洪水》的地位非常尴尬，并非创造社机关报，早期甚至郭沫若都不愿意为其撰稿，主要由创造社小伙计负责。创造社小伙计所主编的《洪水》与《幻洲》销量非常好，在得到良好的社会反响后，便有了自立门户的念头，取名“幻社”来摆脱创造社的影响。创造社元老与创造社小伙计的信任危机就此爆发。1926 年 6 月，郭沫若刊登《洪水编辑部紧要启事一》借以拿回《洪水》的编辑权，自第 25 期起《洪水》交与郁达夫主编，第 25 期《洪水》于 1927 年 1 月 16 日出版。

编辑出版部的工作极大便利了创造社的期刊出版，但在带来巨额收益的同时也产生了不小的隐患。郁达夫在出版部的管理上可谓费心费力，主要围绕账目问题与创造社小伙计冲突激烈。1926 年 9 月，郁达夫召开创造社出版部第一次理事会，就任第一届执行委员会编辑委员和总部理事。11 月 21 日，郁达夫被推举为创造社出版部总务理事，负责审查刊物，整顿出版部。首先是清查存货及部内器具什物并登记入清册；其二是制定出版部的规章制度，解决出版社权责混乱的情况（1927 年 1 月中旬郁达夫召集同人开会，并于 1 月 29 日改修出版部办事细则）；其三是尝试与创造社小伙计谈判交涉，但都不欢而散；其四是吸纳新人，如徐葆炎兄妹。郁达夫处理创造社出版部债务的结果是创造社小伙计“都自然而然的跑出去了”[1]，并对郁达夫恶言相加。而第 25 期《洪水》中郁达夫撰写的《广州事情》，捅破了创造社内部成员革命立场差异的窗户纸，加速了郁达夫与创造社的分道扬镳。郁达夫于 1927 年 8 月 15 日在上海《申报》和《民国日报》上刊登退出创造社的启事，就此郁达夫创造社时期期刊编辑活动结束。这个阶段郁达夫编辑了第 1、2、5、6 期的《创造月刊》（1926 年间郁达夫儿子龙儿脑膜炎夭折，郁达夫无心编辑，未编辑第 3、4 期《创造月刊》）；并编辑了第 25 至 32 期《洪水》，共 8 期。

可以说，创造社时期郁达夫都在积极投身于期刊编辑活动。需要说

---

〔1〕 郁达夫：《日记九种》，北京：外文出版社，2013 年，第 96 页。

明的是郁达夫一生在文学创作和文学理论、报刊编辑等方面都有很大建树，因为本文所研究的是他在创造社时期的期刊编辑活动，所以对其他方面的经历不做详细的记述。

**表 1　创造社时期郁达夫编辑的刊物及期号**

| 期刊名称 | 期号 | 编辑时间（大致时间） | 每期页数 |
| --- | --- | --- | --- |
| 《创造》季刊 | 1（来源：《编辑余谈》） | 1921.9—1922.5 | 167(不固定) |
| 《创造周报》 | 1—10(按时间推算) | 1923.5—1923.7 | 16(固定) |
| 《创造日》 | 1—不详 | 1923.7—1923.10 | 不详 |
| 《创造月刊》 | 1、2、5、6<br>(来源:《日记九种》) | 1926.3—1926.4;<br>1926.7—1927.2 | 120—150(不固定) |
| 《洪水》 | 28—32<br>(来源:《日记九种》) | 1927.3—1927.5 | 50左右 |
| 创造社出版部运营时间:1926.3 | | | |

## 二、郁达夫主编的各刊物的特点

郁达夫创造社时期期刊编辑活动从 1921 年 6 月创造社成立起，至 1927 年 8 月郁达夫退出创造社为止，他参与编辑了《创造》《创造周报》《创造日》《创造月刊》《洪水》等刊物，编辑活动主要围绕创造社展开，他鲜明的个性与办刊理念对创造社及其刊物产生了巨大影响。

### （一）《创造》季刊

《创造》季刊是创造社的第一个期刊，对于初创期的创造社来说，既没有现成的经验，也没有前辈的指导，创刊工作具备很大的难度。郁达夫作为《创造》季刊的创刊人，只身完成了前期宣传、选稿、编辑与校对，迈出了创造社成立的重要一步。虽然郁达夫只编辑了一期创刊号，却留下了浓墨重彩的痕迹。

1. 以“造国民文学”为目标

创刊号往往体现刊物的宗旨、风格、目标，并会阐明刊物的栏目设置以及来稿要求，意义重大。而郁达夫在上海《时事新报》刊登的《纯文学季刊〈创造〉出版预告》可谓口气之大：

> 自文化运动发生后，我国新文艺为一二偶像所垄断，以致艺术之新兴气运，澌灭将尽，创造社同人奋然兴起打破社会因袭，主张艺术独立，愿与天下之无名作家共兴起而造成中国未来之国民文学。[1]

郁达夫主张携手天下无名氏，以创造“中国未来之国民文学”为目标，打破社会因袭，打破“偶像崇拜”，这种胆识与魄力在文学新人中可谓独树一帜。这则预告使得《创造》季刊还未诞生，就产生了很强的舆论效果，也印证了郭沫若的担忧——招致了文坛不满，其中不乏文学研究会等有影响力的社团。发刊预告表明了一个社团的文学倾向与办刊态度，因而创造社便以特立独行甚至喜好“打架”[2] 的姿态闯进了文学界。但青年郁达夫作为编辑并非为了夺人眼球，纵观其一生，郁达夫都在为这个目标而奋斗，致力于文学的创作与文艺理论的探索。

2. 坚持艺术至上

作为编辑，郁达夫注重稿件质量以及稿件类型的丰富性，还有意收录有争议性的作品，坚持艺术至上的原则。《创造》季刊是典型的同人刊物，创刊号的稿件是创造社成员相互传阅并认可的，有极高的艺术水准，涉及诗歌、小说、文学评论与翻译等多种体裁。如郭沫若的《创造者》，以海纳百川的气魄表达创造者的壮志豪情；张资平的《她怅望着祖国的天野》，描述了日本最次等公民的秋儿如何丧失其天性……尽管

---

〔1〕 郁达夫：《纯文学季刊〈创造〉出版预告》，载《郁达夫全集》第十卷，杭州：浙江大学出版社，2007年，第20页。

〔2〕 成仿吾：《创造社与文学研究会》，《创造》季刊，1923年第1卷第4期。

如此，郁达夫依旧认为“创刊号里没有长篇小说，似乎分量不够”[1]，这显然是郁达夫的说辞，《茫茫夜》算不上长篇，同等篇幅的小说也有了张资平的《她怅望着祖国的天野》。为等小说《茫茫夜》，创刊号愆期到了5月。实际上郁达夫要借这篇小说实践其文学理想，通过挑战世俗伦理打破社会因袭。文章花了大量的笔墨描写于质夫颓废病态的性格以及他同性的癖好。一文激起千层浪，该题材引发了广泛的讨论，讨伐檄文层出不穷，郁达夫本人更是被冠以“肉欲描写者”[2]之名。面对纷至沓来的来信，郁达夫将其分门别类，作《〈茫茫夜〉发表以后》回应，从艺术角度阐释了创作动机。而那些道德层面的谴责谩骂，在郁达夫看来代表了守旧势力的余孽，是新文学建设之关键，应理性应对。

与此同时，郁达夫利用编辑谈与译文进一步实践阐释其文艺至上的理论，如《杜莲格来序文》《艺文私见》《编辑余谈》这三篇文章的逻辑是自洽的，反复重申文艺是天才的产物，世人无权干涉。郁达夫还特设了“读者俱乐部”板块，专供读者交流、撰稿，以此区别开文坛上“专制”、为“一二偶像所垄断”的刊物。

可以说郁达夫主编的《创造》季刊，不管是预告还是创刊号都锋芒毕露，使得创造社以离经叛道的形象闯入文坛，而郁达夫的“叛逆”不仅为创造社及刊物争夺了话语权，而且推动了新文学的发展。一个初出茅庐的社团在一家不知名出版社发布的第一本刊物，就有了1500部的销量，且产生如此轰动的效果在当时是难以想象的。

### （二）《创造周报》

随着办刊活动的开展，创造社逐渐意识到季刊的局限性，出版周期较长而“常常有不能及时答辩的缺憾”[3]。作为多场文艺论战的“引战者”，郁达夫的感受更为强烈。郁达夫撰写的文章如《〈茫茫夜〉发表以

---

〔1〕 郑伯奇：《忆创造社》，载饶鸿競等编《创造社资料》（下册），福州：福建人民出版社，1985年，第854页。

〔2〕 郭沫若：《创造十年》，昆明：云南人民出版社，2011年，第104页。

〔3〕 郭沫若：《创造十年》，昆明：云南人民出版社，2011年，第128页。

后》《答胡适之先生》，无不是犀利且兼具时效性，但等着季刊刊登就明显滞后了。因此创造社亟须一个满足其需求的新的刊物。

1. 周期短、时效性强

为“及时答辩”，周报周期短、时效性强，成了最佳选择。《创造周报》每礼拜日出版，仿照《创造》季刊的形式进行编排，不分设板块，每期16页。根据史料合理推测，《创造周报》的首倡者很可能是郁达夫。郭沫若在自传《创造十年》中提道：“那个提议的首倡者是达夫、还是仿吾，我现在记不清了；总之不是我，我是可以断言的。”〔1〕由此可见首倡者在郁达夫或者成仿吾之中。而就在1925年5月13日《创造周报》创刊之前，创造社与“文坛偶像们”如胡适、茅盾等形成的大规模笔战，主要是围绕着郁达夫进行的，多是由郁达夫的“单挑”转变为创造社的“混战”，可见郁达夫对于“及时答辩”的需求最为迫切。而成仿吾于《创造一年回顾》中提道：“我们想出一种周报，这件事已经说了许久。”“我们再创造一种出版物来纪念牠（指《创造》季刊——引者注）。”〔2〕成仿吾始终是以“我们”的口吻表述，并没有明确表示是“我”要创办周报。再结合郭沫若回忆录中多次提及郁达夫对于创办周报的热情和学者陈子善在《郁达夫研究资料》中写的：“5月13日，郁达夫提议出版并参加编辑的《创造周报》创刊。”〔3〕就此种种论述来看，《创造周报》的首倡者很可能是郁达夫。

2. 战斗色彩强烈

创办刊物的初衷是为了“及时答辩”，自然就伴随着很强的“战斗”色彩。《创造周报》中许多作品都个性鲜明，对文艺理论有着真知灼见。郁达夫作为编辑之一，不仅收录众多优秀作品，还在《创作周报》上撰写了大量极具“战斗”属性的作品彰显刊物个性。郁达夫的首秀——《文学上的阶级斗争》是中国文艺界第一个提出“阶级斗争”概念的作

---

〔1〕郭沫若：《创造十年》，昆明：云南人民出版社，2011年，第128页。
〔2〕成仿吾：《创造一年的回顾》，《创造周报》，1924年第52期。
〔3〕陈子善、王自立：《郁达夫简谱》，载《郁达夫研究资料》，广州：花城出版社，1985年，第777页。

品；《自我狂者须的儿纳》倡导“自我就是一切，一切就是自我”[1]的唯我主义精神；《艺术与国家》表达了现代国家和艺术的势不两立；《批评与道德》抨击了文坛上“卑鄙龌龊”“颠倒是非”“混淆黑白”“指鹿为马”“污蔑清流”[2]的无耻行为，让青年反省自己是否有独立的判断意识和良善的批判动机。每期最有分量的作品都会放在《创造周报》的刊首，而郁达夫为《创造周报》撰写的12篇稿件中有7篇放在刊首。如果说《创造》季刊里郁达夫的作品多为颓废婉约，那么《创造周报》中有着编辑与作家身份的郁达夫则是爱憎分明又充满战斗激情，不断用深刻的笔触践行着办刊理念。

### （三）《创造日》

《创造日》是创造社期刊编辑活动第一阶段的最后一个刊物。在这个以三人为单位的编辑出版团体中，在已经有了季刊、周报的情况下还要出版一份日报需要极大的勇气与能力。在郁达夫对开辟文学新园地的坚持下，《创造日》才得以问世。《创造日》的编辑工作主要由郁达夫负责，郁达夫对《创造日》的期刊编辑工作有极大的自主性，《创造日》是其实践文学理想的最佳园地，但换而言之，自创刊起郁达夫的工作量就非常大，几乎每天都被束缚于此，加上泰东图书局苛刻的剥削，为郁达夫出走埋下了伏笔。

与季刊、周报所不同的是，《创造日》不仅限于同人刊物，而是面向文学新人，极具开放性、包容性。郁达夫在《创造周报》第10期发表了《特别启事》作为《创造日》的发刊预告：

> 我们除季刊、周报仍照常进行外，于今又添此日刊，我们一方面虽感觉着责任之艰巨，然于别方面亦乐得多辟一片荒场，足供天

---

〔1〕 Max Stirner：《自我狂者须的儿纳》，郁达夫译，载《郁达夫全集》第十卷，杭州：浙江大学出版社，2007年，第48页。

〔2〕 郁达夫：《批评与道德》，载《郁达夫全集》第十卷，杭州：浙江大学出版社，2007年，第63页。

下的无名作家们栽种。[1]

不仅如此，郁达夫又在副刊创刊号上发表了《〈创造日〉宣言》，向读者发出二次邀请。在这个宣言中既亮明了郁达夫的办刊态度，还阐明了用稿要求。

我们想以纯粹的学理和严正的言论来批评文艺政治经济，我们更想以唯真唯美的精神来创作文学和介绍文学……我们这一栏是世界人类共有的田园，无论何人，只须有真诚的精神和美善的心意，都可以自由来开垦。[2]

郁达夫主编下的《创造日》涌现了一批文学新人：王钰、袁家骅、张友鸾、陈醉云、倪贻德、邓均吾、闻钧天、楼建南、敬隐渔……甚至有一些文学新人被吸纳进创造社。“这个事实又表明了创造社不只是一部分留学生出身的文艺作家的小组织，而是在中国的文艺青年中间已经生了根的文艺集团了。”[3] 起初《创造日》被视为“滞销外来稿件的尾闾”，在郁达夫的主编下成了“一个爱吃甘旨的饕餮”[4]，“外来稿件不加减一下盐梅，它是不肯入口的”[5]。郁达夫主编的《创造日》且不论郭沫若、成仿吾等老牌成员的作品，就连新进作家作品都洋溢着率真之气。敬隐渔的《破晓》表达了对萎靡现状的不满，王钰的《诗三首》以清新隽永的文字阐释了对生命意义的叩问，沈松泉的《汽笛声》围绕着汽笛声对死亡、时间等展开了形而上的思考……

---

〔1〕 郁达夫：《特别启事》，载《郁达夫全集》第十卷，杭州：浙江大学出版社，2007 年，第 66 页。
〔2〕 郁达夫：《〈创造日〉宣言》，载《郁达夫全集》第十卷，杭州：浙江大学出版社，2007 年，第 67—68 页。
〔3〕 郑伯奇：《二十年代的一面——郭沫若先生与前期创造社》，载饶鸿竸等编《创造社资料》（下册），福州：福建人民出版社，1985 年，第 760 页。
〔4〕 郭沫若：《创造十年》，昆明：云南人民出版社，2011 年，第 138 页。
〔5〕 郭沫若：《创造十年》，昆明：云南人民出版社，2011 年，第 138 页。

因此虽说《创造日》诞生的一大理由是希望与周报一样，能作为一种“武器”与文坛老牌的文学社团进行对抗，也具备一定的“战斗”色彩，但是其呈现出的自由、率真、开放的风气已经自成一派。后迫于泰东图书局的压迫以及郁达夫的个人问题，郁达夫选择出走北上。创造社的办刊事业急转直下，于1924年告一段落。

（四）《创造月刊》

随着革命形势的变化，创造社成员都不同程度投身革命运动，成仿吾与郭沫若均任职广州，唯有郁达夫辞去了一切工作全身心投入创刊编刊。不论是文学立场还是办刊风格，郁达夫都有了一些变化。鉴于季刊发行太慢而周报太忙，郁达夫决定出版月刊作为机关刊物。1926年3月16日《创造月刊》的诞生，标志着创造时代的重新回归。

1. 延续艺术至上的原则

郁达夫作为编辑始终秉持着艺术至上的原则，对待作品客观公正。他认为《创造月刊》第一期的稿子没有什么精彩，第二期的稿子同样没有什么精彩，第五期的稿子稍微逊色一点，而第六期的稿子比上几期整齐些。这些不高甚至糟糕的评价体现了郁达夫对于艺术的坚持。因为创造社成员纷纷投身革命，稿件难免有拼凑之嫌。就连挚友的稿件，郁达夫也认为是“仿吾已经寄来的稿子，重编了一下，加上了一点头尾，猫猫虎虎，勉勉强强”〔1〕。当然他也不吝啬对好作品的赞美，“陈南耀君从安南寄来的陆蒂的介绍，是一篇很细心的作品”〔2〕，“沫若的《瓶》，光赤和全平的小说，都是一时的力作”〔3〕……值得一提的是，这个阶段创造社的诗论到达了前所未有的高度，如郭沫若的《论节奏》、穆木天的《诗选》《谈诗》、王独清的《再谈诗》都在诗歌的艺术表现方面做

〔1〕 郁达夫：《非编辑者言》，载《郁达夫全集》第十卷，杭州：浙江大学出版社，2007年，第254页。

〔2〕 郁达夫：《尾声》，载《郁达夫全集》第十卷，杭州：浙江大学出版社，2007年，第168页。

〔3〕 郁达夫：《编辑者言》，载《郁达夫全集》第十卷，杭州：浙江大学出版社，2007年，第180页。

了深层次的探究。

作为编辑，郁达夫还无偿引荐其他社团的刊物，没有丝毫忌刻心，仍以“造国民文学”为己任。郁达夫欣赏《玄背》的撰稿者是纯正的青年，说话痛快没有野心，便劝大家去读读看看青年纯挚的态度；认为《汎报》算小趣味刊物中的后起之秀，便劝勉编者不要市气太重，为顾及低级趣味而降低了格调……这些行为都体现了一个编辑乃至文人的良知。

2. 收编革命文学作品

伴随着革命活动的深入，创造社逐渐从艺术之宫中走了出来，进行革命文学创作。文学倾向发生变化，这也是创造社后期为人所诟病的地方，而追溯创造社开始出现转向的刊物必然是《创造月刊》。五卅运动之后，郁达夫对于国民文学的发展、社会革命的进程有了新的思考，他在《创造月刊》创刊号里写道：

> 我们的志不在大，消极的就想以我们无力的同情，来安慰安慰那些正直的惨败的人生的战士，积极的就想以我们的微弱的呼声，来促进改革这不合理的目下的社会的组成。

郁达夫一直倡导改造社会、打破社会因袭，而社会变革已经由五四时期单纯的“文学革命”逐渐转向进步的“革命文学”。因而郁达夫作为编辑，思考着如何因时而变，发挥期刊的社会效应，其编辑理念也随之发生变化。起初对于政治革命是不屑言的，保持一定距离，而到了《创造月刊》中，郁达夫收录了大量革命文学作品，甚至本人都参与创作。注重作品对社会变革的意义，并鼓励作家创作革命作品。1927 年前后革命文学还不太流行，郁达夫劝勉蒋光慈积极投身革命文学创作。《鸭绿江上》就是在其鼓励下创作出来的，并成了蒋光慈后期作品的先驱。作为编辑，郁达夫还刊登了郭沫若不愿意发表的 43 首政论诗歌，表示诗人的社会化亦是进步的表现。

《创造月刊》是创造社逐渐走出象牙塔的重要标志，也是郁达夫文学和编辑理念进行自我革新的重要体现。

（五）《洪水》

《洪水》每期的篇幅多为50页，主要是短篇作品。《洪水》是郁达夫在创造社编辑的最后一个刊物，第25期到32期由郁达夫主编。而此时创造社的两大刊物《洪水》与《创造月刊》都由郁达夫主编，但郁达夫主编的《创造月刊》第5期与第6期的出版间隔近一年，而《洪水》不但能如期出版，还挪用了《创造月刊》的文章，可见郁达夫的偏爱。对于这种偏爱，郁达夫亮明了立场：

> 现代的社会缺憾很多，若《洪水》能够在这一个缺憾很多的社会里，补上一两个窟窿，或者将外面的纸糊的表面，打破一两个，那《洪水》的使命，就完成了。寄稿的诸君，请本了此意，大家来加一点一滴的水势，好使它泛滥于天下。[1]

这个阶段《洪水》最能代表创造社文学倾向的转向，也体现了郁达夫的革命观与文学观的转向，以及随之而来的矛盾性。此时，郁达夫坚持文学"自我表现"的同时，更强调文学的社会功用，《洪水》不再是春花秋月的文章，政论文章成了重头戏。如第25期周毓英的《狱中杂感》描述了创造社小伙计们的狱中生活，苦闷又不失斗争性。第26期郁达夫的《无产阶级专政和无产阶级的文学》，论述了无产阶级文学必须由无产阶级者创造。第27期发表了《新时代的文学的要求》，叙述文学真实的重要性，文学要为时代服务。第30期发表了何畏起草、鲁迅领衔签名的《中国文学家对于英国智识阶级及一般民众宣言》，指出帝国主义是中国乃至全世界人民的公敌……郁达夫也积极撰稿，在编辑的8期刊物中撰写了7篇政论文章。但郁达夫的革命态度也充满了矛盾性，

---

〔1〕郁达夫：《编辑后》，载《郁达夫全集》第十卷，杭州：浙江大学出版社，2007年，第260页。

他时刻警惕自己不要在革命浪潮中迷失，要保持着清醒的认识。

**表2　郁达夫主编的8期《洪水》所涉及的政论篇目**

| 期刊号 | 涉及政论的具体篇目（除去编辑谈） |
|---|---|
| 25 | 《完成我们的文学革命》（成仿吾）、《狱中杂感（三则）》（周毓英）、《广州事情》（日归[1]）、《通信》（许幸之） |
| 26 | 《无产阶级专政和无产阶级的文学》（郁达夫）、《打倒低级趣味》（仿吾） |
| 27 | 《新时代的文学的要求》（长风）、《打听诗人的消息》（郁达夫） |
| 28 | 《文艺战的认识》（成仿吾）、《马克思社会阶级观简说》（毛尹若）、《读了“广州事情”》（成仿吾） |
| 29 | 《在方向转换的途中》（郁达夫）、《〈鸭绿江上〉读后感》（郁达夫） |
| 30 | 《中国文学家对于英国智识阶级及一般民众宣言》（成仿吾、鲁迅、何畏、王独清等联合签名）、《公开状答日本山口君》（郁达夫）、《完成我们的文学革命的回声》（达中逻） |
| 31 | 《致法国友人摩南书》（王独清）、《杂评曼殊的作品》（郁达夫）、《艺术断片感想》（倪贻德） |
| 32 | 《梦的创造》（黄药眠） |

作为编辑，郁达夫革命态度的矛盾性可以在《广州事情》一文及其引发的后续事件中看到，郁达夫有着清晰的是非观。作为一名爱国文人，对政治的批判如果会阻挠革命进程，是否应该选择三缄其口，郁达夫的选择显然是“不”。《广州事情》不仅使得郁达夫与创造社爆发激烈冲突，还引来执政当局对创造社的封杀。郭沫若写信责备郁达夫“倾向太坏”[2]，对革命态度不积极甚至反动，双方的“步调这样不一致，弄得大家难处”[3]。但在郁达夫看来，郭沫若丧失了先前的批判性，迟早

---

〔1〕即郁达夫。
〔2〕郁达夫：《日记九种》，北京：外文出版社，2013年，第87页。
〔3〕郭沫若：《再谈郁达夫》，载饶鸿競等编《创造社资料》（下册），福州：福建人民出版社，1985年，第834页。

要“为右派所笼络了，将来两人或要分道而驰”[1]。郭沫若更是在《创造社的自我批判》中表示他和郁达夫“是无产派和有产派的对立”[2]。成仿吾写了《读了〈广州事情〉》批评郁达夫编辑工作的失职，殊不知是郁达夫本人所写。实际上，郁达夫撰写《广州事情》是为了揭露广州革命中虚伪的社会现象，“这一种龌龊腐败的地方，不再来了。我若有成功的一日，我当肃清广州，肃清中国”[3]，借此讽刺广州当局的不作为与投机行为。

## 三、郁达夫的编辑理念及文学理想

郁达夫作为编辑，他的办刊实践与编辑理念渗透着他的文学理想，从最早的《创造》季刊到后来的《洪水》，都有着他对国民文学与社会的期许，其中郁达夫的变与不变都体现了一个现代知识分子对社会、对国家的赤胆忠心。

### （一）追求纯文学理想

自始至终郁达夫都有着建设国民文学的理想。作为编辑，他对于作品的高标准正是对文学理想的追求。对此郁达夫毕其一生都在思索利于纯文学生产的文学观、文艺批评理论。创造社时期作为编辑，郁达夫将作品的“真”与“美”放置在最高位置，“艺术的价值，完全在一真字上，是古今中外一例通称的”[4]，而“美的追求是艺术的核心”[5]。

---

〔1〕郁达夫：《日记九种》，北京：外文出版社，2013年，第87页。
〔2〕郭沫若：《创造社的自我批判》，载史若平编《成仿吾研究资料》，长沙：湖南文艺出版社，1988年，第317页。
〔3〕郁达夫：《日记九种》，北京：外文出版社，2013年，第34页。
〔4〕郁达夫：《艺术与国家》，载《郁达夫全集》第十卷，杭州：浙江大学出版社，2007年，第58页。
〔5〕郁达夫：《艺术与国家》，载《郁达夫全集》第十卷，杭州：浙江大学出版社，2007年，第60页。

1. 艺术价值·“真”

郁达夫所提倡的“文学作品，都是作家的自叙传”[1]最能体现艺术的“真”，无数“零余者”在他笔下游走。郁达夫注重情绪的自然袒露有时甚至显得无节制。在郁达夫看来“艺术就是人生，人生就是艺术”[2]，因此对于外界评价创造社是“为艺术而艺术”的看法嗤之以鼻。艺术家的天分是将自然再现出来，对现实捕捉越真切，就越接近艺术品。郁达夫的文学观影响了大批青年，如倪贻德、周全平、陶晶孙、叶灵凤等，都有意无意地承接了郁达夫重视情绪的叙述模式，形成了强烈的抒情倾向的文学风格，特别是王以任，连郁达夫本人都认为王以任是他的直系传承者。郁达夫重视稿件质量，他认为应秉持“纯粹的学理和严正的言论”[3]，不可粉饰现实。而文章翻译必须要在通读作家作品、了解作家生平的前提下，在原著基础上进行，否则都是不合格的译文。

作为编辑，郁达夫不仅追求作品的“真”，对撰稿者与读者亦是“真”。接触过郁达夫的人大多会评价他，才华横溢又平易近人。郁达夫待人接物并不取决于对方身份，相反，郁达夫乐于亲近无名氏，做青年的伯乐。郁达夫为青年人古君的处女作《手套》改稿、介绍编辑张罗出版，郁达夫将其发表于《现代评论》，并写下《〈手套〉附志》劝勉；与鲁迅商议编选优秀的青年人作品，以此培养青年；青年沈从文与郁达夫的际遇更是一段佳话……诸如此类例子不胜枚举。作为编辑，郁达夫亦重视读者反馈，与读者进行平等交流。最典型的是面对《茫茫夜》的来信，郁达夫表现出了学者的恭敬与真诚，捍卫着纯粹的学理和严正的言论，积极进行新文学建设。

郁达夫看重期刊的影响，抵制不良风气。郁达夫拒绝了《世纪日报》副刊编辑也是自己的学生张友鸾的要求——为他作文为其撑门面。

---

[1] 郁达夫：《五六年来创作生活的回顾》，载《郁达夫全集》第十卷，杭州：浙江大学出版社，2007年，第312页。

[2] 郁达夫：《文学上的阶级斗争》，载《郁达夫全集》第十卷，杭州：浙江大学出版社，2007年，第42页。

[3] 郁达夫：《〈创造日〉宣言》，载《郁达夫全集》第十卷，杭州：浙江大学出版社，2007年，第67页。

郁达夫素来鄙薄以名人自负而大摆架子、撑门面，告诫张友鸾："第一不要贪得材料，去挑拨是非，第二教他要努力扶植新进的作家，第三教他不要被恶势力所屈伏，要好好的登些富有革命性的文字。"[1] 刊物是延续"文人论政"的重要方式，编辑有义务去捍卫这份使命的纯洁性，不堕落成结党营私的工具。因此"真"不仅是郁达夫的编辑理念，更是其人格写照与人生追求。

2. 艺术核心·"美"

另一方面，在郁达夫看来，"自然的美，人体的美，人格的美，情感的美，或是抽象的悲壮的美，雄大的美，及其他一切美的情愫，便是艺术的主要成分"[2]，因此寻"美"是郁达夫的文艺理念，更是郁达夫眼中编辑乃至批评家的职责所在。

批评家的天职是用"火把来引导众人，使众人在黑暗不明的矿坑里，看得出地下的财宝来"[3]，编辑的天职亦是如此。郁达夫对于"美"的稿件都有着准确独到的评价，穆木天的诗歌具有"风韵"之美，陈南耀的作品美在"细心"，张资平的小说结构最严整，苏曼殊的译诗有着灵气与浪漫气质，用词纤巧、择韵清谐。除了发现"成熟"作家的"美"，郁达夫也善于去除掩盖在青年身上的"木斗"。郁达夫赴武昌师大任教，对该校的文学团体艺林社给予了悉心的指导，并于《晨报副镌》写了引荐文章，极大地推动了社团文学创作的发展。

与此同时，郁达夫更提出了与之对应的文艺理论，强调"美"与作品情感密不可分，应重视稿件"真诚的精神和美善的心意"[4]。郁达夫撰写的《艺术与国家》《批评与道德》《文艺鉴赏上之偏爱价值》，无不是在论述艺术鉴赏者局限于时代与自身学识对作品的不公正评价，阻碍

---

〔1〕 郁达夫：《日记九种》，北京：外文出版社，2013年，第67页。

〔2〕 郁达夫：《艺术与国家》，载《郁达夫全集》第十卷，杭州：浙江大学出版社，2007年，第60页。

〔3〕 郁达夫：《艺文私见》，载《郁达夫全集》第十卷，杭州：浙江大学出版社，2007年，第23页。

〔4〕 郁达夫：《〈创造日〉宣言》，载《郁达夫全集》第十卷，杭州：浙江大学出版社，2007年，第67—68页。

了“美”的自然生长，限制了文学“自我表现”的空间。

郁达夫建设国民文学的理想是纯粹的，“艺术家是对于选择表现象征最精细的人，就是最能纯粹表现自己的人”[1]，对艺术产生其他目的是艺术家的堕落。因此作品的“真”与“美”是郁达夫理想的国民文学的具体内涵。

### （二）“以刊济世”的编辑诉求

修身、齐家、治国、平天下向来是士人的价值追求，而“左右着郁达夫的人生态度、审美追求、思考方式以及文学观念的，正是传统士大夫的世界观”[2]，办刊编辑活动是郁达夫参与国家建设的重要方式。作为编辑，不管是《创造》季刊创刊号所倡导的“打破社会因袭”[3]，还是后期《创造月刊》里提倡“以我们的微弱的呼声，来促进改革这不合理的目下的社会的组成”[4]；不管是早期郁达夫的纯文学理想还是后期革命观念的转变，都体现了郁达夫“以文论政”“以刊济世”的诉求。

五四时期所倡导的“五四文学”以及兴起的文学革命，郁达夫都以办刊的形式进行了回应，以此推动国民文学的建设。郁达夫的办刊活动是积极救世的表现，自觉进行反帝反封建、思想启蒙。为推动国民文学建设，郁达夫更是身体力行，进行文体实践。作为新旧文人，郁达夫本痴迷于旧体诗，“留日期间写了182篇（328首）旧体诗”[5]，“在1933年到1945年这一段时间创作了旧体诗225首”[6]，然而在1922年到1925年，郁达夫连一首旧体诗都没写，这四年也是他一生中唯一停止旧体诗创作的时间，这是郁达夫为推动国民文学建设做出的让步，转战

---

〔1〕 郁达夫：《文学概说》，载《郁达夫全集》第十卷，杭州：浙江大学出版社，2007年，第317页。

〔2〕 洪焌荧：《郁达夫文类选择及其文学理想》，《中国现代文学研究丛刊》，2000年第1期。

〔3〕 郁达夫：《纯文学季刊〈创造〉出版预告》，载《郁达夫全集》第十卷，杭州：浙江大学出版社，2007年，第20页。

〔4〕 郁达夫：《卷头语》，载《郁达夫全集》第十卷，杭州：浙江大学出版社，2007年，第166页。

〔5〕 洪焌荧：《郁达夫文类选择及其文学理想》，《中国现代文学研究丛刊》，2000年第1期。

〔6〕 洪焌荧：《郁达夫文类选择及其文学理想》，《中国现代文学研究丛刊》，2000年第1期。

小说领域。“晚清以来，经由梁启超那一代人的努力，小说被推为‘文学之最上乘’，‘新小说’也从文学等级结构的边缘地位，逐步走向中心。”〔1〕郁达夫顺应时代的脉络，创造出了自叙传抒情小说文体，开中国现代浪漫主义小说的先河，为现代文坛注入了一种新式的注重抒情、注重表现和注重主观的美学观念和精神。郁达夫作为编辑，号召有志之士投身于国民文学的建设中，极具开放性、包容性，并通过翻译西方文艺作品融会新知。郁达夫通过办刊活动输出了一批新文学建设的人才，也通过办刊塑造了创造社精神，使创造社成为一个真正进行国民文学实践的艺术团体。

郁达夫的办刊编辑理念并非一蹴而就，而是动态发展的，这个发展站在民族、时代的维度。早期郁达夫对“现代中国的腐败的政治实际，与无聊的政党偏见，是我们所不能言亦不屑言的”〔2〕，到后期《洪水》中，“若《洪水》能够在这一个缺憾很多的社会里，补上一两个窟窿，或者将外面的纸糊的表面，打破一两个，那《洪水》的使命，就完成了”〔3〕。由此可见，郁达夫的文学理想并非仅停留于艺术层面的“自我表现”，更是国难危亡之际借助刊物延续“文人论政”的传统，实践着“治国平天下”的理想。这体现了郁达夫作为新旧文人有着五四时期反叛性、先锋性的一面，还有着一颗传统士大夫忧国忧民的心。

作者简介：陈旭婷，文学硕士，杭州市财经职业学校语文教师。

〔1〕洪焌荧：《郁达夫文类选择及其文学理想》，《中国现代文学研究丛刊》，2000年第1期。
〔2〕郁达夫：《〈创造日〉宣言》，载《郁达夫全集》第十卷，杭州：浙江大学出版社，2007年，第67页。
〔3〕郁达夫：《编辑后》，载《郁达夫全集》第十卷，杭州：浙江大学出版社，2007年，第260页。

# 《沉沦》与《迷羊》

# “穿越语言之墙”
## ——郁达夫《沉沦》中的“跨语际实践”

孙慈姗

在《沉沦》文本伊始，自我感觉“孤冷得可怜”的主人公便已意识到自己与世人之间隔了“一道屏障”。这堵无形的墙壁将他圈禁在孤独自我之内，也就隔绝于广阔世界之外。然而有学者发现，在这样一座被主人公自觉意识到的坚实壁垒耸立起来的时候，文本中的另一堵墙却“显得又低又矮，几乎可以令作者自由往返穿越，这就是由语言设置的墙”，进而指出“郁达夫的孤独者总是在不停地穿越于各种各样的语言之中……他似乎感受不到语言的约束，在文化活动里，孤独者是自由的”[1]。的确，阅读《沉沦》的最直观感受便是文本中存在着大量异质性语言，这不仅包括频繁出现的外语词汇（英语、德语最为常见），也包含汉语的不同形态（文言与白话），这些都可能让语言占有量与熟习度不敌郁达夫的读者眼花缭乱。而诸种语言在作品中的穿插排布不仅展现了主人公和作者丰厚的语言素养，更参与塑造了小说文本的整体结构与风格。类似情况在《沉沦》集的另外两部小说里也有所体现。作为新文化运动后诞生的第一部白话小说集，《沉沦》中各种语言的杂糅互动或许呈现出中国现代小说源头处的某种风貌，进而也携带着“现代文学”发生发展历程中的一系列原点性议题。而回到《沉沦》这篇小说或可进一步追问，文本中各面“语言之墙”究竟是为何以及如何建构起来的？墙内墙外又分别有着怎样的“风景”？穿越诸种语言之墙的过程，

---

〔1〕 蒋晖：《〈沉沦〉里的四次“偷听”与五四主体性问题》，《中国现代文学研究丛刊》，2014年第2期。以上关于语言之“墙”的讨论见蒋晖《〈沉沦〉里的四次“偷听”与五四主体性问题》初稿，在发表稿中作者删节了这部分内容。

对于《沉沦》的主人公和郁达夫而言果真是如此“自由”而轻松吗?

在《沉沦》中，主人公/隐含作者〔1〕于多种语言间游移穿梭的活动或许可以用研究者提出的“跨语际实践”〔2〕概念加以描述和解释，不仅因为这一概念的具体针对对象（19世纪与20世纪之交“汉语”—“欧洲语言”—“日语”的接触互动〔3〕）与《沉沦》文本具备相关性，更由于这一以语言活动为核心观照视野的概念范畴本身就对文学活动以及某种文学性的运作机制有着特别的关注。正如研究者所言，中国现代文学的兴起及其早期的经典化过程就在两个世纪之交发生，并与其间的语言交流活动相生相伴，因而有必要将这一阶段的语言实践与文学实践一同“放在中国经验的中心，尤其放在险象环生的中西方关系的中心地位加以考察”。由此可以看出，在社会结构的剧烈变动中，纷繁复杂的文化现象不仅在文学作品中显影，更在某种程度上被文学性的认知—表述方式塑造或重构。

## 一、西方语言、角色扮演与文学情境

就语言层面而言，《沉沦》中最引人注目的现象或许是西方语言文

---

〔1〕 如何区分《沉沦》这类“自叙传”叙事文本中的“主人公—叙事者—隐含作者”或许是颇值得讨论而又难免会缠杂不清的难题。具体到文本中的跨语际实践，发起这一类行动的行为主体其实是不同的。比如当文本中出现“他”试图将正在读的英文诗歌对译成中文这一场景时，发出动作的行为主体可以看作是主人公，而当文本在叙事语言中插入大量的外文词汇时，其行为主体又应当被认定为叙事者或者隐含作者。若将这些现象统一归结为叙事文本中存在的跨语际实践活动而对它们的运作机制进行观照，则可以不必对行为主体做出十分精确的区分，而一旦需要在相关叙事中考察“主人公—叙事者—隐含作者”的距离，上述区分就变得十分关键。因此本文将在这些需要做出区分之处特别标明。

〔2〕 这一概念由刘禾提出，意在以语言的流通互动为中心，将语言实践作为多重历史关系赖以呈现的场所加以考察，从而超越简单的影响—接受、统治—抵抗模式，思考东西方之间跨文化诠释和语言文字的交往形式的可能性。刘禾这一概念的具体针对对象是19世纪与20世纪之交“汉语同欧洲语言和文学（通常是以日语为中介）之间广泛的接触/冲撞”，这与本文所讨论的《沉沦》也有较大的相关性。见刘禾：《跨语际实践：文学、民族文化与被译介的现代性（中国：1900—1937）》，宋伟杰等译，北京：生活·读书·新知三联书店，2014年，第2页。

〔3〕 刘禾：《跨语际实践：文学、民族文化与被译介的现代性（中国：1900—1937）》，宋伟杰等译，北京：生活·读书·新知三联书店，2014年，第2页。这三个概念范畴本身的不对等性也很值得思考。

字（主要为英语、德语，也有法语）的大量出现。它们通常以文学作品的形式存在（对英文、德文诗歌的整段引用占据了一定的篇幅），有时也以单词的形式散落在文本中（如“忧郁症”“怀乡病”“懦夫”“缦斗”等）引起读者的关注，不同的语言存在形态各自承担着不同的文本功能。考虑到跨语际实践作为一个动态过程的整体性、复杂性，则《沉沦》第一部分以华兹华斯诗歌为对象发生的一系列语言活动便值得仔细读解。

在这一部分中，主人公“他”于中英文之间的穿梭往来包含着几个具体环节。首先是朗读。文本开头处设置的情境便是“他”在人烟稀少的稻田间“捧了一本六寸长的 Wordsworth 的诗集”缓缓独步。这场景中唯一的声音元素是“不知从何处飞来的一声两声的远吠声”。这时候，主人公的声音忽然出现：

> Oh，you serene gossamer! You beautiful gossamer!
>
> 这样的叫了一声，他的眼睛里就涌出了两行清泪来，他自己也不知道是什么缘故。〔1〕

吟诵英文的行为触动了他的感情神经，也使得他在内心感性世界与外部环境景物（远处人家屋瓦上“轻纱似的”蜃气楼）之间建立了关联。随后，他开始读起华兹华斯这首《孤寂的高原刈稻者》：

> Behold her，single in the field，
> You solitary Highland lass!
> Reaping and singing by herself;
> Stop here，or gently pass!
> Alone she cuts，and binds the grains.

---

〔1〕 郁达夫：《沉沦》，上海：泰东图书局，1931 年，第 2 页。以下所引《沉沦》皆出自同一版本。

And sings a melancholy strain;
Oh, listen for the vale profound
Is overflowing with the sound.

Will no one tell me what she sings?
Perhaps the plaintive numbers flow
For old, unhappy, far-off things,
And battle long ago;
Or is it some more humble lay,
Familiar matter of today?
Some natural sorrow, loss, or pain,
That has been and may be again! [1]

他“放大了声音”把这两节诗读了一遍。于是在四顾无人的稻田中，他所能听到的唯一非自然界的声音便是自己高声诵读英文诗篇的嗓音，这样的听觉感受与极为敏锐的嗅觉、触觉一起，为他塑造了一个独属于自己的感官世界。正如“紫罗兰”“南欧海岸”所携带的异域情调一般，从自己口中流出的抑扬有致的英语诗句也让他暂时脱离了N市乡间官道的现实外部环境，成为那个在苏格兰原野上游历行吟的“湖畔诗人”。或许也正因陶醉于这样的声音效果，他才动了将这首诗对译为中文诗歌的念头。

从上下文来看，这半首译诗及整个翻译过程所提供的信息量实则颇为丰富。在最直观的层面，可以看出他的译诗在韵律方面较为整饬，基本遵循了句尾的押韵规则。从体式上看，译诗采取了白话散体而非中国古典的骚体或五七言诗歌形式，整体语言风格偏向口语（虽有个别词句较为书面）。主人公基本上按原作内容逐句翻译，但也还是添加了些许

〔1〕 郁达夫：《沉沦》，上海：泰东图书局，1931年，第4—5页。有拼写错误之处本文在引用时校正。

个人成分，比如“轻盈体态，风光细腻”，便是原作没有出现过的描述，这显然出于他对这位孤独刈稻女形象的美好想象，从中能看出中国古典小说描绘美人的套语痕迹。在对原诗第三节的翻译中，他离析了“nature”的各种含义（天然、必然、自然），在诗歌语境中它们的内涵大抵相似，但变一个形容词为三个并列使用，便使得诗句更富层次感。此外，译诗第三节末句将原诗对客观事实的陈述（That has been and may be again）变为对主体状态的揣度（对过去的“回思”和对将来的“指诉”），体现出对人的内心活动、精神状态的着重关注。总体而言，这不失为一次既忠实于原作又体现出译者创造性的翻译活动。然而在做完这一工作后，他感到的却是“无聊”与不满：

> 这算是什么东西呀，岂不同教会里的赞美歌一样的乏味么？英国诗是英国诗，中国诗是中国诗，又何必译来对去呢！

这当然可以视为郁达夫作为实际翻译者的自谦之词。但在另一方面，这种对翻译活动的不满也朦胧地呈现出在能指转换过程中的必然损失——既是声音的特质，是无法被对等转化的意义，也是原作作为诗歌的某种完整有机、“不可凑泊”的意境。此处其实已然呈现出穿越语言之墙所必然遭遇的受阻状态。这或许也可以解释《沉沦》中为何出现了如此多的西语词汇，比如“hypochondria”“sentimental”等等——也许郁达夫意识到，这些对生理或心理状态的描述无法被任何汉语既有词汇归化和替代，唯一能做的只有保留它们的原生状态。也正是这些异质性语言因素的直接存在，这些未曾跨越的语言壁垒，撑开了文本的情感、审美与文化内涵。

在此次短暂的翻译活动中，还有一个文本细节值得关注，那便是主人公对这首短诗的翻译并不完整——文本特别指出，他是在读了诗歌第一节后“忽然翻过一张来，脱头脱脑的看到那第三节去”。那么，没有被主人公阅读和翻译的诗歌第二节究竟有怎样的内容呢？

旅行在阿拉伯沙漠的人，
疲乏地歇息在荫凉的地方；
夜莺的歌虽受他们欢迎，
却比不上这姑娘的歌唱；
春天里，杜鹃一声声号啼，
在最远的赫布里底响起，
打破岛屿间海上的寂静——
但姑娘的歌更为激动人心。[1]

可以发现，比起第一节与第三节刈稻女的孤独形象，诗歌的第二节则出现了远方与他人。通过将刈稻女的歌声与阿拉伯夜莺的歌喉、大西洋岛屿上杜鹃的清啼作比，诗歌也便在这几座孤独之岛间建立了想象性的联系。但《沉沦》中的主人公或隐或现地拒绝着这些联系——在他的想象中，自家的形象是“孤冷”的，作为自我的投射或化身，那孤独的刈稻女也必须如此，是以他跳过了提供远方与关系想象的第二节，也就将刈稻女封存在了她自己悲凉（melancholy）的歌声中。

主人公的翻译与阅读热情都是短暂的——文本交代，他平日的阅读常以跳跃式、碎片化的方式进行，对于那些自己“热爱”的西方文学著作，他往往随时占有又随时抛弃，可谓缺乏常性。而轻易激动又很快厌倦或许是文艺青年们某种普遍性的阅读状态（不仅限于对文学作品的接受）。他们只愿占有激越人心的短暂瞬间，享受与文本电光火石间的惊艳邂逅随即分道扬镳，而不愿进行长期、系统性的阅读——或许完整的阅读也如完整的翻译研究一样，有损于文学作品的神秘性及其审美与感情冲击力。在无数的短暂邂逅中，如《沉沦》主人公一般的文学青年将自己从大量文本处所得来的美感经验进行剪辑拼贴，也就形成了自己独特的接受谱系与文学感觉。进而在围绕着华兹华斯英文诗歌所进行的这一系列跨语际实践中，诵读、翻译、剪辑拼贴等过程总体上帮助主人公

[1] 黄杲炘译：《华兹华斯抒情诗选》，上海：上海译文出版社，1986年，第263—264页。

完成了“角色扮演”与拟想世界的构建：刘稻女悲凉的歌声、湖畔诗人在异乡的吟咏与他含着清泪的诵读声音仿佛融为一体，从而这三个孤独的身影也就相互叠合，共置于一片超越时空的“田园清景”中。随着文本叙事的展开，可以发现主人公角色扮演状态的延续始终离不开其对西方文学作品的阅读与仿写。也正是在对这类文学模仿与角色扮演的描写中，仿佛可见叙事者对主人公的某种反思或反讽。回到针对华兹华斯诗歌的翻译活动，主人公在自感翻译的无聊后微笑了起来——这微笑有自嘲，更有自得在其中。但当忽然看到一个农夫走近，他便立即“装改了一副忧郁的面色”，好像怕给别人看见自己的笑容。从“装改”等词可以看出叙事者的态度。在这里，与其说主人公怕路过的农夫发现自己的得意与快乐，倒不如说他是怕这笑容破坏了自己拟想情境中一个孤独者与田间农夫类似查拉图斯特拉与庸众般的角色关系。

《沉沦》主人公强烈的角色扮演情结或许受到了日本私小说的影响。伊藤虎丸引用中村光夫对田山花袋所著小说《被褥》的评价，认为在这类小说中“作者直接成为（或代替）外国小说、戏曲中的人物，以领会作品的动机，并将演戏的作者自己的姿态如实地变为小说中主人公的姿态”。而“演戏”实则是以文学的方式实现的文化移植，“以日本为环境背景描写陶醉于某一外国小说观念的主人公姿态，等于把（该小说）作者的思想，通过其肉体和生活，原封不动地移植日本”〔1〕。这一洞见对解读《沉沦》这类作品也有一定适用性。如研究者观察到的那样，《沉沦》主人公的精神气质、人格状态很大程度上也是西方文学乃至医学资源〔2〕塑造的结果。值得追问的是，《沉沦》叙事者对主人公角色扮演行为的些许反讽究竟意味着什么？主人公在接触西方语言文学时频繁出现的不满、无聊、迷惘的状态又该做何解？在占有西方语言符号时，《沉

〔1〕［日］伊藤虎丸：《鲁迅、创造社与日本文学：中日近现代比较文学初探》，孙猛、徐江、李冬木译，北京：北京大学出版社，2005 年，第 186—187 页。

〔2〕在《中国现代审美主体的创生——郁达夫小说再解读》中，吴晓东指出郁达夫选择让作品中的主人公普遍患上忧郁症，也是西方医学知识参与文本建构的结果，“只要注意到郁达夫在运用‘忧郁症’的概念时，总是附上它的英文形式，就可以了解这一点”。见吴晓东：《中国现代审美主体的创生——郁达夫小说再解读》，《中国现代文学研究丛刊》，2007 年第 3 期。

沦》的主人公与作者是否会沦为“西方现代性的一个注脚”〔1〕，进而将本国传统变成了“内在的他者”呢？〔2〕

## 二、汉语、旧体诗与伦理世界

除去华兹华斯的诗歌，文本中整段出现并被翻译的外国文学还有海涅的《哈尔茨山游记》序诗。其中“Auf die Berge will ich steigen”一句被译为“我欲乘风飞去”〔3〕，很明显套用了苏轼的词句。而细读文本可以发现，主人公喜欢在寂静的乡间阅读的不只有华兹华斯的抒情歌谣，还有黄仲则的旧体诗。此外，他自己亦创作了两首七律。无论对于叙事进程还是主人公的自我发现来说，这两次旧体诗创作都起到十分关键的作用。就作品整体而言，这些被镶嵌在白话语体中的文言表述亦可视为某种层面上的跨“语”际实践。

第一次旧体诗创作发生在主人公由东京去往N市的列车上。整个情节被含括在主人公的回忆叙事中，而从故事时间上看，它的发生应该早于文本开头处主人公在田间诵读英诗。在作诗之前，主人公试图解释自己为何对并无亲人恋人居住的东京生出留恋的情绪，“sentimental”这一西方术语似乎并不足以描述其意绪，进而他又想到两句古诗：“一年人住岂无情”，“黄莺住久浑相识，欲别频啼四五声”，似乎它们与主人公自身的际遇比较贴切。在“感情渐渐儿的平静起来”之后，他取出明信片写了一首诗寄给在东京的朋友：

> 娥媚月上柳梢初，又向天涯别故居。
> 四壁旗亭争赌酒，六街灯火远随车。

---

〔1〕 吴晓东：《中国现代审美主体的创生——郁达夫小说再解读》，《中国现代文学研究丛刊》，2007年第3期。

〔2〕［美］史书美：《现代的诱惑：书写半殖民地中国的现代主义（1917—1937）》，何恬译，南京：江苏人民出版社，2007年，第154页。

〔3〕 根据游记的内容，这句诗的直译似应为“我要登上高山去”，见冯至译：《哈尔茨山游记序诗》，载《乘着歌声的翅膀：海涅诗选》，冯至等译，南京：译林出版社，2017年，第153页。

乱离年少无多泪，行李家贫只旧书。

夜后芦根秋水长，凭君南浦觅双鱼。

这是郁达夫的作品，原载于1915年10月6日上海《神州日报》文苑栏，题为《八月初三夜发东京，车窗口占别张、杨二子》，可见郁达夫作诗时的具体情境与《沉沦》文本中有很大相似性。仔细阅读上下文可以发现，同华兹华斯的诗歌一样，这首旧体诗也参与塑造了诗歌前后的风景书写。诸如“半痕新月，斜挂在西天角上，却似仙女的娥眉，未加翠黛的样子”，“火车在暗黑的夜气中间，一程一程的远去，那大都市的星星灯火，也一点一点的朦胧起来”，便都脱胎于这首诗所营造的情境，甚至可以说是直接“翻译”了诗句。只不过比起华兹华斯所代表的欧洲浪漫主义文学资源，中国传统文学表达对文本景物书写的影响似乎更加幻化于无形。通过这首诗的创作，主人公在一定程度上解释了自己的处境与心境：异乡漂泊、生逢乱离、家境贫寒、孤单寂寞，俨然是落寞的书生、飘零的客子。但整首诗最为关键处或在尾联——“夜后芦根秋水长，凭君南浦觅双鱼”。“南浦”在中国古典诗歌情境中常代指友人送别之所，“双鱼”则意为远方人的书信。随着时代变化，双鱼传书不再作为实际通信手段，而更多地成为不失浪漫色彩的想象，寄托着某种与远方亲友交流、获知对方音信的渴望。由这句诗反观主人公的创作意图，或许才能特别注意到此诗是写给主人公在东京的朋友的，而“旗亭赌酒”这样的典故似乎也暗示了昔日与好友共度的欢乐时光。这样的发现大约会令读者十分惊讶——因为前文已然反复铺陈了主人公的“孤冷”处境，仿佛他果真与世人“绝不相容”，孤独封闭在自己的世界里。但这首诗的内容和创作动机却表明在既无“情人”也无“知己弟兄”的东京，主人公尚有朋友存在，还具备与友人共诉衷肠的可能。诗歌在这里不再是主人公在田园中孤独吟唱、实现自我扮演的道具，而是具备了实体的交流对象。

第二次旧体诗创作出现在文本最后一部分主人公在酒楼的情境中。在这里，主人公肉体上的欲望、心灵中的耻感已接近最高峰。身体充满诱惑性的侍女对待自己和隔壁客人的双重态度再次让主人公感受到强烈的自卑和耻辱，当侍女回到他的房间中因他在窗边欣赏落照而感叹“你真是一个诗人”时，他立刻兴奋起来：“诗人！我本来是一个诗人。你去把纸笔拿了来，我马上写首诗给你看看!”等到侍女出去之后，主人公方才奇怪自己“怎么会变了这样大胆的”。很显然，是“诗人”身份使他忽然“勇敢”起来，而结合后文他的创作可以推断，当自我指认为“诗人”时，出现在他脑海中的大约不是华兹华斯和海涅，而是黄仲则，乃至李白杜甫（结合作者对这首诗的自评“慷慨悲歌觉有老杜哀愁之风”）。正如学者所分析的那样，在这样的情境中，旧体诗“成为他在个人与民族双重自卑压抑下用以超越自卑的唯一可能方式”〔1〕：

醉拍阑干酒意寒，江湖牢落又冬残。
剧怜鹦鹉中州骨，未拜长沙太傅官。
一饭千金图报易，五噫几辈出关难。
茫茫烟水回头望，也为神州泪暗弹。〔2〕

如果说在列车上的诗作因其出现了与友人交流的意象而使得孤独忧郁的主人公具备了实际的伦理关系（朋友之伦），那么在这首醉酒而作的诗歌里，“长沙太傅”等意象的出现及其背后感士不遇、知音难求、忧国忧民等情感和文化内涵则将主人公置于一种抽象的伦理情境中，并让他找到了自己的位置——他是一个“诗人”，也是一个“士人”。他分享着中国传统士大夫的修身与处世准则，他的忧乐事关个人际遇，更关乎家国兴亡。在通过旧体诗找到自身伦理位置的这一瞬间，他不再是一个只有过剩的情感而毫无行动力量的“零余者”，而是暂时成为一个强

〔1〕丁晓萍：《旧体诗：郁达夫最本能的写作方式》，《上海交通大学学报》（哲学与社会科学版），2016年第6期。

〔2〕这首诗原题为《席间口占》，又作《冬残一首题酒家壁》，系郁达夫1916年冬在日本作。据富长蝶如日记记载，郁达夫曾自评此诗曰：“慷慨悲歌觉有老杜哀愁之风。”见詹亚园笺注：《郁达夫诗词笺注》，上海：上海古籍出版社，2006年，第115页。

大的主体，对自己的才华和修养有着足够的自信，并能与家国天下建立有机联系。可惜，做完这首诗的他随即在席上醉倒，再度清醒后，他就又在酒楼侍女面前变成自卑羞愤的可怜虫。无论如何在《沉沦》中，传统的诗词意象、表达方式能够为主人公混乱缠杂、难以厘清的情感和欲望赋予相对清晰整饬的形式，而这种古典的汉语表达形式里所蕴含的一个旧的伦理世界则可以成为主人公/作者在漂泊乱离的处境中暂时安放身心的所在，同时亦为文本带来了更为丰富的审美与意识形态维度。尽管昔日属于士大夫们的伦理世界及旧有的一套伦理准则已然无法为主人公提供真正的社会位置和行为依据，而凭借诗人身份激增的胆量也并没能使他彻底摆脱卑弱无力的处境，然而瞬间自信的获得与伦理关系的确立对于这样一位“零余者”而言毕竟预示着在蹈海自尽之外的另一种可能性。

还可以进一步思考的是，文本凭借旧体诗建立的文化自信与伦理情境有无具体的针对对象？主人公在中国传统与西方语言文学形式之间的逡巡往复背后有着怎样的深层心理结构和动机？或许，对《沉沦》中一系列跨语际实践活动的具体语境的探究有助于继续回答这些问题。

## 三、作为语境与他者的日语

所谓语境，其最为直观的含义或许就是语言环境，进而引申为文本环境、社会文化环境等。作为一种氛围性的存在，语境影响了诸种语言文化资源的取用方式及心态，进而也在具体的跨语际实践活动中发挥着重要作用。

在以往对现代中国跨语际实践的研究中，日本及日语往往被视为“中介”性的存在。它是中国输入西方现代主义文化资源的中间站，是汉语同欧洲语言文学发生接触的桥梁。〔1〕然而对于郁达夫及《沉沦》

〔1〕 刘禾：《跨语际实践：文学、民族文化与被译介的现代性（中国：1900—1937）》，宋伟杰等译，北京：生活·读书·新知三联书店，2014 年，第 2 页。

集的小说主人公们来说，日语不仅存在于阅读翻译等文学活动中，更充盈在他们日常生活的方方面面，是他们参与学校教育、人际交往、日常活动的基础。因此，将日语视为具有包围性的语境而非中介，或许能更加体贴地考察这一种语言形态对于《沉沦》作者和主人公的复杂意义。

从表面上看，日语似乎在《沉沦》中缺席。对比英文、德文诗歌和以旧体诗为载体的文言表达在作品中的广泛存在，《沉沦》中非但很少直接出现日本文字符号、文学作品或其他日语读物，而且也没有特意标识哪些语句是用日语说出的——主人公与日本同学们的对话全都被不着痕迹地“翻译”为中文。这种情况在《沉沦》集三篇小说中都很明显。与郁达夫自我陈述的日本文学作品阅读量形成对比，在小说集中明显出现的日本文学似乎只有“新出版的日本的小说《一妇人》（*Aru Onnan*）”（《南迁》）。

如上所言，《沉沦》中孤独的主人公沉迷于阅读西方文学作品并完成角色扮演的情境可能直接源自日本私小说，而佐藤春夫《田园的忧郁》等作品对《沉沦》的直接影响亦不可忽视。然而在《沉沦》中，对日本文学资源的有意抹除或许仍体现出郁达夫和他的小说主人公们面对日本这个强大的他者时的自卑感、耻辱感。日语作为“缺席的在场”，也始终是一种具有压迫性的存在。这便涉及郁达夫本人和研究者们反复指出的郁达夫作为中国留学生身处经济、军事实力更为强大的日本所感受到的“弱国子民”的痛苦悲哀。另外，尽管在少年时期就已然接触了中国传统与西方文学资源，但“现代”的美丑善恶、“现代人”所可能面临的种种际遇，却是郁达夫在留学日本时期才初步遭逢的。如郁达夫自传所言，是在日本，他看清了中国在世界竞争场里所处的地位，而青年时期“男女两性的种种牵引”，也便自这一时刻起始终与“国际地位落后的大悲哀”紧紧交缠。与此同时，“伊孛生的问题剧，爱伦凯的恋爱与结婚，自然主义派文人的丑恶暴露论，富于刺激性的社会主义两性观”如潮水般涌向东京，使异国学子“成了这洪潮上的泡沫，两重三重地受到了推挤，涡旋，淹没，与消沉”[1]。这或许便是“沉沦”之感的来源。正是在这样的处境中，郁达夫和他的主人公们接受着来自西方的种种文化浪潮，并对其中“颓废”“忧郁”等审美现代性元素格外敏感。也正是在这样的环境中，他们自觉移用着西方语言文学资源完成某种角色扮演，以实现想象层面的优势地位，或缓解被“推挤、消沉”的不安和痛苦。

由掌握语言所获得的心理优势感对于来自“弱国”的青年们十分重要。在《南迁》中，主人公伊人便因说得一口流利的英文而得到日本同学们的赞赏，有趣的是小说中还设置了一个喜爱高谈阔论的日本青年K君，他的表达欲极旺盛，却偏偏只能说一口磕磕绊绊的日式英语，因此时常被同学们嘲笑，以至于深恨英语水平比他好的中国青年伊人。可见娴熟运用西方语言、熟读西方文学作品在一定程度上帮助留日中国青年们找回了些许尊严和信心。

然而要进一步追问，在《沉沦》中，存在的果真只有作为社会文化背景的日本吗？换言之，日语是否真的“缺席”呢？

稍加分析不难发现在《沉沦》中，每一次打破主人公角色幻梦、使其产生剧烈的身体欲望与情感波动的都是那一两声日语的突兀介入。比如在乡间小路上偶遇的两位日本女生“娇声”回答的“不知道！不知道！”偷看房主女儿洗澡时少女的一声“是谁呀……”以及后面主人公极力想听清却又无论如何听不清的房主父女的对话（他只能私下揣度那是女孩将自己偷看的事告诉了父亲），还有在如“密来的田园清画”一般的梅园中听到的一对男女私会时断断续续的话语，乃至最后在酒楼上听到的侍女对隔壁日本客人含着嗔怪腔调的调笑。这些话大约都用日语说出，它们无一不使主人公陷入昏乱痛苦。

除此之外，日语在文中还有两次明显的在场，它们都发生在文本最后一部分的酒楼场景中。一处是日本侍女询问主人公“府上是什么地

---

〔1〕 郁达夫：《雪夜（日本国情的记述）——自传之一章》，载《郁达夫全集》第四卷，杭州：浙江大学出版社，2007年，第306页。

方”，这无疑戳中了主人公的软肋：

> 原来日本人轻视中国人，同我们轻视猪狗一样。日本人都叫中国人作“支那人”，这“支那人”三字，在日本，比我们骂人的“贱贼”还更难听，如今在一个如花的少女前头，他不得不自认说：“我是支那人”了。

“支那”在近代日本语境中一般被认为是对西方词汇 China/Chine 的音译，如学者所言通过创造“支那”“东洋史”等日本现代新词，日本将自身与中国区分开来，这些新的词汇帮助日本“至少在话语层面上取得了与西方同等的地位”[1]。近代日本将自己剥离并使自身“优越”于中国文化的行动在语言文字层面得到贯彻，而“支那”这样的词汇也越来越具有贬义色彩。身为中国留学生，《沉沦》主人公当然对这样的词汇极为敏感，但关键问题在于它并非从日本侍女之口说出，在面对“府上是哪里”这一问题时，主人公完全可以回答“我是中国（CHUGOKU）人”，而结果却是在日本少女面前，他因深深的无力和自卑而“不得不自认”为“支那人”。作为弱者（无论就国族还是这段两性关系而言），他似乎无法抵抗、只能顺从强者的语言命名。

在这之后，日语的又一次出现便是主人公因“诗人”身份获得了自信之时，他听见隔壁房间几个曾与侍女调笑的俗物“高声的唱起日本歌来”，于是便也“放大了嗓子”吟唱了那首旧体诗。这是两种语声的混杂抗衡，在这个短暂的强大时刻，主人公敢于用母语诗歌与异质性的声音相抗，这更加说明了其文化自信感的来源与最重要的针对对象。

对日本与日语语境在文本中存在方式的认知或有助于进一步洞悉主人公/隐含作者在进行种种跨语际实践活动时的深层心理动机与情感结构，这便是《沉沦》中反复出现的“复仇”与“同情”。“复仇”意味着

---

〔1〕［美］史书美：《现代性的诱惑：书写半殖民地中国的现代主义（1917—1937）》，何恬译，南京：江苏人民出版社，2007年，第24页。

反弱为强，获得行动的力量并实现对对手的反击。在文本中每一次“复仇”情绪的激荡都或多或少来源于主人公对自己听到之事的误认，但无论实质内容为何，仅是来自“强国”的异质性语言的不断侵入本身就足以激发反抗与复仇的心志。而若暂时无法获得行动力与明确的方向，主人公便只得在角色扮演中成为如查拉图斯特拉一般精神上的强者。与之相对，“同情”则意味着消泯强弱的等级界限以及国族等隔阂，实现心灵上的契合、理解与爱，建立一个情感的共同体。这样的任务似乎应该由审美实践完成。如伊格尔顿所言，审美可能具备真正的解放力量，它使得“主体通过感觉冲动和同情而不是通过外在的法律联系在一起，每一主体在达成社会和谐的同时又保持独特的个性”〔1〕，这当然是十分美好的愿景，也是郁达夫心中文学艺术所应实现的功能。在他看来，艺术“是美的陶醉，是博大的同情，是忘我的爱”〔2〕。在日本语境中，郁达夫的确企图通过语言文学实践寻求“同情”机制的建立：在共时层面，他广泛接触西方文艺作品与思潮，于异国追求着对源自西方的“现代性”的体验和参与，而在历时层面，他则以旧体诗创作酬唱等方式发掘着根源于汉文化圈的、有着悠久历史延续性的“同文同种”的亲近感和文化心理认同。〔3〕“弱冠钦君来海东，相逢最喜语言通”，郁达夫与服部担风、富长蝶如等日本汉诗圈中人的交往也是他在异国他乡亲切温暖感的重要来源。

然而，凭借文学作品与审美体验建立起来的情感共同体毕竟有其脆弱性，它无法抵御外部统治性强力的介入，亦不能避免内部意识形态分歧对它的裂解。也正是在“复仇”与“同情”的张力中，《沉沦》之跨语际实践与现代主体生成过程里的种种矛盾、难题、分裂之处得以暴

---

〔1〕［英］特里·伊格尔顿：《审美意识形态》，王杰等译，柏敬泽校，桂林：广西师范大学出版社，2001年，第17页。

〔2〕郁达夫：《艺术与国家》，《创造周报》，1923年6月23日。

〔3〕如伊藤虎丸所言，郁达夫与厨川白村、佐藤春夫等日本文学者共同具有欧洲近代文学的知识和教养，同时也共同具有汉诗、汉文的可以统称为汉字文化的文化素养，这使得郁达夫对日本人和日本文学抱有一种亲切感（见［日］伊藤虎丸：《鲁迅、创造社与日本文学：中日近现代比较文学初探》，孙猛、徐江、李冬木译，北京：北京大学出版社，2005年，第155页）。

露——言与文（参见柄谷行人对近代日本“言文一致”运动的论述。通过对文字与声音关系的再界定，“文”层面的共通感能否抵过异质性声音的冲击?）、灵与肉（这不仅指爱情与欲望的冲突，更关乎被视为民族国家之一部分的海外学子的身体所感受的压抑、解放、痛感与快感怎样影响他们的精神世界）、个体与群体、国族与世界……看似在诸语言之墙间自由穿越的主人公和作者，实则无时无刻不被这些对立范畴缠绕和撕扯。因而这里的“穿越”，终究还是一个动态的过程、一种努力的倾向，而非最终的结果。或许也正是在穿越的实践中，隔阂的必然性才愈发显露出来。

由此可知，为学者所捕捉到的郁达夫早期小说中“清新如朝露的国际视野”（以西方语言文学为主要载体）〔1〕既是新文学/新文化萌芽处的独特风景，也与特定语境中个体的切身际遇感受密不可分。种种繁杂细腻的感觉肌理或许不可复制，其所塑形的感觉结构却一直在现代的进程中延续。而小说的复杂精神，或许就源于“现代”发生发展时刻诸多因素的相互作用，源于对亲近与隔膜的体认，最终指向着在一个失落了旧有人际纽带的世界中，重建“关系”的使命。〔2〕

作者简介：孙慈姗，北京大学中国语言文学系现代文学专业2021级博士研究生。

---

〔1〕 李欧梵：《引来的浪漫主义：重读郁达夫〈沉沦〉中的三篇小说》，《江苏大学学报》（社会科学版），2006年第8卷第1期。李欧梵十分看重从《沉沦》集捕捉到的这种国际视野，认为这是超越夏志清所言“感时忧国”情结的方式，并惋惜这种视野在郁达夫回国后写的小说中逐渐消失。然而，这种国际视野或许正和特定情境中个体对“时”与“国”的敏锐感知乃至纠结心态息息相关。

〔2〕 人际关系的重建是伊恩·瓦特对现代小说使命的看法。详见［英］伊恩·P. 瓦特：《小说的兴起：笛福、理查逊、菲尔丁研究》，高原、董红钧译，北京：生活·读书·新知三联书店，1992年。

# 光与暗:“零余者”形象结构与叙事机制

## ——以《沉沦》为中心的考察

陈　蕾

谈起郁达夫的一生和他的创作均不可谓不传奇是也。在那个混乱、不安、颓靡与革新精神共存的时代，他将颠沛流离的人生经历和唯美感伤的情绪融汇于笔端，为中国文学贡献出独具一格的“零余者”形象。郁达夫一生所创作的小说甚多，其中常有苦闷知识分子的形象，或是流落他乡的怀乡病者，总不过是怀揣着报国之志却空难实现，或是缠斗在情爱幻想中的“零余者”的化身。所以“时代性的苦闷”成为人们谈论郁达夫时最常谈起的话题之一。可是过多此类的解读却会让人们过度关注郁达夫及其小说消沉的格调，常对其报以一种颓唐、消沉、病态的看法。随着社会科学的逐渐发展，诸如叙事学、心理学、精神分析学等学科对我们理解作家和小说中的人物提供了越来越广泛的解读方式，我们逐渐意识到小说文本结构的复杂性，人物与其内心的丰富性，乃至一部作品的诞生所凝结着的真实与虚构、情感与历史等多维元素和多重距离。

而正如田晓菲所说人们喜欢谈论郁达夫小说中的“性欲升华”，实际上是试图以此为“零余者”们的“畸病”“怪异”寻得一个冠冕堂皇的成因，又试图以此理解人物连同作家在被那些诡谲、压抑的时代氛围所淹没之际尚存一息对光明难得其所的渴望与自我救赎。〔1〕不妨说“零余者”形象和围绕这种类型人物营造的美学阈境绝不只是聚焦于病态心理，或采取虚无、抗拒的态度寻求一种虚无式的对人生之否定。毕

---

〔1〕［美］田晓菲：《七发》，南京：译林出版社，2019 年，第 291 页。

竟当郁达夫在《沉沦》中一提笔便写道“他近来觉得孤冷得可怜”〔1〕时，就令我们不得不关注到作家在尚未着力构建一幅完整的人物肖像或是他的活动经历时就已经赋予“零余者”以很高的颂赞，还有叙事者在能够“察觉”“他”的孤独时所包含的那份同情和理解。换言之，他们都未忍心将人物推向自我封闭心理的孤岛，或是放大“零余者”精神空虚所可能引发的避世、傲慢、冷淡等特征，而是站在一种独特的既外在于主人公去反思，又得益于熟悉“他”来共情的位置上带出一种“复杂的心性”。〔2〕在这个意义上，对“零余”的定位除了边缘者心态这一基本表现之外，还需要思考如下一些问题：首先，那种直露的伤感经由主人公浮躁、愤懑的举止和心理活动，是如何与叙事者沉郁、低迷却又连贯、平静的讲述形成恰切的呼应关系的，或者说尽管我们不能完全肯定“零余”是被叙事者杜撰出来的，成为加诸主人公身上不可抗拒的标签，但至少它具有某种不确定性。因为“零余”是由主人公的多情绪心理与叙事者的多情绪之言说共建而来的。其次，借助“结构主义”的观点来看，小说叙事无疑可以划分出复杂的情节结构、层次，以此来观照如前所示“零余”这种特殊情态的内部张力，这是具有层级结构和内在互文性的。我们所面对的“零余者”显然不会只是难以拆分的、封闭的符号，而是基于作家对小说文本的调度与安排，叙事者的能动性表达，以及人物服从小说情节轨迹等限定的共同呈现。在这个意义上，“零余者”能够作为一种叙事性文本的结构单位中心，构建叙事主体和客体；人物行为与心理这两大核心关系的集成化装置，本文将基于这两大层面的联系，以《沉沦》这篇书写“零余者”的代表性、典型性小说为中心，对“零余者”的美学特征如何从小说叙事载体中生成，在叙事端呈现怎样的特性等问题进行探索。

---

〔1〕 郁达夫：《沉沦》，载《郁达夫全集》第一卷，杭州：浙江大学出版社，2007年，第39页。
〔2〕 蔡震：《郭沫若与郁达夫比较论》，西安：陕西师范大学出版社，1988年，第186页。

## 一、“零余者”形象体及其多态性

在叙事学中一般认为形象分为表层结构与深层结构。表层结构主要指的是由符号组成的显性形态。深层结构则是由符号域出发，指统合形态的深层行为模式。基于人物作为类人化复杂体，其结构具有内在复杂关联，在叙事中人物的浅表与深层形象结构也分别对应着人物形象的不同功能区域。整体形象一般关涉小说的情节与戏剧化发展历程，对接大场景和小说运行环境的总体设计，而形象内部构造则承载其模拟人因内核的性格、情绪、心理等状态，人物时刻展现着不同的姿态来表达不同的思想与情感。这些潜在的姿态、行为“语言”同样附着在人物作为连贯性行为主体以及整体性“主人公”形象上。

郁达夫的“零余者”这类“主人公”的独异性则表现在如下一些面向中。首先，“零余”特性具有高强度内涵承载力。比如，有学者曾说在郁达夫的作品中，“零余者”的艺术并不“完满”，却可以被读作一种“纲”，原因在于其一，“零余者”的“神情有很强的代表性和象征意味”〔1〕。这意味着理解“零余”的形象不仅要发现一种痛苦的感受，还要能够至少发现这种痛苦所标志的“发现”本身以其对痛苦清醒的认识而带来的觉醒。比如《沉沦》中说道：“呆呆地看了好久，他忽然觉得背上有一阵紫色的气息吹来，‘息索’的一响，道旁的一枝小草，竟把他的梦境打破了。他回转头来一看，那枝小草还是颠摇不已，一阵带着紫罗兰气息的和风，温微微地喷到他那苍白的脸上来。”“他看看四边，觉得周围的草木，都在那里对他微笑。看看苍空，觉得悠久无穷的大自然，微微地在那里点头。”〔2〕小草“还是”颠摇不已显然表明叙事并未随着主人公的视角局限在他的主观感受和直观视觉感知中，而是接续在一条多向量的判断逻辑中：一方面强调小草摇摆具有时间上的持续性，

〔1〕 温儒敏主编：《郁达夫名作欣赏》，北京：中国和平出版社，1998年，第353页。
〔2〕 郁达夫：《春风沉醉的晚上》，北京：中国妇女出版社，2017年，第199页。

通过小草活动的时间连贯性表明叙事视角着眼于整个场景的稳定性和特定事件的连贯性。人物在这样的视域中只是叙事者眼中的局部对象，它受到叙事视角的关注会被其他对象所分散。“他”面对梦境破碎时感伤的心绪相对于强调构建整体场景的完整性来说也就不是此处最重要的表达目的。另一方面表示人物看到了小草的摇摆，呈现出他对其所处环境具有的一种感官反应。而显见他对小草摇摆这件事的认知处在一种断裂和跳跃性的状态中。叙事通过“还是”二字意图说明人物看到小草摇摆这件事中有停顿和重复，是再一次而非一直看到小草摇摆。人物的感官反应在这里仍然在某种程度上更加着意于搭建文本的时空——时间的断裂在这里经由“人物”换得了空间的多层一体——平衡这两方面的正是人物的觉醒：空气中吹来紫色的气息惊扰了他即将随着梦境消沉下去的思绪，重新回到了周遭本无变化的世界，却在这一去一回之间扭转了人物的整个心绪——他开始感觉到轻微的美好。由此我们除了可以得见“零余者”伤感特征之外的其他特征，还可以从语词形式方面得出属于“零余者”类型的一种性格特征吸纳、交互、转换机制，即从消沉进入未知感受进行调和、释放过量情绪后回归平静的路径。显然整个过程不是思想在孤注一掷的境地中无所依靠地放任发展，而表现为一种有意识的情绪疏导。一方面，这表明人们通常理解的“零余者”的“病态”心理中隐含着与之相对的正向心理干预机制，由此显示出的人物身体与情绪的配合，更为符合现实中生物肌体器官与官能反应的有机结合，真实并且细致地模拟出情绪信息传输轨迹，而不局限于表现抽象的痛苦感觉，塑造出活生生的一种人的形象。另一方面，在这个意义上，“痛苦”并不全然表明一种感受，而是“零余者”在郁达夫小说中独特的立身之本，是塑造其小说时空与叙事形态完整统一的重要环节，其重要之处在于一种贯穿现实与文本的形式功能，即依靠生物特征模拟出形象从“形”到“象”，从可视化认知进入相对陌生和不可视的艺术集合体自运行空间中的认知。

其二，统合在“零余者”形象外壳下内面多层级及其穿透性。正如苏雪林所言，“郁氏的作品，所表现的思想都是一贯的，那就是所谓

‘性欲’的问题”，“此外，则‘自我主义’‘感伤主义’和‘颓废色彩’，也是构成郁氏作品的原素”[1]。斯人已逝，学者发现“零余者”便是作者本人孤独、苦闷之际的自画像，“录下了在时代大转变时期知识者歧路彷徨的身影”[2]。结合这些因素来看，人物就未必是完完全全的“零余”，即使孤独和痛苦兴许占据了叙事中不小的比重，充当引导我们感受人物的主因，但也需要将其性格特征放置于更加丰富的参照系统中进行解析。比如同时代另一种代表性的人物类型：反抗者。这种人物类型似乎在人们的观念中是更能代表五四时期文学人物个性特征的典范。郁达夫偏巧在那种反抗、决绝斗争着的潮流中书写出与之大为相反的人物气质，他笔下的人物颓靡、无力、孱弱，反倒凸显一种创作的“异质性”。“零余者”为什么没有转化出更加直观决绝的斗争激情，正体现着这种人物性格的复杂之处。时代的病因毋庸置疑，身处其中的无数年轻心灵都曾饱受精神折磨，做一般的社会学推因能够得到的结论有很多，但人物毕竟是人物，“‘零余’只能是类的划分，而‘沉沦’则是属于类型中的一种特征”[3]。我们也曾在文学史上见过太多性格中存在巨大反差的形象，而“零余者”抑或是郁达夫笔下与社会环境格格不入、思想锋利的人物从类型的层面来说，表现出某种转化的不彻底性，由此敞开这类人物内部装置复杂的表现。

郁达夫曾在《忏余独白》中坦言《沉沦》这篇小说带有关于他本人自传的成分，这能够一定程度上证明《沉沦》具有与一般小说相比更加贴近作家真实经历和观照现实世界的能力。所以人们往往将其中的“零余者”形象视作与我们生存在同样维度中的人，将“零余者”身上的敏感、脆弱、自卑、自恋等性格视作对作者的同维度的反馈——“内省倾向”，而不将其小说轻易归入对现实之“模仿”。[4] 在这里不存在小说

〔1〕 苏雪林：《郁达夫论》，载王自立、陈子善编《郁达夫研究资料》，北京：知识产权出版社，2010年，第332、333—334页。
〔2〕 温儒敏主编：《郁达夫名作欣赏》，北京：中国和平出版社，1998年，第353页。
〔3〕 张伟：《“多余人”论纲：一种世界性文学现象探讨》，北京：东方出版社，1998年，第227页。
〔4〕 杨匡汉主编：《20世纪中国文学经验》（上），上海：东方出版中心，2006年，第439页。

相对于现实的第二性地位，实际将两者尽力打造为同等存在地位的贯通时空。如学者所说，书写“零余者”作品中的主人公往往以“我”的面目出现，《沉沦》中的主人公这段留学经历几乎与郁达夫本人的经历如出一辙，《茫茫夜》《风铃》等小说中主人公取名为“于质夫”同郁达夫的名字从发音上只有一字之差。若干细小的设置都表现出作家有意尝试抹除或修饰着“零余者”与自身作为书写者之间的边界。值得关注的是，消除边界的举动意味着对书写者与被书写者两者进行无差异化的对接，在这个过程中作家并未告诉我们究竟是哪一端的主体在模仿对方，正是这种强烈的相似性书写提示我们小说构建“主人公”不是扁平的画像，而是立体的、属于现实的“大对体”。毕竟我们能够明显感受到，即使小说呈现的是“零余者”自卑、怯懦的心态，但这种心态与真正的精神病理学中常见的抑郁症患者相比有着截然不同的表现，小说中表现的“零余者”实际富于饱满、丰沛的情感，并通过叙事将其大力地外泄，呈现在我们面前的反倒是一个精力旺盛，思维与行为活跃、敏锐，充满表达欲的人物。例如《沉沦》中写道：“我真还不如变了矿物质的好，我大约没有开花的日子了。知识我也不要，名誉我也不要，我只要一个安慰我体谅我的‘心’。一副白热的心肠！从这一副心肠里生出来的同情!”〔1〕“零余者”对世界抱有期许和诉求，并且站在自我的立场上为此高声疾呼。更重要的是站在叙事者的角度来说，尽管形成这段表达的素材取自郁达夫的经历，可以将其视为作家的思想外化，但是落在成型的情节环境中，这里的发言者首先是“我”这个“次生”的“形象”。在这个意义上与其说“零余者”是消极、避世的“边缘人”，毋宁说他正在积极地向着自我精神的内部迸发，寻求基于小说展现强力自我来获得一种在世的确证。他能够正视并关爱着自我的感受，是小说以“我”为中心的小世界的有力主宰者。这在一定程度上与郁达夫强调表现论，进行艺术自我的内在生命塑造的主张不无关联。关于表现论，郭

〔1〕郁达夫：《沉沦》，载《郁达夫小说集》（上），杭州：浙江人民出版社，1982年，第23页。

沫若曾说："我们所看见得形形色色，只是外光的反射，在我们网膜上升出的虚影。……由我们的感识所产生的自然的外形，我们再忠实地去再现它，这所追求的只是宇宙的假象，并不是宇宙的实体。"[1] 同为创造社成员的郁达夫也有类似的观点，他认为"艺术冲动"才该是艺术的最"真切的表现"，是一种自我生命的"动流"。[2]

通过人物这种复杂的结构承载艺术的"动流"形成了郁达夫小说特有的表达。值得关注的是，这种方式显然不只是在配合场景和符号进行画图方面的模仿，而是参与对宏大时空和对世界认知的建构。特别是"零余者"敏感的心性令其时刻处在感知世界的多重轨迹上，他对自己的理解、对时空的感受时刻处在裂变和重新聚合的过程里——"他的脑里虽然有这样的想头，其实他的心里早有一些儿厌倦起来"，"过几天或者过几个钟头之后，他又用了满腔的热忱，同初读那一本书的时候一样的，去读另外的书去；几日前或者几点钟前那样的感动他的那一本书，就不得不被他遗忘了"[3]。"零余者"看似不稳定的情绪为叙事的碎片化和拼合提供着依据。内心流叙事显然能够引起文本语序的丰富性，于是出现了"万籁俱寂的瞬间"和"水天相应的地方"[4]。内心的流动不遵从行为逻辑，在人物进行一个单一行动时就可能包含多角度、多方向的心流。但是与一般称之为意识流的写作中意识漫无目的的流动不同的是，"零余者"的意识反应表现为散点向中心的聚合，总体呈现为汇集的形态。郁达夫曾言："我的错杂的思想，又这样的弥散开来了"，"大道上断续的有几乘空马车来往，车轮的踱踱踱踱的声音，好像是空虚的人生的反响，在灰暗寂寞的空气中散了。我遵了大道，以几点灯火作了目标，将走近西直门的时候，模糊隐约的我的脑里，忽而起了一个霹雳。到这时候止，常在脑里起伏的那些毫无系统的思想，都集中在一个

[1] 郭沫若：《印象与表现》，《时事新报》，1923年第33期。
[2] 郁达夫：《文学概说》，上海：商务印书馆，1927年。
[3] 郁达夫：《沉沦》，载《郁达夫小说集》(上)，杭州：浙江人民出版社，1982年，第18—19页。
[4] 郁达夫：《沉沦》，载《郁达夫全集》第一卷，杭州：浙江大学出版社，2007年，第44页。

中心点上，成了一个霹雳，显现了出来。‘我是一个真正的零余者！’”[1] 自然物象常常是触发意识流的重要诱发物，而在这里“我遵了大道，以几点灯火作了目标”，脑海中隐隐约约的影像仍然在自我的控制中，空虚寂寞的人生感悟显然没有诱导他走向虚无，摇摆不定的心绪和看似杂乱无法聚集的思想伴随自我对于“零余者”的体认，最终集中在一个中心点上。“零余者”成为身份的象征，是几乎就要堕落至深渊的自我和即将飘散殆尽的人生的希望在刹那间的重生。当他重新获得了这项身份认同，意味着重新促发自我对意识的作用，坚强地、聚精会神地直面人生。在这个意义上便不难想见“零余者”为什么虽然感伤却同样拥有“反抗”的力量，因为“零余者”的形象包含着浪漫主义的激情，也包含着走向绝望的过程中绝地反击的精神。

## 二、叙事干预与构建“沉沦”美学构造

“零余者”的痛苦和颓废倾向本质上与其同现实的斗争性相关，其苦闷一定程度上来源于叙事对于这类人物怀有理想而不得志的设定，当现实斗争举步维艰时必然呈现出失望。如同有学者所说，如果“零余者”没有“主体向上的精神维度，根本无沉沦可言”[2]。“沉沦”也就是郁达夫创作“零余者”所实践的一种美学追求。“零余者”执迷于情感漩涡中，沉溺于“颓废”甚至有些自虐的思想倾向中无法自拔，都与叙事主体对人物这种颓废形象的欣赏有关。相比于鲁迅的小说中总是借助叙事者的口吻与人物形成对峙，施加压力，试图唤醒人物进行自省的写法，郁达夫则将“零余者”的颓废赤条条地袒露在众人面前，他的人物并不缺少自我否定的勇气以及独自向庸俗世界宣战的英雄气质，但作家依然只给予他们令人触目惊心的失败后果。虽然“我”常常陷入情感

---

〔1〕 郁达夫：《郁达夫散文全集》第2版，哈尔滨：哈尔滨出版社，2016年，第293页。
〔2〕 马桂君：《约翰·克利斯朵夫精神命题在中国现当代文学中的回响》，长春：吉林大学出版社，2016年，第42页。

的漩涡，有时沉溺在激愤、无奈、无可自拔的情绪中，显得焦躁不安。但是面对“我”如此这般异样时，叙事的口吻仍保持着清醒和果断。因此有必要对“沉沦”的构造作一界定，毕竟与“零余”表示某种静态的混融的人物特征相比，“沉沦”更似于对这种混融过程的动态写照，人物的变化趋向和他对人生的领悟与抗争，是无法摆脱他在这个小说的结构中经历的“沉沦”的。

第一，“沉沦”是小说为“零余者”设定的向下的心态变化。从总体的美学原则方面来说，“沉沦”是“零余者”普遍表现出的审美特征。一方面，郁达夫小说中的“零余者”已经构成了一种范型，比如有学者定义的“于质夫型”人物。这类人物普遍具有相似的消沉思维，敏感又多变的情绪以及趋向死亡的灰暗经验，另一方面，“沉沦”则表现出程式化的特征，多多少少消解人物的个人性特征而彰显一般性特征。在众多作品中，这种人物得到了同质性的安全感，他们面貌平均，内心状况无疑构成了某种常态。一定意义上书写这样一类面对灰暗人生的人物比书写个别人物独自面对死亡，反而在存在的意义上更具不确定性。不断在文本中重复书写的消沉、死亡意识在郁达夫的作品中较少用其他的写法进行替换，是其丰富人物存在感的独特方式。如有学者说这“既是郁达夫自我生命及其经验的真实传达，更是那个时代众多青年知识者生活状态的普遍性表现”〔1〕。那种围绕“零余者”的悲剧性结局势必不断上演，一次又一次强化“沉沦”在当时社会、历史状况中的常态化，将人物不甘于堕落，又一次次在黑暗现实面前挣扎、搏斗的精神画面，固化成为小说的基本生命事实，贯穿作家写作的精神体系之中。

第二，“沉沦”表现为基于人物明暗交织的心理活动状态所形成的肃穆的沉郁感与尖利的讽刺感相并置的效果。首先，“零余者”的标志之一是这类人物大多以自我为中心。围绕他们悲叹的时代情绪大都是对人物感伤自恋的写照，是他们不满于现实却反抗失败的情感线索的延

---

〔1〕 何锡章：《拯救“沉沦”：自然与自由——重读郁达夫的小说〈沉沦〉》，《华中学术》，2013年第2期。

宕。问题是，如前所示的种种示例，可见痛苦是小说中“零余者”扮演对身外世界报以足够敏感体认的象征，是他们无可摆脱的叙事设定。作家从未掩饰过对这种愁苦、悲哀格调的推崇，他学习施托姆“故乡的悲思”，将其“有内热的、浓郁的、清新的诗味”植入“零余者”身上，但他同时也表示“悲哀是反刍的食粮”〔1〕，怀乡病无疑只是人物愁苦中的因素之一，要达到如郁达夫笔下那种浓得化不开的痛苦，却得超越我们每个人都潜在具有的苦闷，达到具有深度的复合型情感郁结状态。这使他的“零余者”们时常充满自我内心的矛盾与分裂，他们感受到的即使是痛苦也不是平顺的、唯一的痛苦。“他本来是一个非常爱高尚洁净的人，然而一到了这邪念发生的时候，他的智力也无用了，他的良心也麻痹了”〔2〕。看得出人物与叙事者不同，他不像后者那样毫不考虑道德的约束，而是能够大方、直白地面对性和性苦闷。“他”遵循着幻想中的道德律令，又逃避道德对具体行为的束缚，在被欲望与道德感的对冲折磨到极致时，痛苦所映射出的已不仅是社会道德带给“他”的压力，以及“他”的灵与肉之间的失衡，还包括“他”在这种失衡关系中品尝到的快感，和因此沉溺其中愈加不可解脱所造成的更深层的痛苦。也就是说，在“他”失足于所谓道德又痛恨这种道德，似乎在为自己开脱，又似乎突破了固有文化习气窠臼，迎来自由时，相应而来的“邪念”中存在着令人难以忽视的犯罪快感。“他”的病与某种“恶”是无法分割的一体两面。作为创造“零余者”苦痛的源头中也就包含这种原生的罪恶。用抵抗时代的荒诞而构筑伟大自我的现实主义典型人物原则，我们无法给予“零余者”形象系列中出现的“恶”的力量以相应的美学评价，因为它们难以提供一个人物得以成长和改观的典型性格，并且往往只保留在一段情绪，特别是亟待被消解的不良情绪中。

然而还不等我们作为读者对这种情绪前去品评时，在郁达夫小说叙事的维度中就已经激发出一种带有情绪和态度的体察。伴随着人物心态

〔1〕 郁达夫：《茵梦湖的序引》，《文学旬刊》，1921年第15号。
〔2〕 郁达夫：《沉沦》，载《郁达夫小说集》（上），杭州：浙江人民出版社，1982年，第31页。

的变化，小说中对“零余者”的愁苦表现设置了不同的评价结果，划分出不同程度、不同等级的褒扬和贬斥。特别是小说从前至后，叙事者对“零余者”消极情绪表达出由褒至贬的态度，从起初表现理解之同情到渐渐剥开“他”痛感深处的“恶”的根源予以批判。可见“零余者”的不良情绪对于推动情节起承转合的功能，以及作家恰恰是基于这种看似飘忽不定的情绪而非塑造稳固性格的方式，在看似书写沉沦、下坠的人物发展路径中，实则正在隐隐构建其成长、上升的发展过程。小说后半程一段情节如是写道：“那侍女看他发颤发得厉害，就想让他一个人在那里喝酒，好教他把精神安静安静。”因此说道再去拿一瓶酒，而他会错了意，待到侍女领了别的客人归来时“他听了就立刻发起怒来”，在心里骂她们“复仇复仇，我总要复你们的仇。世间哪里有真心的女子！那侍女的负心东西，你竟敢把我丢了么？罢了罢了，我再也不爱女人了，我再也不爱女人了。我就爱我的祖国，我就把我的祖国当作了情人罢。”〔1〕不难看出一句“他停了就立刻发起怒来”就将他“爱我的祖国”和向侍女投射出的细微真心装入“他”负气时的反常表达中，随即消解了“他”这些想法的严肃性。一方面，这足以让我们体会到叙述向度和情感、态度同人物之间的分野。这些凌驾于故事和人物之上的判断使它以一种外部视角观照人物与事件的全局，这无疑也在令人知晓事情原委的角度，对“零余者”的怨怼和咒骂作出一种带有反讽意味的判断，让我们能够看到“零余者”那样痛苦的领悟并不是小说所要推举的最高审美标准。在被叙事者进行一番讽刺时，痛苦的整一性就不再是无懈可击的了，至少在叙事者眼中这不是智慧的，不是能够依据事实理解他人的表现。另一方面，叙事者毕竟也一定程度上属于人物的范畴，不能替代作家和符合文本创作轨迹中创作者的身份。小说对叙事者的呈现也无法说不带有隐含的判断和审视，在《沉沦》中呈现出对讥讽者的再加一层的解嘲。小说中明显独语加全知第三人称叙事的形式，使得叙事者与作为叙事对象的“他”、作为行为主体的“我”紧密相连。细密遍

---

〔1〕 郁达夫：《沉沦》，载《郁达夫全集》第一卷，杭州：浙江大学出版社，2007年，第71页。

布于字里行间的“他”令叙事者的身份和情感、思想状况变得不明朗起来。很多段落中都能看到他的叙述几乎每句话都离不开用第三人称“他”作为发语词，他的喋喋不休很难不令人疑惑这与患有一定情感和心理障碍的“零余者”有如出一辙的病症。在这个意义上便不难理解整篇小说中为何出现了很多前后不一的观点和评价态度，这类话语尽管都统合在“叙事者”这种特定人物类型的功能范围之内，但是显见这里的叙事声音之嘈杂。我们或许无法界定叙事声音的复杂性根源与叙事者思想复杂程度之间的对应关系，但这种由叙事者的大量观感、评论堆砌形成，扑面而来的细密、繁多却又无法统一的言辞显然颇具造型感，其占比甚至超过“零余者”的表现。如果道不清“他”是谁，叙事者是否正是“零余者”本人，那么那些尖利的自省、杂多的絮语的主人则也有可能是“他”多重裂变的人格，他们亲密却又对立，莫衷一是，对同一件事各执己见，而这些不同的人格背后显然还牵扯着将它们分离开来的更为久远而稳固的心流轨迹。在这个意义上“零余”或许只是某种更加复杂、隐秘病灶的显在表现之一。从叙事者颇为重视分析、论辩，以求理性、客观再现“零余者”的全方位性格与行为的表现来看，这或可称作“他”这个形象整体的情感自查与自救。在此映照下，“沉沦”也就不是无可生还的下坠和消沉，其中包含的拯救自我的重生意愿，造成整体意境中明与暗的交织状态，从叙事者与人物对冲的形式中，以讥讽之姿，划开“零余者”沉醉于痛苦而无可自拔的混沌状态。

第三，正是在叙事者的角度可以看到“沉沦”不是“零余者”一个人的生命体验，而是在叙事者与“零余者”的互动、共生设定的意义上，表现为一种持续难断的博弈关系。由于没有明确的姓名和对“他”背景的明示，令叙事者显得与“他”具有过分亲密的关系，叙事者对“他”的了解程度不亚于“他”本人，两者亲密的关系却不被“他”和叙事者任何一方承认。这就使得我们站在局外者视角所看到的他们两者之间的纠缠显得很微妙。小说中写到了“他”与校长、邻居、同学、家人、外国人的关系，“他”与不同女性的关系，“他”与大自然的关系，“他”与文学的关系等若干种关系。在这些关系中，无论“他”居于何种现实地位，都在内心中拥有居高的位置。但对待叙事者则不然，“他”有太多的心事和举动被叙事者所知晓，“他”的形象被后者全然剖析清楚，他的性情优劣等都可以被叙事者解构成碎片。在这种关系中，“他”通过那些近乎扭曲的认知方式所“征服”的人群和关系都付诸东流，小说在更加终极的地方放弃了“他”那些食之无味、弃之可惜的感情，甚至于在依赖叙事者的关系构架中，“他”自己也变成了一个索性抛开了对那些情感关系意义进行追问的人。“他”在叙事者一次次“盘问”下成了失语的角色，又通过这种失语的状态回避自我辩护，避让矛盾冲突。作者似乎在通过这种方式，使得“他”对现实的报复和始终失意的生活得到一定的反转，但如此一来小说连同从不开口辩白的“他”一同停留在了看似“堕落”“沉沦”的途中，得不到与叙事者的和解，将这种永远无法摆脱的充满矛盾的关系延续了下去。由此可以说，从创作技术的角度来看，作家在《沉沦》中塑造的“零余者”的形象绝不简单只是塑造着一种难以蜕变的现实主义灵魂，或是陷于某种人物类型的形式喧嚣，他基于创造“零余者”体现出了相当繁复的人称转换、叙事视角之间精巧灵活的转变。他使叙事者和“零余者”处在相互依赖却又相互隔绝的关系中，正是这种关系构成了小说某种内在的叙述逻辑关系，缺一不可，以此验证和实验着“零余者”这种形象总是处在“沉沦”境地中的整体物我关系。小说执行和维持这种关系的运转，确保即使当包裹在人物和叙事者身上诸如历史主义和现实主义的思想期待被纷纷卸下时，仍然能够在它们二者的关系中维持着独特的形式个性，两者如同心灵的两面，既是自我也是自我的他者。

因此，我们可以说没有绝对的人物形象和小说的格调，“零余者”形象通过叙事者与“他”的博弈形成对冲状态，这不失为小说承载内容和思想的形式基底。郁达夫在《沉沦》中有意地描写了主人公与叙事者之间强烈的差异化特征。作家不仅重视人物的情感、情绪体验，并将其生命历程诉诸这种差异化、矛盾化的关系中进行表现，可见作者对于“零余者”形象和“沉沦”的美学表达，往往是在叙事视角的切换或是话语堆叠等形式造成的混乱中生成的。这些形式本身的多元性或许不能等同于“零余者”混乱的内心，但已然提示我们叙事话语与人物意识等方面的配合是复杂的，无法简单切割。而“零余者”痛苦、反抗、复仇等精神与感受，一定程度上也即是一种文本痕迹，在“他”郁郁不得志的精神表象背后，是整个小说话语结构的调整和自我转化。“零余者”将何去何从，乃至小说人物形象如何从仿佛更加抽象的形式中生成等问题，仍值得继续探究。

作者简介：陈蕾，中国科协创新战略研究院/中国科协科技传播中心，博士后。

# “个体”“主体”与现代文学的发生
## ——以郁达夫《沉沦》为例

王　钦

## 一

关于郁达夫1921年发表的《沉沦》，学界已经有许多研究。无论是强调作品中“灵与肉的冲突”，还是强调青年人在当时社会动荡的背景下对于传统价值观和现代价值观的冲突所感到的困惑和迷惘，抑或强调主人公的民族主义情绪与自身欲望表达的冲突，以“冲突”为关键词进入这一文本（乃至新文化运动时期的其他文学文本），迄今都构成了阐释者理解《沉沦》的主要视角。在这一耐人寻味的视角下，《沉沦》等文本或明显或暗示地被理解为一份对于时代语境的反映论式记录。最早突破这一反映论式理解框架的重要研究之一，是吴晓东富于启发意义的《中国现代审美主体的创生——郁达夫小说再解读》一文。

在这篇文章中，吴晓东没有局限于从内容层面论述《沉沦》如何表现时代青年的苦闷心理或表征欲望和理性的冲突，而是从文学在民族国家意识形态质询中所发挥作用的角度，剖析这一文本如何想象性建构一种现代主体。吴晓东指出，郁达夫的《沉沦》表明“现代主体性的危机是一种双重危机：个人的和民族的”，而这双重危机与“主体”的建构方式本身密切相关：“《沉沦》最终生成的是与民族国家紧密联系在一起的现代自我和主体。郁达夫在无意识中与民族国家所需要的意识形态达成了吻合。或者说，郁达夫的主体是民族国家的意识形态所‘质询’的结果。……‘总体意识形态’正是通过这种召唤，使个体变成自己所需要的主体。”[1]这一重要论断不仅涉及郁达夫的小说主体与现代民族国家意识形态询唤的关系，而且谈到了两者的裂隙：不仅“《沉沦》中主体性的崩溃”与“现代民族国家的范畴”之间有着“千丝万缕的联系”，甚至“民族国家的危机必然要反映为自我的不确定性甚至主体的危机”[2]。乍看之下，吴晓东仿佛矛盾地同时主张《沉沦》中“主体”的建构和崩溃。然而，这与其说是其论述的矛盾，不如说恰恰关键地提示了“主体”一词在这里的两种看似无法调和却紧密联系在一起的意义：一方面，“主体”指的是“总体意识形态询唤”机制对于“主体”的规定——我们或可称之为“形式的主体”；另一方面，“主体”指的是这一规定所（再）生产的一系列关于主体性的话语，如内面性、主观经验等等——我们或可称之为“内容的主体”。后者的“不确定”和“危机”并不影响询唤机制的运作；相反，它恰恰构成了前者的条件。正是通过否定、矛盾、压抑等方式，“主体”才被确认为一种本质性的存在。

吴晓东的考察既重申了《沉沦》等文本在新文化运动的时代语境下的重要意义，也指出了包括“主体”在内的一系列现代文化政治观念如何在文学领域形象地确立自身。具体而言：（一）这些文本与五四时期提倡的个性解放和个体自由话语的密切关联，使得对于“主体”的重认（recognition）成为《沉沦》等文学作品的效果；（二）在这一论述中，“自我”“个体”和“主体”等语词几乎被同时发明出来，并且成为可以相互替换使用的表述。[3]与吴晓东在现代主体——无论它是审美的、文学的还是道德的——之建构的意义上理解《沉沦》形成对照，蒋晖认为《沉沦》中创建的所谓“主体”不过是一种“幻觉”，因为郁达夫在叙事中提供给读者的“零余者”形象，作为“绝对的个人、崇高的历史

---

〔1〕吴晓东：《中国现代审美主体的创生——郁达夫小说再解读》，《中国现代文学研究丛刊》，2007年第3期。

〔2〕吴晓东：《中国现代审美主体的创生——郁达夫小说再解读》，《中国现代文学研究丛刊》，2007年第3期。

〔3〕作为关于五四文学创作中“个人主义”倾向的著名论述，普实克的《中国现代文学中的主观主义和个人主义》一文值得放在本文的考察语境下重新进行批判性阅读。参见亚罗斯拉夫·普实克著，李欧梵编：《抒情与史诗：现代中国文学论集》，郭建玲译，上海：上海三联书店，2010年。

主体以及绝对的否定者”，归根结底，在离开了集体经验之后便无法从“抽象的主体”的虚假位置投入到真实的历史实践中去，因而只能依靠不断的否定——对于他人、外在世界，乃至对于自我的否定——来确证自身的“主体性”。[1] 尽管如此，在和吴晓东的论述形成对比的意义上，蒋晖同样强调了《沉沦》对于幻觉性的、抽象的“主体”的建构及其瓦解。

沿着吴晓东提出的重要论述方向，本文仅仅尝试做一个增补性的工作。简言之，通过重读《沉沦》并将它作为一个文本个例，本文试图论述的是，在分析性的甚至方法论的层面（而不是在内容层面），通过区分“主体”与“个体”——也即，一方面视“主体”为具有内在深度的形象，另一方面视“个体”为不具有这些规定的、本于“个体”一词的逻辑学意义（“不可分割之物”）的形象——揭示出：在《沉沦》内部，也许包含着一种脱离“主体”与民族国家意识形态质询的宿命般结构的可能性。文学的自律，不仅体现为对于民族国家之主体的想象，更体现为对于这种想象的逃逸。这并不是说《沉沦》没有表现时代青年的焦虑与困惑，没有表征种种情感或思想层面的对立冲突，而是说这些反映论式的解读，很少触及文学之为文学的核心问题，即语言问题。

当然，问题的关键从来都不是语词本身的差别，毕竟郁达夫在《沉沦》中也没有强调过“个体”“主体”等语词。但是，作者本人有没有用这些语词是一回事，阐释者在分析文学作品时，在方法论甚至工具层面上如何处理这些分析性概念，则是另一回事。在这里，皮斯乔塔对于中国现代文学中的“个人主义”和“主观主义”的论述，或许可以为理解“主体”和“个体”的混同提供一种明快的表述。与普实克关于主观主义和个人主义的论述一脉相承，她指出，1920 年前后中国文学创作中体现的“个人主义”的特征是“悲剧色彩、悲观主义和忧郁”：“这种生活中的悲剧感总是伴随着一种新的自我意识：一方面是一种忧郁的主

---

〔1〕 蒋晖：《〈沉沦〉里的四次“偷听”与五四主体性问题》，《中国现代文学研究丛刊》，2004 年第 2 期。

观主义，一种惰性状态，无法面对新的现实；另一方面则是一种极度的痛苦，一种自我毁灭的倾向。”[1] 皮斯乔塔区分了这一时期中国文学中的两类个体：“维特式”的个体和“普罗米修斯式”的个体。前者被定义为“情绪性的人，或具有强烈感受力的人”，他常常显得消极而忧伤，“带有一种特殊的女性气质”；后者则被定义为“行动”的人，“不会从生活和社会逃避到自我中去”的人——这种个体往往“积极进取，为人强势，根本愿望是用自己的个性来塑造世界，成为一个新的普罗米修斯”[2]。通过这组区分可以轻易看到，在20世纪20年代的中国文坛，尤其是在创造社内部，“普罗米修斯式”的个体形象的代表是郭沫若在诗集《女神》中表达的“我”，而郁达夫写于同一时期的《沉沦》等小说则充斥着“维特式”的个体。[3] 在历史的意义上，这两类个体叠加在一起，体现了吴晓东强调的、文学喻示（tropes）所扮演的角色，即在文学领域将个体的自我表达与意识形态国家机器的民族主义询唤结合在一起，并由此确立“现代主体性”。我们可以将“个体＝主体”概括为这种文学装置的本质性表达之一。

于是，正如在《女神》中占据第一人称发声位置的有时是作为隐含作者的诗人，有时是“中国”的拟人化形象，在《沉沦》中，如刘禾所说，“现代意识的危机既是自我的体验，同时又是人性的和民族的体验”[4]。也就是说，不管“自我表达”的内容是什么，如果我们聚焦于现代民族国家的社会机制运作下“个体＝主体”的文化—政治规定，那么乍看之下截然相反的两个维度——内心的情感、体验、沉思和对于集体性的、民族主义话语的诉求和认同——便构成了同一枚硬币的两面。创造社后期从对于自我表达、主观感受、个体性的关注，转向对于劳动

[1] Maria Cristina Pisciotta, “Il Problema dell’ individualismo e del soggettivismo nella letteratura Cinese moderna,” in Cina, No. 16 (1980), pp. 286.

[2] Maria Cristina Pisciotta, “Il Problema dell’ individualismo e del soggettivismo nella letteratura Cinese moderna,” in Cina, No. 16 (1980), pp. 290.

[3] 蒋晖指出，《沉沦》的结尾“脱胎于歌德的‘维特’形象”。参见蒋晖：《〈沉沦〉里的四次“偷听”与五四主体性问题》，《中国现代文学研究丛刊》，2014年第2期。

[4] 刘禾：《跨语际实践：文学、民族文化与被译介的现代性（中国：1900—1937）》，宋伟杰等译，北京：生活·读书·新知三联书店，2002年，第133页。

人民、无产阶级和革命的鼓吹，也就不足为奇：作为出发点的“个体”，总已经是一个“主体”，一个与共同体（无论是民族国家还是阶级集体）密切关联且受它规定的“主体”。[1] 在这个意义上，《沉沦》中的“祖国”并不是一个“没有历史主体的崇高客体”[2]，而是总已被认同为一种创伤经验的“身份同一性”，它潜在地、在积极或消极意义上规定了“个体”作为民族国家“主体”的存在。

由此，茅盾在20世纪30年代对于《沉沦》等小说进行的批判——“我们试分析主人公苦闷的背景，便要惊讶于所含的社会性何其太少!”[3] ——部分而言是一种误认的结果。在“个体＝主体”的规定下，正因为（而非尽管）《沉沦》等小说没有聚焦于社会矛盾、阶级冲突等主题的刻画，这些文本对于近乎抽象而直接的“个体”的心理描写和情绪表达，恰恰同构于现代民族国家与“个体”之间无任何社会中介的、直接的结合关系。包括茅盾在内的许多批评者，事实上仍然在“个体＝主体”的规定下展开对于《沉沦》等文本的阐释；他们对于郁达夫的作品缺少“社会性”的批评，其实是将“个体＝主体”等式所包含的逻辑时序（随着“个体＝主体”所呈现的文学装置运作，“个体”就被回溯性地建构为有待“主体化”的前提），当作具有历史本质的存在，将相互规定的“个体”和“社会”，当作实证意义上的对立。20世纪80年代以后，茅盾等批评者们的论点——只有通过社会、人民、无产阶级、集体等等历史—政治实体的介入，郁达夫笔下的“零余者”们才能摆脱悲剧性的、个人主义的、忧郁的生活——得到了研究者们的变奏式

---

〔1〕“个体＝主体”的等式，在不同的现代性历史语境下可以呈现为各种关系样式。伊藤虎丸的观察就是一例：“日本‘文学青年’‘自我’的性质和创造社青年‘自我’性质也有不同之处，他们毕竟是两种类型。这不同首先表现在对国家意识和民族意识这两者关系的理解上的不同。在日本青年那里，国家意识和民族意识两者是统一的（或者前者包容了后者），而在中国青年那里，情况不同，两者常常是对立的状态。”参见［日］伊藤虎丸：《鲁迅、创造社与日本文学：中日近现代比较文学初探》，孙猛、徐江、李冬木译，北京：北京大学出版社，2005年，第175页。

〔2〕蒋晖：《〈沉沦〉里的四次“偷听”与五四主体性问题》，《中国现代文学研究丛刊》，2004年第2期。

〔3〕茅盾：《茅盾创作论》，上海：上海文艺出版社，1980年，第227页。

回应，虽然这些处于新时期的论者往往急于脱离所谓的马克思主义教条和阶级论话语主导的阐释路向。通过强调“人性异化”等主题，论者们倾向于将《沉沦》等文本理解为对于所谓“合乎人性的生活”的讨论，从而将被规定为“人性”的“个体性”，预设为一种本质前提。〔1〕

## 二

至此可以看到，无论郁达夫的研究者们是否对此有充分的自觉，“个体＝主体”的等式及其背后的文学装置在“中国现代审美主体”的“创生”方面所起到的重要作用，通过感伤、忧郁、自我憎恨和自我反思等“内在性”表达，体现于《沉沦》之中。然而，上述讨论成立的前提是：《沉沦》确实表征了使得“个体＝主体”等式得以成立的文学装置运作方式。在这一点上，蒋晖的论述非常关键地提示了《沉沦》中上述等式未必成立的可能性：“在郁达夫的《沉沦》小说集里，他从来不让任何一个事件获得事件性，这就是说，偷听这个事件对现实不造成任何影响，因此，它们的严肃性就大大地打了折扣，多少变成了一种游戏，这个现代的主体需要靠这种偷听的游戏制造出关于主体在场的幻觉，而结果是，主体永远不能真正进入现场。”〔2〕“主体”的“在场”作为幻觉，指的不仅是主人公的被动性格无法让他在“历史实践”层面有所作为；毋宁说，“主体的在场”本身就是一种关于“文学效果”的幻觉，而《沉沦》所表明的，与其说是“个体＝主体”的功能性结果，不如说是这一等式的分裂：认为文学能够通过喻示机制的运作发明和建构一种具有内面性的、与共同体无中介地关联的“个体＝主体”，认为

---

〔1〕 例如，有论者写道：郁达夫的创作“告诉我们历史上曾有过什么样的暗无天日的岁月，过去时代的青年经历了怎样苦闷到了极端的生活，在那种社会制度下为什么出现了人的异化现象，那些本来可以过着正常的‘合乎人性的’生活的人们，如何被社会所遗弃，变成了一群不幸的青年或‘零余者’……我们必须认真安排周围的世界，使人在其中能认识和领会什么才是真正合乎人性的东西，使人在其中能认识自己是人!”见董易：《郁达夫的小说创作初探》（下），《文学评论》，1980 年第 6 期。

〔2〕 蒋晖：《〈沉沦〉里的四次“偷听”与五四主体性问题》，《中国现代文学研究丛刊》，2014 年第 2 期。

"主体"作为意识形态询唤的效果可以与社会体制的询唤过程之间建立起一种完满的（plenitude）对应关系，这本身就是一种幻觉——或者说，这是将文学化约为并等同于意识形态国家机器之一的结果。本文接下去的部分将表明，郁达夫这一文本恰恰呈现出一种对于"个体＝主体"等式而言非常不稳定的、危险的"个体"。

在《沉沦》中，最能体现"个体"与民族主义意识形态的直接关系的部分，无疑是结尾处主人公颇为突兀的自杀决定：

> "祖国呀祖国！我的死是你害我的！"
> "你快富起来！强起来吧！"
> "你还有许多儿女在那里受苦呢！"[1]

主人公心理上被一系列复杂缠绕的劣等感（性的、道德的、民族主义的、经济的等等）困扰，以至于得出结论认为，自己得以拯救的前提只有中国变得强大。正因为这个结局十分突兀，或许可以认为：郁达夫通过反讽的方式，将"个体"与民族国家之间的直接性关联前景化，由此邀请读者批判性地考察在"个体＝主体"等式确立过程中，文学装置的运作方式。换句话说，《沉沦》中这个忧郁的、自我否定的中国留学生的终点，恰恰构成了我们思考文学与意识形态询唤之间距离的起点。

有论者或许会质疑说，上述距离在郁达夫的创作中是不存在的。就郁达夫自身对于文学的理解而言，他似乎主张文学应该与政治，甚至与具体的政治任务挂钩。例如，郁达夫在1932年的一次演讲中说道："我们要用文学来做宣传，唤醒我们本国的群众，叫他们大家起来反抗帝国主义。我们要用文学来做水门汀，使我们中国和世界各国的被压迫群众都能联合起来，站在一条战线上。我们要用文学来鼓吹世界革命，用以抵抗帝国主义者和资本家的世界第二次大屠杀。最后我们还要用了文学

---

〔1〕 郁达夫：《沉沦》，载《郁达夫文集》第1卷，广州：花城出版社；香港：生活·读书·新知三联书店香港分店，1982年，第53页。下文引自该书的引文，皆随文标注页码，不另作注。

来促成最合理最进步的新社会的实现。”[1] 从这一段论述来看，郁达夫的文学观似乎完全是实用主义的；更甚者，他似乎从文学的政治功能方面间接否定了文学的自律性。

可以从两方面回应上述质疑。首先，不能忽略的是，郁达夫在另一处上下文中写道，文学的目标是人性的实现——也就是说，正是从所谓不变的人性和人道主义的角度出发，抵抗帝国主义的斗争才是正义的，而民族主义或国家本身无法成为文学服务的对象。不仅如此，郁达夫在1926年的一篇文章中，甚至谈到了文艺与国家的对立：

> 国家因为要达到这兵强国富的目的，就不惜牺牲个人，或牺牲一群人，来作它的手段。所以在国家之前，个人就不能主张他的权利。我们生来个个都是自由的，国家偏要造出监狱来幽囚我们。我们生来都是没有污点，可以从心所欲，顺着我们的意志作为的，国家偏要造出法律来，禁止我们的行动。……国家主义与艺术的理想，取两极端的地位。[2]

国家在世界上彻底消失的时候，就是“一个完全以情爱为根底的理想的艺术世界”成立的时候，因为艺术“是弱者的同情者，是爱情的保护者，没有国境的差别，不问人种的异同”[3]。在这里，艺术和国家的对立提醒我们，《沉沦》中主人公对于国家“富强”的呼唤，与其说浓墨重彩地确证了“个体”与国家之间的民族主义纽带，不如说它突兀的表现反而让这一纽带显得可疑。当然，这样说并不意味着我们由此可以回到一种无辜的、与意识形态询唤机制无涉的“个体”，但至少可以说，《沉沦》中的主人公所呈现的“个体”，无法被文学装置对于“个体＝主

---

[1] 郁达夫：《文学漫谈》，载王自立、陈子善编《郁达夫研究资料》，北京：知识产权出版社，2010年，第231页。
[2] 郁达夫：《艺术与国家》，载王自立、陈子善编《郁达夫研究资料》，北京：知识产权出版社，2010年，第212页。
[3] 郁达夫：《艺术与国家》，载王自立、陈子善编《郁达夫研究资料》，北京：知识产权出版社，2010年，第215页。

体”的建构和（再）生产过程完全吸收。郁达夫对于文学和国家之关系的阐述，强化而非弱化了下述假说的可能性：《沉沦》结尾处主人公的呼喊虽然是叙事的终点，却不能被简单视作整个故事的教诲甚或作者本人的结论。

其次，郁达夫曾多次声明，《沉沦》和其他几篇创作都是“游戏笔墨”，不值得认真对待。[1] 或许可以认为，郁达夫的声明所针对的，正是其同时代评论者对于《沉沦》的读解，即将它理解为对于主人公的主观感受、主体经验、“个人主义”的表达。[2] 在这个意义上，无论依照理想的文学与政治的（实用主义式的）标准，还是作为对于同时代读者的评论的反应，郁达夫对于《沉沦》的“游戏性”的声明都提示：不必在“个体”与国家的宿命般的结合中理解这个文本。

在这个意义上，《沉沦》的文学激进性不仅在于将各种相互矛盾的情感或难以调和的话语——包括尼采式的超人说、浪漫派式的激昂和颓废和民族主义话语等——以近乎崩溃的方式压缩在主人公的心理活动中，更在于它在文学空间内撕开了现代文学装置运作下“个体”与“主体”之间的莫比乌斯带，为我们在思想史层面探讨五四时期所谓“个性解放”“个人自由”等已经成为套话的表述、为我们讨论文学的自律和独特性，提供了可能。为探究这一激进性在《沉沦》中的表现，我们的入手点是为历来的阐释者忽略的一个问题：人称代词。

## 三

毫无疑问，《沉沦》使用的是第三人称叙事，自始至终以人称代词“他”指涉主人公：一个多愁善感的、颓废的、憎恨和自我憎恨的留日

〔1〕 例如，郁达夫在《五六年来创作生活的回顾》（1927 年）中写道：“《沉沦》里的三篇小说，完全是游戏笔墨，既无真生命在内，也不曾加以推敲，经过磨琢的。”参见王自立、陈子善编：《郁达夫研究资料》，北京：知识产权出版社，2010 年，第 166 页。

〔2〕 例如，参见成仿吾《〈沉沦〉的评论》，1923 年；锦明《达夫的三时期》，1927 年；郑伯奇《〈寒灰集〉批评》，1927 年。三篇文章均见《郁达夫研究资料》。

学生。小说第一句话便设定了整个文本的传记般的叙事者视角：“他近来觉得孤冷得可怜”（第 16 页）。不同于郁达夫许多小说中的“零余者”形象，《沉沦》中的主人公始终没有名字，从头到尾借由人称代词来提示读者他的位置和身份。[1] 另一方面，小说在形式设置上技巧，又使人称代词的使用变得复杂起来。例如，主人公在反思时经常交替运用第一人称和第二人称进行自我指涉：

> “他们都是日本人，他们都是我的仇敌，我总有一天来复仇，我总要复他们的仇。”
>
> 一到了悲愤的时候，他总这样的想的，然而到了安静之后，他又不得不嘲骂自家说：
>
> “他们都是日本人，他们对你当然是没有同情的，因为你想得他们的同情，所以你怨他们，这岂不是你自家的错误么？”（第 22 页）

而在主人公的另一处内心刻画中，人称代词的变化更为显白：

> “呆人呆人，她们虽有意思，与你有什么相干？她们所送的秋波，不是单送给那三个日本人的么？唉！唉！她们已经知道了，已经知道我是支那人了，否则她们何以不来看我一眼呢！复仇复仇，我总要复她们的仇。”（第 23—24 页）

在这些段落中，主人公既用第一人称“我”直接表现内心的情绪和意志，又通过对话的第二人称立场，将自己的情绪和意志作为反思的对象进行“再现”。通过占据不同的人称代词，小说中的“他”同时位于“主体/主语”的“内部”和“外部”。读者当然很容易就看出，这些段落中的“你”和“我”指向的都是主人公“他”，但这并不对上述观察

---

〔1〕 我们记得，郁达夫的另一篇小说《银灰色的死》（1921 年）也通篇用人称代词“他”来指涉主人公，但小说中的人物将“他”称作“Y 君”。参见《郁达夫文集》第 1 卷，广州：花城出版社；香港：生活·读书·新知三联书店香港分店，1982 年，第 10 页。

构成反驳：因为重要的是，每当这里的“我”通过语言确立起“主体”和世界或存在的主客体关系时，自返性的“你”就立即将说话人抽离语言内部建立的这种确定性意指关系。由“我”所确立的主体自我同一性和主体的内部与外部的关系，都因为同时介入的“你”而变得可疑。换句话说，这里的问题不仅是多种不可调和的思想在同一层级杂糅并置（仿佛是同一个“主体”调用不同的思想资源进行反思），而更涉及话语内部确定的主客体关系的不稳定性。

人称代词的游移不限于主人公的自我反思。尽管除了直接引语之外，小说中对于主人公的指涉始终是通过人称代词“他”进行的，但小说中至少有一处介乎引用和叙事之间的段落：主人公的日记。在那里，我们看到叙事者占据了“他”的位置而用第一人称进行叙事，仿佛叙事者暂时成了主人公的代言人：

> 这一天晚上，他记的日记说：
>
> 我何苦要到日本来，我何苦要求学问。既然到了日本，那自然不得不被他们日本人轻侮的。中国呀中国！你怎么不富强起来。我不能再隐忍过去了。
>
> 故乡岂不有明媚的山河，故乡岂不有如花的美女？我何苦要到这东海的岛国里来！……
>
> ……
>
> 知识我也不要，名誉我也不要，我只要一个能安慰我体谅我的“心”。……
>
> 从同情而来的爱情！
>
> 我所要求的就是爱情！（第 24—25 页）

“日记”所显示的并不是叙事者和主人公视角的混淆，也不是作者、叙事者、主人公之间视角和经历的统一。[1] 在“日记”的语境中，“我”闯入了由人称代词“他”主导的叙事，但这一人称转换却不影响表面叙事的自洽，因为“日记”是被叙事者“引用”的。换句话说，由“我”建立起来的主客体关系和话语中的“主语/主体”，整个被放在了“引用”的特殊语境之中。值得注意的是，这篇没有被放在引号内的“日记”，形式与叙事者对于主人公的内心活动的直接引用不同，倒更接近于小说中对于另一类文本的引用，即对于文学作品的引用。由此，通过一种形式设置，看上去纯粹属于“主观思想”的表达，成为有待于在一个类似“元文本”的文学空间中加以重审的对象。也就是说，与在非文学话语中人称代词对于“主体/主语”的设置截然不同，在文学语境中，这一设置不断被“日记”与（例如）华兹华斯诗歌的互文关系干扰和打断。

需要注意的是：如果我们从内容层面比较主人公的“日记”和其他被引用的文学文本之间的关系，探讨主人公的内在深度如何借助华兹华斯的诗歌得以表达，那么我们就仍然是在封闭的“主体性”内部解读小说。事实上，小说中所有文学文本的引用所呈现的，不过是主人公对于文学文本极其偶然、肤浅、毫无深思熟虑的相遇。他从来没有严肃对待他阅读的文学；他与文学文本的调情般的关系，恰如他与女孩子们的（失败的）调情关系。例如，因为读了华兹华斯的诗歌深受触动，主人公决定把它译成汉语。而看着自己完成的翻译，他却后悔了：

> 他一口气译了出来之后，忽又觉得无聊起来，便自嘲自骂的说道：
>
> “这算是什么东西呀，岂不同教会里的赞美歌一样的乏味么？英国诗是英国诗，中国诗是中国诗，又何必译来对去呢！”（第20页）

---

〔1〕 参见吴晓东对于郁达夫信奉“文学作品，都是作家的自叙传”的重要解读：“其‘千真万确’之处在于：正是自叙传的文学形式创造了现代作家。”吴晓东：《中国现代审美主体的创生——郁达夫小说再解读》，《中国现代文学研究丛刊》，2007年第3期。

主人公在整个故事中确乎没有对“现实”有任何影响，就连他译的诗歌都不值得留存。而这种不形成任何事件、无法形成有效行动的“行为”，或许恰恰与文学与语言的独特关系有关。叙事者对于主人公“译文”的“引用”，通过与华兹华斯的原诗并置的方式呈现。那么，应该如何理解主人公对于文学作品的表面而肤浅的阅读，以及华兹华斯诗歌原文与糟糕的译文的并置呢？

我认为，答案仍然在于小说对于文学作品的独特引用方式中。除了主人公的“日记”，小说中以类似方式进行“引用”的“非文学作品”段落还有一处，即主人公长兄写来的信：

> 院内近有派予赴日本考察司法事务之意，予已许院长以东行，大约此事不日可见命令，渡日之先，拟返里小住。三弟居家，断非上策，此次当偕赴日本也。（第 27 页）

这封以文言文体写就的信件以近乎不带“主观感情”的口吻、以近乎意识形态询唤的声音，命令主人公赴日——通过“引用”这一形式，信件所包含的私密性和主观性丧失了；同样，华兹华斯一旦被“引用”乃至“翻译”，一旦被嵌入主人公那变幻无常的思绪和毫无严肃性的浮泛阅读，它的“深度”便丧失了，它成了可以被不同人以不同方式阅读和使用的、开放和流通的文本。在这个意义上，主人公的“日记”也丧失了它的“深度”——换言之，“我”所确立的主客体关系以及由此产生的“内面性”深度，由于一种水平性的、不严肃的、游戏性的引用语境，丧失了它的确定性。——郁达夫将《沉沦》称为“游戏笔墨”，或许也可以从这一特殊意义上来理解。

事实上，为阐释者们常道的民族主义话语与“主体”的关系，也被放置在上述游戏性的语境中。主人公正是在“日记”中，首次将自己和“中国”联系起来：“中国呀中国！你怎么不富强起来。我不能再隐忍过去了”（第 24 页）。然而这一联系在下一句中马上被打断了：“故乡岂不有明媚的山河，故乡岂不有如花的美女？我何苦要到这东海的岛国里来!”（第24页）民族主义话语在主人公思考的内容层面的混乱还表现为：主人公对于日本同学的出于民族主义情绪的憎恨，轻而易举地投射到中国同胞身上。

> 他的几个中国朋友……都说他是染了神经病了。他听了这话之后，对了那几个中国同学，也同对日本学生一样，起了一种复仇的心。……他同他的几个同胞，竟宛然成了两家仇敌。（第35页）

读者在《沉沦》中遭遇的，与其说是一个具有内在深度的、充满主观感情的“个体＝主体”，不如说是一堆转瞬即逝的、混乱而偶然的“情感”之流。没有任何一种“主体性”的感情、体验、思想（包括民族主义的身份）可以在主人公那里稳定下来，因为这些表征“主体性”内在深度的要素所必需的前提——“主体”的自我同一性及其对于主客体关系的确定——在《沉沦》的叙事中付诸阙如。重复一遍：这样一堆“情感”之流，并不暗示着主体性的确立，因为现代主体的内在深度的前提，是一个具有自我认同的、概念规定上十分稳定的实体；在这里，具有“自律性”的不是主人公，而恰恰是那些偶然的情绪。悖论性地说，没有这个“个体”，所有的情节都无从谈起，但这个“个体”却不是这些情节的“主体”。这个难以稳定的“个体”，似乎只能依靠叙事者前后一贯的第三人称指示词才能保持自洽；但甚至在人称代词的层面，这一“个体”从根本上说也不具有稳定性：代词“他”在指示上的模糊性，总是保留了指向主人公之外的他人的可能。在极端的意义上，甚至可以说读者只是偶然地将叙事者笔下的“他”自始至终理解为指向同一个形象。

“偶然性”几乎是这一“个体”活动的第一原则，让“他”与各种情绪和思想相遇或撞击而无法产生任何“主体”的规定。这一点在下面这个段落中体现得尤为明显——

> 他踉踉跄跄的走下了山，上了那一条自北趋南的大道，穿过了

那平原，无头无绪的尽是向南走去。走尽了平原，他已经到了A神宫前的电车停留处了。那时候恰好从南面有一乘电车到来，他不知不觉就乘了上去，既不知道他究竟为什么要乘电车，也不知道这电车是往什么地方去的。（第45页）

甚至在小说结尾，当“他”准备投海自杀时，这个念头也不是个人情感与民族主义情绪相结合的后果，而是纯粹偶然的想法：“他在海边上走了一会，看看远岸的渔灯，同鬼火似的在那里招引他。细浪中间，映着了银色的月光，好像是山鬼的眼波，在那里开闭的样子。不知是什么道理，他忽想跳入海里去死了。”（第52页）而这个念头也不能严肃对待，因为叙事者接着写道：“他摸摸身边看，乘电车的钱也没有了。”（第52页）。仿佛主人公在乘车回家和自杀之间犹豫不决之际，因为没了乘电车的钱而只能选择自杀。这一接近荒诞的反讽描写，使得小说结尾主人公对于“祖国”的呼唤——“祖国呀祖国！我的死是你害我的！”（第53页）——毫无严肃性。主人公也许最终投海自尽，也许没有：这并不重要。重要的是，“偶然性”这一非原则的原则，将“个体＝主体”等式背后的文化政治规定，将“主体”与所谓“总体意识形态”询唤机制的关系，转变为一种可以发生也可以不发生的关系。

于是，如果说从“主体”角度出发，我们通过《沉沦》看到的是现代主体的创生过程，那么从“个体”角度出发，我们看到的一个形象是：没有任何稳定的规定性，没有自洽和自律，没有现代主体所要求的、非反讽性的内在深度。郁达夫在另一篇小说《怀乡病者》中以更突出的形式刻画了这样一个无法加以现象化的“个体”：

在沉浊的夜气中间走了几步，他就把她忘记了；菜馆他也忘记了，今天的散步，他也忘记了，他连自家的身体都忘记了。他一个人只在黑暗中向前的慢慢走去，时间与空间的观念，世界上一切的存在，在他的脑里是完全消失了。[1]

主人公质夫一边行走一边忘却世上的一切，包括他自己的观念和身体、他与世界的关系。他在消极的意义上成了一个无法被任何话语收编的“个体”，他在黑暗中的前行，仿佛是在逐渐走出“表征”的范围，但这个无法表征的黑暗并不是文学的外部；毋宁说，它正是文学的空间。

《沉沦》所呈露的不（仅）是文学话语在现代民族国家的意识形态国家机器中作为社会体制之一而参与建构“个体＝主体”的功能，而（更）是对于这种功能的反讽和瓦解。在“个体＝主体”的规定被打断或扰乱之后，我们得到的并不是一个纯粹而自然的“个体”，而是在偶然性这一（非）原则下不断变化和生成的、“个体”的不同可能性。《沉沦》对于文学主体与民族国家意识形态询唤机制之联系的松绑，为其后左翼文学对于个体和共同体的重新构想，做出了文学领域内部的铺垫。

作者简介：王钦，文学博士，日本东京大学综合文化研究科准教授。著有《鲁迅を読もう》等，译有柄谷行人《探究》等。

---

〔1〕 郁达夫：《怀乡病者》，载《郁达夫文集》第1卷，广州：花城出版社；香港：生活·读书·新知三联书店香港分店，1982年，第152页。

# 论《沉沦》中“窥听”的艺术

## ——从四次“偷听”“偷看”说起

王文芳

## 一、受限的“窥听”

郁达夫的中篇小说《沉沦》定稿于1921年5月，同年10月，短篇小说集《沉沦》出版。《沉沦》全篇近两万四千字，以第三人称视角讲述一位患忧郁症的中国留日学生在异国他乡逐步走向沉沦的故事。借助叙事学的研究方法，由统计可知，一篇不到三万字的文本，反复四次出现了“窥听”的情节，作者在结构与内容上采取这样的做法，不能不引起笔者的关注。

“窥听”即窥视与窃听的简称，是施事者在受事者不知情的情况下做出的采集、收取信息的举动。此类行为既是现实生活中较为常见的行为，也是文学作品中常见的情节。“窥听”行为的发生，看似不需要经过受事者的同意或默认，具有较高的自由度，实则分外讲究发生的场景与方式，是一种受限的行为，可以文本进行例证。

**表1 《沉沦》文本中的“窥听”现象**

| 经历 | 时间 | 地点 | 对象 | 方式 | 内容 | 感受 |
|---|---|---|---|---|---|---|
| 第一次 | 秋天的夜晚 | 旅馆便所外 | 旅馆主人的女儿 | 透过玻璃窗偷看 | 小女儿沐浴的躯体 | 偷看时震惊；偷看后害怕、羞耻、无法否认的喜欢 |

续表

| 经历 | 时间 | 地点 | 对象 | 方式 | 内容 | 感受 |
|---|---|---|---|---|---|---|
| 第二次 | 秋天的早晨 | 山上的梅园 | 一对素人男女 | 隔着苇草偷听 | 两人寻欢时的耳语 | 偷听时惊心吊胆、颤栗；偷听后苦闷 |
| 第三次 | 秋天的傍晚 | 靠岸的大庄子（卖酒食的人家） | 服务的侍女 | 偷看 | 侍女鲜嫩的白手以及衣缝里露出来的粉红围裙角 | 心里乱跳起来 |
| 第四次 | 日常生活中 | 路上 | 日本女子 | 偷看 | 红色的围裙、肥白的腿肉 | 欣赏、赞叹；切齿的痛骂自己 |

《沉沦》文本中与“窥听”有关的现象简列如上。虽然这几起“窥听”发生于不同的地点，指涉的对象也各有不同，但就其发生的条件而言，整体仍然具有规律性与共性。首先，就场景而言，“偷看/偷听”的行为在大道、马路这类公共空间，或者旅馆、浴室这类私人空间都有可能发生。其中，在公共空间发生的“偷听/偷看”行为，因公共空间视点杂多，自然形成了“看与被看”的场域，因此一旦置身于其中，人物便兼具“看客”与“被观察者”两种身份，发生“窥听”行为所需要的遮蔽性也不高。而在较为私人或是因人流量较少而具有私密性的空间内，对遮蔽性便有着较高的要求。无论是浴室外的便所玻璃窗，还是平原上高大的苇草，都是具有一定遮蔽功能的前景，与受事者形成了一种“框架式”构图，便于偷听、偷看者隐藏自身，为一段“看与被看”或“听与被听”关系的形成搭建桥梁。其次，就时间性而言，“窥听”看似是一个具有即时性的动词，但由于被观察对象的不知情性，以及动作施与者的隐蔽性与猎奇心理，在“偷听/偷看”者的观察视域下，这样的

过程近似于一段时间凝固的假象。因此“窥听”的动作虽是瞬间发生的，却具有一定的持久性。最后，就内容而言，这几次“偷看/偷听”的具体内容虽然不尽相同，但都与他人的身体隐私相关，直接或间接地服务于“他”的性意识，承载了其欲望与幻想的投射，对“他”苦闷的性欲有着程度不一的慰藉作用。

此外，受限的“窥听”也为小说提供了一个独特的叙述视角。在现代叙事学中，按叙事学家热奈特的看法，“窥听”应属于内聚焦的范畴，是限知叙事的一种表现方式。其特点为“叙述者几乎总比主人公‘知道’得多，即使叙述者就是主人公，因而对主人公的聚焦就是对叙述者视野的限制”〔1〕。在《沉沦》文本中则具体表现为：在窥视、偷听等行为发生的当下，读者只能窥见“他”的心理活动，而无法得知被窥听对象，如沐浴的小女儿、在苇草寻欢的男女、服务的侍女等人的心理活动。与此同时，因为阅读视角的受限，加之“他”所具有的强烈感受力，信息量有限的读者无疑对“他”的代入感会更强。就这一层面而言，小说文本中的第三人称的“‘他’叙事”也具有了第一人称“我叙事”之真实感与亲切感的特征。

与此同时，虽然“窥听”发生的条件受限，提供的视角也是限知叙事，但其对故事情节的发展仍有着重要的助推作用，分明暗两线进行。明线即由文本可知，前三次“窥听”事件的发生，不仅在时间上具有先后顺序，在逻辑上也具有一定的因果关联。第一次“窥听”事件发生后，“他”惊心吊胆，“逃也似的出了那个旅馆”〔2〕，这才跑到了外面，遇到了山上的梅园。而正是因为更换了居住地，“他”才会在散步的时候碰巧遇上了在野地里寻欢的男女，误打误撞促成第二次“窥听”。暗线即是在“窥听”行为发生的前中后时段，“他”的心理出现明显迥异的情绪波动。那是一种官能刺激与道德规训相互博弈的过程，由此产生

---

〔1〕［法］热拉尔·热奈特：《叙事话语　新叙事话语》，王文融译，北京：中国社会科学出版社，1990年，第133页。

〔2〕郁达夫：《沉沦》，载《郁达夫文集》第1卷，广州：花城出版社；香港：生活·读书·新知三联书店香港分店，1982年，第38页。

的紧张、震惊、欢喜等热情绪，与羞愧、痛恨、苦闷等冷思考，既与其富有感受力的特征相衬，也与其人物性格有所吻合。一次次“窥听”事件发生后衍生出的“后窥听”情绪，层层叠加，加重了“他”的心理负担与羁绊，使其坠入自我享受与自我否定的矛盾漩涡，加大了人物企图从现实中逃脱的阻力，使其最终难以脱茧，一步步走向生命的幻灭。

## 二、“窥听”背后的反叛

心理学家弗洛伊德曾表示：“每个人的潜意识中都有偷窥他人的欲望。”在此种心理欲望的驱动下，偷窃/窃听等行为的发出有因可循，但还不够有针对性，可以做进一步追问。譬如《沉沦》中偷听、偷看等行为是基于怎样的潜意识，又是如何得到践行的呢？

在先行研究中，研究者多认为这样的行为是“他”迫于种种不如意下的无奈之举。此种提法的确属乎常理。漂泊于异乡的“他”，曾因祖国不够强大而受辱，性格孤僻，离游群众。在生活的种种不如意下，“他”渐觉自己丧失了对生活的的掌控。此种心绪，一如文本所言：“他交游离绝之后，孤冷得几乎到将死的地步”[1]。在陌生的环境之下，为减少甚至避免与外界碰撞并受伤，人们的应激性往往趋向于保护自己，因而易做出避世的选择，暂缓向外界释放联结的信号。

然而，恐惧与无奈的心理虽会导向一系列逃避的行为，却并不直接指向“窥听”行为所具有的偷渡性与欺瞒性。换言之，其并非发生“窥听”系列行为的充分必要条件，不能赋予“窥听”这一系列行为足够的动机，更不足以使人物的窥听行为具有“突围式反抗”的性格色彩。

因此，若追问下去，这串因果逻辑链条还不足以成立。而要想知道“窥听”行为背后的生成逻辑，除了聚焦行为本身以外，人物的心绪变化也应是关注的重点。毕竟与“他”在行为上的遮掩与躲藏相对应的，

---

〔1〕 郁达夫：《沉沦》，载《郁达夫文集》第 1 卷，广州：花城出版社；香港：生活・读书・新知三联书店香港分店，1982 年，第 35 页。

是“他”内心近乎极致的抒情。二者不仅在一收一放间形成极大的情绪张力，而且还富有逻辑关联。“他”看似是因内心的怯懦促成了行动上的延宕与迟缓，实则二者互为因果，行动上的迟缓，也会将情绪倒逼回内心，激化情绪的滋长。当类似的情绪滋长到了顶端，便会从行动中冲撞出一个突破口，使滥觞的情绪得以纾解。以文中多次出现的性苦闷为例，当性欲旺盛到了顶点，就衍生出了近乎执念的排他性。在日记中，“他”一度决绝地写下“我所要求的就是异性的爱情!”[1]此外的知识、名誉、金钱“他”都可以不要，而只要一个“伊甸园内的‘伊扶’，使她的肉体与心灵全归我有”[2]。难以忍受之际，“他”便通过自慰的方式在被窝里犯起罪来。自慰虽也是一种行动，但属于较为私密的生理性行为，与需要联通外界的“偷看/偷听”行为有着明显的不同。

在“偷看/偷听”的事件中，实际涉及两个对象：动作的施与方与受与方。虽然“偷看/偷听”是在他人不知情时发生的行为，但“看”与“听”仍然是一种力量。借由“窥听”这类行为所具有的自然欺瞒性，在“听与被听”“看与被看”之间，逐渐形成了一种“我观察你，而你并未察觉我”的权力不对等关系。而“他”也反转性地占据了在生活中罕见的主动地位，凭借所掌握的知情权。毕竟，在正常的社会语境中，公开场合发生的看与听的行为往往需要得到他人的允许或默认，或者需要与他人进行交流互动，而这正是“他”的弱项所在。

在往常，“他”的行为往往因为自己的种种忧虑而具有滞后性，而借助“窥听”这一具有遮蔽性的行为，“他”短暂地持有了遮羞布，将自己隐匿于环境之中，也扫除了被同时打量与评判的后顾之忧，在一场“看与被看”“听与被听”的博弈中稳占上风。在“偷看”事件中，旅馆主人的女儿这一“他”素日里喜爱但不敢交谈的对象，反倒成了被窥伺的对象，不仅被窥探了隐私，还被动地承载了“他”性欲的投射。在

---

〔1〕 郁达夫：《沉沦》，载《郁达夫文集》第1卷，广州：花城出版社；香港：生活·读书·新知三联书店香港分店，1982年，第25页。

〔2〕 郁达夫：《沉沦》，载《郁达夫文集》第1卷，广州：花城出版社；香港：生活·读书·新知三联书店香港分店，1982年，第25页。

"偷听"事件中，苇草丛中寻欢的男女对"他"而言本是纯然的素人，却成了被探听的对象。

这样的局面具有相对稳定性，直到"窥听"这一行为被识破的瞬间，局面才会得到颠覆性的扭转。而从"他"一遇到类似的事件，不是"被钉子钉住的一样，动也不能动了"[1]，就是"一双尖着的耳朵却一言半语也不愿意遗漏，用了全副精神在那里听着"[2]，或是"想跑开去，但是他的两只脚，总不听他的话"[3] 等反应可见，在"偷看/偷听"行为发生的当下，"他"异常顺从地以官能感受为第一指导，并未主动逃离，而是保持一种沉默式旁观的姿态。这样的举动与其往日的拧巴与延宕相比，无疑是一种突破与超越，不仅凸显出"他"的行动力，也是其内心欲望的直观外现。"他"反叛性地占据了互动的地位，沉默式偷听/偷看的姿态也带了有一丝反抗意味，具有突围的色彩。

就这一层面而言，读者对"窥听"的理解不应再拘泥于"对或错"的社会道德层面的判断，而应将其视为剖析、了解人物性格的一个重要切口。以"偷听/偷看"的行为达成某种反抗，甚至从中赏味权力的快感，这看似不符常理，吊诡非常，却分外符合"他"的怯懦、苦闷、感受力强的性格特点，也因此具有足够的行为动机。

## 三、语义同构的艺术

前文所述已从表象与实质的层面出发，对《沉沦》中"窥听"的行为进行了论述与阐释，论证了"窥听"并非全然出于无奈之举，某种程度上也意味着主人公的突围式反抗。然而，这样的论述尚停留于文本，仍有向下挖掘的空间。当人们在论证一部中篇小说中的"窥听"何以具

〔1〕 郁达夫：《沉沦》，载《郁达夫文集》第 1 卷，广州：花城出版社；香港：生活 · 读书 · 新知三联书店香港分店，1982 年，第 37 页。
〔2〕 郁达夫：《沉沦》，载《郁达夫文集》第 1 卷，广州：花城出版社；香港：生活 · 读书 · 新知三联书店香港分店，1982 年，第 44 页。
〔3〕 郁达夫：《沉沦》，载《郁达夫文集》第 1 卷，广州：花城出版社；香港：生活 · 读书 · 新知三联书店香港分店，1982 年，第 44 页。

有艺术性时，探讨的其实是文本的内容与形式，人物的行为与意志之间具有怎样的张力与同构性。对于《沉沦》这样一部带有自叙传色彩的小说，在分析之时，便难以避免地要将作者纳入考量。接下来，就应从价值与意义的层面，挖掘作者本人做此处理的意图。

1913年，郁达夫赴日留学，并于1922年毕业于东京帝国大学经济学部。在留学海外之际，郁达夫不仅要面对语言交流上的障碍，更遭受了异国的压迫与屈辱。正如其在《忏余独白》中所言："我的这抒情时代，是在那荒淫残酷，军阀专权的岛国里过的。眼看到的故国的陆沉，身受到的异乡的屈辱，与夫所感所思，所经所历的一切，剔括起来没有一点不是失望，没有一处不是忧伤，同初丧了夫主的少妇一般。"〔1〕在《雪夜——自传之一章》中他亦表示，在谙熟日本语言、谋得独立的经济来源后，"最恼乱我的心灵的，是男女两性之间的种种牵引，以及国际地位落后的大悲哀"〔2〕。郁达夫在情绪上的波动起伏，迁移至小说中便化身为异国游子"他"的困惑，影射至小说外则是这一类人的精神窘境。在《沉沦》中，"他"一怯于与他人交流，二无法融入陌生的环境，三常陷入性之苦闷。"他"无法从个体出走到群体，在与外界的交流中往往采取的是躲避与猜疑的策略，在一次次碰撞中把自己越推越远。

诚然，"他"的感情也并非没有排解的出口。在大自然中，感受性强烈的"他"仿佛"同天空大地丛林野水融合"，成了"大自然的宠儿"〔3〕，谛听到的是来自空中的"柔和的声音"〔4〕。书本中寄托着"他"的热望与梦想，因此每每碰到奇书，总要"留着细细儿的咀嚼"〔5〕。大自然和书本都是"他"的情绪优解，但这些具有无限包容能力的对象也有着致命的弱点——无法提供具象的反馈，给"他"的帮助

〔1〕郁达夫：《忏余集》，上海：天马书店，1933年，第5页。
〔2〕郁达夫：《郁达夫选集》（下），北京：人民文学出版社，2001年，第356页。
〔3〕郁达夫：《沉沦》，载《郁达夫文集》第1卷，广州：花城出版社；香港：生活·读书·新知三联书店香港分店，1982年，第32页。
〔4〕郁达夫：《沉沦》，载《郁达夫文集》第1卷，广州：花城出版社；香港：生活·读书·新知三联书店香港分店，1982年，第42页。
〔5〕郁达夫：《沉沦》，载《郁达夫文集》第1卷，广州：花城出版社；香港：生活·读书·新知三联书店香港分店，1982年，第19页。

仅仅止步于沉默式陪伴，无法对“他”的情感与思绪进行反馈，提出具有建设性的指引。因此，此类情感体验虽形式上复杂多样，时机上没有限制，但仍然是非常私密且单向的语言。“他”从中能汲取到的慰藉，不过是由自身感受力出发而形成的一种想象式共情。这种“自需则自产”式共情看似能为自己提供源源不断的补给，实则因为缺少具体的评判标准而显得大而无当，无甚根基，经不起更多的推敲与证伪。

因此，显而易见的是，一将自身剥离了社会语境，亲近自然环境时，“他”便显得更为松弛，颓靡之风也有几分消散；可一旦回落社会语境，“他”借以砥砺自我的勇气与慰藉，便如同偷看小女儿洗澡时因“前额部竟同玻璃窗冲击了一下”[1]就落荒而逃一般，现出颓唐苦闷的原型。当然，也不是没有例外，“他”与酒馆侍女就曾有过一场大胆而自然的谈话，令“他”自己都大感意外。不过那更多是借着醉酒的缘故，并不具有普遍意义。

无疑，在异乡的“他”陷入了社交语境的恶性循环，既期盼来自外界的认可，又自诩不与旁人同流一道。苦闷忧郁之际，只能借性自慰进行抒发。自难又自责之际，便钻入了情绪的困境。两种心绪看似针锋矛盾，实则共存共生。一则是先天的认知欲望，一则是后天规训的产物。两者之间由反差与博弈所产生的罅隙，就是人物的真实性所在，也是一个很好的观察切口，能将其人格特征略窥一二。

譬如在进行“偷听/偷看”等行为后，那种因满足猎奇与好奇之心所产生的愉悦之感，往往是同时期的、蓬勃且难以抑制的；而一些愧疚、自责、自难的负面情绪往往在事发时被削弱甚至抵消，在事发后逐渐发酵，带有延迟的性质。类似情绪的产生，已经不是即时性的官能享受，而是带有滞后性的内省产物，不仅与“他”每每自慰后产生的愧疚与自责之心理相呼应，更与人物所持有的伦理价值理念息息相关。并且，虽然“窥听”等动作具有遮掩性、逃避性，但鉴于这类行为均是由

[1] 郁达夫：《沉沦》，载《郁达夫文集》第1卷，广州：花城出版社；香港：生活·读书·新知三联书店香港分店，1982年，第37页。

“他”出于主观意愿而做出的，并且属于较为罕见的与外界的联通行为，因此也是某种意义上的知行合一。

在郁达夫的其他小说作品中，“窥听”的元素也曾屡次出现，可见于《银灰色的死》《南迁》《空虚》等篇目。在这些作品中，“窥听”作为情节出现的频率并不很高，也往往点到即止，主要作用在于推动小说内容的发展。与上述作品不同的是，《沉沦》中出现的“窥听”，不仅在文本中多次出现，也与人物的脾性有着紧密的联系，是了解人物的一个重要切口。因此，虽然《沉沦》中“窥听”的发生具有程度不一的偶然性，但对“窥听”这一事件的排布与调度，却不得不说是作者的匠心所在。在“偷听/偷看”事件中，除了时间地点的偶然性之外，还有人物顺势而为的一种惯性。透过这样的局部与细节，甚至能展现某些无声之地，在某些沉默、纠结、矛盾以及时间停顿之处，展现更多不为人知的面。譬如沉默不一定是缺席的标记，也可能是人物进行抵抗甚至是采取反抗的策略。当“他”未经他人许可，便充当了窥视者与偷听者的角色，其怯懦卑微的外表下面，涌动着的尽是反抗的思绪与不甘的意志。而这一切，都与“他”的性格底色，乃至郁达夫的创作风格，达成了隐性的语义同构，因此也具有了艺术的美感与特性。

## 四、结语

在郁达夫的处理下，“偷听/偷看”等事件，不仅对小说情节发展有着明显的助推作用，甚至对人性深处的弱点亦有所洞见：在他人不知情的情况下，“偷听/偷看”等行为的发出是否存在某种对权利（如知情权、隐私权等）的褫夺甚至是僭越？如果是，那么这类能给施事者带来权力快感的行为，到底应该被什么加以约束，又能被什么加以约束？毫无疑问，这样的议题还具有深入探讨的空间，也是对人性弱点的严峻拷问，但若深究于道德与理智的层面，还无法使《沉沦》中的“窥听”从情节元素凝练为一种艺术。

若能称之为一种艺术，则须得将审美与审智的层面纳入考量。《沉沦》中的“窥听”不仅在情节上具有推动的作用，也在意义层面对“他”的脾性具有较强的佐证能力。这类看似萎靡混沌、假不正经的行为，呼应的是“他”内心原始的欲望与冲动。而其在“窥听”前后心绪的变化，与其苦闷忧郁、延宕矛盾的人设亦是相符合的。在小说中是异国游子“他”的困惑，迁移至小说外则是当时那一类异国游子所共同面对的精神困境。就这一层面而言，“窥听”这一行为的形式与内容达成了语义同构，做到了“知行合一”，不仅没有戳破小说的阴沉苦闷的氛围与美感，还生成了一种带有灰调的圆融的艺术感，长久地笼罩于小说的上空。

作者简介：王文芳，深圳大学人文学院文学硕士研究生，青年评论家，主要从事中国现当代文学作家作品研究。

# 《沉沦》百年研究中的几个关键词（1921—2021）

梁　芹

## 引言

1921年10月上海泰东图书局出版了郁达夫的短篇小说集《沉沦》，小说集收录了《沉沦》《银灰色的死》《南迁》三部作品。小说集出版后引起文坛强烈反响，这种反响呈现出两种极端现象，一是对《沉沦》新颖的表现形式呈正面评价，二是对其暴露的“性”描写进行猛烈批判。但这样的文学争论主要集中在20世纪20年代至30年代，后期对《沉沦》的研究在肯定其文学价值的同时，还从不同的理论视角出发进行扩充。目前，从中国知网（CNKI）刊载的论文来看，针对《沉沦》的研究仅有百余篇，而主要的学术论文及专著大多放眼到郁达夫整个文学创作历程中。虽然《沉沦》研究成果较少，但仍有巨大的阐释空间。纵观100年来对《沉沦》的研究，不难发现，研究者主要对其“性”“颓废主义”“灵肉冲突”“变态心理”“弱者”“自叙传”“抒情描写”等关键词进行研讨，这些关键词几乎贯彻了《沉沦》甚至“郁达夫研究”的始终，且构成其研究的基本走势，此外也不乏从《沉沦》的创作风格、时代背景、中外文学借鉴等方面进行分析。在此，本文从“颓废主义”、“性”描写、“生的苦闷”几个关键词入手，并在已有的研究史料中勾勒《沉沦》研究的主要成果，希望能通过对以上关键词的考察来梳理《沉沦》研究的基本脉络与走势，分析其研究价值与不足，以此丰富《沉沦》研究视野。

## 一、"性"与反抗

《沉沦》发表后，因其大胆的自我暴露和赤裸裸的抒情描写——即"性"，郁达夫招来诸多谩骂，有人认为其作品伤风败俗、淫秽至极。郁达夫也在《鸡肋集》的题辞里回忆了当时的情形："《沉沦》印成了一本单行本出世，社会上因为还看不惯这一种畸形的新书，所受的讥评嘲骂，也不知有几十百次。"〔1〕另一方面，《沉沦》也受到很大一部分青年的热捧，销量达到两万余册，这让初出茅庐的青年作家郁达夫进入大众的视野，也让评论界开始关注这位"独特"的作家。而作品中涉及的"性"描写成为当时乃至后世研究者解读郁达夫作品频频呈示的关键词之一。

早期对《沉沦》露骨的描写并没有直接以"性"这一名词来讨论，而以"是不是不道德的文学"来评判《沉沦》中的"性"，此外还从"灵肉冲突"来讨论小说中主人公的"性"苦闷与思想的矛盾性。较早出现在期刊上的评论文章是沈雁冰的《通信》(摘录)，他说："《沉沦》主人翁的性格，描写得很是真，始终如一，其间也约略表示主人翁心理状态的发展；在这点上，我承认作者是成功的；但是作者自叙中所说的灵肉冲突，却描写得失败了。"〔2〕沈雁冰以通信的形式指出了郁达夫的《沉沦》创作的优缺点，他提出的"灵肉冲突"成为二三十年代研究者阐释的重点之一。两年后，成仿吾的《〈沉沦〉的评论》认可了沈雁冰关于"灵肉冲突描写得失败"这一观点，他认为"《沉沦》于描写肉的要求之外，丝毫没有提及灵的要求，什么是灵的要求，也丝毫没有说及。所以如果我们把它当作描写灵肉冲突的作品，那不过是把我们这世

---

〔1〕郁达夫：《〈鸡肋集〉题辞》，载《郁达夫全集》第十卷，杭州：浙江大学出版社，2007年，第301页。

〔2〕沈雁冰：《通信》(摘录)，载陈子善、王自立编《郁达夫研究资料》(上)，天津：天津人民出版社，1982年，第304页。

界里的所谓灵的观念，与这作品的世界里面的肉的观念混在一处的结果”[1]。此后，苏雪林更是对《沉沦》中的灵肉冲突提出更加严厉的批判，认为“只充满了‘肉’的臭味，丝毫嗅不见‘灵’的馨香”[2]。他们无疑都认为《沉沦》描写的是“肉”，但对其“是不是不道德的文学”没有做出任何评判，如果不对《沉沦》进行定性，则可以理解为他们都在讨论一部“色情”的小说，郁达夫也是一个写“色情”的作家。

针对《沉沦》“是不是不道德的文学”，周作人最先为其正名，他以“仲密”为笔名在《晨报副镌》“文艺批评”栏发表了评论文章，他认为所谓不道德的文学有三种：第一种的不道德的文学实在是反因袭思想的文学，也就可以说是新道德的文学；第二种不道德的文学应该称作不端方的文学，其中也可以分作自然、反动、非意识三类；第三种的不道德的文学才是真正的不道德文学，因为这是破坏人间和平，为罪恶作辩护的，如赞扬强暴诱拐的行为，或性的人身买卖者皆是。而《沉沦》属于第二种即非意识的不端方的文学，虽然有猥亵的分子而并无不道德的性质。[3] 周作人的评价无疑为《沉沦》定性——即《沉沦》并非是不道德的文学，他还评价“《沉沦》是一件艺术的作品”[4]。周作人作为当时评论界具有权威性的人物，他为《沉沦》的辩护以及肯定换来了一时的风平浪静。在周作人的影响下，后期学者对《沉沦》的评价多从积极的一面讨论其艺术价值。黄得时就认为《沉沦》的真价可以归纳到两点：一是时代病苦闷之象征；一是向旧礼教的桎梏，炸了一个巨大的爆弹。[5] 后来曾华鹏、范伯群的《郁达夫论》则高度评价了郁达夫初期

---

〔1〕 成仿吾：《〈沉沦〉的评论》，载陈子善、王自立编《郁达夫研究资料》（上），天津：天津人民出版社，1982 年，第 310 页。
〔2〕 苏雪林：《郁达夫论》，载陈子善、王自立编《郁达夫研究资料》（上），天津：天津人民出版社，1982 年，第 388 页。
〔3〕 周作人：《沉沦》，载陈子善、王自立编《郁达夫研究资料》（上），天津：天津人民出版社，1982 年，第 305—306 页。
〔4〕 周作人：《沉沦》，载陈子善、王自立编《郁达夫研究资料》（上），天津：天津人民出版社，1982 年，第 307 页。
〔5〕 黄得时：《郁达夫先生评传》，载陈子善、王自立编《郁达夫研究资料》（上），天津：天津人民出版社，1982 年，第 423 页。

作品中的“色情”描写，“郁达夫笔下，性的苦闷作为一个社会问题来提出的”，他作品中的“色情”描写是反证社会的不义与罪恶。其次，郁达夫的“色情描写的积极因素是在于它对封建旧道德的自觉的挑衅”〔1〕。他们将作品中的“色情”描写作为郁达夫反抗社会和传统的“独特武器”，同时也指出了这种“武器”会产生不健康的传染，会让那些情绪不健康的青年读后逃避丑恶的现实，从情欲的摧残中得到暂时的麻木。无疑，曾华鹏和范伯群从辩证的角度评价了郁达夫早期作品中的“色情”描写，算是对其进行严肃而切实的讨论，但研究视角依旧狭小，没有探究“色情”描写背后的复杂性。

20世纪60年代以前，对《沉沦》中“性”的研究带有“蜻蜓点水”式的评价，到80年代后许子东的《郁达夫新论》则对曾华鹏、范伯群的研究视角进行较为全面的阐释。许子东从三个不同的角度来看待从《沉沦》就开始的“色情”描写：第一，郁达夫作品里的所谓“色情”描写，并非单纯的“肉欲挑逗”，而是企图在艺术中正视并讨论人的自然天性的一种尝试；第二，郁达夫作品里的“色情”描写，具有一定的社会意义，这些正直而又软弱的青年，对社会感到失望与厌倦，在反抗中有些寂寞和动摇，于是，本来是正义的不满，却以并不高尚的病态的形式表现出来了；第三，郁达夫作品里的“色情”描写，其美学效果相当复杂。〔2〕许子东从人的自然天性、社会意义及美学角度对《沉沦》及之后作品中的“性”描写做出了一个较为全面的积极评判。同时他也指出“某些作品中的‘色情’描写，过分突出人的生理因素，比较孤立地渲染情热和性欲，而未能同时充分展开人的复杂的社会内容和精神世界的其他更重要的侧面”〔3〕，“当他在偏狭地追求情感真实，大胆描写‘情欲’冲动时，他的笔下常显示出过火之处，有时流于轻率浅露，有

---

〔1〕曾华鹏、范伯群：《郁达夫论》，载陈子善、王自立编《郁达夫研究资料》（下），天津：天津人民出版社，1982年，第470—471页。
〔2〕许子东：《郁达夫新论》，上海：华东师范大学出版社，2014年，第165—170页。
〔3〕许子东：《郁达夫新论》，上海：华东师范大学出版社，2014年，第166页。

时却失却分寸感”[1]。许子东透过作品中的“色情”描写，观照到文本背后的人、社会、美学上的问题。

20世纪80年代许子东对郁达夫作品中的“性”描写的研究具有承上启下的作用，他承接了60年代之前研究者从社会或者人的层面探究“性”描写，启示新时期研究者要从新的维度讨论郁达夫作品中的“性”描写。如吴晓东《中国现代审美主体的创生——郁达夫小说再解读》一文，就从《沉沦》中涉及的疾病叙事探究民族意识的生成过程以及现代感性自我如何诞生的故事，同时厘清疾病叙事与爱欲、身体以及颓废美学的内在关系。针对《沉沦》中的“性”描写，吴晓东采用的是“爱欲”一词，他认为“郁达夫的小说中绝少对‘性’的问题进行直接探讨，也缺乏赤裸裸的性描写，甚至不像茅盾早期小说那样直接涉猎‘性’。与其说郁达夫‘最早提出了性的问题’，不如说他触及了‘爱欲’。郁达夫小说中的‘性’也由此可以置换成‘爱欲’”[2]。此外，吴晓东还将爱欲表达与明清色情文学的《金瓶梅》以及张资平的纵欲小说进行对比研究，明确了郁达夫的爱欲小说是建立在现代人本主义与生命觉醒意识基础之上的。以往研究大多将《沉沦》中的“性”描写作为反映或者反抗时代的一种印证，而吴晓东则突破这一思想框架，从文学在民族国家意识形态质询中所发挥作用的角度出发，探究现代性审美主体的生成过程。但该文并没有系统阐释“主体”这一概念，也没有厘清“主体”与“自我”“个体”等替换词之间的关系。王钦则延续吴晓东提出的重要论述方向，在《“个体”“主体”与现代文学的发生——以郁达夫〈沉沦〉为例》一文中，他通过重读《沉沦》文本，批判性地重访了中国现代文学作为民族国家的意识形态机制而参与对于作为现代主体的想象性建构的重要假说，并认为《沉沦》等小说所呈露的不仅是文学话语在现代民族国家的意识形态国家机器中作为社会体制之一而参与建构

〔1〕 许子东：《郁达夫新论》，上海：华东师范大学出版社，2014年，第171页。
〔2〕 吴晓东：《中国现代审美主体的创生——郁达夫小说再解读》，《中国现代文学研究丛刊》，2007年第3期。

"个体＝主体"的功能，而更是对于这种功能的反讽和瓦解。[1] 从这样的批评策略来看，新时期对《沉沦》的研究打破了传统研究视角的局限性，将其上升到国家意识形态的层面，而这一研究视角的转向，无疑体现了当下研究的新思路，即对于作品的解读无法再拘泥于传统的评论方式，需要结合新的研究理论或者采取跨学科研究的方式对文本做出新的阐释。如沈庆利从心理学的角度探究《沉沦》背后的"文化恋母"，作者通过对比中日文化差异，阐释了《沉沦》主人公处在陌生而异质环境中所感受到的文化震惊，以及处于青春期出现的自我意识迅猛增长与社会成熟相对迟缓之间的矛盾，并反驳了《沉沦》中所宣扬的爱国主义。他认为文中的"祖国""自然""怀有女性情感的女性"这三类意象都带有"母亲"般的性质，因而主人公在孤苦无依的处境中所萌发的爱国主义，还不如说是一种典型的"文化恋母"现象。[2] 此后，张普安同样从心理学的角度讨论《沉沦》中的"文化恋母"现象，他认为文中自然的"性"描写与人类意识中最美好的恋家乡、恋祖国融合在一起，揭示了小说中的"文化恋母"现象，这是对传统文学的一种反策。在新时期从新的研究理论出发探究《沉沦》的影响对于研究郁达夫具有十分重要的意义。

此外郁达夫作为五四时期的作家，不少研究者在关注《沉沦》中"性"描写的同时，也注意到了其背后的价值——对传统封建礼教的反抗，这一观点贯穿了郁达夫作品中关于"色情"描写的始终。郁达夫《沉沦》发表的时间在五四时期，五四时期作为中国文学史上最重要的一个时期，是一个破坏与构建并驱，绝望与理想相伴的时代。在这一复杂的时代语境下，作家们以笔为"武器"，向传统封建礼教发出最为猛烈的攻击，并介绍国外新思潮启蒙民众，解放思想，剔除国民的劣根性，因而这一时期的作家都带有启蒙者的影子。胡适在 20 世纪 30 年代

〔1〕 王钦：《"个体""主体"与现代文学的发生——以郁达夫〈沉沦〉为例》，《中国现代文学研究丛刊》，2018 年第 6 期。

〔2〕 沈庆利：《文化震惊与"文化恋母"—— 从异国文化视角重读郁达夫的〈沉沦〉》，《天津师范大学学报》（社会科学版），2002 年第 2 期。

纪念五四时表示，那时提倡的“新运动，无论形式上如何五花八门，意义上只是思想的解放与个人的解放”〔1〕。虽然这个评价在当下看来有失偏颇，但不可否认的是推崇思想与人的解放是当时文学创作的主潮。鲁迅作为五四时期最重要的作家，他的《狂人日记》作为第一篇白话小说，以血腥的气味揭露吃人的礼教，而作品中的“狂人形象”被部分研究者认为是启蒙者的形象。而作为同时期作家兼鲁迅好友的郁达夫，小说集《沉沦》因其大胆而暴露的描写手法引起当时文艺界的争论，有人认为是“不道德的文学”，但有人也认为其“性”描写引发了青年的反抗，如黎锦明在《达夫的三时期：〈沉沦〉—〈寒灰集〉—〈过去〉》中就提道：“今日公开的性的讨论，那神圣的光，是《沉沦》启导的；今日青年在革命上所生的巨大的反抗性，可以说是从《沉沦》中那苦闷到了极端的反应所生的。”〔2〕黎锦明认为青年在革命上产生反抗性是源于自身长期集聚的“性”苦闷与阅读《沉沦》产生共鸣的一次爆发。观点中“聚集的‘性’苦闷与共鸣”得到新中国成立以前诸多研究者的认可，他们都认为“性”的苦闷在当时的青年中是一种很普遍的现象，当他们看到自己与《沉沦》中的主人公有相同的境遇时，不免产生情感与思想的共鸣、共振。对青年在革命上所产生的巨大反抗性是不是源自《沉沦》中那苦闷到了极端，这有待商榷，但可以清楚的是“性”苦闷到了极端的反抗是与传统礼教的对峙。此后有研究者在肯定作品中的“性”描写具有社会意义的同时，还看到被忽略与压抑的“人”的问题。自古以来，“礼”与“孝”一直规训着中国人的行为与思想，在传统观念中“不孝有三，无后为大”指向中国传统思想中的“礼”与“孝”的问题，同时也隐含了“性欲”与“婚姻”的问题。传统婚姻观念中的“三妻四妾”是一种合乎“礼”的泄欲方式，但“性欲”的产生与婚姻并不具有共时性，前者一般早于后者，那么婚姻之前的“性欲”在“礼”的制约下是不被允许的。因而袁庆丰就认为：“构成婚姻之前的个

〔1〕 胡适：《个人自由与社会进步——再谈五四运动》，《独立评论》，1935年第150号。
〔2〕 黎锦明：《达夫的三时期：〈沉沦〉—〈寒灰集〉—〈过去〉》，载陈子善、王自立编《郁达夫研究资料》（上），天津：天津人民出版社，1982年，第332页。

人的性欲问题，实际上成了一段形式上的‘空白’，从而被人为地忽略与压抑。”[1] 此后，在《论“五四”公共话语空间中的〈沉沦〉》一文中，作者李蓉就正视了《沉沦》中“身体叙事”所展示的普遍的人性问题。她认为“自然的本能又总是促使主人公暂时丢弃一切顾虑再一次‘犯罪’。因此，与其说主人公得的是‘时代病’，还不如说主人公病态的心理和行为体现的是人的理性与本能之间的冲突，反映的是一种普遍人性的问题”[2]。倪婷婷的《再论五四文学中性爱意识的局限》肯定了在五四语境下郁达夫笔下的“性”描写是对压抑人性的传统思想的批判的同时，她也指出了这一时期的性爱意识依旧受到传统道德的限制，人性的“解放”是五四一代作家未竟的事业，需要后来者努力实现。[3] 总而言之，研究者对《沉沦》中的“性”描写从五四这一文化语境出发，对封建礼教的反抗以及人性本能的层面论述都较为深刻，如果将其归结为一点便是：她们试图回归到“启蒙”这一文学母题中探讨郁达夫《沉沦》中的“性”描写。

何为启蒙？康德的《回答这个问题：什么是启蒙》就提道：“启蒙就是人从他咎由自取的受监护状态走出。受监护状态就是没有他人的指导就不能使用自己的理智的状态。如果这种受监护状态的原因不在于缺乏理智，而在于缺乏无须他人指导而使用自己的理智的决心和勇气，则它就是咎由自取的。因此，Sapere aude（要敢于认识）！要有勇气使用你自己的理智！这就是启蒙的格言！”[4] 这里认为启蒙就是人要走出自己思想受监护的状态，摆脱他人对你的指导，要充分发挥自身的主观能动性，使用自己的理智的决心和勇气去摆脱一种被支配的状态，换言之，就是要摆脱蒙昧的状态。身处在五四大潮中的郁达夫也希望能用自

〔1〕 袁庆丰：《郁达夫传》（第三版），北京：中国传媒大学出版社，2010年，第95页。

〔2〕 李蓉：《论“五四”公共话语空间中的〈沉沦〉》，《湖北大学学报》（哲学社会科学版），2010年第3期。

〔3〕 倪婷婷：《再论五四文学中性爱意识的局限》，《首都师范大学学报》（社会科学版），2019年第3期。

〔4〕 李秋零主编：《康德著作全集　第8卷　1781年之后的论文》，北京：中国人民大学出版社，2013年，第40页。

己的理智的决心和勇气去帮助国民摆脱一种被支配的状态，而他们被支配的源头无不来自传统的封建礼教。《沉沦》开头所写的“他的早熟的性情，竟把他挤到与世人绝不相容的境地去……”〔1〕这里首先就有一个很明显的指示词——早熟，早熟指人的身体比一般人发育得早，早熟较为明显的特征表现为性器官的发育。因而《沉沦》从一开始就隐约为主人公贴上了“性早熟”的标签。后来在“草色渐渐儿的绿起来。……他的从始祖传来的苦闷也一日一日的增长起来，他每天早晨，在被窝里犯的罪恶，也一次一次的增加起来了……他犯罪之后，每到图书馆里去翻出医书来看，医书上都千篇一律的说，于身体最有害的就是这一种犯罪”〔2〕。主人公面对一次次的“性”的苦闷，他选择从医书上找寻解决的方法，主人公的这一做法是一次科学的尝试。但是他还是无法抵制人的本能欲望，再一次进行“犯罪”，“犯罪”之后又是无止境的愧疚感。到后来进一步发展到偷窥房东的女儿洗澡，在清楚看到女性赤裸的身体后，他在恐惧之下逃离了旅馆，希望借助自然消减自己的性欲。最后，他还是没有控制住内心积蓄已久的欲望，在酒馆女人的招呼下进去了，酒馆宿醉一夜后，除了看了一下侍女红色围裙下的白嫩大腿、写下了一首古诗，他什么事情也没有干。纵观全文中的“性”描写，主要集中在前期的“手淫犯罪”，中期的“偷窥女子洗澡”，到最后“进酒馆放纵”，由此可以看到主人公在“性”苦闷上的一次次沉沦。但是换一个角度来看，这也是主人公在释放和消解自己的欲望，这样的释放是主人公理性控制下有尺度的输出，这种尺度体现在文中的主人公并没有与女性发生性关系。由此可以看出郁达夫对于“性”的描写体现着一种理性控制的尺度，正如陈翔鹤在《郁达夫回忆琐记》中所说：“对于性的事情，他一向都十分公开，好象是对谈吃饭喝茶一样地随便，有时纵然是到‘妓寮’里去过一次，也从不曾对人隐秘过。但他对于女性的，无论在言谈

〔1〕郁达夫著，吴秀明编：《郁达夫全集》第一卷，杭州：浙江大学出版社，2007年，第39页。
〔2〕郁达夫著，吴秀明编：《郁达夫全集》第一卷，杭州：浙江大学出版社，2007年，第55页。

间或行为上，也绝无丝毫轻侮或玩弄的态度。”[1] 虽然郁达夫的尺度在五四时期看来比较“露骨”，但他让读者看到人性最本能的欲望的同时，又保留了对女性身体的尊重，这是作家写作的勇气，也是反抗传统封建礼教的勇气。郁达夫的创作态度正体现了康德所认为的启蒙：要敢于认识，要有勇气使用你的理智。

## 二、颓废与现代性

《沉沦》自出版以来，文艺界对其批评主要集中在“性”描写与“颓废”倾向。“颓废”不仅是故事主人公的标签，更是作家主体精神的体现，因而“颓废”也成为研究郁达夫及其作品的另一个关键词。“颓废”一词源自拉丁文 Decadentia，后来在 19 世纪末产生的一种怀疑的、病态的、偏激的艺术思潮便称为颓废主义。颓废主义最早是以颓废主义者这个名称出现的，用于称呼一群放浪形骸的法国青年诗人，随后魏尔兰在 1886 年便以此创办《颓废者》杂志，颓废主义者主张“为艺术而艺术”，这也成为后来郁达夫等人创办创造社的创作主张，他们反对封建文化、复古思想，主张自我表现和个性解放，强调文学必须忠实地表现自己“内心地要求”。因而读者会将《沉沦》中主人公病态的心理，纵欲、孤僻、酗酒等行为转移到郁达夫身上，认为他是一个颓废的享乐主义者。

早在 1923 年的《〈茑萝集〉（自序）》中，郁达夫就回应了别人认为他有点“颓唐”的评论：“人家都骂我是颓废派，是享乐主义者，然而他们那里知道我何以要去追求酒色的原因？唉唉，清夜酒醒，看看我胸前睡着的被金钱买来的肉体，我的哀愁，我的悲叹，比自称道德家的人，还要沉痛数倍。我岂是甘心堕落者？我岂是无灵魂的人？不过看定了人

---

[1] 陈翔鹤：《郁达夫回忆锁记》，载陈子善、王自立编《郁达夫研究资料》（上），天津：天津人民出版社，1982 年，第 106 页。

生的运命，不得不如此自遣耳。”[1] 郁达夫认为自己“颓废”的表现是源于找不到人生出路的迷茫，他对自己的评价带有一种消极的宿命论。此后，较早对郁达夫作品中的“颓废”倾向进行讨论的是阳翰笙（华汉），他在《中国新文艺运动》（摘录）中从时代背景的角度分析了郁达夫作品中“颓废”倾向产生的原因，他认为“在五四之后和五卅之前的，这一没落的士绅阶级简直走到了他的末日穷途……他们既得不到金钱，名誉，和美人，除了无端歌哭，无端狂笑，嘲骂世俗，牢骚满口而外，唯一的办法，唯一的出路，只有醇酒妇人以消极的自杀”[2]。这篇评论文产生于1930年，无疑作者是从刚刚经历过的时代来进行分析与判断的，这为解释郁达夫作品中“颓废”倾向产生的外部原因提供了有力佐证。但将其完全归因于时代巨变的结果具有一定的局限性。此后研究者则从各个方面探究郁达夫“颓废”倾向产生的原因。如陈文钊在《达夫代表作》中指出：“达夫所受经济的苦痛，实是使达夫衰颓自废的最大原因，而这种颓废自废，在达夫全创作里，成为最高的表现。”[3] 而王瑶则认为“这种伤感颓废实际上是对现实不满的悲愤激越情绪的一种摧抑”[4]。后来曾华鹏、范伯群将“颓废”倾向归因于两点：“郁达夫早期的作品的颓废情绪是有他的社会根源的……另一方面……他用那样病态的心情去接触日本和西洋的资产阶级思想文化，不可避免地会或多或少地受到资产阶级的世纪末的颓废主义情绪的影响，这应该说也是造成郁达夫早期作品的颓废情绪的另一个因素。”[5] 此后夏志清则从世界文学的角度对曾华鹏与范伯群的观点进行补充，他认为“《沉沦》并

---

〔1〕 郁达夫：《〈茑萝集〉（自序）》，载陈子善、王自立编《郁达夫研究资料》（上），天津：天津人民出版社，1982年，第186页。

〔2〕 阳翰笙：《中国新文艺运动》（摘录），载陈子善、王自立编《郁达夫研究资料》（上），天津：天津人民出版社，1982年，第362页。

〔3〕 陈文钊：《达夫代表作》，载陈子善、王自立编《郁达夫研究资料》（上），天津：天津人民出版社，1982年，第370页。

〔4〕 王瑶：《郁达夫——〈中国新文学史稿〉之一节》，载陈子善、王自立编《郁达夫研究资料》（上），天津：天津人民出版社，1982年，第457页。

〔5〕 曾华鹏、范伯群：《郁达夫论》，载陈子善、王自立编《郁达夫研究资料》（下），天津：天津人民出版社，1982年，第464—467页。

不见得大胆，也不见得有什么了不起的新意：这本书无非借鉴于日本和欧洲的颓废作家，和那些一向不甘与官僚同流合污，自然萧瑟贫穷的中国诗文家”〔1〕。由此看来，80年代以前的研究者对于“颓废”倾向的讨论主要集中在社会背景与中外文化影响上，他们忽略了“颓废”背后的个人因素，许子东则在前人研究的基础之上，对作品中的“颓废”倾向做了一个较为全面的解读。

许子东从三方面分析了“颓废”倾向产生的原因：一是时代桎梏下的病态呻吟——是对所谓“国民性”的沉痛失望，是对黑暗现实的强烈不满；二是率真的气质，忧郁的性格，纤敏的感情，构成了郁达夫“颓废”倾向的主观内因；三是郁达夫创作中的“颓废”倾向，直接同外来思想的影响，特别是与“世纪末思潮”和近代人道主义思想有关。针对以往研究者忽略的个人因素，许子东认为性格的柔弱、气质的真率、环境和生活的因素与“颓废”倾向的形成与表现有着不可分割的联系。最后他得出“考察他的生活态度，我们既可以看到个性、气质的体现，也不难发现时代、社会的影响：生活确不甜美，现实令人窒息，而柔弱、率真的性格，又使他特别忧郁——郁达夫本人所谓‘颓废’情绪，正是产生于这种性格逻辑与时代必然性的交叉点上，这是主客观因素的某种汇合和统一”〔2〕。此外，他在肯定了19世纪末“颓废”思潮与郁达夫创作有着直接联系之外，还指出近代的人道主义对其创作具有更加深远的影响，这是既往研究所没有提及的。总之，许子东对郁达夫作品中“颓废”倾向产生的原因的论述拓宽了人们认识问题的视野，较为深刻地揭示了这是一种主客观因素相统一的结果。

在厘清了“颓废”倾向产生的原因后，我们还需要关注到“颓废”背后的本质问题，即郁达夫及其作品中的“颓废”倾向是不是一种真正的“颓废”状态。早在20世纪初，郭沫若就称郁达夫为“颓废作家”，后在1946年的《论郁达夫》中他对郁达夫的评价是“爱喝酒，爱吸香

---

〔1〕 夏志清：《郁达夫——〈中国现代小说史〉之一章》，载陈子善、王自立编《郁达夫研究资料》（下），天津：天津人民出版社，1982年，第569页。
〔2〕 许子东：《郁达夫新论》，上海：华东师范大学出版社，2014年，第148页。

烟，生活没有秩序，愈不得志愈想伪装颓唐”[1]，李初梨也评价郁达夫是“摩拟的颓唐派，本质的清教徒”。无疑，他们认为郁达夫的“颓废”是假装的，他内心确是一个“有理想抱负之人”或“清教徒”，这种正面的评价为后来研究者看到“颓废”背后的反抗意义奠定了基础。田仲济就谈到“郁达夫的伤感颓废，不完全是消极的，也是对当时丑恶现实的反抗”。同时他还认为“颓废”并不是郁达夫的独创，“历史上文人以醉酒、嫖妓、放浪形骸，来表示对统治阶级的蔑视和反抗的是颇有先例的。魏晋时代的刘伶、嵇康等便是典型的代表人物。郁达夫所采取的办法正相似于刘伶、嵇康的办法，所以，在这一点上，郁达夫不是独创，而是继承了历史上士大夫阶级表示反抗的方式，来对历史的因袭和历史因袭的维护者表示了反抗”[2]。田仲济对郁达夫的“颓废”倾向进行溯源，并认为这种“颓废”带有古代士大夫阶级的反抗精神。两种“颓废”在某种意义上来说有所不同，嵇康等人是对当时司马朝廷的黑暗统治不满，用作品揭露和讽刺司马朝廷的虚伪，带有一种知识分子的正义与清高，但郁达夫的“颓废”倾向放在五四时期是小资产阶级知识分子找不到自身出路的茫然、生的苦闷以及弱国子民的卑微。“颓废”倾向除了带有正面的反抗外，还呈现出“忧郁”的特征，赵学勇便在总结前人经验的基础上，对郁达夫创作中的“忧郁”情结提出了独到的见解，他认为郁达夫作品中的忧郁“是把一种个体生命对客观世界的特殊体验突进到对历史的、现世的具有审美意义的反思的高度上，而凝聚成的作家独特的艺术个性”[3]，从而折现着作家对时代的体认与把捉；蕴含着作家独特的生命历程与气质。同时他也明确指出“如果把郁达夫说成是‘颓废派’，倒不如说他是个颓废时代的作家”[4]，因而赵学勇也延续了李初梨等人的观点，还观照到郁达夫及其作品中“颓废”倾向的个体审

〔1〕郭沫若：《论郁达夫》，载陈子善、王自立编《郁达夫研究资料》（上），天津：天津人民出版社，1982年，第96页。

〔2〕田仲济：《郁达夫的创作道路》，载陈子善、王自立编《郁达夫研究资料》（下），天津：天津人民出版社，1982年，第519页。

〔3〕赵学勇：《论郁达夫创作的忧郁情结》，《兰州大学学报》（社会科学版），1992年第3期。

〔4〕赵学勇：《论郁达夫创作的忧郁情结》，《兰州大学学报》（社会科学版），1992年第3期。

美问题，这为后来研究“颓废”现代性提供了思路。

此外，有研究者对此前研究观点进行了深化解读，如郁达夫在借鉴国外颓废主义的过程中如何做到兼收并蓄。陈海英的《“五四”颓废情绪小说的主题内涵》就以郁达夫的作品为例，阐释了“五四时期的颓废情绪不是西方颓废情绪的简单翻版，而是深深地带有本土文化心理特点”〔1〕，而对这种本土的文化心理特点，作者将其归纳为“哀怨与飘零”“苦闷与忧郁”“孤独与绝望”等主题表现形态。虽然郁达夫作品中的“颓废”倾向带有中国传统文化心理的特点，但从作者角度出发去考察“颓废”的实质与意义会发现郁达夫“身世之悲与孤寂之感，与他个人生活的漂泊无定、精神家园的残缺凄清紧密相连”〔2〕。在这种状态下自然会影响和建构着其早期文学创作的审美心理。

进入到21世纪后，研究者们开始关注到“颓废”倾向背后的“现代性”问题，这也成为新时期研究者关注的热点议题。马泰·卡林内斯库的《现代性的五副面孔》认为：“自文艺复兴以来，随着科学、理性和人道主义信念的确立，人们逐渐发展出了一套关于历史是无限发展的乐观主义信念——即所谓的‘进步神话’，但这种乐观主义背后同样伴生出一种新的‘颓废’观念……高度技术的发展同一种深刻的颓废感显得极其融洽。进步的事实没有被否认，但越来越多的人怀着一种痛苦的失落和异化感来经验进步的后果。”〔3〕李欧梵作为《现代性的五副面孔》这本著作最忠实的追随者，他认为“五四时代的知识分子把进步的观念视为不可阻挡的潮流，这是一种现代性的体现”，所以五四所继承的现代性其实是卡氏意义上的资产阶级的现代性，即所谓的进步现代性。因而“在这历史前进的泛道德情绪下，颓废也就成了一个‘不道德的名词’”〔4〕。罗滋池的《颓废与革命——试论郁达夫“不端方的文

〔1〕陈海英：《“五四”颓废情绪小说的主题内涵》，《华南师范大学学报》（社会科学版），2006年第3期。
〔2〕袁庆丰：《郁达夫传》（第三版），北京：中国传媒大学出版社，2010年，第127页。
〔3〕［美］马泰·卡林内斯库：《现代性的五副面孔》，顾爱彬、李瑞华译，北京：商务印书馆，2002年，第161—167页。
〔4〕李欧梵：《现代性的追求》，北京：人民文学出版社，2010年，第142页。

学”》则在李欧梵的基础上进一步扩大对“颓废”的讨论，认为“郁达夫的颓废是表达他的革命情绪的一种形式，在他身上，颓废与革命是一体的。这种与革命相关联的颓废，是他在个人的生命体验中得到的，堪称‘现代性’的另一面”〔1〕。同样，李春杰也认为五四时期启蒙主义“融合了人道主义、民族主义之后，成为主流价值观，‘颓废’则成为一种不道德的文学创作风格”。但抛开读者停留在阅读感受上对“颓废”意义与内涵的认知，“更深层的在于对五四主流价值观的推崇。这种反思可以说是现代的，也是先锋的”〔2〕。罗滋池与李春杰无疑将郁达夫笔下的“颓废”倾向放置在“启蒙”与“革命”的语境中加以讨论，这样的评价似乎将“颓废”变成了一个极度正面的“褒义词”。此后，邓招华则从美学角度考量并认为：“现代颓废主义文学是一种美学现代性的表达，来自对现代进步神话的批判，也是对资产阶级现代性的一种美学反抗。这种反抗既是美学的也是道德的。”〔3〕同时，他还指出弗洛伊德的精神分析学说为郁达夫“提供了一幅有别于现代‘进步主义’的世界图式和心理模式”，因而作品中主人公“颓废”的状态是一种“现代性”的悖论，即有悖于“现代性”的进步观念。针对“现代性”的讨论一直持续至今，2021 年孙胜存在《郁达夫小说的颓废书写与现代情感伦理变革》一文中与邓招华的观点进行对话，他肯定了“在中国现代伦理变革过程中，现代个体从传统道德构架和文化范式中脱胎而出，寻找、建构自我的艰难心理历程”这一观点，同时也认为“以自我为指向的，甚至是自豪的，凸显的是个性化身体及其情感与欲望的丰富存在”，因而颓废书写中的“个体欲望的真实形态”“为启蒙人道主义现代伦理奠定了一个坚实的情感基点，进而助力于中国现代伦理工程的建构”〔4〕。以

〔1〕 罗滋池：《颓废与革命——试论郁达夫“不端方的文学”》，《湖北社会科学》，2010 年第 9 期。

〔2〕 李春杰：《颓废心理与启蒙精神——〈沉沦〉零余者形象的精神心理分析》，《文艺争鸣》，2014 年第 5 期。

〔3〕 邓招华：《重构中国现代颓废主义文学图景》，《江西社会科学》，2017 年第 8 期。

〔4〕 孙胜存、邓招华：《郁达夫小说的颓废书写与现代情感伦理变革》，《河北大学学报》（哲学社会科学版），2021 年第 4 期。

上研究者在前人的观点上对“颓废”倾向背后的“现代性”进行扩充，因而在“现代性”视野观照下的“颓废”书写加深了人们对郁达夫作品的理解，并借此丰富与拓宽了郁达夫作品研读的格局。

此外，“颓废”还是一个有关时间和历史消退的概念，卡林内斯库认为颓废概念是一个古老神话与宗教主题，即“时间的破坏性和没落的宿命”〔1〕。到20世纪初，在五四思潮的推动下才打破了传统历史循环论（以史为鉴）的时间观。五四时期涌现了众多新的思想与观点，而作为推动五四思潮发展最重要的刊物《新青年》，其宣传与倡导的“民主与科学”不乏是一种受西方启蒙主义影响下的“现代性”的体现。而“西方启蒙思想对中国最大的冲击是对于时间观念的改变，从古代的循环变成近代西方式的时间直接前进——从过去经由现在而走向未来——的观念，所以着眼点不在于过去而在未来，从而对未来产生乌托邦式的憧憬”〔2〕。在提倡“新观念”的五四时期把“进步的观念变成不可阻挡的潮流”，因而“颓废”这种带有消极、意志消沉的概念成为五四现代主潮的反面，即与“进步的时间观”相背离。所以回到五四的语境中看郁达夫的《沉沦》小说集，其“颓废”体现着“时间的破坏性”。郁达夫对“时间”充满着矛盾，他既有对“现代性”的追求，但也有对它的躲避与彷徨。在《南迁》中，主人公看到劳动者便同情起这些“可怜的有血肉的机械”，在资本家的压迫下，他们一代一代的受着世界上的折磨，“吃尽了千辛万苦，从幼到长，从生到死，他们的生活没有半点变更”。最后主人公气愤地说道：“可恶的这有权势的人，可恶的这有权势的阶级，总要使他们斩草除根地消灭尽了才好。”〔3〕这些被权势阶级压迫的底层劳动者，他们活着的动力便是活着，权利对于他们而言是不存在的。所以文中主人公为底层劳动者的发声以及对资产阶级的质问体现

〔1〕［美］马泰·卡林内斯库：《现代性的五副面孔》，顾爱彬、李瑞华译，北京：商务印书馆，2002年，第161页。

〔2〕李欧梵：《现代性的追求》，北京：人民文学出版社，2010年，第142页。

〔3〕郁达夫著，吴秀明编：《郁达夫全集》第一卷，杭州：浙江大学出版社，2007年，第94页。

着五四现代性的呐喊，即“民主”。但作者又害怕这样的“现代性”，他在小说中处理时间的办法便是停滞或者循环，并借此达到一种对时间进步的反讽。《银灰色的死》中的时间大都定格在黑夜中的酒馆，在这一固定的时间点主人公对过往进行回忆，在回忆中带有伤感的氛围，最终在一次次的“沉沦”中走向死亡的结局。这里的死亡源自在“时间”圈禁中找不到未来的颓废。《南迁》则是在“祷告—散步—回忆”的动作循环中淡化时间的流变。由此看来郁达夫乐于在“现在”的时间点里通过“回忆”营造过去的时空，在这种时空交错中去消解时间的前进性，同时作品中的“回忆”往往带有浓厚的伤感与苦闷，这在一定程度上体现出主人公对未来的绝望，因此作者这一创作手法似乎带有一种对“现代性”的惶恐与无望。

## 三、生的苦闷

郁达夫作品中产生“性的苦闷”与“颓废”倾向的原因是多方面的，但最主要的原因则是“生的苦闷”，即经济困难。从郁达夫的生活经历来看，自从有记忆以来他一直被经济困扰着。郁家祖上几代都有行医的经历，在当地颇有名气，因而在经济上比较富足，此后随着郁达夫祖父郁圣山的早逝（年仅三十岁），加之当时刚处在太平天国运动后，社会环境动荡不安，内忧外患的郁家便开始走向衰落。孤儿寡母的家庭在当时的社会中不免会遭到各种不公的待遇，其社会地位和经济地位都是卑微的，因而郁达夫的父亲郁企曾的童年也过得艰辛和悲苦。成年后的郁企曾子承父业成为当地的医生，同时身兼数职补贴家用，勉强能支撑起家里的经济支出。天有不测风云，人有旦夕祸福，1900 年，年仅三十八岁的郁企曾因病逝世，这无疑给在时代风雨中“飘摇”的郁家致命一击。父亲郁企曾的离世除了意味着家里主要依靠和第一经济来源不复存在外，还意味着父系家族的坍塌，女性成为家庭的支柱力量。此后，郁达夫生活的家庭便是两代寡妇和祖孙老幼七口（祖母戴氏、母亲陆氏、长兄郁曼陀、二兄郁养吾、三姐郁凤珍、郁达夫、养女翠花）相濡以沫的贫寒之家。在当时的社会环境中，这样的家庭境况往往会遭受邻里的欺凌和压迫，郁达夫在自述中就描述过这样的场景："只有孤儿寡妇的人家，受邻居亲戚们的一点欺凌，是免不了的；凡是我们家里的田地被盗卖了，堆在乡下的租谷等被窃去了或祖坟山的坟树被砍了的时候，母亲去争夺不转来，最后的出气，就只是在父亲像前的一场痛哭。"〔1〕从"中产之家"一下子跌落到"贫寒之家"，对于当时才四岁的郁达夫而言，"儿时的回忆……尽是些空洞，第一，我所经验到的最初的感觉，便是饥饿"〔2〕。年幼的郁达夫虽早已感受到生活的苦，但是在学习上却很"富足"。尽管家里经济条件十分拮据，陆氏作为一个旧时代的女性早已意识到读书的重要性，这种超前的思想让郁家的三兄弟能在学堂无忧无虑地上学。陆氏的坚持为三兄弟换来了较为光明的前途，长兄郁曼陀从日本政法大学毕业，回国后参加清政府举办的"游学毕业生考试"，被分到司法部行走，做了七品京官；二兄郁养吾则在北京的医科专门学校深造，成了一名科班出身的医生；郁达夫，众所周知，成了一名出色的诗人和作家。虽然郁达夫早已清楚自己的家庭境况，但有时也不免有一些奢侈的愿望。书塾到学堂的转变在郁达夫看来是一段"好比从天上飞到地上，还要来得大而且奇"〔3〕的经历，其中最奇之处便是郁达夫在全校学生中是最小的一位，并且在初进县立高等小学堂的那一年底，他的平均成绩超过了八十分，受到了堂长和知县的提拔，直接升入高两年的级里。他希望在新的年级里能更加成熟，便向母亲提出买皮鞋的要求。爱子心切的陆氏自然无法拒绝儿子的要求，但买鞋过程让郁达夫终生难忘，经历了"皮鞋风波"的郁达夫此后便是"衣服用具，都不想用新的了。拼命的读书，拼命的和同学中的贫苦者

---

〔1〕 袁庆丰：《郁达夫传》（第三版），北京：中国传媒大学出版社，2010 年，第 5 页。

〔2〕 郁达夫：《悲剧的出生——自传之一》，载《郁达夫全集》第四卷，杭州：浙江大学出版社，2007 年，第 257 页。

〔3〕 郁达夫著，吴秀明编：《郁达夫全集》第四卷，杭州：浙江大学出版社，2007 年，第 270 页。

相往来，对有钱的人，经商的人仇视等，也是从这时候而起的"[1]。从1913年去日本留学，郁达夫也一直很拮据，"衣服鞋子也简陋破损得可观……脚下那双皮鞋前后开裂、跟趾并露，身上那套在上海定做的学生装……穿起来竟如裸体无异"[2]。在日本留学期间也有生活转好的时候，1916到1917年，他在名古屋的学生生活既已稳定，并且由于享有官费的待遇，经济条件得到了起码的保障。后来在1919年曾两次回国参加外交官和高等文官考试，这两次考试的落选对郁达夫的冲击十分巨大，这种冲击既源于当时社会的黑暗，还来自学成归来却报国无门的心理落差。而考试落选带来最直接的结果就是归国后的生存问题。直到回国，其职业与经济问题也一直困扰着郁达夫。在上海期间，郁达夫"四处找不到职业，东奔西走，饥寒交迫，终于不得不因经济的苦闷，焦躁，来抛弃了一切的理想和计划，变成个'贩卖知识的商人'了"[3]。后来郁达夫也辗转于北京、上海、杭州、湖北等地谋生，有过作家、教员、报刊编辑等职业，这些经历拿郁达夫的话来说就是"为饥寒所驱使，乞食四方"[4]。总之，回国后的种种经历，使郁达夫由开始的失望走向绝望，维持生活的花费不断增加。如果将"生的苦闷"置于郁达夫跌宕起伏的一生来看，那么他在国内遭受的"生的苦闷"主要来源于经济压力，即生活的困境，而在印度尼西亚期间则是经济与生死的双重压迫。从胡愈之与王任叔对郁达夫的追忆中，可以知道郁达夫在印尼流亡期间也经历了一段艰苦的生活。在太平洋战争爆发时，郁达夫等人参加并领导过新加坡文化界的抗日工作，随着新加坡沦陷，日军占领阵地后，郁达夫和胡愈之等人便开始了流亡生活。后来他们定居在了巴爷公务这个地图上不容易找到的地方，而此时随身携带的纸币也所剩无几。

〔1〕 郁达夫：《书塾与学堂——自传之三》，载《郁达夫全集》第四卷，杭州：浙江大学出版社，2007年，第273页。
〔2〕 袁庆丰：《郁达夫传》（第三版），北京：中国传媒大学出版社，2010年，第44页。
〔3〕 黄得时：《郁达夫先生评传》，载王自立、陈子善编《郁达夫研究资料》（上），天津：天津人民出版社，1982年，第431页。
〔4〕 郁达夫：《五六年来创作生活的回顾》，载《郁达夫全集》第十卷，杭州：浙江大学出版社，2007年，第309页。

郁达夫初到巴爷公务的时候，本想租个小房子再设法做个小生意隐匿起来，结果当地华侨怀疑他是日本间谍，便远离排挤他，别说做生意，连房子也租不到。后来在为日本人做翻译期间，为了隐秘自己的身份，敷衍一批贪婪的宪兵，也花费了不少钱，因此胡愈之也说："他的生活也是十分艰苦的。"

在郁达夫的生活中，"生的苦闷"成了人生的主色调，因而在创作过程中，不免会将这样的情绪与经历融入其作品中。《沉沦》中的主人公也经受着经济的痛苦，"三岁时候就丧了父亲，那时候他家里困苦得不堪"[1]，后来随长兄来到日本学习。在此期间，为了消解心中与日增长的"欲望"，他便寻到山上一处清静之地，初搬来的时候，"他卖了些旧书，买了许多炊饭的器具，自家烧了一个月饭"[2]，后来压抑不住"性"的冲动，走进一家妓院宿醉一夜，在早晨离开后"他付清了账，又拿了一张纸币给那侍女，他的手不觉微颤起来"[3]。那侍女却说不要，"他知道她是嫌少了，他的面色又涨红了，袋里摸来摸去，只有一张纸币了……"文中"微颤的手"与"涨红的面色"这些细节的描写暗含着人物复杂的心理：一是孤僻的性格与多虑的心理；二是弱国子民在敌国的卑怯；三是经济上的自卑。在没有进妓院之前，他往往采取逃避的方式去消解"性的苦闷""民族的苦闷""生的苦闷"，但在妓院的这一夜，三种苦闷同时向主人公袭来——在敌国的妓院希望能发泄内心的"欲望"，无奈囊中羞涩，顾客的姿态在"弱国子民"的压制下变得十分卑微。所以三种苦闷将主人公推向"自杀"的地步，因而在结尾也发出了"祖国呀祖国！我的死是你害我的！你快富起来，强起来吧！你还有许多儿女在那里受苦呢！"的哀叹。但三种苦闷中"生的苦闷"是决定性的，如果在经济上富足，"性的苦闷"与"弱国子民的自卑"便不会如此强烈。针对《沉沦》的结尾，研究者发表了不同的见解，丁易与王瑶都认为结尾处体现出浓厚的爱国热情以及对帝国主义侵略中国的愤

---

〔1〕郁达夫著，吴秀明编：《郁达夫全集》第一卷，杭州：浙江大学出版社，2007年，第64页。
〔2〕郁达夫著，吴秀明编：《郁达夫全集》第一卷，杭州：浙江大学出版社，2007年，第73页。
〔3〕郁达夫著，吴秀明编：《郁达夫全集》第一卷，杭州：浙江大学出版社，2007年，第75页。

怒。张毕来则认为“虽说半殖民地的中国的人民生活，衣食住行，直接或间接，莫不一一跟帝国主义的侵略有关，但把这些一古脑儿推到祖国不强的原因上去，希望祖国强起来以便满足自己的这种需求（潦倒生活以及性生活的畅所欲为），也是不妥的。建立在这样的思想基础上的爱国主义，其狭小可不言而喻”〔1〕。苏雪林更是毫不留情地指出，“爱国思想和这样自杀放在一处实为极度的滑稽与不和谐”〔2〕。研究者对于《沉沦》结尾的论断趋于片面化的解读，因而还有深化与挖掘的空间。此外，《沉沦》中主人公悲惨的生活经历与郁达夫有着惊人的相似之处，这也让研究者关注作品中的自叙传色彩。郁达夫在《五六年来创作生活的回顾》中就谈到了自己的创作态度，即“‘文学作品，都是作家的自叙传’这一句话，是千真万真的”〔3〕。这为后来研究者探究“文学与作家”的关系奠定了基础，本文将不再梳理与深究。

《沉沦》与《银灰色的死》都体现了“生的苦闷”，《银灰色的死》中主人公是“寄寓在他朋友的家里的，他住的楼上，也没有火钵，也没有生气，只有几本旧书，横摊在黄灰色的电灯光里”〔4〕，所以他愈想愈不愿意回去了……“身边摸摸看，他的皮包里还有五元余钱剩在那里”〔5〕，在此之前，他身边的物件，都已卖完了，也把亡妻的一个金刚石戒指当掉，换来了的钱如今也只剩下五元钱了。主人公对于爱妻的离世是极为痛苦的，因而把亡妻的戒指当卖换取生活的资本是被生活逼到绝境才会采取的方法。

从郁达夫的一生以及他的作品来看，作者与作品主人公的一生贯穿

---

〔1〕 张毕来：《郁达夫〈新文学史纲〉之一节》，载陈子善、王自立编《郁达夫研究资料》（上），天津：天津人民出版社，1982 年，第 460 页。

〔2〕 苏雪林：《郁达夫论》，载陈子善、王自立编《郁达夫研究资料》（上），天津：天津人民出版社，1982 年，第 389 页。

〔3〕 郁达夫：《五六年来创作生活的回顾》，载《郁达夫全集》第十卷，杭州：浙江大学出版社，2007 年，第 312 页。

〔4〕 郁达夫著，吴秀明编：《郁达夫全集》第一卷，杭州：浙江大学出版社，2007 年，第 28—29 页。

〔5〕 郁达夫著，吴秀明编：《郁达夫全集》第一卷，杭州：浙江大学出版社，2007 年，第 28—29 页。

着一个“穷”字。从已有研究来看，目前对郁达夫作品中“生的苦闷”深入研究较少，大多仅对郁达夫生平的经济状况做一个梳理。但李杭春则看到郁达夫在回国后并不是真穷，“哭穷”是他“巧妙的伪装”。她以郁达夫在安庆的教学经历为例，并根据相关记载分析认为安庆教育部门当时聘请教授的薪资可能是同类学校中最高的。据记载，1921 年郁达夫来安庆，薪水是每月 200 元；1929 年，被聘为安徽大学教授，聘资是每月 340 元。作为对比，1927 年的时候，郁达夫得过一个上海法科大学德文讲习的兼职，每周 6 小时课，月薪 48 元。所以，安庆提供的是很高的薪资标准，足以让一位大学教授维持很体面的生活。〔1〕而杨小露的《郁达夫的贫穷自述与“哭穷”背后的文化动因》则看到郁达夫的“穷”是知识分子的“哭穷”，而“哭穷”背后暗含着深刻的文化动因。作者通过相关文献了解到 20 世纪 20 年代知识阶层的经济状况，由此对郁达夫的经济生活状况进行考据，得出郁达夫口中“贫穷自述的‘事实’可谓真假参半”这一结论。此前，孙逊就对近代知识分子的经济状况进行了考察，并认识到这一时期知识分子的“哭穷”来源于社会的变革，即晚清以来科举制度被取消。而科举制度被取消对知识分子所造成的影响便是特权的缺失和经济水平下滑，可他们还是能够通过任教、当编辑、创作等渠道获取金钱，虽比不上富商，但收入仍较为可观。但他们无法通过科举制度获得社会地位，便只能“极力降低自己的出身，将自己的经历塑造为从经济阶梯的底层通过自身的努力攀登到一定高度的过程，以此来维持对自身知识分子身份的一种认同”〔2〕。杨小露在孙逊的观点上，分析出“哭穷”背后的双重文化动因：“一方面，郁达夫的‘哭穷’与他所持守的传统文人价值观中‘志于道’的救世观、‘气节’观、‘固穷’观背后所隐含的经济态度有关；另一方面，‘哭穷’还与现代文人在中国经济结构转轨期所遭遇的‘社会角色与社会职业之间的认知裂

〔1〕 李杭春：《郁达夫在安庆——郁达夫行旅系列之二》，《中外学术前言》（第七辑），2014 年第 1 期。

〔2〕 孙逊：《虚构的贫穷——近代知识分子群体的经济身份认同》，《历史教学问题》，2018 年第 3 期。

隙'有关。"[1] 总之，杨小露的文章为我们打开了郁达夫研究的新思路，让我们意识到在多重社会语境下生活的郁达夫并不仅仅局限在文学创作领域，还可以通过跨学科的研究方法探索到郁达夫及其作品的"多面性"。

## 结语

以上对《沉沦》研究中的"性"描写、"颓废"倾向、"生的苦闷"三个关键词进行梳理，可以较为清楚地了解到《沉沦》早期在周作人、郭沫若等人的辩护下，从"不道德"的谩骂声中走出来，让广大评论家或者读者注意这个"特别"的青年作家。从新中国成立以前针对作品中的"色情""颓废""自叙传"等关键词进行探究，到新时期的反思与作家及作品的再解读，都反映了郁达夫及《沉沦》在不同的时代语境下有着不断重读的价值。但在梳理以上关键词的过程中会发现郁达夫此后的作品依旧延续了"性"描写、"颓废"倾向、"生的苦闷"的风格，此外作品中也有浓厚的"自叙传""浪漫抒情色彩""细腻的心理描写"等元素，因而本文研究聚焦于这三个关键词对《沉沦》研究进行梳理与反思，未从大体观之，疏略在所难免。同时我们发现，《沉沦》研究中大多是从文学的角度对作家及其作品进行解读的，当下这样的研究思路与方法已不能再挖掘出"独树一帜"的观点。因此对《沉沦》及作家的研究不能再作为一个"文学"的问题提出来，而是要从"方法"的角度去观照文本背后的丰富性，这样才能为郁达夫及其作品的研究注入新的活力。

作者简介：梁芹，西南大学中国新诗研究所硕士研究生，主要研究方向为中国现当代文学。

---

〔1〕 杨小露：《郁达夫的贫穷自述与"哭穷"背后的文化动因》，《文学评论》，2021年第4期。

# 论《迷羊》中的空间闭环和叙事迷宫

杨越悦

《迷羊》是郁达夫始作于1926年11月、完成于1927年12月的一部中篇小说，单行本发行于1928年1月，当时有批评家指出："在这本书里，郁达夫先生是第一次企图叙述一篇故事——客观地叙述一篇故事。一向以第一身作主人公，从不隐讳地在述说自己生命的一段故事的这作者，现在开始使用第三身的写法了。"〔1〕就突破这一意义而言，《迷羊》应当是郁达夫小说创作中的重要篇目。郁达夫本人也非常看重这部小说，钱杏邨曾透露："达夫自己说，他正在从事于一部三部曲的制作，要用这三部曲来象征中国过去现在和未来的青年的三个时代，第一部曲是《迷羊》，代表 The age of innocence，第二部曲是《蜃楼》，代表 The age of skepticism，第三部曲是《春潮》，代表 The age of revolution；第一部曲已经发行了，第二部曲还在写作中……"〔2〕然而《迷羊》一经发表就在"社会—历史"的评价尺度下遭到了"时代后面的一个影子"〔3〕的批判，在郁达夫的文学创作地位不断得到肯定和确认之后，《迷羊》仍旧没有获得研究者们过多的关注。

在笔者有限的视阈里，对《迷羊》的讨论散见于有关郁达夫和宗教文化、郁达夫小说中的忏悔意识、郁达夫小说中的知识分子形象等研究；专论《迷羊》的文章有《论现代文化语境下知识分子与"戏子"的身份转换——以〈迷羊〉为契入口》，这篇文章以《迷羊》为个案，通过郁达夫的知识分子精神境遇来观照现代中国知识分子与"戏子"的身

---

〔1〕韩侍桁：《迷羊》，载邹啸编《郁达夫论》，上海：上海书店出版社，1987年，第116—117页。

〔2〕董易：《郁达夫的小说创作初探（上）》，《文学评论》，1980年第5期。

〔3〕刘大杰：《郁达夫与迷羊》，《长夜》，1928年第2期。

份纠缠及隐喻性[1]；另有文章《论郁达夫对谷崎润一郎小说的接受与变异——〈迷羊〉与〈痴人的爱〉的对比研究》分析了《迷羊》与《痴人的爱》的相似性，同时肯定了郁达夫立足中国人的情感价值体验与社会经验为作品注入了更深刻的内涵与价值。[2]

事实上，通过反复阅读，笔者发现《迷羊》这部小说中还潜藏着一些值得分析的，也是颇有意思的问题，比如小说中的空间书写呈现出一种闭环的特质，作者在叙事过程中埋下了多处伏笔，人物和情节的联结上也存在着某些隐蔽的叠现，以至于整个故事由内而外地打造了一座迷羊的迷宫，而究竟谁是迷羊、迷羊最终有没有走出迷宫都是我们可以从文本中进行再思考与再挖掘的问题。

## 一、空间闭环：重回故事的起点

在《迷羊》这部小说里，郁达夫为人物设置了较为宽广的活动轨迹与不同的空间场景，大到主人公生活的城市，小到具体的功能性空间如戏园、医院等，整体会带给读者一种空间流动性和变换感很强的感觉，似乎主人公一直在频繁迁移、活动场景在不停切换。但当我们试着画出人物的行迹、把故事的开头与结尾对照起来看，就会发现，小说里的空间书写具有某种闭环的特质，仿佛一切重新回到了故事的起点。

故事的开始，“我”在A城养病，结合郁达夫个人的经历，我们都知道这个A城应当就是安徽的安庆，也因此，曾有人将《迷羊》作为了解安庆历史风情的窗口[3]，而若仅对文本内部的空间书写进行梳理，那这个A城实际在哪里并不重要，我们所要厘清的是它在闭环中所处的位置。“我”在A城结识了女伶人谢月英，在与她交游相处的过程中，

---

〔1〕 曾令霞：《论现代文化语境下知识分子与“戏子”的身份转换——以〈迷羊〉为契入口》，《天府新论》，2009年第6期。

〔2〕 张萍：《论郁达夫对谷崎润一郎小说的接受与变异——〈迷羊〉与〈痴人的爱〉的对比研究》，《文化学刊》，2019年第10期。

〔3〕 李晖：《从郁达夫〈迷羊〉看二十年代安庆城市风情》，《阜阳师范学院学报》（社会科学版），1993年第3期。

她的可爱气质与美好肉体深深吸引了“我”，让“我”无时无刻不想见到她、和她在一起。谢月英作为一个从小没有父亲、四处漂流的行旅女优，年纪轻轻就吃尽了苦头，受尽压榨与侮辱，内心不可谓不期盼有人能够带她脱离苦海。于是乎，在情欲与现实的双重作用下，血气方刚的一对青年人就一同离开了A城，乘船到达了南京。起初一段日子，两人“天天游逛，夜夜欢娱”〔1〕，度过了一段忘却俗世烦恼的神仙生活。可当对南京生活的新鲜劲过去，谢月英就感到了日子的无聊与乏味，热情与激情褪去，两个人的关系总不如从前，因此“我”想尽办法为生活增添新的趣味与活力——最终奏效的只有带谢月英去上海。上海的时髦、新奇与热闹带给谢月英很大的满足，他乡遇故知同样让谢月英流连不已。当二人回到南京以后，谢月英的穿着打扮都按照上海的流行来，日日到人丛中展示自己、处处撩人，而“我”则愈加患得患失，对谢月英的占有欲和依赖感越发强盛，但这种占有与依赖并没能阻挡谢月英的离开。“我”以为谢月英是去了上海，便去上海找她。寻人未果，“我”收到了谢月英从南京寄来的信，再次匆匆折返南京，却还是扑了一场空。在从茶房处得知谢月英去了A地以后，“我”又立马乘船回到了A城。

经过以上梳理，我们会看到，主人公的行动轨迹是：A城—南京—上海—南京—上海—南京—A城，故事从A城开始，又在A城结束，就好比是在迷宫中兜兜转转绕了一大圈，到头来发现自己又回到了起点。如果说“迷羊”之“迷”是精神上的困顿与心灵旅途中的迷失，郁达夫这种闭环的空间书写就是试图从外围表现“迷羊”之“迷”，化无形为有形。

除了三个城市之间的闭环流动，在具体的空间场所上，郁达夫也有意无意地制造出了复叠交映的效果。比如与谢月英女伶身份密切相关的戏园在小说前后章节中反复出现，有着浓重宗教气息的圣保罗病院也在小说开头和结尾部分先后出现了一次，由于这些空间的功能性较强，所

〔1〕 郁达夫：《迷羊》，载《郁达夫文集》第2卷，广州：花城出版社；香港：生活·读书·新知三联书店香港分店，1982年，第54页。

以它们往往关联着一些叠现的情节，构成小说叙事迷宫的重要组成部分。

## 二、叙事迷宫：伏笔与情节叠现

医院这个空间所关联的情节无疑是病，《迷羊》首句即提及“我”脑病病得厉害，脑病尚未痊愈，又染了风寒、住进医院，在后叙中我们还可以得知“我”生了心脏病，在医院住了五个多月。“病”是郁达夫笔下的常客，肺病、胃病、脑病、心脏病、神经衰弱等各类疾病几乎成了郁达夫小说中主人公的标配之一。然而，《迷羊》中这样一种从病到病、从医院到医院的叙事迷宫值得玩味处在于它营造了一个似变非变的分析语境。

首先是患病的原因。起初，小说只提及“我”是因为读书过度用功，而患上失眠头晕的恶症，读者自然是信以为真的，但万不可信以为全，当情节发展到“我”在公园听到女声而神经兴奋的时候，作者给出了进一步的补充：“二十六岁的青春，时时在我的头脑里筋肉里呈不稳的现象，对女性的渴慕，当然也是有的。并且当出京以前，还有几个医生，将我的脑病，归咎在性欲的不调，劝我多交几位男女朋友，可以消散消散胸中堆积着的忧闷。”〔1〕或许对异性的渴慕与性的苦闷才是一以贯之的病因，因为其后让“我”住进医院的风寒症亦与“我”思慕谢月英、而她若即若离的状态使“我”产生无法得到之苦闷有关，所以在谢月英探病的时候，“我”会直言不讳道：“月英！你知不知道，我这病，这病的原因，一半也是，也是为了你呀！”〔2〕及至故事结尾，“我”因心脏病住院五个月，这心脏病的发生同样与异性、与性息息相关——长期不加节制的性欲造成肉体的衰竭、占有欲无法得到满足时的妒火攻

〔1〕郁达夫：《迷羊》，载《郁达夫文集》第2卷，广州：花城出版社；香港：生活·读书·新知三联书店香港分店，1982年，第3页。
〔2〕郁达夫：《迷羊》，载《郁达夫文集》第2卷，广州：花城出版社；香港：生活·读书·新知三联书店香港分店，1982年，第39页。

心、患得患失的恐怖与动辄泪流满面耗尽了气力、谢月英出走后的奔波劳碌与愁苦忧郁……由此，我们就能看出，从脑病到心脏病，名称虽变，实则都是心病的生理性外化，病变器官的下移可能只意味着苦闷程度的加深而已。

从病到病、从医院到医院的叙事同样关涉病的疗愈，笔者认为，这一过程有三个阶段：环境怡人—女子完人—宗教救人。A城地气温暖、天候亢燥，山水秀美、多清净之所，“我”在此地闲游懒游月余，必有心旷神怡之感，病症也减轻几分、身体渐强。然而正如前文所分析的根本病因在于对异性的渴慕与性之苦闷，所以怡人的环境并不能根治病症，因此当“我”的欲火被谢月英挑起却一时难以圆满时，“我”才会又添风寒之症，头脑昏痛、心神不快。“把一切的忧愁抛付了东流江水，眼前只觉得是快乐，只觉得是光明，仿佛是走上了上天的大道了”〔1〕，“我”的身体状况与精神状况保持在最佳状态的时段是在“我”与谢月英出奔、并商定了二人避世计划以后。彼时，“我”已在旅途中与谢月英度过了颠鸾倒凤的千金一刻，获得了人生欲求得以满足的极乐体验，谢月英的肉体与热情帮助“我”成为一个完整的人，使“我”对未来充满光明的希冀与美好的幻想。肉体的欢愉是短暂的，病症也只是暂时消失，当空虚与新的矛盾闯入两人的生活，“我”衰弱的神经、忧惧的心理就再次处于一种随时可能崩塌的病态，以至于最后又躺进了医院，而按照后叙的描写，最终是宗教疗愈了“我”的苦痛、洗涤了“我”的灵魂。研究者们常以灵肉冲突作为解读郁达夫小说的重要命题，或许关于灵与肉的拯救与疗愈也是可以进一步探讨的话题。

谢月英是女伶人，戏园、戏院自然也就成了小说中反复出现的空间场景，而与此相关联的前后情节叠现是从追求到追寻。故事开头，“我”因谢月英而每晚上戏园听戏，凡谢月英登台，“我”不曾缺席一场，并逐步从台前结交到后台，尽管“我”不愿承认自己为谢月英所倾倒，实

〔1〕 郁达夫：《迷羊》，载《郁达夫文集》第2卷，广州：花城出版社；香港：生活·读书·新知三联书店香港分店，1982年，第53页。

则内心的渴想已燃烧到极点，“我”的悲喜完全为台上的谢月英所牵引，日日造访戏园正是追求谢月英的体现，只是因为生性胆小羞怯且不常与女子往来，才未将此番行为背后的动因挑明，但追求的意愿是显而易见的。到了故事尾声，“我又只在坤角上演的戏院里过日子了”[1]，“我”独自一人日日造访戏院的情节再次出现，但此时的状态已由追求变成了追寻，大海捞针般追寻一个已经离开自己、不见踪影的人。这种情节的复现与内里的变化似乎在暗示着此前的追求不过也是一场虚妄罢了。

其实在整篇小说中，作者为谢月英的离开埋下了多处伏笔。在“我”和谢月英第一次在A城一起逛完寺庙回到旅馆后，“我才同从梦里醒过来的人似的回到了现实的世界，而谢月英又很急的从门口走了进去，对我招呼也没有招呼，就在我的面前消失了”[2]，回头来看这句话，近乎一句谶语。更为直接的暗示是“我”在寺庙抽到了一支下下签，笔者以为，签文中第一行的两句分别对应谢月英和“我”的情状：谢月英是“银烛一曲太妖娇”，“我”是“肠断人间紫玉箫”，签文中的第二行则是对二人关系发展的预兆：“漫向金陵寻故事，啼鸦衰柳自无聊。”[3] 无论如何解读，分离似乎都是注定的结局。“我”的幻梦同样是一处伏笔：“看见和月英两个人在水边上走路，月英忽而跌入了水里”[4]，镜花水月是也。当“我”在胭脂井对谢月英说起陈后主的故事时，月英理所当然地以为陈后主的妃子们必定是弃陈后主而去、跟着韩擒虎了，这也就暗示着此乃月英会做出的选择。上海之行后，“我”与月英愈发貌合神离，“我”不时浮现于脑中的预感与频繁出现的噩梦真可谓是日有所思、夜有所梦，也是即将发生的现实。

《迷羊》这部小说的后叙部分应当是其与郁达夫其他以第一人称展

---

〔1〕 郁达夫：《迷羊》，载《郁达夫文集》第2卷，广州：花城出版社；香港：生活·读书·新知三联书店香港分店，1982年，第86页。
〔2〕 郁达夫：《迷羊》，载《郁达夫文集》第2卷，广州：花城出版社；香港：生活·读书·新知三联书店香港分店，1982年，第26页。
〔3〕 郁达夫：《迷羊》，载《郁达夫文集》第2卷，广州：花城出版社；香港：生活·读书·新知三联书店香港分店，1982年，第28页。
〔4〕 郁达夫：《迷羊》，载《郁达夫文集》第2卷，广州：花城出版社；香港：生活·读书·新知三联书店香港分店，1982年，第31页。

开叙事的“自叙传”小说区别开来的重要特征，因这后叙的补充与颠覆，《迷羊》叙事的趣味性大大增强，也就是说，郁达夫不仅让小说中的人物奔走在循环往复的空间与情节里，似乎他也在给读者的阅读设置一道迷宫。在读者以为王介成和谢月英的爱恨纠葛到此为止的时候，郁达夫走出来告诉读者：你刚刚所读的不过是我从一位宣教师那里得来的一篇忏悔录。颇有意思的是，在宣教师口述的故事里，忏悔录的书写者“生了心脏病，昏倒在雪窠里，后来被人送到了我们的医院里来”〔1〕，但在读者先一步看到的“忏悔录”里，“我”是自己意识到了自身心脏的急震，遂在微雪里叫了一辆黄包车把“我”拉到圣保罗病院，在前后龃龉的描述中，读者很难得到孰真孰假的答案。如果两部分叙述相隔较远，我们或许可以说是郁达夫写作中的疏忽，这种前后信息的不对称在其他现当代作家的长篇创作中也不是没有出现过，然而《迷羊》只是一部中篇小说，两部分叙述相隔也极近，因此笔者斗胆猜测，这也许正是郁达夫想要达到的一种叙事效果——似真似幻，不必去追溯故事的源头与原型，不必辨明哪些是虚构、哪些是真实。

## 三、谁是迷羊：迷失、选择、救赎

《迷羊》中有一个值得分辨的问题在于：究竟谁是迷羊？“迷羊”一词出现在小说后叙中，有一定的宗教话语环境，它是一只面临危险、怀揣恐惧的迷路的羊，需要通过祈祷和忏悔把自身所负担不了的危险、恐惧与愁思交给一个更伟大的牧人，如此它自身才会得到拯救。毫无疑问，按照小说的叙事逻辑，“我”（王介成）是一只迷羊，经历了沉沦、忏悔、救赎的全过程。但笔者想提出的问题是，谢月英是否也是一头迷羊呢？谢月英是以限知视角呈现出来的，这反而使这个人物有了更多可探索的空间。

---

〔1〕 郁达夫：《迷羊》，载《郁达夫文集》第2卷，广州：花城出版社；香港：生活·读书·新知三联书店香港分店，1982年，第93页。

小说中的“我”虽家景萧条，但到底还可以读书，还有父亲生前的知己给予支持，随意就得了一个挂名的咨议，“每月有不劳而获的两百块钱俸金好领”〔1〕。而谢月英却是个连父亲是谁都不知道的私生子，因为母亲生活作风的放荡不羁，几乎处于无父无母的孤儿状态，从小跟着师傅四处漂流，吃了许多苦、受了许多委屈才博得一个在台前取悦别人的机会，年纪轻轻、貌美如花的女孩子在卖艺的过程中会受到多少欺凌侮辱与压榨是可以想见的。小说中有这样一句话：“茶房来替我们收拾行李，月英大约是因为怕被他看出是女伶的前身，竟给了他五块钱的小账。”〔2〕月英一度是在回避女伶身份的，这也是她答应和“我”出奔的重要原因，她不想再受卖艺之苦。逃离A城以后，谢月英起初也和“我”一样耽溺于肉欲的欢愉、享受游逛之乐，但很快她就感觉到了厌倦、失落与迷惘，觉得如此闲荡下去并非正经的出路，所以在上海看戏之时，她提出了重返舞台的愿景，并最终选择离开“我”。

从出奔到出走，无所谓哪一条是正途，但这是一个发现内心真实欲求的过程，十八岁半的谢月英从出生起就没有选择的权利，她在苦难的现实的强势逼迫下被推着往前走，压根连迷失的缝隙都没有，直到“我”的出现才在她前行的路上打开了一个岔路口，她经历了另一种避世生活后才意识到自己所渴望的是众多关注的目光，是夸赞与欢呼，是舞台中央的荣耀时刻。小说里写到过谢月英三次登高凝望的场景：第一次是在迎江寺的高塔上，“她对了这落照中的城市烟景也似乎在发痴想”〔3〕；第二次是在上海×世界的屋顶，“月英登了这样的高处，看了这样的夜景，又举起头来看看千家同照的月华，似乎想起了什么心事，在屋顶上动也不动，响也不响的立了许多时候”〔4〕；第三次是在半淞园

---

〔1〕郁达夫：《迷羊》，载《郁达夫文集》第2卷，广州：花城出版社；香港：生活·读书·新知三联书店香港分店，1982年，第2页。

〔2〕郁达夫：《迷羊》，载《郁达夫文集》第2卷，广州：花城出版社；香港：生活·读书·新知三联书店香港分店，1982年，第50页。

〔3〕郁达夫：《迷羊》，载《郁达夫文集》第2卷，广州：花城出版社；香港：生活·读书·新知三联书店香港分店，1982年，第25页。

〔4〕郁达夫：《迷羊》，载《郁达夫文集》第2卷，广州：花城出版社；香港：生活·读书·新知三联书店香港分店，1982年，第63页。

中最高的假山亭上，月英不想在此处多做停留，因为目光所及的景致均是萧条、冷清与枯寂，“好象一个人就要死下去的样子”[1]，她觉得不如×世界的屋顶上那么有趣。因为小说中并没有谢月英的视角，我们无法知晓她所痴想的心事是什么，只能从旁推测谢月英是一个喜欢繁华与热闹、向往人烟与俗世的女子，想来她自己也逐渐意识到自己所追求的到底是什么，所以才会毅然做出离开的决定，并且没有一丝一毫的拖泥带水。

如果说“我”这只迷羊已在忏悔中得到了宗教的救赎，开启了安身立命的新生活，那么结局未明的谢月英则更像一只仍在迷路中、不知所终的羊，读者无法预知她会遇到怎样的危险、感受怎样的恐惧，但读者似乎可以相信，她转身离开的决绝态度就是一种自我拯救的力量。应当说，无论是从外貌特征、身体特征、性格特征、身份特征，还是从具体的行为选择来看，谢月英都是郁达夫笔下十分重要的一个女性角色，这个角色身上存在一些没有言明的东西，我们隐约能够从中捕捉到郁达夫对女性的审美取向以及对女性命运的思索等问题。

关于《迷羊》的创作，郁达夫断断续续进行了一年之久，倘若这部小说没有其存在的必要与价值，那郁达夫是不必在忙乱的事务中抽出时间与精力来完成它的。假设笔者上述的分析都成立于郁达夫的创作构思中，那他能够在一段较长的时间跨度中做到让叙事流动在闭环的空间中、设置多处情节的照应，应当是颇花费了一些心思的。换个角度来看，郁达夫的小说中也有一些未完成的残篇，既然《迷羊》是如此完整的一部小说，我们何不向其投注更多的目光呢？

作者简介：杨越悦，同济大学人文学院文学硕士，主要从事中国现当代文学研究。

---

〔1〕郁达夫：《迷羊》，载《郁达夫文集》第2卷，广州：花城出版社；香港：生活·读书·新知三联书店香港分店，1982年，第69页。

# 文学及其他

# 浅析郁达夫的“寒灰复燃”

## ——以《日记九种》为例[1]

大久保洋子

1923年10月，郁达夫离开了他挣扎两年的上海，赴北京大学担任统计学讲师，从此以后，他旺盛的创作欲就消退了。在一封1924年初给郭沫若和成仿吾的书信中，郁达夫告白他对文学本身产生的怀疑。

> 我觉得艺术中间，不使人怀着恶感，对之能直接得到一种快乐的，只有几张伟大的绘画，和几段奔放的音乐，除此之外，如诗，文，小说，戏剧，和其他的一切艺术作品，都觉得肉麻得很。
>
> ……
>
> 我近来对北京的朋友，新订了一个规约，请他们见面时绝对不要讲关于文学上的话，对于我自家的几篇无聊的作品，更请求他们不要提起。因为一提起来，我自家更羞惭得窜身无地，我的苦闷，也更要增加。[2]

经济困难和与教学生活的矛盾等因素，是郁达夫在此后大约三年之

〔1〕 本文原为日文，曾以「郁達夫『日記九種』試読ー『寒灰の再燃』をめぐってー」为题，发表于日本《国学院中国学会报》第66辑，国学院大学中国学会，2020年12月。在此发表之际，由笔者加以修改后翻译成中文。

〔2〕 郁达夫：《一封信》，《东方杂志》半月刊，1924年第2期。参见郁达夫著，吴秀明编《郁达夫全集》第三卷，杭州：浙江大学出版社，2007年，第76页。此后，除非另有说明，郁达夫的文章均引自《郁达夫全集》。

间无法写小说的客观原因。〔1〕然而，在这些表面的困难背后，还存在着郁达夫对自己以往作品的怀疑，可以说，在随后的较长一段时间里，郁达夫反复寻求和摸索摆脱创作危机的方法。〔2〕

郁达夫在北京的生活大约一年后结束，他在1925年初到武昌师范大学赴任。1926年，他又到广东大学和中山大学转任，但未能克服创作上的困难。同年年底，他辞去了中山大学的职务，第二年去了上海。据以往的研究，1927年是郁达夫创作生涯的转折期，他的创作活动可以分为这一年之前和之后。〔3〕这一时期的文学活动，尤其是在武昌和广州的文学活动，由于作品和文献的稀缺，还没有得到深厚的研究成果。《日记九种》是郁达夫从1926年到1927年夏天的生活记录，本文试图通过对《日记九种》进行分析，从而探讨其中表现的郁达夫文学的"转折"的内涵。

## 一、关于《日记九种》：兼顾介绍日本的研究成果和本文的出发点

如前所述，在1924年对文学持有怀疑态度的郁达夫，据说在1927年，实现了作为作家的复活。这种内在的变化也是由郁达夫本人在当年为《达夫全集》第三卷《过去集》写的序文《五六年来创作生活的回顾》中透露的。

---

〔1〕李丽君对郁达夫的教学生活做了详细研究。李丽君：《郁达夫的原像：与域外文化、时代、社会的葛藤》（『郁達夫の原像—異文化・時代・社会との葛藤』）第二章，花书院，2016年。

〔2〕平井博将郁达夫此时的精神状态定为"有可能使他放弃表现行为的危机"（表現そのものを手ばなしかねない危機）。[日] 平井博：《郁达夫：他的文学上的摸索（上）》（『郁達夫——その文学的模索（上）』），《无名》第三号，1983年1月，第29页。

〔3〕例如，李锦明将郁达夫1921年至1928年的创作活动分为三个时期，第一个时期是"《沉沦》产生的时期"，第二个时期是他从日本回国后到北京任职的"自我表现的时期"，第三个时期是1927年以后的"《过去》的蜕变时期"。锦明《达夫的三时代》，《一般》，1927年第3卷第1期，1927年9月5日。参见陈子善、王自立编《郁达夫研究资料》，广州：花城出版社；香港：生活・读书・新知三联书店香港分店，1985年。

> 现在我只想把自己的“如何的和小说发生关系”，“如何的动笔起来”，又“对于创作，有如何的一种成见”等等，来乱谈一下。〔1〕

《五六年来创作生活的回顾》是郁达夫回顾自幼小时期以来的自己与小说的关系，通过他的记述，可以说他所谓的“创作”指的并不是旧体诗、散文和翻译，而是小说。在接下来的部分，郁达夫写到在这一年里重新有了创作的欲望。

> 在这一年中，感到了许多幻灭，引起了许多疑心，我以为以后我的创作力将永久地消失了。后来回到上海来小住，闲时也上从前住过的地方去走走，一种怀旧之情，落魄之感，重新将我的创作欲唤起，一直到现在止，虽则这中间，也曾南去广州，北返北京，行色匆匆，不曾坐下来做过伟大的东西，但自家想想，今后仿佛还能够奋斗，还能够重新回复一九二三年当时的元气的样子。〔2〕

发生在1927年的这一变化的原因，一般被认为是他与第二任妻子王映霞的恋爱得到了成就。郁达夫在他的《日记九种》中发表了关于这段爱情的过程。

《日记九种》于1927年9月1日由北新书局出版，它包括从1926年11月到1927年7月底的九篇日记。每篇日记都记录了他一个月左右的生活，但时间长短不一，可以说这些日记是根据生活上的某种阶段来划分的。

《日记九种》记录了郁达夫自从离开广州的教职，来到上海之后，认识并爱上了王映霞，以及这段恋情达到成就的过程。日记还描述他参

---

〔1〕 写于1927年8月31日。刊于《文学周报》，1927年10月第5卷第11—12号合刊。参见郁达夫著，吴秀明编《郁达夫全集》第十卷，杭州：浙江大学出版社，2007年，第309页。

〔2〕 郁达夫著，吴秀明编：《郁达夫全集》第十卷，杭州：浙江大学出版社，2007年，第312页。

与创造社出版部的整理工作，他的阅读记录和交友记录，这些资料在文学史上具有相当重要的价值。

《日记九种》的第一篇《劳生日记》于1927年7月15日发表在《创造月刊》第1卷第7期上，比以书本形式出版的时间早两个月。在此之前，郁达夫在同年6月发表了一篇题为《日记文学》的文章。其中，郁达夫指出："散文作品里头，最便当的一种体裁，是日记体，其次是书简体。"因为"这一种自叙传，若以第三人称来写出，则时常有不自觉的误成第一人称的地方，……并且缕缕直叙这第三人称的主人公的心理状态的时候，读者若仔细一想，何以这一个人的心理状态，会被作者晓得得这样精细？那么一种幻灭之感，使文学的真实性消失的感觉，就要暴露出来，却是文学上的一个绝大的危险"。因此，"足以救这一种危险，并且可以使真实性确立，使读者于不知不觉的中间受催眠暗示的，是日记的体裁"。〔1〕

《日记文学》可以说是《劳生日记》出版的前奏，也是《日记九种》出版的前奏，是确保《日记九种》真实性的手段。以往的研究指出，鲁迅就《日记文学》写下"体裁似乎不关重要"的事实，代表着鲁迅和郁达夫之间对"真实性"和"事实性"的认识存在差异。〔2〕本文更想关注郁达夫对小说体裁的观点。笔者认为，郁达夫是一个关注"写什么"的同时，更关注"如何写"的作家。〔3〕

在《日记九种》中，郁达夫含有自嘲地提及出版日记的行为："文人卖到日记和书函，是走到末路的末路时的行为，我的所以到此地步，

---

〔1〕《日记文学》，写于1927年6月14日。《洪水》半月刊，第3卷第32期，1927年5月1日。由于出版延误，该期实际出版日期比记载晚。参见郁达夫著，吴秀明编《郁达夫全集》第十卷，杭州：浙江大学出版社，2007年，第287页。

〔2〕鲁迅《怎么写——夜记一》，《莽原》半月刊，第18—19期，1927年10月10日。关于"日记文学"的争论，见［日］平井博：《郁达夫：他在文学上的摸索（上）》，《无名》，1983年第3号。

〔3〕关于郁达夫对叙事方式的意识与实践，请参见拙文《对郁达夫〈茑萝行〉的初步思考——以表达方式和作者形象为中心》（『郁達夫「蔦蘿行」をめぐる初步的考察——その表現と作家イメージ』），《神话与诗》（『神話と詩』），日本闻一多学会，2014年第12期。

也是由于我自己的生性愚鲁，……请大家不再要去踏我的覆辙。”[1]

针对郁达夫的告白，以往的研究往往认为郁达夫的日记是“不过是卖文的作品，没有文学价值”。铃木正夫将郁达夫在20世纪20年代末的文学活动分为两类：一类是他作为担任时代使命的作家愿意做的，另一类是他为了维持生计而被迫做的。铃木写道，《〈日记九种〉后叙》中的自嘲可以视为“他当时的毫无虚假的感情”[2]。

平井博也根据《后叙》的自嘲，指出“不能给《日记九种》赋予特殊的意义”，“除了维持作家卖文生活的一般性意义之外，或许不能给日记、游记和小品文等创作间歇期的文章，赋予更多的意义”。然而，平井同时指出，如果《日记九种》与郁达夫在此之后的写作活动结合起来考虑，“不可否认的是，在那里浮现出类似于他自己的文学上的信念之类的东西”[3]。

《后叙》中的自嘲确实可以看作是一种充满悔意的言说，这里包含着郁达夫的某种作家意识，他充分意识到读者如何看待这本日记。然而，我们还可以指出，他在向读者揭露自己的愚蠢行为的时候，这一“忏悔”当中存在着他的自我演出的意识。

铃木正夫推测，郁达夫原来并不打算公开自己的日记，一旦决定了出版之后，他对自己的日记进行了修改，可以说他把日记作为一种“创作”整理了体裁。[4]

---

〔1〕《〈日记九种〉后叙》，写于1927年8月14日。《北新周刊》，第45—46期合刊，1927年9月1日。参见郁达夫著，吴秀明编《郁达夫全集》第十卷，杭州：浙江大学出版社，2007年，第304页。

〔2〕［日］铃木正夫：《郁达夫：时代的悲剧作家》（『郁達夫—悲劇の時代作家—』），研文出版，1994年，第68页。原文：この時代の作家として己れはかくあるべしとして意図したものと、生計を維持するためにやむを得ず手を染めたものとの二種類に色分けされる；当時の彼の偽らぬ心境と受けとってよいと思う。

〔3〕［日］平井博：《郁达夫：他在文学上的摸索（上）》，《无名》1983年第3号，第44—45、48页。原文：この『日記九種』に特別の意味をもたせることはできない；作品を生むあいまの日記、紀行文、小品文に、文学者の売文生活を支えるというごく普通の意味あい以上のものを負わせるのは無理かもしれない；そこに一つの彼なりの文学的信念のようなものが浮かびあがってくることもまた否定できない。

〔4〕［日］铃木正夫：《郁达夫：时代的悲剧作家》，研文出版，1994年，第67—68页。

在写于1935年6月的杂文《再谈日记》中，郁达夫透露，他以前就有写日记的习惯："在日本读书的时候，当然也断断续续的记下了许多的日记"；"回国之后，做了些编杂志和教书的事情，中间虽也不曾断过记日记的习惯"。他还说："自从南下广东，北回北京，生活上起了变化之后，日记方才记得多了一点；但当记载的时候，当然是没有把这些无聊的日常琐事，公之于大众之前的意识的。"〔1〕《日记九种》可以说是对这些作为日常生活记录的日记进行整理后出版的。例如，郁达夫把日记中一些人的名字隐藏起来，如"某"，而对具有公共性质的人名，如创造社成员和作家的名字加以公开，从此可以看出，《日记九种》是他根据读者的眼光来修改的。《日记九种》是郁达夫当时的思想和行动的记录，但同时也不一定是他当时生活和行动的如实的记录；是一部关于是否应该公开的问题进行思考的，是经过筛选后成立的一种"作品"。郁达夫的自我演出的意识可能在这个筛选中发挥了作用。《日记九种》将日常生活的记录经过篡改后成为一件艺术品，它描绘的是"作家郁达夫"的形象和故事，这些形象和故事都是郁达夫同意公开的。《后叙》的自嘲背后可能存在着郁达夫的自我演出的意识。

近年来，日本的郁达夫研究有一个趋向，即从《日记九种》寻找郁达夫的创作活动中的积极意义。大东和重写道："《日记九种》记录了郁达夫在找到王映霞这个新伙伴后，复苏了似乎已经毁灭了的灵魂，并恢复了他作为创作者的信心的过程。在这里描绘的是，以恋爱为契机发现并实现本来的自我，这一欢喜和祝福的瞬间。"大东尤其详细讨论《新生日记》与大正时期日本的自传体恋爱小说之间的关系。〔2〕

从与《日记九种》同一时期写成的郁达夫的文章中，我们可以看

---

〔1〕 郁达夫著，吴秀明编：《郁达夫全集》第十一卷，杭州：浙江大学出版社，2007年，第216页。

〔2〕［日］大东和重：《郁达夫与大正文学：自〈自我表现〉至〈自我实现〉的时代》（『郁達夫と大正文学—「自己表現」から「自己実現」の時代へ』），东京大学出版会，2012年，第178页。原文：『日記九種』は、王映霞という新しい伴侶を得て、死滅していたかに思われた魂が蘇生し、創作者としての自信も復活する、その過程の記録である。描かれたのは、恋愛を契機に、本来的な自我を発見し実現していく、その歓喜と祝福の瞬間である。

到，郁达夫曾在与王映霞的恋爱中发现巨大的意义。郁达夫是中国现代文人中最早在生前出版全集的作家，其中第一卷《寒灰集》的题辞写道：

> 全集的第一卷，名之曰寒灰。寒灰的复燃，要借吹嘘的大力。这大力的出处，大约是在我的朋友王映霞的身上。假使这样无聊的一本小集，也可以传之久远；那么让我的朋友映霞之名，也和它一道的传下去吧！〔1〕

如果郁达夫通过他的恋爱“发现了本来的自我”并重新获得了“作为创作者的信心”，那么他的“本来的自我”究竟是什么，他重新获得的作为“创作者”的形象又是什么样的？如果像以往的研究所定位的那样，郁达夫作为作家的转变是由他在1927年的恋爱引发的，与郁达夫自己所说的“寒灰复燃的大力的出处”的故事体现在《日记九种》中，那么这些契机和变化在《日记九种》中是如何描绘出来的？郁达夫作为作家的“重生”是否真的如他自己所写的那样，在1927年得到了实现？

## 二、《日记九种》中描绘的“恋爱”

我们现在观察每篇日记的时间和内容：

> 《劳生日记》1926年11月3日至30日　在中山大学的教学生活和辞职决心。与白薇的交情。与创造社出版部的年轻成员发生冲突。
>
> 《病闲日记》同年12月1日至14日　从他决定辞职到离开广州。与白薇的交情。

〔1〕郁达夫：《〈寒灰集〉题辞》，载《达夫全集》第一卷，上海：创造社出版部，1927年。参见《郁达夫文集》第7卷，广州：花城出版社；香港：生活·读书·新知三联书店香港分店，1983年，第169页。

《村居日记》1927年1月1日至31日　　在上海彷徨，认识王映霞。在整理创造社出版部的过程中屡屡感到不快。

《穷冬日记》同年2月1日至16日　　恋爱的苦闷与挫折。

《新生日记》同年2月17日至4月2日　　与王映霞的恋爱的痛苦和成就。

《闲情日记》同年4月2日至30日　　就妻子和王映霞的事情被二兄指责。离开被战争摧残的上海，去杭州看望王映霞的家属。

《五月日记》同年5月1日至31日　　因健康问题而住院。与王映霞的关系相对稳定。月底，与王一起去杭州。

《客杭日记》同年6月1日至24日　　在杭州休养，并与王映霞举行订婚酒会。

《厌炎日记》同年6月25日至7月31日　　赴上海。在与孙荃和王映霞的关系中挣扎。产生与王一起移民国外的想法。

下面我们来看看《日记九种》中的一些具体描述。

以下是郁达夫1927年1月20日在上海访问孙百刚夫妇时的描述，当时郁达夫刚认识逗留在孙家的王映霞。

王女士却躲在被窝里暗泣。惊问他们，王女士为什么就这样的伤心？孙太太说："因为她不愿离我而去。"我摸上被窝边上，伸手进去拉她的手，劝她不要哭了，并且写了一张字条给她。停了三五分钟，她果然转哭为笑了。我总以为她此番之哭，却是为我。心里十分的快乐，二三个钟头以前的那一种抑郁的情怀，不晓消失到哪里去了。……啊啊！我真快乐，我真希望这一回的恋爱能够成功，……我只在幻想将来我与她的恋爱成就后的事情。老天爷啊老天爷，我情愿牺牲一切，但我不愿就此而失掉了我的王女士，失掉了我这可爱的王女士。[1]

郁达夫为赢得王映霞的爱情而全力以赴。他们的关系逐渐发展，王映霞一步步接受了郁达夫的感情。以下是《新生日记》中2月25日的一部分，郁达夫描述他在恋爱途中的喜悦和痛苦中的日子。

又接到了映霞的一封信，约我去尚贤坊相会，马上跑去，和她对坐到午后五点，一句话也说不出来。她约我于下星期一再去，并且给了我一个地址，教我以后和她通信。无论如何，我总承认她是接受了我的爱了，我以后总想竭力做成这一回的perfect love [原文]，不至辜负她，不至损害人。[2]

他们的关系似乎已经稳定下来，但有一天，王映霞在郁达夫的卧室里发现了他的日记，气愤地写了一封痛责他的信，就离开上海。以下是3月11日的描述。郁达夫给王映霞写了两封信之后，冒雨到王映霞工作的坤范女子中学去。

身上淋得同水鬼一样，好容易到了坤范，她又不在，我真懊恼之极，便又上尚贤坊去找她。当然是找她不着的，心里愈感到痛苦，周围的事情也愈遭。……一个人在风雨交迫的大路上走着，我真想痛哭起来，若恋爱的滋味，是这样痛苦的，那我只愿意死，不愿再和她往来。

啊啊，天何妒我，天何弄我到这一个地步！

我恨极了，我真恨极了。[3]

---

〔1〕 郁达夫著，吴秀明编：《郁达夫全集》第五卷，杭州：浙江大学出版社，2007年，第79—80页。
〔2〕 郁达夫著，吴秀明编：《郁达夫全集》第五卷，杭州：浙江大学出版社，2007年，第110页。
〔3〕 郁达夫著，吴秀明编：《郁达夫全集》第五卷，杭州：浙江大学出版社，2007年，第123页。

第二天，他再次访问王映霞，并得到机会来辩明。

> 总算是万幸，她出来见了我，说了两三句话，约她明天到创造社来，我就同遇赦的死刑囚一样，很轻快地跑回了家。[1]

13日，王映霞到上海创造社出版部访问郁达夫。

> 我和映霞上周家去。……她执意要回去，我勉强的拉她上了汽车，和她上六三花园去走了一转，回去又在北四川路的一家咖啡馆楼上坐了一个钟头，谈了许多衷曲，她总算是被我说服了。[2]

在《日记九种》中，郁达夫描述了他对王映霞的强烈的浪漫感情，以及被这种感情折腾的他自己。郁达夫往往不能得知王映霞的想法，并为此感到困扰，一旦被她宽恕，他就会感到欣喜，"就同遇赦的死刑囚一样"。这里描述的完全是郁达夫一个人的心理，尽管王映霞是郁达夫这一"主人公"的浪漫伴侣，但是她的心理很少被揭示出来。王映霞的话语只有作为郁达夫的话语才说出来，一切都通过郁达夫的视角来描绘。《日记九种》描写的不是恋爱本身，而是沉浸在恋爱中的郁达夫本人的形象。这一点通过与王映霞的自传进行对比就显得很清楚。

关于郁达夫安慰在床上哭泣的王映霞的事件，郁达夫以为王映霞因为与他的离别感到痛苦，然后通过他的安慰露出微笑，他从而觉得满心欢悦。然而王映霞写道，她其实是为人们议论她和郁达夫的关系而感到

---

〔1〕郁达夫著，吴秀明编：《郁达夫全集》第五卷，杭州：浙江大学出版社，2007年，第124页。

〔2〕郁达夫著，吴秀明编：《郁达夫全集》第五卷，杭州：浙江大学出版社，2007年，第125页。

痛苦和哭泣，她笑了，是因为郁达夫的纸条就像“哄小孩”一样。[1]事实上，王映霞笑了，是因为郁达夫毫无怀疑地接受了孙夫人的解释，努力安慰自己，她对这种情况感到可笑，这是两人之间的一种情感上的接近，而并不是郁达夫所想那样的爱情的开始。

王映霞还说，当她对郁达夫的日记愤慨而离开上海时，她的心理是既愤怒又尴尬，她感到与一个作家交往的可怕，决定与郁达夫保持距离，以免成为别人的笑料。[2]

《王映霞自传》是她在晚年写的，描述的内容或许不能说是她当时实际心理的直接记录。然而，她的心理描写详细而具体，这里有一个有血有肉的人的形象，她在一方面对随着关系的进展而发生的与周围环境的摩擦感到忐忑不安，在另一方面又被郁达夫的内心深处所存在的《沉沦》主人公的孤独形象强烈吸引，并不可拒绝地参与到与郁达夫的爱情当中。这与《日记九种》所表现的木偶般的王映霞形象截然不同。

郁达夫小说中女性的一个主要特点是，她们只有单方面地接受主人公的“告白”，而“被剥夺了话语权”，她们自己的思想在作品里根本没有被描绘出来。[3]同样地，在《日记九种》中，郁达夫与女性的“关系”也没有被描绘出来，而描述的重点在于郁达夫自己，他单方面以为自己是被女性“拯救”的。《日记九种》更多的是描写在恋爱中的作家自我意识的作品，而不是关于恋爱本身的故事。

据以往的评价，郁达夫的第一部小说《沉沦》“描绘了性欲而不是

---

〔1〕王映霞：《王映霞自传》，合肥：黄山书社，2008年，第32页。由台湾传记文学出版社于1990年10月首次出版。原文：自从我认识郁后，时时感觉到人们在议论我，我觉得自己没做什么坏事，大家为什么要在背后讲我？……一天我实在熬不住了，白天也不肯起来，躲在被子里痛哭，大家都劝我别这样。正在这时，郁达夫来了，……孙太太搪塞着说：“因为她要回杭州去，但又不愿离开我们。”郁听了以后，走过来拉着我的手说：“别哭了。”见我不理他，他又写了张纸条塞给我，我一看，上面写的全是哄小孩的话，挺逗，不觉笑了起来。

〔2〕王映霞：《王映霞自传》，合肥：黄山书社，2008年，第49页。原文：偶然间翻看了他近日写的好几页日记，心中有些恼火，同时有些怕羞。我开始感到和一个作家交往，有些胆寒，回到杭州以后，我便狠狠地下决心要和他疏远，免得日后闹出许多笑话来。

〔3〕[日]井上薰：《郁达夫作品中的“性”的话语：其“忏悔”的仪式》（『郁達夫作品に見る「性（sexuality）」の言説—その「告白」という儀式—』），《野草》，2000年第69号。

性本身”。日本的中国文学家泽田瑞穗说，《沉沦》是“一个年轻人对性的痛苦和苦恼的真实呼喊，而不是游戏。这就是郁达夫的现代性，它自然不能等同于《肉蒲团》那样的错误风流”。[1] 成仿吾分析说，《沉沦》是一部描写“求爱的心”的作品。[2] 大东和重将其描述为“一个文学青年的‘自我意识’的故事，没有开始，也没有结束”[3]。如果说，描写人的自我意识是郁达夫小说的新颖之处，那么《日记九种》的描写一个人在爱情中挣扎的自我意识的叙述方法，自从《沉沦》以来几乎没有变化。

## 三、“寒灰复燃”与《日记九种》

本章将《日记九种》中每篇日记的结尾与下一个日记的内容进行对比，从而思考郁达夫以恋爱为契机，作为作家达到重生的故事是否为事实。

在每篇的末尾，郁达夫反思了他当月的生活，并决心从下个月起做一个体面的人，过上正常的生活。

《劳生日记》

1926年11月30日　从明日起，我已无职业，当努力于著作翻译，后半生的事业，全看今后的意志力能否坚强保持。

《病闲日记》

1926年12月2日　天气不好，人亦似受了这支配，不能振作有为，今天萎靡得不了。

---

〔1〕［日］泽田瑞穗：《中国的文学》（『中国の文学』），学徒援护会，1948年，第34—35页。原文：性に対する青年の痛苦の真実なる叫びであって遊戯ではなかった。これが郁達夫の近代性であって、『肉蒲团』風な誤れる情痴の風流と同一視することの出来ないのは勿論である。

〔2〕成仿吾：《通信》，《创造》季刊，第1卷第3期，1922年10月。原文：达夫的《沉沦》，大家都说是描写灵肉的冲突。我却不以为然。若说是灵肉的冲突，未免太肤浅了。我说他所描写的，是“求爱的心 Liebe bedürftiges Herz”。

〔3〕［日］大东和重：《郁达夫与大正文学：自〈自我表现〉至〈自我实现〉的时代》，东京大学出版会，2012年，第91页。

同月14日　此番上上海后，当戒去烟酒，努力奋斗一番，事之成败，当看我今后立志之坚不坚。……今后当努力创造耳。

《村居日记》

1927年1月6日　在法大马路一家酒馆里喝得微醉，回家来就上床入睡，今天觉得疲倦得很。

同月10日　在酒馆和华林喝了许多酒，即上法界一位朋友那里去坐。

同月31日　以后又是新日记的开始，我希望我的生活，也能和日记一样的刷新一回，再开一个新纪元。

《穷冬日记》

2月5日　以后想振作起来，努力一番，把这些女魔驱去。……啊，我现在真走到山穷水尽的人生的末路了，到西洋去，还是想法子，赶快上西洋去吧！

同月16日　今夜喝酒过多，身体不爽，真正的戒酒，自今日始。下次再若遇见之音，她必要感佩我戒烟戒酒的毅力了。

《新生日记》

2月26日　和她们打牌喝酒，说闲话，一直说到天明，午前三点钟，才在那一张王女士曾经睡过的床上睡着。

4月2日　早晨八点钟醒来，又起了不洁之心，把一个月的想努力奋发的决意，完全推翻了。今天打算……将我平生的弱点，再来重演一回，然后从明天起，作更新的生活。

《闲情日记》

4月2日　晚饭后回旅馆，又和他们打牌打到天明。

同月30日　明天是五月一日，世界劳动者的最可纪念的日子，从明朝起，我相信我的精神肉体，一定还要强速力的进步许多。

《五月日记》

5月1日　我对于过去，不再事伤叹了。要紧的是将来，尤其是目前。

同月31日　五月又于今天尽了，这一个月里，什么事情也不做，只弄得一身大病。

《客杭日记》

6月1日 ［到了杭州］到今朝已经有五天了。梦里的光阴，过去得真快。……世事全丢在脑后，这几天的生活，总算是安乐极了。

同月24日 访前在北京时所授徒，伊等已在杭州抢得一个地位了，谈了半天，自伤老大。……仰视青天，颇有天下虽大，我欲何之之感。

《厌炎日记》

7月2日 午后无聊之至，想做文章又做不出来，不得已只好乱读了些西洋的作品，……晚上上新旅社去看了几位同乡，和他们打牌打到了半夜才回来，睡的时候，人倦极了。

同月30日 一路上坐黄包车回来，颇感到了身世的不安，原因似乎在北京荃君给我的那封威胁信上。我想万一事不如意，情愿和映霞两人去蹈海而死，因为中国的将来，实在没有什么希望，做人真真没趣。

同月31日 我对于将来，对于中国，对于创造社，都抱一种悲戚的深愁。但愿花长好，月长圆，世上的人亦长聪明，不至再自投罗网，潦倒得同我一样。

如上所述，郁达夫在每一篇日记的末尾，都对以前的颓废生活进行忏悔，并坚定决心从下个月开始新的生活，但过几天后他的决心就消失了，仍然过着同样放纵的生活。自从他的爱情得到满足后，这种生活方式没有什么改变。他在创作上没有任何进展，对自己无所作为度过的岁月感到隐隐约约的悲伤，但他并没有从此奋斗去更新自己的生活。在《厌炎日记》最后一节，他由于收到在北京的妻子威胁性质的书信而困扰，并嘲笑自己试图逃避现实的愚蠢做法。如前所述，这里有郁达夫特有的自我演出，他尽管厌恶自己的颓废，但在忏悔后仍然输给本能的欲望做出同样的行为，这些都让人想起在一方面为一种罪恶感而烦恼，而在另一方面却无法停止堕落的《沉沦》的主人公形象。

《日记九种》所描绘的并不是由“重生”一词联想起来的强大和辉

煌的新起点，也不是一个由于获得爱情而开拓新境界的作家，而是一个由于恋爱而产生新的烦恼并进一步陷入痛苦的人的形象。如果说郁达夫由于恋爱的成就而达到重生，那么这一“重生”是他对曾经怀疑过的自己的文学回复信心，这可以说是把愚蠢的、堕落的自我形象暴露在读者面前的，自我意识的文学的重演。

## 四、日文译本中的作者形象

如前所述，《日记九种》中描绘的是郁达夫同意公开的“作家郁达夫”的形象。这可能是郁达夫自己在《五六年来创作生活的回顾》中描述的“通过恋爱实现复活的浪漫作家郁达夫”的形象。本文以立间祥介的日译本为例，对这一点进行思考。〔1〕

立间祥介抄译的《日记九种》是它唯一的日译本。译文中，割爱了作品的一些部分之外，还省略了一些农历日期。就翻译出来的部分，并不一定所有的译文都与原文相同，有些部分是由几个句子组合而译的，但人名、书名等都经过仔细考究，附加详细的注释，可以说是一部宝贵的翻译研究成果。

据调查，立间的译本没有翻译《劳生日记》的部分内容，特别是郁达夫的广州时期。除了一些日常琐事和读书记录以外，被割爱的主要是关于郁达夫与他的第一任妻子孙荃之间的关系。

例如，1926 年 11 月 3 日，他写出“脚踏广州地后，又是十二三天了，我这一回真悔来此，真悔来这一个百越文身的蛮地”之后，原文有“北京的女人前几天有信来，悲伤得很，我看了也不能不为她落泪，今天又作了两封信去安慰她去了”的记载，但这句话在日译本中被

〔1〕 参见［日］驹田信二、松枝茂夫编译《中国现代文学六：郁达夫・曹禺》，河出书房新社，1971 年。

省略。[1]

第二天，郁达夫在大学收到了月薪，打算将其中的160元寄给北京的妻子。他写道："唉唉！贫贱夫妻，相思千里，我和她究竟不识要哪一年哪一日才能合住在一块儿。"但这句话也在立间的翻译中被省略了。[2]

同月7至10日的记载也都没有翻译，10日的原文说："回来吃晚饭，喝了一瓶啤酒，想起北京的荃君和小孩，又哭了一阵。晚上入浴，好像伤了风，作北京的家信。"[3]

可见，《劳生日记》的原文经常记录郁达夫对孙荃和孩子的思念、他与孙荃的频繁的通信以及他没有收到孙荃信件时的焦虑。在广州期间，郁达夫把他晚发的工资的大部分都寄给北京，还购买和寄送燕窝等，对北京的妻子给予关怀。正如以往的研究所指出的那样，郁达夫对孙荃的感情可能有一种同情的因素，他们都是被旧式婚姻制度压迫的命运共同体。[4] 但同时可以指出，我们通过原文能够看到他们之间的某种精神上的依赖关系，例如他没有收到孙荃的通信，精神就会变得不稳定。

在日译本中，提到孙荃的段落数量变到最低程度，除此之外，郁达夫与他的学生和其他亲近的女性之间的交往也没有被翻译出来。与此相

---

〔1〕［日］驹田信二、松枝茂夫编译：《中国现代文学六：郁达夫·曹禺》，河出书房新社，1971年，第125页；郁达夫著，吴秀明编：《郁达夫全集》第五卷，杭州：浙江大学出版社，2007年，第36页。

〔2〕［日］驹田信二、松枝茂夫编译：《中国现代文学六：郁达夫·曹禺》，河出书房新社，1971年，第126页；郁达夫著，吴秀明编：《郁达夫全集》第五卷，杭州：浙江大学出版社，2007年，第36—37页。

〔3〕［日］驹田信二、松枝茂夫编译：《中国现代文学六：郁达夫·曹禺》，河出书房新社，1971年，第126页；郁达夫著，吴秀明编：《郁达夫全集》第五卷，杭州：浙江大学出版社，2007年，第39页。

〔4〕高桥满指出，郁达夫和孙荃之间的关系"应该是可以分担悲伤和痛苦并相互安慰的伴侣"；"可以说，连接他们的纽带是一种类似于命运共同体的团结感"（悲しみや痛みを共有し、慰め合える伴侶ではあったはず；二人の間を結ぶ絆、それはいわば運命共同体的な連帯感といったもの）。［日］高桥满：《郁达夫和孙荃、王映霞：从家、家属和爱情的角度看（上）》（高橋みつる『郁達夫と孫荃・王映霞—家・家族・愛の視点から—（上）』），《爱知教育大学研究报告》（人文·社会科学编）55，2006年3月，第7页。

比，描述他与王映霞的恋爱过程的《新生日记》则被完整地翻译出来，没有一点删减。我们不能断定译者的意图何在，但笔者推测，译者或许受到郁达夫自己所证明的自我形象的影响：一个通过爱情实现重生的作家形象。我们还可以指出，日本译者筛选和割爱日记中的部分记载，这一行为具有一种对日记的操纵意味，删掉了郁达夫追求王映霞之行为的多层次含义，结果，从翻译的层面对郁达夫与王映霞的相遇赋予并加强了一种命运般的意义。

## 五、小结和今后的课题：《日记九种》之后

郁达夫在 1924 年对自己的文学作品产生了怀疑，经历了一段生活和创作上的挣扎之后出版了《日记九种》。他在日记中描绘的，不是对人生的高度赞美，也不是恋爱的乐趣，而是一个在再生的决心和堕落的快乐之间纠结的人。如果郁达夫通过恋爱实现了重生，那么这一重生意味着对暴露愚蠢自我的“自我意识的文学”重获信心，而《日记九种》可以说是郁达夫对初期文学风格的回归。

在宣布“寒灰的复燃”之后，郁达夫的写作活动是否如他所说的那样？下面本文思考郁达夫小说创作数量的实际变化及其特点。

郁达夫在他的前期创造社时代（1921—1923），特别是在 1923 年，写了十二篇小说，创作欲极为活跃。

在 1924 年离开前期创造社之后的三年里，他只写了八篇小说，其中 1925 年和 1926 年的下降幅度特别大，分别有两篇。

被定为“转折时期”的 1927 年以后，1927 年有六篇，比之前略多，但 1928 年又下降到两篇。此后，1929 年有两篇，1930 年有四篇（其中一篇未完），1931 年有三篇。总的来说，很难说自 1927 年以后有很大的复苏。

郁达夫后期创作有所增加的是 1932 年，写了六篇。然而，接下来的 1933 年只写一篇，1934 年为零，1935 年两篇，此后他不再写小说。1935 年的两篇就是郁达夫最后的小说创作。

包括小说在内的写作总数，后期与初期相比急剧增长：1925 年十三篇，1926 年二十一篇，1927 年五十六篇，1928 年四十四篇。但从内容上来看，1927 年和 1928 年写作的大部分都是非创作，1927 年有二十四篇杂文，1928 年有十九篇翻译（包括十二篇连载）。[1]

关于郁达夫后期创作低迷的原因，不仅限于他的写作欲望，还可能有其他各种因素，但可以指出的是，他作为小说家的重生并不一定是经过爱情生活的满足之后立即得到的，也不是像郁达夫自己在 1927 年宣称的那样壮观并具有戏剧性的。

关于小说之外的郁达夫的后期写作活动，在 1927 年的杂文中，他以“曰归”的笔名写了《广州事情》（《洪水》第 3 卷第 25 期，1 月 16 日），批评了广东政府的腐败；《无产阶级专政和无产阶级的文学》（《洪水》第 3 卷第 26 期，2 月 1 日）；给山口慎一的公开信《公开状答日本山口君》（《洪水》第 3 卷第 30 期，4 月 1 日）；亲自翻译成日文的《诉诸日本无产阶级文艺界同志》（日本《文艺战线》第 4 卷第 6 号，6 月 1 日）；等等，左翼的文章较多。在 1928 年的翻译作品中，美国无产阶级作家厄普顿・辛克莱的《拜金艺术》的连载翻译尤其引人注目。[2]

考虑到这些带有左翼色彩的杂文是与《日记九种》同时准备的，应该说《日记九种》中描述的郁达夫的生活，还是作为一种“作品”来准备的。然而，这并不意味着《日记九种》完全没有反映社会视角。在《劳生日记》中，郁达夫经常去大学看报，对政治局势表示担忧。在《新生日记》和《闲情日记》中，他在为自己与王映霞的恋爱欢欣鼓舞的同时，也描述了战火中的上海、屡次发生的大罢工、国民革命军不断的屠杀和枪杀。如果注意到这些描述，《日记九种》就不仅仅是一个爱情故事，它的社会层面还要浮现起来。在此，我们也可以看出郁达夫在这一时期所追求的文学方向。这将如何引导他在后期的创作活动，是今

---

〔1〕 以上统计根据《郁达夫全集》，杭州：浙江大学出版社，2007 年。

〔2〕 关于郁达夫对辛克莱作品的翻译，见［日］大东和重：《郁达夫和日本早期无产阶级文学：通过辛克莱〈拜金艺术〉的翻译》（『郁達夫と日本の初期プロレタリア文学—シンクレア「拜金芸術」翻訳を通して—』），《文学・语学》第 202 号，全国大学国语国文学会，2010 年。

后需要思考的问题。

作者简介：大久保洋子，中国现当代文学研究家、翻译家。在早稻田大学、中央大学等高等院校任教。主要论文有《郁达夫小说研究在日本》《郁达夫一九二〇年代中期文学论的构思与执笔：以横山有策〈文学概论〉》。

# 郁达夫、忧郁症与现代情感教育

李　音

他着力于书写自己身体和情感的孱弱苦痛不适，因此而成名，亦因此而肇责。成也病，败也病，在现代文学史上，没有哪个作家比郁达夫更典型，也没有谁的病患比他的更有时代性和传染力。

> （他）放大了声音把渭迟渥斯[1]的那两节诗读了一遍之后，他忽然想把这一首诗用中国文翻译出来。
>
> 《孤寂的高原刈稻者》
>
> 他想想看，“The solitary reaper”诗题只有如此的译法。
>
> “你看那个女孩儿，她只一个人在田里，
> 你看那边的那个高原的女孩儿，她只一个人，冷清清地！
> 她一边刈稻，一边在那儿唱着不已；
> 她忽儿停了，忽儿又过去了，轻盈体态，风光细腻！
> 她一个人，刈了，又重把稻儿捆起，
> 她唱的山歌，颇有些儿悲凉的情味：
> 听呀听呀！这幽谷深深，
> 全充满了她的歌唱的清音。
>
> 有人能说否，她唱的究是什么？
> 或者她那万千的痴话
> 是唱的前代的哀歌，

〔1〕即华兹华斯，笔者注。

或者是前朝的战事，千兵万马；
或者是些坊间的俗曲，
便是目前的家常闲说？
或者是些天然的哀怨，必然的丧苦，自然的悲楚，
这些事虽是过去的回思，将来想亦必有人指诉。”

他一口气译了出来之后，忽又觉得无聊起来，便自嘲自骂的说道：

“这算是什么东西呀？岂不同教会里的赞美歌一样的乏味么？英国诗是英国诗，中国诗是中国诗，又何必译来对去呢！”

这样的说了一句，他不知不觉便微微儿的笑起来。〔1〕

这是1921年出版的小说《沉沦》中的一段故事。沉湎于浪漫主义、身在异国他乡的青年主人公的一段小小的文艺遐思。对于小说文本或作者郁达夫来说，这个小情节或许并无太多的深意，但于本文所要谈论的问题，却像一个隐喻——这是语言令人着迷的地方，也许诗人总是不经意间一语成谶泄露天机：“有人能说否，她唱的究竟是什么？那万千的痴话，是唱的前代的哀歌，还是目前的家常闲说？”“英国诗是英国诗，中国诗是中国诗，又何必译来对去呢！”这几句话几乎写照着郁达夫因塑造那些患了忧郁症的青年人物形象所引发的文化反应和争议，以及研究界未多深究的小说文本中西语汇交杂和“翻译”行为——此文本特征与争议现象却并非无有干系。本文以郁达夫小说中对“忧郁症”一词的翻译现象为契机，结合辨析20世纪二三十年代文坛对郁达夫的阐释和批评，对《沉沦》集的内容和文体、“忧郁症”之疾病隐喻做出新阐释，并由此尝试在现代情感教育的意义上，揭示郁达夫小说的心理分析、“自白”文体之于中国现代文学与现代民族国家的意义和内在关系。

关于现代文学和民族国家的关系，本尼迪克特·安德森之说“想象的共同体”已为常识。日本学者柄谷行人也强调，现代民族国家的核心

〔1〕 郁达夫：《沉沦》，上海：泰东图书局，1921年，第13—14页。

比起政治性的机构，其核心更存在于“文学”那里。“现代文学”，尤其是“小说”这种文体在民族形成过程中起到了核心作用，而非边缘的存在。报纸小说提供了把从前相互无关的事件、众人、对象并列在一起的空间，造就了国家机构、血缘、地缘性的纽带绝对无法提供的“想像的共同体”。[1] 除此之外，原因更在于：文学通过特定的话语架构，提供了关于自我的一套信仰、表征系统、象征资源，通过一定的“形象”表征，为现代民族国家创生出可以对之传达旨意的某种历史性“主体”。主体的塑造有多种形式，但最终都会涉及形塑真实体验的肉体、感官、欲望，没有其他的形式比文学、审美更为直奔主题。[2] 晚清和五四两次文学革新的领袖人物都兼有政治革命家身份并不是巧合。1895甲午年之后可以看作是中国生命政治的“新民”运动[3]，与文化界“发现”文学之重要同时同步，意味深长。用于指导晚清小说界革命的纲领言述不仅是梁启超的《论小说与群治之关系》，还包括他此前的长篇鸿文《新民说》。《新民说》中对“新民”的规定直接决定着小说内容之宗旨，从而发挥“群治”之功用。为五四新文学“立法”的是周作人的《人的文学》。这篇文章以谈论文学的名义将最多的笔墨给了解释定义什么是“人”、人应该怎么生活、该有什么样的道德伦理观，文学书写符合这些要求的便是“人的文学”，否则便是“非人的文学”。从晚清“新民”至五四“新人”，无论是要缔造现代“国民”还是现代“人”，都不仅是知识事务的转变，而且是人自身——身体、心理和精神内在构造本身的样式转变；不仅是人的实际生存的转变[4]，而且是人的生存标尺的转变，但这一切并不是通过外在法律来规训的，而是通过知识话语、文学审美将律法、标尺镌刻在肉体上和心灵中的。因此，中国现代文学最著名的

〔1〕［日］柄谷行人：《日本现代文学的起源》，赵京华译，北京：生活·读书·新知三联书店，2003年，第221—222页。
〔2〕 参见王斑《历史的崇高形象——20世纪中国的美学与政治》（引言），孟祥春译，上海：三联书店，2008年。
〔3〕 参见黄金麟《历史、身体、国家——近代中国的身体形成（1895—1937）》，北京：新星出版社，2006年，第19—20页。
〔4〕 参见［德］马克斯·舍勒《资本主义的未来》（中译本导言），罗悌伦等译，北京：生活·读书·新知三联书店，1997年，第9页。

“事件”——鲁迅弃医从文，其真正的含义在于现代文学以文化创造从事了临床医学的实践。或许，从这个角度理解现代文学之于民族国家的关系，比仅仅“想象”共同体更有文学和历史的深层互动。郁达夫作为五四时期具有重要影响力的作家，虽然与鲁迅一并被誉为现代文学的“双峰对峙的两大家”〔1〕，但是，其小说及文体创造所包含的历史能量，某种程度上可以称为“现代情感教育”的内容和方式，对于“现代文学”乃至建构现代民族国家的重要意义和内在关系，却没有被真正阐释出来。

然而，在进入具体讨论前，关涉晚清至五四的知识生产和思想言说，也许有必要先辨明一种“境况”或“方法”。近代中国重要的议题莫过于由帝国转变为民族国家，这也是“天下”变为“世界”的过程。但是现代“世界”不仅意味着空间上的新型地缘政治，还意味着时间性的文化等级序列。中国要真正进入“世界”，拥有“现代”身份，还必须对自身传统文化进行革新。晚清到五四固然是一个延续的历史进程，但其中也发生了深刻的转折：晚清文化意识中那种外在的“中西之辩”在五四时期已经被置换为内部的“古今之争”。相应地，启蒙话语欲询唤的适应于现代民族国家需求的“主体”，其指称也从“国民”变成了“现代人”〔2〕。为了强调自身的合法性，当然亦是笃信新术，在五四新文学的纲领性宣言《人的文学》中，“现代人”被直接简化为“人”，从而以前的文学和文化都被反向地定义为“非人的”。这个细节提示我们，在一些特殊历史时刻，“现代”及“现代人”的话语塑造要通过对传统

〔1〕 从20世纪20年代的陈西滢、30年代的黎锦明，到70年代的司马长风等，在研究20世纪20年代的小说成就时，都首推鲁迅和郁达夫为“双峰对峙的两大家”。刘纳先生亦指出，鲁迅、郭沫若、郁达夫为新文学的开拓奠基作家。

〔2〕 鲁迅在《热风·随感录三十六》中写道：许多人所怕的，是“中国人”这名目要消灭；我所怕的，是中国人要从“世界人”中挤出……但是想在现今的世界上，协同生长，挣一地位，即须有相当的进步的智识，道德，品格，思想，才能够站得住脚：这事极须劳力费心。而“国粹”多的国民，尤为劳力费心，因为他的“粹”太多。粹太多，便太特别。太特别，便难与种种人协同生长，挣得地位。有人说：“我们要特别生长；不然，何以为中国人!”于是乎要从“世界人”中挤出。于是乎中国人失了世界，却暂时仍要在这世界上住！——这便是我的大恐惧。1918年11月15日。

进行一系列的排斥和区隔手段来达成。

“排斥”并不能被简单地理解为“断裂”。希尔斯的《论传统》认为，对峙反抗本身就是一种连结，“现代”的起跳、蜕变有赖于它所反对的支点。[1] 况且，历史其实并不存在一条界线，能够截然分明地划清传统与现代，只有在一个新的世界完全形成之后，才能够进行“传统”/“现代”的断裂性历史描述。近代中国问题的复杂性还在于，其“现代”的发生还是一种引进西方的、翻译的现代性。但是，“那些非传统的并不必然是西方的，而所谓现代的也并不必然是非中国的”[2]，而且很多时候，我们对现代处境的理解和感受靠的是本土的历史性经验；同时我们又通过自身的现代境遇去理解诠释历史。[3] 断裂还是延续，中国还是西方，过于强调任何一方，都是一种虚构和盲视。因此，当我们追问五四新文学——就本文而言追问郁达夫创作的现代性时，或许不妨借用李欧梵的提问方式：号称为“现代”的文学和创作者究竟是以什么方式，来界定他们与过去之间的差别，并且清晰表达出他们视之为“现代”的那些全新的感受来的？[4] 沿此思路，我们还可以继续追问，他们又是通过什么样的修辞策略、话语实践将从西方习得的现代情感在现代白话文中表达出来的？或者将问题深化具体为：他们通过表达何种身体和情感，以何种表达方式，来界定、认同、创生出一个自我的“现代”身份呢？

另外，还需注意，我们所谓的“现代文学”的发生，绝不只意味着文学作品的创造和集合，而且是文学批评与之一起完成“现代文学”的构造。因为现代文学并不完全如其所宣称的，是时代的忠实的记录和现代人自我表现的透明工具，毋宁说是因为阅读传播的话语实践，而成为

---

〔1〕［美］E. 希尔斯：《论传统》，傅铿、吕乐译，上海：上海人民出版社，1991 年，第 45—47 页。

〔2〕 刘禾：《跨语际实践》，宋伟杰等译，北京：生活·读书·新知三联书店，2002 年，第 55 页。

〔3〕 参见龚鹏程《近代思潮与人物》，北京：中华书局，2007 年，第 110 页。

〔4〕 李欧梵：《寻求现代性》，第 110 页。参见刘禾《跨语际实践》，宋伟杰等译，北京：生活·读书·新知三联书店，2002 年，第 38 页。

中国民族国家关于“现代人”的“想象”建构过程中的最强有力的中介。[1] 在“现代”世界幽暗不明的时刻，文学批评是立法者，是阐释者，是刈草清道者，是意义的生产、赋予、布道者，是现代新世界的引领者。它一方面勾勒确定着文学作品的面庞，完成文学的生产，一方面如勃兰兑斯所说的，“旅行的时候，去看矿山的人，要一个人擎了灯笼引着，曲曲折折的走到地下去；用了隐约不明的那灯光，方能看见那地下的矿坑。现在也是这样的，若读者愿意跟了我的指引和我的火把来，我却很愿意领他到这一条路上去”——这是1922年郁达夫发表在《创造》季刊上的翻译，并且他说批评家如不将木斗除去，“真的天才总不能放他的灵光，来照耀世人”[2]。这也是为什么很多现代文学大家均身兼创作与批评二职，集革命与文学于一身。因此，研究现代文学，尤其是新文学初期，若只关注文学文本，忽略了当时批评的互文，那么这样的研究无疑只看到了一半的历史。这在郁达夫的个案上，体现得非常明显。

## 一、抑郁病患者：现代人还是传统名士？

1921年，还在日本帝大读书的青年郁达夫写了三篇小说，《沉沦》《银灰色的死》《南迁》，当年10月即交付国内泰东图书局刊印。他在东京的朋友看稿时并不以为然，甚至讪笑能不能在国内刊印，因为中国当时还没有这种文体这种写法。[3] 然而这部小说集，也是中国现代第一部短篇小说集《沉沦》的出版，却着实引起了轰动。多年后郭沫若回忆道：

---

〔1〕 刘禾：《跨语际实践》，宋伟杰等译，北京：生活·读书·新知三联书店，2002年，“序言”第3页。

〔2〕 郁达夫：《艺文私见》，1922年3月15日，《创造》季刊，第1卷第1期。

〔3〕 参见郁达夫《五六年来创作生活的回顾——《〈过去集〉代序》，载《过去集》，上海：开明书店，1927年。

> 他的清新的笔调，在中国的枯槁的社会里面好像吹来了一股春风，立刻吹醒了当时的无数青年的心。他那大胆的自我暴露对于深藏在千年万年的背甲里面的士大夫的虚伪完全是一种暴风雨式的闪击，把一些假道学假才子们震惊得至于狂怒了。[1]

显然，《沉沦》引起的反应是毁誉参半的——这也是郁达夫一生的文命际遇，褒贬不一众说纷纭。但在20年代初，那些来自“封建假道学”的批评实际造成的效果，不过是为一个时代青年“英雄”的隆重出场，衬托增添了更多的正剧色彩。郁达夫迅速得到了青年学生读者的热爱——而这正是新文学的主要读者群。“自从《创造周报》出版以后，青年人对创造社诸人的崇敬和喜爱，不觉便更加强烈起来。这从每到星期日，在上海四马路泰东图书局发行部门前的成群集队的青年学生来购买《创造周报》的热烈，便可窥得一个梗概。”在创造社的初期，郁达夫起了很大的作用。“在那时候，即民国十一年至十四五年之间，如果有人去向任何一个文学青年问道：‘你所喜爱的中国作家究竟是那个呢?‘那无疑地，他是会说出郁郭二位的名字来’。”[2]

《沉沦》在青年读者中不仅引起了异乎寻常的强烈反响，而且吸引了许多模仿者，形成了后来文学史叙述常说的“自叙传”抒情小说潮流。师法郁达夫或与之风格手法比较接近的作者，除了创作社同人郭沫若，还有淦女士、倪贻德、滕固、王以仁、周全平、白采、叶灵凤等。这股创作潮流极盛于二十年代前期和中期，延续至二十年代末，在丁玲的作品中也清晰地有着郁达夫和《沉沦》的影子。[3] 甚至可以说，对《沉沦》的考察几乎已经不能仅仅视其为小说文本。通过现代出版、传播和读者阅读反馈，以及作家对读者来信的再反馈，还有文学团体、圈

---

〔1〕 郭沫若：《论郁达夫》，《人物杂志》，1946年9月30日第3期。参见王自立、陈子善编《郁达夫研究资料》，天津：天津人民出版社，1982年。

〔2〕 陈翔鹤：《郁达夫回忆琐记》，《文艺春秋副刊》，1947年第1卷第1—3期。参见王自立、陈子善编《郁达夫研究资料》，天津：天津人民出版社，1982年，第106—107页。

〔3〕 参见钱理群、温儒敏、吴福辉《中国现代文学三十年》，北京：北京大学出版社，1998年。

子的及时评论和造势，乃至文化新闻的辅助，《沉沦》及作者郁达夫可以说参与了一个文化场域的建构。其典型表现是读者常常将郁达夫和小说主人公的形象合二为一。而且，那些在郁达夫影响下产生的跟风之作，不仅是文体形式的复制，还有《沉沦》主人公形象风格、情调气质的模仿。也就是说，《沉沦》除文学价值外，可能更重要的是，在现代印刷和传播的辅助下，郁达夫本人及其作品建构了一种现代青年形象。“他”颓废、伤感、孱弱——患着忧郁症，却不能不说是鲜明的“新”青年的形象〔1〕。这其实也是一直呼唤“新青年”的五四新文化最早塑造出来的符号象征。这种效应在某种程度上实现了鲁迅曾在《摩罗诗力说》中所想象的，国民诗人“握拨一弹，心弦立应”的场景。

虽然郁达夫的写作有着暴露自己生活的“私小说”的性质，他也曾说过“文学作品都是作家的自叙传”〔2〕，但这句话更多的是强调作家要重经验，不能空想罢了，郁达夫从来不曾真正认为这些小说仅对私己有意义，他对私密情感的书写，亦不是像传统文人那样仅供亲友阅，而是很明确地作为“现代青年”的代表，为公众阅读而写作。1925年在《生活与艺术》一文中，郁达夫相当理论性地表述了艺术的普遍性问题。他说，一般人因为种种原因不得不求一个代言者，代他们表现。而“艺术家是对于选择表现象征最精细的人，就是最能纯粹表现自己的人。他的任务，一方面是满足自己的欲求，一方面于不自觉的中间，也是满足一般人的艺术的冲动的”。这样，艺术家纯粹地表现了自己，也就是艺术地代言了普通人的情感。接下来他甚至说，寻求共鸣就是艺术的目的，如果有了与人共鸣的冲动，即使不从事创作，也不失为一个艺术家。如果“我们对于艺术的要求，若于此外更有目的，那就是我们的堕落

---

〔1〕 参见郑坚《吊诡的新人——新文学中的小资产阶级形象研究》，南昌：百花洲文艺出版社，2005年，第71页。

〔2〕 因这句话引起了很多的误用，郁达夫在1928年的《〈达夫代表作〉自序》中又辩解，这句话无非是强调作家要重经验，不能空想罢了。参见《达夫代表作》，上海：春野书店，1928年。

了”〔1〕。所以，郁达夫在《沉沦》自序中的申明是非常自觉的——“是描写一个病的青年的心理，也可以说是青年忧郁病的解剖，里边也带叙着现代人的苦闷”。对于郁达夫的这个自序，世人常忽略“解剖”一词，但这个词其实恰切地反映了，用所谓的“自叙传小说”来概括郁达夫创作所容易引起的误会。“解剖”暗示着作者和文本叙事者自觉的间离〔2〕，这正是艺术家对普遍性的追求，而不是单纯的“自我表现”。在其他一些文章中，郁达夫或多或少地提到过现代青年的特征，或者说是他对现代青年的概括。如《文艺鉴赏上之偏爱价值》一文，他认为文艺鉴赏上对病的心理的偏爱，“与神经衰弱症，世纪病，有同一的原因，大凡现代的青年总有些好异，反抗，易厌，情热，疯狂，及其他的种种特征”〔3〕。这些特点基本上都在郁达夫的小说主人公身上有所表现，也可以看作是郁达夫对自己创作的阐释。因此，《沉沦》式的主人公或许有郁达夫自己的影子，但更是有意作为“现代青年”的代表来刻画的。

20 世纪 20 年代新文学批评亦有意将郁达夫的创作定位为一个具有叛逆性的“现代青年”的写真，虽然其中隐约流露出对郁达夫创作过于强烈的自我表现的犹疑。茅盾可谓较早对《沉沦》表示见解，他在《小说月报》第十三卷第二期上登载了《通信》（署名雁冰），指出：“除第二篇《银灰色的死》而外，余二篇似皆作者自传。”但面对一些对《沉沦》“不道德”的指责，周作人立即以严肃的理论话语，将《沉沦》定

〔1〕 郁达夫：《生活与艺术》，1925 年 3 月 20 日发于《晨报副镌》。后收入《文学概说》，1927 年 8 月由上海商务印书馆出版。参见《郁达夫文论集》，杭州：浙江文艺出版社，1985 年，第 163 页。

〔2〕 事实上，在文本叙述上，郁达夫也确是这么处理的。我们通常容易忽略郁达夫对叙事间离的处理，加拿大学者米切尔·伊根特意强调到这一点。米切尔用了“反讽”来描述这种叙事间离，并认为这是《沉沦》重要的现代性表现。虽然文章中有些观点仍需商榷，但直到现在看来，这依然是研究郁达夫比较出色的学术文章之一。德国学者顾彬在《二十世纪中国文学》一书中也持同样的看法。并认为忽略了这一点就等于是忽略了郁达夫的成就，是把郁达夫这个优秀作家浅薄化。笔者认为，“反讽”可能带有过于强烈的意识形态倾向性，其实郁达夫自己所说的“解剖”可能更客观中立地表述了这种叙事间离。

〔3〕 郁达夫：《文艺鉴赏上之偏爱价值》，载《达夫全集》第五卷《敝帚集》，上海：现代书局，1928 年。参见《郁达夫文论集》，杭州：浙江文艺出版社，1985 年，第 163 页。

义为反对因袭思想的、表现新道德的文学。[1] 周作人的发声，在很大程度上消除了郁达夫因《沉沦》所受到的道德压力。创造社同人成仿吾在随后一年也将郁达夫解释为一个无所畏惧的叛逆者形象。20 世纪 20 年代初期新文学对郁达夫的阐释定位，除了周作人力挽狂澜的论述，还不能不提茅盾的点睛之笔。与《通信》一文事隔不到四个月，茅盾已经明确地肯定："《茫茫夜》里有两句话，'向善的焦躁与贪恶的苦闷'，我看很可以作为《沉沦》的'赞词'"，"凡是现代的青年，谁也该觉着'向善的焦躁与贪恶的苦闷'罢?"[2] 这样，茅盾便从时代精神的角度，将《沉沦》主人公扩大为"现代青年"的情感写照。这在 20 世纪 20 年代中后期开始成为一种普遍共识。1926 年，陈西滢已经这样说："他的小说里的主人翁可以说是现代的青年的一个代表，同时又是一个自有他生命的个性极强的青年。我们谁都认识他。"[3]

20 世纪 20 年代中后期，遂出现了评论郁达夫的长篇论文，这些文章明显跳出了印象感悟式的议论，开始自觉地从时代历史角度对郁达夫进行评述。比较突出的是郑伯奇的《〈寒灰集〉批评》、黎锦明的《达夫的三时期》和钱杏邨的《〈达夫代表作〉后序》三篇长文，其中尤其以钱文最有代表性和理论系统性。郑伯奇和黎锦明的文章都把时代性作为重要标尺来衡量郁达夫，郑伯奇偏重于时代变动的影响，黎锦明则偏重于"现代"生活的特点——他说，"茫茫夜是现代生活中的灵魂的叫唤"，"现代人的生活意义较近代更复杂不同了"[4]。相较而言，钱杏邨的长文显示出更为宏观的格局和大气魄，也更具有理论统摄力。也可以说，郁达夫的研究格局自此在钱文中基本形成，之后的批评和研究尽管有这样那样的偏向，对郁达夫创作的评价也贬多于褒，但基本思路大多沿着这篇文章的脉络发展。钱杏邨像黎锦明一样将郁达夫的创作分为三个时段："时代病的表现""社会苦闷与经济苦闷的交流""方向转换的

---

〔1〕 周作人：《沉沦》，《晨报副镌》"文艺批评"栏，1922 年 3 月 26 日，署名仲密。
〔2〕 茅盾：《〈创造〉给我的印象》，《时事新报·文学旬刊》，1922 年第 39 期，署名损。
〔3〕 陈西滢：《闲话》，《现代评论》，1926 年第 71 期。
〔4〕 锦明：《达夫的三时期》，《一般》，1927 年第 1 期。

途中”。但不同的是，也尤其令人感兴趣的是，在文章开篇钱氏认为，要进入文本研究必须先明白郁达夫创作的时代背景，而为了更清晰地明白产生“时代病”的社会背景，钱杏邨先征引了厨川白村的两段话。一是厨川在《苦闷的象征》中的观点——艺术乃苦闷的象征，非此则不为大艺术。二是，也是钱氏想着力用墨的，厨川白村在《近代人生活》中的一段话。这段话其实是厨川白村征引自（出生于匈牙利）德国精神病学家、政论家、作家诺尔度（Max Nordau）对近代人的病态生活的分析：

> 据诺尔度（Max Nordau）所说，从“世纪末”的疲劳所生的变质者，第一肉体上已有和常人不同的特征，……自我的念很强，容易为一时的冲动所动摇。第二个特征，容易动情绪，对于毫不相干的事，笑着哭着，……第三特征，……依其人的周围状况，或为厌世悲观，或对于宇宙人生的种种生恐怖心，常常象困惫，倦怠，烦闷。第四的特征，活动上很忧郁的状态。……第五的特征，作无止境的梦想，不能聚集注意于一事，来判断追求统一思想的脑力，因此专耽于漠然，暧昧，无顺序，断片的妄想。第六是怀疑的倾向，对于种种问题，怀抱疑惑，诠索其根底，而不得解决烦闷者。……最后一个特征，是神秘狂，即 Mystical delirium 的状态。……诺尔度氏还说近代人歇司迭里亚的病的状态。第一无论什么事，他们受印象很敏捷，被暗示容易感动。……近代人贪刺激的心非常炽盛，……专求肉感的方面很强的刺激。……

这是诺尔度对近代人病态生活的分析，但钱杏邨的引用，毋宁说其目的更在于向世人介绍“现代人”的情感特征是什么。他接下来便说：“诺尔度所见到的近代人的病态的生活，在达夫的著作里都很健全的表现了。”那么也就等于说，郁达夫的创作表现的是现代人的精神和生活（如果真的如钱氏所言，郁达夫的创作只不过是对现实的反映，既然是“现实”，那么就根本没有必要引用诺尔度的分析来说明、证明这是现代人的特征）。钱氏接着说：

> 我们要认识诺尔度心目中的现代人，在中国的近代文艺方面，恐怕一部《达夫全集》是最能使读者满意的了。……所以，认识了时代病而又展开了《达夫全集》的人，谁个都能确定达夫是一个很健全的时代病的表现者！[1]

这段话中含有一个有趣的条件关系：要认识现代人的时代病，才能明白确定郁达夫的创作价值。钱杏邨前后步步推进分析，看来就像是说，虽然这样的生活和心理貌似不太健康，却是“现代人”。那么郁达夫创作的价值自然是不用说了。

然而，时代很快变了脸。“在方向转换途中”的郁达夫终究没有走到让“时代”满意的正确方向，有负众望。一度被视为“现代人”代言者的郁达夫在1930年被遽速翻转定义为“没落的士绅阶级底最彻底最大胆的代言人”[2]。在钱杏邨文中被视为“现代人”之生活惯例的“醇酒与妇人”的刺激[3]，在华汉的《中国新文艺运动》中却成为亡清以后没落的士绅阶级因为不再能得到金钱、名誉和美人而采取的唯一的消极的自杀。华汉的抨击和评断是一个极端的例子，但可以看出20世纪30年代由于时代方向的掉头，郁达夫评价反转的肇始。20世纪30年代郁达夫研究一个明显的特点是评论观点日趋分歧。抨击观点主要不是来自封建卫道士，而是来自左翼激进评论家，其根源问题在于认为郁达夫作品中的颓废、沉沦、浪漫的情调，对革命时代产生了消极逆反作用。自此，这种批评声音一直笼罩着郁达夫研究，即使后来不再有激进

[1] 钱杏邨：《〈达夫代表作〉后序》，载《达夫代表作》，1928年3月15日，上海：春野书店，1928年。参见王自立、陈子善编《郁达夫研究资料》（上），天津：天津人民出版社，1982年，第338—339页。

[2] 华汉：《中国新文艺运动》，1930年4月10日，神州国光社初版，《文艺讲座》第1册。

[3] 钱杏邨在《〈达夫代表作〉后序》中说郁达夫小说的主人公前途黯淡，“只有仿照现代人的生活的惯例，去寻求刺激——沉醉于醇酒与妇人的生活了！”见钱杏邨：《阿英全集》第2卷，合肥：安徽教育出版社，2003年，第60页。

“左”倾教条主义的影响，“颓废”也还是一个必须小心拿捏掌握分寸的问题。但这其实已经不是郁达夫一个作家的问题了，问题的根本涉及20世纪文学史、历史错综复杂一言难尽的对小资产阶级的看法。一直到1985年，在“纪念郁达夫烈士遇难四十周年座谈会”上，胡愈之以烈士之名方理直气壮地肯定郁达夫是“中国现代第一流的诗人和作家”。但真正对作为作家的郁达夫彻底“平反”要等到新时期后“重写文学史”思潮的来临。

这个且按下不谈，回到20世纪30年代对郁达夫的批评。此时，郁达夫的形象不再是清晰确定的前卫“现代青年”，“名士”这一价值倾向颇为暧昧的称号出现了。在华汉的文章中，“醇酒与妇人”已经不是“现代”的表征，而是没落腐朽士绅阶级的垂死相。自1932年底至1933年郁达夫退出上海激流中心迁居杭州，他在文坛的公众形象已经越来越偏向于被描述为“名士”风度。郁达夫的好友孙百刚在《郁达夫外传》中有很具体的叙述：

> 总之，在我眼中的达夫，那时候（按指一九三二年初秋）和迁杭以后的一段时期中，确是由一般文人，逐渐走向中国式名士型的路上去了。其时，他喜欢游玩山水，写几段流利轻松的游记；喜欢低吟浅酌，做几首清新隽逸的诗句；收集不少地方志书；雅好各种线装古集。从前那种桀骜不驯的露骨牢骚，也变为含蓄蕴藉，谑而不刺的言辞。我们朋友间有时在背后谈达夫，大家都觉得达夫有点变了。有人说：这是映霞这位贤妻良母熏陶而成的；也有人说：这是不足为奇的，中国自古以来的文人，到了一定的年龄都成为名士了。〔1〕

从孙百刚的描述来看，所谓“名士”与“现代人”基本上是新旧对立的两种文人/知识分子风度、生活方式和文风。孙氏文字中，惋惜遗

〔1〕 孙百刚：《郁达夫外传》，杭州：浙江人民出版社，1982年，第48页。

憾之意良多。但孙氏只是指蜕变了的郁达夫，并不涉及和否定郁达夫《沉沦》时期的“现代”形象。与孙百刚不同，“第三种人”苏汶却用“隐士”情怀来描述郁达夫，并且把带有伤悼色彩的隐趣解释为一种对黑暗的不妥协[1]（当然苏汶有借他人言己的因素）。最为吊诡的是，类似华汉的观点，20 世纪 30 年代人们对《沉沦》中的“现代”精神也开始重新评价了。贺玉波在《论郁达夫作风的转变》一文中透露过这种状况：

> 一谈到郁达夫，谁也不能否认他是个描写变态性欲和颓废人生的神手。不错，在他过去的作品中如《沉沦》《迷羊》，及其他散篇的作风是可以证明上面这句话的真实性……有些人说他的作品是属于不道德文学的一种，所表现的尽是丑恶的人生，他便在这种表现上得到了成功。又有些人说他是属于中国往昔士大夫阶级的一员，只知道把他个人物质和精神上的不满足和痛苦这种牢骚发泄出来，所表现的只是黄金与美人的渴慕……[2]

苏雪林在一篇浅薄粗暴诋毁郁达夫的文章中也提到过一个信息：“郁氏好说大话，好发牢骚，有人以为是中国的名士遗风。”不过，苏雪林的下文是，郁达夫只不过是名士中的糟粕。[3] 翻手为云覆手为雨，同样的醇酒妇人、颓废忧郁、愤世嫉俗，在彼时为“现代青年”，此时却沦为陈旧腐朽狂悖不羁的传统“名士”风。

显然，郁达夫只有一个。“现代青年”或“名士”遗风，只不过是此一时彼一时世人解释的不同面相。如果回望钱杏邨的文章，他那么信以为真、用心良苦地转引厨川白村、诺尔度的话，来解释证明什么是现

---

〔1〕 苏汶：《忏余集》，1933 年 8 月 1 日，《现代》，第 3 卷第 4 期“书评”栏。

〔2〕 贺玉波：《论郁达夫作风的转变》，载《郁达夫论》，上海：光华书局，1932 年，第 199—200 页。

〔3〕 苏雪林：《郁达夫论》，1934 年 9 月 1 日《文艺月刊》第 6 卷第 3 期。参见王自立、陈子善编《郁达夫研究资料》（上），天津：天津人民出版社，1982 年，第 390 页。

代人的生活，什么是现代人的特征，大概不免令人有历史滑稽之感。但真正的问题不应该简单地归结为时代遽变的反复无常。如果一件事物需要借用解释证明来捍卫它为“现代”，同时又能轻易地援引传统来描绘，那么需要探究的重点最好从外部的历史转向事物本身。

鲁迅、郁达夫等五四新文学先驱都站在传统与现代的交界线上，若囿于“现代文学”的“现代”意识中，是无法客观讨论上述郁达夫现象的。尽管从20世纪30年代以来对郁达夫的评价褒贬纷纭翻来覆去，却没有言说真正涉及其传统与现代之辩。国内学界对五四一代作家传统因素的关注，很大程度上源于反思“现代性”意识的出现，海外汉学家以普实克引领的布拉格学派、加拿大学者米切尔·伊根〔1〕以及美国学者李欧梵则先后于20世纪六七十年代较早关注到中国现代文学中与传统的联系。郁达夫当然是需要特别关注的重要作家之一。普实克在《茅盾和郁达夫》一文中指出：

> 郁达夫和他同代人的那些作品受到欧洲浪漫主义的影响，同时它们本身也深深扎根于中国古代传统之中。我认为这在当时的中国文学现实中是很典型的，即一个受欧洲思想和艺术方法深刻影响，并且精通欧洲文学的作家，在他的作品中也会显示出与本地文学传统同样密切的关系。我们在郁达夫的作品中可以看到文人士大夫们所培育发展的各种文学形式——日记、笔记、通信；他的作品有强烈的主观主义和浪漫主义性质，充满了抒情风格，经常把壮丽的自然美和个人悲惨、可怜的生活加以对比——就像上面提到的古典文学作品那样。〔2〕

〔1〕参见［捷］普实克《茅盾和郁达夫》，载《普实克中国现代文学论文集》，李燕乔等译，长沙：湖南文艺出版社，1987年；［加］米切尔·伊根《郁达夫：传统文学与现代文学的过渡》，载贾植芳编《中国现代文学的主潮》，上海：复旦大学出版社，1990年。

〔2〕［捷］普实克：《茅盾和郁达夫》，载《普实克中国现代文学论文集》，李燕乔等译，长沙：湖南文艺出版社，1987年，第191—192页。

李欧梵在《中国现代作家的浪漫一代》一书中，部分转引了1928年王任叔说的话，表达了与普实克相同的观点，但他更广泛地将文学文本与文人气质风度作为一体来描述：

> 现代文人其实跟传统文人一样，他不单单是文学的爱好者。无论是在古代还是现代，文人通常等同"名士"，就是一个其生活与酒与女人绑在一起的人。李白、苏东坡、袁枚，以及现代文人最喜欢的黄仲则，很容易令人想起并将他们作为过去的代表。通过苏曼殊、郁达夫和许多其他的人，现代文人保存了这个传统。[1]

并且，李欧梵从郁达夫自述的传统文学教养上实证其与传统的关系：

> 郁达夫在小学时已读过《四史》和唐诗；小学毕业那年的夏天，又读了《红楼梦》和《六才子书》。进了中学后，他首先接触到的是两部当时很流行的文言小说：《西湖佳话》和《花月痕》。由此可见，郁达夫对文学的感性，大部分是从中国古典文学中培养出来的。除《红楼梦》外，这几部书都算不上一流的文学作品。然而，它们却能令郁达夫轻易学会怎样去描写那些本质上传统但表面是颓废和衰落的背景中的传统人物。[2]

学者袁进对《花月痕》影响的研究，则提供了更为丰富的细节信息：

> 其实不仅是民初小说家受到《花月痕》的影响，五四新文学作

---

〔1〕 李欧梵：《中国现代作家的浪漫一代》，王宏志等译，北京：新星出版社，2005年，第38页。王任叔：《作家与人生》，《贡献》，1928年4月15日。

〔2〕 李欧梵：《中国现代作家的浪漫一代》，王宏志等译，北京：新星出版社，2005年，第81—82页。

家也受到《花月痕》的影响，只是这种影响的程度远不如民初小说家，而且他们往往不愿承认。郭沫若在他的回忆录中两次提到《花月痕》，“在这高小时代，我读到了《西厢》《花月痕》《西湖佳话》之类的作品，加上是青春期，因而便颇以风流自命，大做其诗”。在《少年时代》中，郭沫若提到《花月痕》对他有着“挑拨性”，“秋痕的幻影弄得人如醉如痴了”。另一位创造社作家郁达夫自己承认，他最初接触的两部小说就有《花月痕》，他后来感慨“非落托的文人，不能为韦痴珠兴末路之悲。”但是，承认《花月痕》的影响意味着与鸳鸯蝴蝶派同流合污，所以大多数新文学家都不愿提到这本小说，即使是郭沫若、郁达夫，也从来没有说过《花月痕》对他们的小说创作产生过影响。然而，我们从郁达夫的《采石矶》以及他所创作的其他“落托文人”形象中，郭沫若带有自传色彩的《行路难》等小说中，还是能够看到新的穷困潦倒文人形象，其中自然也可以看到《花月痕》的影子。如同郁达夫所说：《花月痕》主人公的孤苦无助，牢骚满腹，在郁达夫、郭沫若笔下，转到了现代知识分子面对商业化的大潮，人性的异化，坚持自己本色，而又走投无路，孤苦无助的悲愤。从古代士大夫的“零余者”转到现代知识分子的“零余者”，构成了中国文化独特的“零余者”系列，《花月痕》构成了二者之间的连接。〔1〕

由以上研究可证，郁达夫的创作与传统的关系毋庸置疑。看来，郁达夫身上发生的传统与现代之辩，就如他翻译的华兹华斯的诗歌所咏——郁达夫就好比那刈稻的女孩，这时代的幽谷，全充满了他歌唱的清音，但“有人能说否，她唱的究竟是什么？或者她那万千的痴话，是唱着前代的哀歌……便是目前的家常闲说？”〔2〕要截然分明地回答这个问题，恐怕就像研究中国近现代史的两个模式一样，“西方冲击——反

〔1〕 袁进：《连接古今的过渡小说——论〈花月痕〉的影响》，《中国近代文学学会第十二届年会暨翻译文学与中国文学近代化学术研讨会》论文集，2004 年 4 月。

〔2〕 郁达夫著，吴秀明编：《郁达夫全集》第一卷，杭州：浙江大学出版社，2007 年，第 43 页。

应”与“在中国发现历史”，各说各有理，二者对历史的真相均有发现。但我们不能不注意到，五四一代作家是力图遮盖、隐藏、排除他们身上的传统因素的。那么，问题其实不在于郁达夫唱的是“前代的哀歌”还是“目前的家常闲说”[1]，而是郁达夫究竟以什么方式、策略，将他的感伤、醇酒妇人、颓废——所有他称为“忧郁症”的事物“变”为一种现代的身体感受，从而界定创生出现代的自我？郁达夫身上的古今（传统与现代）之辩/变，实际上又是在中西之辩/变（中国士大夫文学传统与欧洲浪漫主义）中进行的。郁达夫的书写中有一个非常突出的、不能被忽视的现象——叙事中嵌入了大量外国文学文本。因此，这个问题或许又可以转换为：郁达夫是如何将西方的“现代”用白话汉语“翻译”表达出来的？

## 二、“译来对去”的现代“抑郁病”

在《沉沦》中，主人公“他”突发奇想，将华兹华斯的诗翻译为白话中文。1921 年中国新文学白话诗的创作还属于尝试阶段，这首诗的翻译用的几乎全是白话，韵律节奏上也颇花了一番心思，应该说翻译得还是不错的。但是，“他”/郁达夫，非常地不满，自嘲自骂道：“这算是什么东西呀，岂不同教会里的赞美歌一样的乏味么？英国诗是英国诗，中国诗是中国诗，又何必译来对去呢！”然而，随后“他不知不觉便微微儿的笑起来”。这一细节意味着什么？我们或可以理解为是一个文学青年的阅读和翻译经验。诗歌是文学中最难翻译的文体，据传美国诗人弗罗斯特（Robert Frost）便有言“诗歌不可译”：Poetry is what gets lost in translation。然而，“他”/郁达夫在翻译挫折之后却也有些小小的得意，近似于“道非声色，微妙难见。如人饮水，冷暖自知，不可向人说也”——这其中有一种崭新的，暂且还只有少数知识青年能够接触到的现代经验。郁达夫意识到了“翻译”的现代意味和境遇。如果

[1] 郁达夫著，吴秀明编：《郁达夫全集》第一卷，杭州：浙江大学出版社，2007 年，第 43 页。

此处尚且只是一个知识青年玩味文学游戏的怡然自得，那么在《沉沦》集其他文本细节中，则显示出作家郁达夫（而不仅是个别“小说叙述者”），所面临的更大的文化翻译困境。翻译一首诗，可能会遭遇诗性的落空（lost），那么翻译西方的“现代”及其事物时，郁达夫则需要在传统与现代、中与西文化之间克服更多的困境，对可译或不可译进行策略性斡旋。

《沉沦》集，按照郁达夫在自序中的说法，应该是一个三部曲，作为连续的小说看也未尝不可。三部作品都有一个突出的现象：以小说主人公文学青年的冥想遐思或行为为中介，引用、嵌入西方文学文本——主要是欧洲浪漫主义文学。但在郁达夫研究中，关注和深究这一现象者并不多，李欧梵的《引来的浪漫主义：重读郁达夫〈沉沦〉中的三篇小说》[1] 是为数不多的研究篇章。该文是李欧梵对自己 20 世纪 70 年代写就的博士论文《中国现代作家的浪漫一代》之补充论述，可见这个问题的吸引力。李欧梵认为，与一般五四作家引用西方文学不同，郁达夫不是仅仅停留在表面的引证上，或认同西方作家并以此为榜样，而是把他喜爱的西方文学作品注入自己作品的内容和形式之中，这基本上是史无前例的西方文学的文本引用。李欧梵的这一观察非常重要，但他的谈论似乎仅限于文学的“现代化”的层面和角度，因此他最后表达了一些遗憾：郁达夫没能把西方文学的文本放进他的小说后做进一步的创造性转化，从而为中国现代文学开出另一个现代主义写作传统。但这种所谓的不成熟的“生硬”引用是否仅仅是作家能力的问题？是否仅在创作技艺层面来谈论即可？实际上，如李欧梵所说“史无前例”，郁达夫对西方文学文本不是简单、偶尔的引用，而是在情节内容上构成了“互文”“互释”，他引用西语原文，将翻译和原文并置；在白话文的转述中频繁夹杂西洋语词，与其说这是文学技巧的问题，不如说这彰显了现代文学发展初期某种文化“翻译”的困境。

---

〔1〕 李欧梵：《引来的浪漫主义：重读郁达夫〈沉沦〉中的三篇小说》，《江苏大学学报》（社会科学版），2006 年第 1 期。

郁达夫作品中比比皆是翻译和原文的并置，无须逐一引文为证。但一个非常重要的例子不妨作为典型：在《沉沦》自序中，郁达夫概括点题：

《沉沦》是描写一个病的青年的心理，也可以说是青年忧郁病 Hypochondria 的解剖，里面也带叙着现代人的苦闷——便是性的要求与灵肉的冲突。

将 Hypochondria 这个现代病的名称翻译为汉语“忧郁病”以后，郁达夫又缀上了英文原词。在描述“沉沦”式主人公、现代青年的病态情绪和情感时，郁达夫均对一系列命名词都采取了这种双语并置的方式，其中有一些用音译，还有一些不翻译直接用外文。如，“梅兰刻烈”Melancholy、“生的闷脱儿”sentimental，还有来自尼采“超人”的 Megalomania（自大），郁达夫没有将之翻译为汉语。郁达夫对这些词语的翻译，明显表现出无可译、找不到汉语对应词的困难，而不是“诗”的特质的丢失。像 Melancholy、sentimental 二词虽然被进行了不无生动形象的翻译，但根本上是音译，不能从汉语字词上直接理解其所指。学者郑坚在著作《吊诡的新人——新文学中的小资产阶级形象研究》中也注意到了郁达夫及创造社诸人的西洋词汇夹杂现象，他认为这是五四留学生、小资产阶级知识分子某种文化资本的炫耀，具有身份区隔效果。[1] 但除此之外，其中更有翻译现代性的问题。就 Hypochondria 而言，即便郁达夫创造性地利用汉语词组合翻译为“忧郁病”，但可以看出，郁达夫对这个汉语翻译并没有充分的信心，因而加英文原词以注释（中国最早的医学文献《黄帝内经》已经提到过有关悲伤的情绪，但是并没有这样命名，明朝 1624 年左右出版的《景岳全书》也只提到了“郁”，但这一疾病类别的命名不管是在中医还是在文化中都没有得到广

[1] 参见郑坚《吊诡的新人——新文学中的小资产阶级形象研究》（第一章：“五四”以来新文学中的小资产阶级“新青年”形象），南昌：百花洲文艺出版社，2005 年。

泛使用[1])。这种现象在郭沫若的早期小说中有几乎一模一样的处理方式，也频繁出现“梅兰刻烈”Melancholy等，因而并不是郁达夫的个人偏好。这些词汇缺失精确的汉语对应词，但其根源在于，也是郁达夫等人当时的感受，作为或者被视为“现代事物”的它们——尽管是疾病，在中国当时缺少普遍的现实对应物。

刘禾在著作《跨语际实践》中谈论了这种民族文化和译介的现代性问题。翻译是将不同的语言通约，“作为一种在认识论意义上穿越于不同界限的喻说（trope），总是通过一种事物来解说另一种事物”。其假设基础是，如博尔赫斯之言，词典是基于这样一个假设——一个显然未经过验证的假设——即语言是由对等的同义词组成的。然而实际上，“没有任何两种语言能够充分相似到可以表述相同的社会现实的地步，而且各个不同的社会分别生活在各有其特色的、由语言所决定的世界中，它们决不是碰巧贴着不同标签的同一个世界”。尽管当代哲学家、语言学家和翻译理论家试图驱散这一共同的幻觉，却徒劳无功。尤其关于中国20世纪20年代现代文学的兴起，如果讨论其语言和现实、中西文化的碰撞问题，一方面要以后殖民主义、反普遍主义思想“掘巴别塔的坑”，一方面又要从“建造巴别塔”的视角去观照，如刘禾所说，“如果说中国现代文学破土而出，成为这一时期的重要事件，那么，这与其说是因为小说、诗歌以及其他文学形式是自我表现的透明工具，忠实地记录了历史的脉搏，不如说是因为阅读、书写以及其他的文学实践，在中国人的国族建构及其关于‘现代人’幻想的想像的（imaginary/imaginative）建构过程中，被视为一种强大的能动力”[2]。在这个过程中，不能忽略的是，当一种弱势文化经验服从于另一种强势文化的表述(representation)、翻译时，如果找不到对应的词，民族文化及其相应的语言就会被认为是有缺陷的。郁达夫在一系列“病的青年的心理”翻译

---

〔1〕参见［美］凯博文《苦痛和疾病的社会根源》，郭金华译，上海：上海三联书店，2008年，第35—37页。

〔2〕刘禾：《跨语际实践》，宋伟杰等译，北京：生活·读书·新知三联书店，2002年，第1、18页，“序”第3页。

命名上的困境及其所采取的措施，是汉语对等词的“欠缺”，但更意味着“现代”在中国是缺失的，以“忧郁症”为代表的“现代人”的精神、情感是缺失的。然而，这也正是郁达夫对这些现代病的书写意义所在。现代文学就是要发挥语言的述行性，生产它所描绘的现实，话语实践将变为现实实践。

## 三、“肺病”抑或“忧郁病”

忧来无方，人莫之知。（曹丕）

忳郁邑余侘傺兮，吾独穷困乎此时也。（屈原）

郁郁苦不展，羽翮困低昂。（杜甫）

百结愁肠郁不开，此生惆怅异乡来。（秋瑾）

那些号称现代的东西未必不是传统的。但当郁达夫将“忧”“郁”挑拣组合为新命名“忧郁病”，并在之后缀上西文词汇 Hypochondria 的时候，就构成了一种有效醒目地区隔传统的行为，他遂将一种感受力表达为现代新事物，在中西之间建立对等喻说关系，也将相应的文学书写区别于中国传统文学的哀伤幽愤抒情。不过，在文学进行“疾病隐喻”的时候，郁达夫在“肺病”和“忧郁病”之间却难以挑选和犹疑不决，区分也更加微妙。

受苏珊·桑塔格对肺病意象的论述的影响，学界有关文学与疾病话题多将郁达夫的作品不加辨析地划归在肺病意象中。的确，现代作家中除了郁达夫没有谁笔下的肺结核病人，以及作家自身的气质更能符合桑塔格对济慈、拜伦等浪漫主义诗人的论述。郁达夫正是这些诗人的崇拜者，并常以之自况。《南迁》的故事地点便设定在肺结核病人集中疗养地，其他作品的主人公如“于质夫”“吴迟生”“黄仲则”等，无论是否明确指出是肺病患者，均给人一种强烈的肺病暗示。若借用桑塔格的分析，“肺病”在这里意味着一种敏感、高贵的艺术家的病，顺理成章。

但是，在郁达夫的书写中很多细节表明，他虽然频频用了肺病的暗示，却又总感言不尽意，一边让人物患着中西皆有的肺病，一边又更喜欢公开地强调“神经衰弱”——这完全是一个现代外来名词[1]，于19、20世纪之交被欧美或日本的西医、传教士等绍介到中国。在郁达夫的作品中，《沉沦》的主人公被明确书写为忧郁病；《南迁》中强调了“伊人”有神经衰弱的脑病；《空虚》的主人公每年夏天都要发神经衰弱症；《采石矶》中交代“黄仲则”从小就神经过敏；《茑萝行》中也出现了“神经质”的说辞；《青烟》中主人公再次患忧郁病。在若隐若现的肺病的名目下，郁达夫不停地加上这些可以称为“忧郁病”的病患特征。显然，“肺病”可能会导致人容易神经过敏，但其文学意象无法完全承载郁达夫对一种“现代人”气质的想象。之所以如此，一部分原因在于，像桑塔格所指出的——在20世纪，以前附着于结核病的那一大堆隐喻和态度分裂开来，部分被分派给了精神错乱，于是精神错乱成了当今我们有关自我超越的那种世俗神话的表达。[2] 郁达夫所强调的精神的苦闷和“忧郁”，以及前文所说的诺尔度对现代人的描述，都反映了肺病意象已经不再能胜任20世纪现代人的精神隐喻。另一部分原因则要从中国文学中的肺病语境来谈起。

中国传统文学中最为人所熟知的肺病患者莫过于曹雪芹笔下的“态生两靥之愁，娇袭一身之病”的林黛玉。晚清林纾的译笔又为中国送来了“茶花女”，但“茶花女”被广泛接受很大程度上又是因为与中国的传统审美相吻合。民初的哀情小说中“肺病”作为悲情桥段也不少出现。总体来说，“肺病”之文学表现在中国亦多是文人贵族，反映着文弱、柔性审美文化。这似乎与郁达夫笔下的文学青年、孱弱主人公有一脉相承之处，但二者既不能简单等同，也没有紧密直接的延续关系。五四新文学初期作家固然受传统文化所滋养，但也是历史断裂文化转型的倡导践行者。晚清梁启超一代即开始提倡革新文弱文化，厌恶文人以纤

[1] 参见刘禾《跨语际实践》，宋伟杰等译，北京：生活·读书·新知三联书店，2002年，第386页。

[2] [美] 苏珊·桑塔格：《疾病的隐喻》，程巍译，上海：上海译文出版社，2003年，第35页。

弱为美的习气和弱不禁风之体。同时，疾病言说被大量用于比喻民族和国家危机。至五四新文学，鲁迅笔下的“肺病”，如《药》这部短篇小说，借助于小说人物的“华”“夏”二姓，仍隐喻着中国沉疴之体和穷困、麻木的国民灵魂。小说弥漫着令人无比压抑沉重的氛围，“肺病”意象不再散发任何审美意蕴。但《药》中的“华小拴”这个人物形象还不构成对传统文学肺病意象最致命的扭曲，鲁迅对以“肺病”为象征的传统文人气质进行过辛辣讥讽、直接攻击。1935年，鲁迅在《病后杂谈》一文讲了两位心情“大愿”的人物：

> 一位是愿天下的人都死掉，只剩下他自己和一个好看的姑娘，还有一个卖大饼的；另一位是愿秋天薄暮，吐半口血，两个侍儿扶着，恹恹的到阶前去看秋海棠。这种志向，一看好像离奇，其实却照顾得很周到。第一位姑且不谈他罢，第二位的“吐半口血”，就有很大的道理。才子本来多病，但要“多”，就不能重，假使一吐就是一碗或几升，一个人的血，能有几回好吐呢？过不几天，就雅不下去了。〔1〕

鲁迅、郁达夫以及很多现代作家都不幸受过肺病折磨，但鲁迅在写作中却排斥在正面或任何审美意义上使用肺病意象。然而，“华小栓”与郁达夫的现代青年这两种肺病患者在五四文学中一反一正，其实并行不悖。郁达夫在制造“肺病”意象的时候，明显有意识地承接欧洲浪漫主义文学传统，他通过大量西洋文学文本的引用嵌入，来营造和阐释“肺病”意象的新语境，从而避开和抛弃传统意蕴及其联系。郁达夫的叙事已经不是中国古典肺病患者熟悉的空间、意境、情感及行为方式。

---

〔1〕 鲁迅：《病后杂谈》，《文学》月刊，1935年第四卷第二号。

现代青年肺病患者被安置的空间可谓流动的异域/西方疗养地[1]，身处浪漫主义化了的大自然，而不是中国古典山水、园林的风格和氛围；主人公的现代苦闷、神经衰弱、敏感激动以及性的冲动挽救了中国式肺病的消沉。郁达夫笔下的肺病没有造就哀婉唯美的诗词意境，而是充满了四处突击、盲目、不羁、无法压抑的激情——这种充满力量的激情拂戾了中国古典“肺病”意境。

无独有偶，巴金于1927至1929年之间在巴黎写就的《灭亡》里有一个形象更鲜明、病症更纯粹的肺病患者杜大心。但“肺病”依然没有赋予年轻的男主人公优美的气质神韵，而是导致主人精神躁郁变态，促使其走向自杀式的暴力革命。也就是说，作为“现代青年”的肺病患者，五四新文学使其充满了“动”的力量，他们都是桑塔格分析19世纪后期欧洲文学所指出的“激情燃烧的人”。然而，在五四也不是找不到古典的肺病意象，这种意蕴情调有时遗留在五四作家对女性的书写上，其实在郁达夫和巴金的笔下就可以看到与现代男青年不同的那种优美的女性肺病患者。这种性别化的疾病隐喻，其实从另一方面证明了作为社会文化符码的现代男性肺病与传统审美意涵的特意区隔。滞留在女性身上的古典肺病符号大约在五四落潮之后，由丁玲和茅盾对“莎菲”们和“时代女性”的塑造而大为改观。这些女性形象在一定程度上可以看作是郁达夫开创的忧郁病青年的翻版和延续。进入30年代以后，郁达夫反复提到的“神经衰弱”开始在“新感觉派”这种现代都市文学中大行其道。

## 四、“忧郁病”的解剖与现代情感教育

将Hypochondria这种现代病翻译为汉语“忧郁病”是郁达夫的创

---

〔1〕 虽然郁达夫的小说叙事地理空间多为日本，但是通过欧洲文学文本的嵌入，对日本风景的描述在想象和观看方式上是和欧洲浪漫主义笔下的风景衔接的。另外，肺结核更是与欧洲浪漫主义文学有不解之缘，成为重要主题之一。比如浪漫主义文学巨著托马斯·曼的《魔山》，堪称对肺病疗养地最经典的描述。

造。正如郁达夫遭遇的翻译困境所显示的，以“忧郁病”为面相的现代在中国还尚未到来。20世纪20年代现代文学批评将郁达夫定位为对时代青年的现实写照，与其说是夸张，不如说是启蒙。茅盾说，“凡是现代的青年，谁也该觉着‘向善的焦躁与贪恶的苦闷’罢”。就20世纪20年代初的中国，包括上海，很难说这是一种普遍感受。还是郁达夫的自白更切实际，他说，没有在日本居过的人未必能知这书的真价。这种对异时空的阅读要求，不仅意味着像郁达夫那样的留学经验，还意味着要像作品中的现代青年一样具有文学冥思共情能力。小说所表现的新的情感和身体经验必须通过异域/现代/英文文学文本的嵌入才能证明其性质和意义，而这种现代情感及其理解和表达方式也有待通过文学教育在中国创生。《沉沦》自序说是“对青年忧郁病的解剖”，“解剖”二字意味着作者与文本叙事人的间离（而不仅仅是自叙），在叙事上会有观察、分析之效果。20世纪20年代，郁达夫的“自叙传”小说与茅盾、钱杏邨等人的评论共同完成了对现代人精神气质的解释和启蒙，其实际传播构成了对知识青年的一次现代情感教育。忧郁病，虽然是某种精神变态疾病，但并不是缺陷和耻辱，借了“现代”之名，即便“色情狂、暴露狂、不道德”等那些来自封建卫道士的指责，也没有力量阻止郁达夫不断地将它译介过来。

晚清思想界曾经惭愧过国民体魄的不康健、精神萎靡，五四新文学却给颓废和某种精神病态以光荣之名。1890年社会学家涂尔干曾说：“今天的神经衰弱与其说是一种弱点，不如说是一种区隔的标志。在我们这个为知识着迷的优雅社会中，神经紧张的人们几乎成就了一种高贵。”〔1〕1868年美国神经学家彼尔德让神经衰弱流行起来，有趣的是彼尔德也把它称作“美国病”，因为美国更为现代化，因此对人的压力比欧洲更大。也就是说，精神的适当疾病意味着国家的现代文明程度，过于健康的神经无疑等于落后粗鄙。美国医学人类学家凯博文在回顾神

〔1〕转引自［美］凯博文：《苦痛和疾病的社会根源》，郭金华译，上海：上海三联书店，2008年，第8页。

经衰弱病的历史时，引用了德林卡对维多利亚时代男子病患者的描述：

> 一个具有神经紧张倾向的人被驱使去思考和工作，争取获得成功。他驱赶自己和自己的生命力达到极限，绷紧了他的电路。就像一个超负荷的电池，或者就像普罗米修斯为盗神火而攀登导致精疲力竭，最后，这个可怜的家伙的电路系统终于崩溃，火星四溅，各种症状迸发，导致了神经衰弱。〔1〕

“神经衰弱”不是萎靡和脆弱，反而是生命无限向上之力。梁启超曾对西人的超强体力和坚毅精神做过夸张的形容，神经衰弱对五四一代意味着现代文明吸引力也毫不奇怪。对鲁迅影响颇大的史密斯的《支那人气质》（也译为明恩溥：《中国人的气质》）中便专门有“神经麻木”一章。史密斯说“神经质的”这个词的本义是“神经健全的；坚韧的；强壮的；有力的”，现代形态的文明越来越表现为过分的神经激动，因而在西方社会神经疾病比较多，这对诸如盎格鲁-撒克逊民族这样的人来说已经是很自然平常的事情，然而中国人与之构成了鲜明的对比。接下来，史密斯从病痛、睡觉、劳作、学习各个方面描述了中国人的神经粗大、迟钝冷漠。〔2〕“神经衰弱”背后的文明优越感当然更会成为西方殖民者观察东方的一个视角。比较具有蛊惑力和隐蔽性的是，种族主义歧视也会以各种科学的知识的面目出现。凯博文提到一个历史细节：

> 在西方向非洲和亚洲进行殖民扩张的时期，……那个时代的种族主义观念主观地认为神经衰弱和精神疾病在土著人群中是不存在的，他们原始的生活环境和思维过程被认为是没有忧虑和精神冲突的，而后者是西方文明培育的敏感性才会产生的。举个例子，1871

---

〔1〕［美］凯博文：《苦痛和疾病的社会根源》，郭金华译，上海：上海三联书店，2008年，第5页。

〔2〕［美］明恩溥：《中国人的气质》（第十一章神经麻木），刘文飞、刘晓旸译，上海：上海三联书店，2007年，第63—68页。

年，约翰·达震（John Dudgeon）博士向帝国海关年度《医学报告》提交的有关北京的健康问题的报告指出神经和精神疾病对中国人来说并不是问题，因为他们缺乏那种西方式生活的压力，他们“无忧无虑”。[1]

这些论述非常“东方主义”，充满了西方的傲慢。鲁迅在《随感录·四十二》曾谈及一位英国医生在医书中称中国人为土人，即野蛮人。鲁迅说：“但我们现在，却除承受这个名号以外，实是别无方法。因为这类是非，都凭事实，并非单用口舌可以争得的。”[2] 在19、20世纪之交的历史境遇中，西方的眼光、知识和话语，几乎不可能不，也不得不构成中国认识自我的镜像，继而建构“现代”中国。

中国人“无忧无虑”显然是荒谬之谈。但如史密斯所说，虽然没有解剖学上的证据说明“黑发民族”的神经与白种人的神经有什么本质的区别，但中国人神经麻木的状态在他们眼中“依然是一个谜”[3]。史密斯1872—1926年受派遣来华，差不多同一时代，还有一位长期居住于北京和天津的传教士约翰·道吉昂（John Dudgeon，1837—1901）。与同时代的其他许多将中国人“不易激动的天性”归结为神经内在迟钝的评论者不同，道吉昂认为，中国人在不使用麻醉剂的手术中“迟钝”、淡泊并不是如通常所认为的神经系统欠发达，而是道德训练的结果。[4] 排除社会不发达的因素，道吉昂的观点独具慧眼，别有社会历史性眼光。人类学家施威德（Shweder）的研究或可从理论上补充阐释道吉昂的观察。施威德认为情感的认知和发展并不像许多人认为的那样是从简单到复杂，而是另有途径，幼儿缺乏的不是复杂分化的心理结构，而是

[1] [美] 凯博文：《苦痛和疾病的社会根源》，郭金华译，上海：上海三联书店，2008年，第9页。

[2] 鲁迅：《随感录·四十二》，载《鲁迅全集》第一卷，北京：人民文学出版社，2005年，第343页。

[3] [美] 明恩溥：《中国人的气质》（第十一章神经麻木），刘文飞、刘晓旸译，上海：上海三联书店，2007年，第68页。

[4] 罗芙芸：《卫生的现代性——中国通商口岸卫生与疾病的含义》，向磊译，南京：江苏人民出版社，2007年，第108页。

谈论并且有意使用这一结构所需的知识和表达技术。[1] 在施威德的模型里，文化提供了知识和表达技术，因而把普遍性的和文化特殊性的含义赋予体验的构成和表达。那么，按施威德和道吉昂的说法，19、20世纪之交的中国人所缺乏的未必是敏感的神经、丰富的体验和情感观念，而是谈论情感的现代知识话语和表达技术。凯博文对中国抑郁病的历史研究亦发现，中国文化关于苦痛的习惯用语以及流行症状术语倾向于强调有关生理而非情绪的诸多不适。在这个意义上，郁达夫的写作进行的不仅是现代人精神特征的启蒙，更是对中国人现代情感"方式"的教育。

1947年陈翔鹤在回忆郁达夫的文章中这样写道：

> 有一次，他递给我一本刚才出版的《沉沦》说："你拿去读读看，读完以后，告诉我你的意见。中国人还没有象我这样写小说的。有些人是浅薄无聊，但我却是浅薄有聊。中国人此刻还没有人懂得什么是Sentimental。"
>
> ……
>
> 如果说"五四"运动是剥去了半封建半殖民地中国腐朽的外衣，"文学研究会"是将西洋文学"广泛"的介绍到中国来，给中国腐朽的旧文学一个强烈的打击和对比，那"创造社"诸人的功绩，便是在对已经将旧的外形被剥脱得赤裸裸的，而且已经有着初步觉醒的中国青年们，教他们怎样地彻底"自我解放"，怎样地反抗黑暗现实，怎样将自己心中所感觉到的苦闷，大无畏地叫了出来。他们确确实实地将Sentimental一字介绍到中国来了。[2]

---

〔1〕 凯博文对中国抑郁病的历史研究指出，中国文化关于苦痛的习惯用语以及流行症状术语倾向于强调有关生理而非情绪的诸多不适。参见［美］凯博文《苦痛和疾病的社会根源》，郭金华译，上海：上海三联书店，2008年，第37页。

〔2〕 陈翔鹤：《郁达夫回忆琐记》，1947年1—3月《文艺春秋副刊》第1卷第1—3期。参见王自立、陈子善编《郁达夫研究资料》，天津：天津人民出版社，1982年，第102—105页。

陈翔鹤所言切中肯綮：创造社诸人的功绩是对已经有着初步觉醒的中国青年们，教他们怎样地彻底“自我解放”；怎样地反抗黑暗现实；怎样将自己心中所感觉到的苦闷，大无畏地叫了出来。其实，郁达夫笔下的主人公又何尝不是通过西洋文学来学习情感行为方式的呢？小说中那些嵌入的浪漫主义文学文本最根本最深刻的意义即在此。无论是“他”“伊人”，还是“于质夫”，文学时空和现实生活通过主人公的遐想和阅读互相交叉穿梭，在关键的情感时刻，青年主人公向文学求教，通过文学模仿确立自我。这样的例子不胜枚举，在《沉沦》中：

> 他觉得学校里的教科书，真同嚼蜡一般，毫无半点生趣。天气清朗的时候，他每捧了一本爱读的文学书，跑到人迹罕至的山腰水畔，去贪那孤寂的深味去。在万籁俱寂的瞬间，在水天相映的地方，他看看草木虫鱼，看看白云碧落，便觉得自家是一个孤高傲世的贤人，一个超然独立的隐者。有时在山中遇着一个农夫，他便把自己当作了 Zarathustra，把 Zarathustra 所说的话，也在心里对那农夫讲了。他的 megalomania 也同他的 hypochondria 成了正比例，一天一天的增加起来。[1]

在《茫茫夜》中，吴迟生与于质夫分别的场景：

> 他拉了吴迟生的手进到舱里，把房门关上之后，忽觉得有一种神秘的感觉，同电流似的，在他的脑里经过了。在电灯下他的肩下坐定的迟生，也觉得有一种不可思议的感情发生，尽俯着首默默地坐在那里。质夫看着迟生的同蜡人似的脸色，感情竟压止不住了，就站起来紧紧的捏住了他的两手，面对面的对他幽幽的说：
>
> “迟生，你同我去罢，你同我上 A 地去罢。”这话还没有说出之

〔1〕 郁达夫著，吴秀明编：《郁达夫全集》第一卷，杭州：浙江大学出版社，2007 年，第 43—44 页。

> 先，质夫正在那里想：
>
> “二十一岁的青年诗人兰勃 Arthur Rimbaud。一八七二年的佛尔兰 Paul Verlaine。白儿其国的田园风景。两个人的纯洁的爱。……”[1]

王尔德有言，艺术指导生活，是生活模仿艺术而不是艺术模仿生活。在《生活与艺术》一文中，郁达夫表达了同样的看法，伟大的艺术将为人提供新的道德模式和行为模式。郁达夫自己又何尝不是如此，在《集中于〈黄面志〉（*The Yellow Book*）的人物》中，他是这样介绍“黄面志”诗人艺术家的生活和行为方式的：

> 当时的 Dieppe 是青年艺术家会集之处。夏天在 Dieppe 避暑的人中，差不多十人有九人是歪戴着白色的软帽，披了乱长的头发，在海边上，或在凉亭内懒懒的躺着的。有时候有二三人相遇的时候，他们便光着了两眼，涨红了清瘦的脸，谈论起艺术的原理，表现的技巧来。到了晚上他们就穿了奇特的衣裳，各到公共舞蹈室，小酒馆，音乐堂，赌博场去。据 Arthur Symons 说，他与 A. B. 的关于 Savoy 志的计划，全是在这样的空气中间作成的。[2]

郁达夫在这些叙述介绍文字中，其实颇有深情款款的意味。这个场景被他模仿再现到了小说《南迁》中。

在郁达夫对现代青年的情感教育中，有必要再次强调“解剖”的作用。加拿大学者米切尔·伊根指出，分析、审视将作者和主人公分开来，引起感伤、自我暴露的误解的原因是真正的客观化叙述。[3]《沉

---

〔1〕 郁达夫著，吴秀明编：《郁达夫全集》第一卷，杭州：浙江大学出版社，2007年，第141—142页。
〔2〕 郁达夫著，吴秀明编：《郁达夫全集》第十卷，杭州：浙江大学出版社，2007年，第87页。
〔3〕 [加] 米切尔·伊根：《郁达夫：传统文学与现代文学的过渡》，载贾植芳编《中国现代文学的主潮》，上海：复旦大学出版社，1990年，第245—261页。

沦》不是郁达夫沉溺于感伤的自叙传，而是对情感的自我心理分析，由此小说展现了一个现代“自我”的确立和建构。也就是说，郁达夫小说的主人公通常不是单纯的抒情，而是对“内在自我”的解剖、观察和言说。小说呈现的是这一系列行为过程。在《沉沦》中，主人公在火车旅行中，抒了一段情：

> 又蓝又紫的天空里，洒满了一天星斗。半痕新月，斜挂在西天角上，却似仙女的娥眉，未加翠黛的样子。他一个人靠着了三等车的车窗，默默的在那里数窗外人家的灯火。火车在暗黑的夜气中间，一程一程的进去，那大都市的星星灯火，也一点一点的朦胧起来，他的胸中忽然生了万千哀感，他的眼睛里就忽然觉得热起来了。
>
> “Sentimental，too sentimental！”
>
> 这样的叫了一声，把眼睛揩了一下，他反而自家笑起自家来。[1]

主人公的笑，含着轻轻的自嘲，更有着对自身反讽能力的欣赏，也许还有对自我内在深度的得意。

陈平原在小说现代转型研究中发现对晚清新小说影响最大的是政治学，对五四小说影响最深的则是心理学知识。[2] 郭沫若也曾说，如今写小说，不懂医学知识是不行的。从郭沫若早年的身边小说来看，那些直接影响、频繁体现在文学写作层面上的医学知识多是歇斯底里、梅兰刻烈、神经衰弱等现代心理学和弗洛伊德精神分析，郭沫若依此来分析和描写人物。郭沫若、郁达夫这样的创作社作家在20世纪20年代初期的小说写作与其说是描写心理情绪，不如说是已经完成了精神分析的文本。因此，在某种程度上可以说，不是现代人有深度的内在自我，而是现代心理学、精神分析教会了人一套自我观察和表达的话语方式。郁达

---

〔1〕 郁达夫著，吴秀明编：《郁达夫全集》第一卷，杭州：浙江大学出版社，2007年，第51页。
〔2〕 陈平原：《中国小说叙事模式的转变》，北京：北京大学出版社，1988年，第25页。

夫曾经在自传中（他的自传和小说经常互文）将儿童经验和成年的精神创伤联系起来叙述，这正是柄谷行人所指出的“现代作家向人类的幼年期追溯，就好像那里有真正的起源似的，这不过是在创造关于‘自我’的故事而已。有时这甚至是一个精神分析式的故事，而在幼年期里其实并没有隐藏什么‘真实’。所隐藏的乃是使包括精神分析学得以诞生的制度”，神经症正是由精神分析而制造出来的疾病，这是为弗洛伊德所不曾想到的。〔1〕

在青年读者这一方，通过对郁达夫式文学作品的阅读，现代青年敏感细腻的想象力、自我体察和表述能力亦得以培育。文学阅读产生现代特有的内心生活样式，可以说，在作为读者的经验中诞生了自我认识。同时，阅读者也将学会自白的技艺和修辞。柄谷行人说“应该表现的‘内面’或者自我不是先验地存在着的，而是通过一种物质性的制度其存在才得以成为可能”〔2〕。现代文学书写创造出了有内在深度的现代人。从文学阅读的社会学角度来看，经由文学所培育出来的现代自我表达形式与叙述能力，将改变和重新塑造人们的感情世界和感觉空间，最终重塑社会。〔3〕

郁达夫将《沉沦》主人公的忧郁苦闷归结为弱国子民的身份和国内现实的黑暗落后，主人公自杀前呼吁祖国快强大起来。也可以说，其忧郁病乃因祖国不够“现代”而导致。Hypochondria 也被翻译为“疑病症”“臆想症”。这又像是一个隐喻，中国的“现代”正是先从观念中创生的。

作者简介：李音，海南大学人文学院教授，中国现代文学馆特邀研究员，中国鲁迅研究会理事。著有《在时间面前》，曾获第十届唐弢青年文学研究奖。

---

〔1〕［日］柄谷行人：《日本现代文学的起源》，赵京华译，北京：生活·读书·新知三联书店，2003 年，第 127 页。

〔2〕［日］柄谷行人：《日本现代文学的起源》，赵京华译，北京：生活·读书·新知三联书店，2003 年，第 70 页。

〔3〕耿占春：《阅读的社会学》，载《书的挽歌与阅读礼赞》，北京：北京大学出版社，2012 年。

# 重审郁达夫留日小说中的“东方主义”问题

## ——文化抵抗之可能[1]

傅智伟

《青年杂志》（从第二卷第一号起，更名为《新青年》）以创办人陈独秀的《敬告青年》开篇，为这份影响并塑造了一个时代的刊物奠定了基调。在陈独秀的论述中，依然处于封建时代的中国人若想进入“二十世纪之世界”，只有完全抛弃传统中国“固有之伦理、法律、学术、礼俗”，追随西方的轨辙，方能争得人的价值，不再做“奴隶牛马”[2]。在同一期刊物中，汪叔潜同样将西方文明与传统中国对立起来，并认同于前者：“所谓新者无他，即外来之西洋文化也。所谓旧者无他，即中国固有之文化也。”[3] 在五四知识分子的普遍意识中，“‘西方文化’优越于‘东方文化’，一如‘现代’胜于‘传统’”[4]。及至 20 世纪 30 年代，陈序经明确提出全盘西化论，“很不客气的指摘我们的东方文明，很热烈的颂扬西洋的近代文明”[5]。胡适支持了这种说法：“我们如果还想把这个国家整顿起来，如果还希望这个民族在世界上占一个地位，——只有一条生路，就是我们自己要认错。我们必须承认我们自己百事不如人。”[6] 这样的文化心态是东方主义的。东方主义是西方关于东方的认知结构，同时也通过与东方的差异性参与了西方人有关西方的

〔1〕 本文曾发表于《东岳论丛》，2021 年第 1 期。
〔2〕 陈独秀：《敬告青年》，《青年杂志》，1915 年第 1 卷第 1 号。
〔3〕 汪叔潜：《新旧问题》，《青年杂志》，1915 年第 1 卷第 1 号。
〔4〕 刘禾：《语际书写：现代思想史写作批判纲要》（修订版），桂林：广西师范大学出版社，2017 年，第 39 页。
〔5〕 陈序经：《中国文化的出路》，上海：商务印书馆，1934 年，第 90 页。
〔6〕 胡适：《介绍我自己的思想》，载《胡适文集》第 5 卷，北京：北京大学出版社，1998 年，第 515 页。

知识的构造。[1] 在东方主义的知识话语中，同时存在着具有差异性的对东方和西方的认知，其中的东方作为西方的“他者”，常常是被贬低的、怪异的、劣等的；而西方作为衡量文明与野蛮的标准，具有正面的价值。西方由此确认其在文化上相对于东方的优势地位，从而保证了西方对东方进行殖民侵略的正当性。“正是在启蒙文明的名义下，把人类划分为‘先进’与‘落后’的种族，并为帝国主义掠夺提供名正言顺的理由。”[2] 传统的华夷之辨将中国周边的部族和国家当作蛮夷看待，与西方的东方主义在功能上相似、在认知上相对。然而，近代中国事实上的衰落不但导致华夷之辨失去效力，而且发生了倒转，与其在认知上相对的东方主义浸染了近代中国知识分子的文化心态。[3] 其结果是，东方主义作为“一套被人为创造出来的理论和实践体系”将中国“东方化”[4]。认同东方主义的中国人吸纳了西方对中国的认识论，“在处理中国资料时自觉或不自觉地接受被强加的西方范式，自发地采用西方标准来评价中西方事物，以及或隐秘或直白地承认西方文化优于非西方文化。这个方面一个极端的例子就是某些中国知识分子对中国文化进行自虐式的诋毁和攻击”[5]。西方文明、现代文明、传统中国、传统文化等概念不免笼统，所指不明确，并在某种程度上暗含偏见，却契合近代中国知识分子的知识论和文化观念，因而即便它们容易引起误解，在论述近代中国知识分子时，仍需要用到它们。

黎德机、伊藤虎丸揭橥了郁达夫留日小说中的东方主义的文化心态。黎德机认为，郁达夫和他的主人公“以半殖民地特有的态度崇拜外国文

---

〔1〕［美］萨义德：《东方学》，王宇根译，北京：生活·读书·新知三联书店，2019 年，第 444 页。

〔2〕［美］杜赞奇：《从民族国家拯救历史：民族主义话语与中国现代史研究》，王宪明等译，北京：社会科学文献出版社，2003 年，第 6—7 页。

〔3〕 罗志田：《中国的近代：大国的历史转身》，北京：商务印书馆，2019 年，第 37 页。

〔4〕［美］萨义德：《东方学》，王宇根译，北京：生活·读书·新知三联书店，2019 年，第 7—9 页。

〔5〕 顾明栋：《汉学主义：东方主义与后殖民主义的替代理论》，张强等译，北京：商务印书馆，2015 年，第 22 页。

化”[1]。伊藤虎丸指出，郁达夫、郭沫若等人“用日本的眼光看到了（或者说使他看到了）中国人的不要强、没出息的落后性”[2]。辛金顺、李永东进一步发展了由黎德机、伊藤虎丸提出而未及阐发的观点。辛金顺从寓言的角度，揭示《沉沦》的主人公“征示了作为弱国子民对文化异己的他恋与认同”[3]。李永东则从洋装政治和身份焦虑的角度进行分析：

> 如果对《两夜巢》中“仿洋”留学生的文化身份进行定位，可以称之为“崇洋的民族主义者”。这个表述内含悖论，因为他们的文化认同背离了民族身份而呼应着殖民时代的文明优劣论，体现出“从强从多”的心态……体现了半殖民地中国现代化进程中的文化选择和奇异心态。[4]

史书美也指出郁达夫留日小说中民族意识的暧昧性，其论述聚焦于主人公被宰制、被“阉割”的状况——“中国男性主人公都无一例外地成为日本帝国主义征服中国的牺牲品”[5]，没有注意到内在于郁达夫留日小说中的文化抵抗。

本文以詹姆逊的“民族寓言”说[6]作为阅读郁达夫留日小说的方法，探索小说以象征、隐喻、寓言的方式构造出的“政治维度”，将留日主人公个人的遭际与命运看作民族寓言，目的在于揭示为前述学者所忽视或低估的郁达夫留日小说对西方文明的文化抵抗。郁达夫留日小说

---

〔1〕 黎德机：《混乱还是一致？——佐藤春夫〈田园的忧郁〉与郁达夫〈沉沦〉三部曲》，载李杭春等编《中外郁达夫研究文选》，杭州：浙江大学出版社，2006年，第661页。

〔2〕［日］伊藤虎丸：《鲁迅、创造社与日本文学：中国近现代比较文学初探》，孙猛、徐江、李冬木等译，北京：北京大学出版社，2005年，第192页。

〔3〕 辛金顺：《中国现代小说的国族书写：以身体隐喻为观察核心》，台北：秀威资讯科技，2015年，第247页。

〔4〕 李永东：《身份焦虑、民族认同与洋装政治——以创造社作家为例》，《文艺研究》，2018年第3期。

〔5〕［美］史书美：《现代的诱惑：书写半殖民地中国的现代主义（1917—1937）》，何恬译，南京：江苏人民出版社，2007年，第135页。

〔6〕 弗雷德里克·詹姆逊：《鲁迅：一个中国文化的民族寓言——第三世界文本新解》，孙盛涛、徐良译，《鲁迅研究月刊》，1993年第4期。

的主人公固然具有东方主义的文化心态，试图在文化上认同以日本为化身的西方文明，却因与生俱来的种族身份而无法摆脱被他者化的命运，自觉到以西方文明为模板改造文化身份，并不能破除西方文明与传统中国的区隔，终于还是不能为以日本为化身的西方文明所接纳。经明治维新“脱亚入欧”而进入现代文明的日本始终置中国人于他者的地位，因而中国的留日学生在日本接受的是现代教育，却依然被视为传统中国的一分子，为现代日本所蔑视。既然无法被接纳而在现代日本获得自尊，那么只能如《沉沦》的主人公“再也不爱（日本）女子”而“爱我的祖国”一样回归传统中国以寻求慰藉。传统中国甚而成为郁达夫留日小说主人公抵抗、对抗西方文明的凭借，但同时，他亦已自觉抵抗虚幻性。一系列的战败暴露了传统中国的贫弱，被目为价值准则和社会规范的传统文化逐渐丧失其权威。科举制度的废除将这一过程戏剧化，标志着教授和传承传统文化的制度化方式终结了。丧失其权威的传统文化不能成为现实的反抗力量。既无法为西方文明所接受，又无法从传统中国获得对抗现实的力量，无论是复古还是西化，只能陷入矛盾与两难。郁达夫对传统中国的颂扬原也只是策略性的，必然失败的文化抵抗为其克服身份危机提供了内在的动力。

## 一、现代的诱惑与幻灭：揭破文明优劣论的假面

有“日本近代教育之父”之称的福泽谕吉在1875年完成《文明论概略》，书中明确提出：“如果想使本国文明进步，就必须以欧洲文明为目标，确定它为一切议论的标准。”〔1〕十年之后，福泽谕吉进一步提出“脱亚论”。如子安宣邦所说：“‘脱亚’这个话语结构，在西洋的文明发达国家与非西洋的亚洲非文明国家这一两分法式的世界认识中，将日本规定为新兴文明国，并以文明国与非文明国的关系结构来说明日本与其

〔1〕［日］福泽谕吉：《文明论概略》，北京编译社译，北京：商务印书馆，1992年，第11页。

他亚洲诸国的关系。”[1] 日本经明治维新而“脱亚入欧”，在文化、政治上进入了现代文明，更经由日俄战争，确认其作为帝国主义国家的身份。在近代中国知识分子看来，日本属于地理上的东方、文化上的西方。任达指出近代留日中国学生的一个主要特点：他们到日本留学，却完全无视日本的内在价值，只把日本当作“更为便捷和便宜地走向西方现代化……的垫脚石，是获得西方知识、导致中国富强的捷径，使用后便遭抛弃”[2]。其说仅将日本作为文化中介，无视其内部价值，却能启示我们：来自中国的留日学生在日本身上看到的不是日本本身，而是西方的投影。虽然日本不是西方国家，日本文明也并不等同于西方文明，但以折射西方的方式，日本被认为是与西方国家一样的现代国家，日本文明被认为是与西方文明一样的现代文明。与其说留日学生以日本为师，不如说他们以西方为师，实即以现代为师。与任达的观点相似，葛兆光指出，近代中国知识分子虽然艳羡日本的“富强”与“文明”，但“这种艳羡的价值基础恰恰是对西洋文明以及近代性的认同，并非来自对日本民族与文化的认同”[3]。因此，包括郁达夫在内的留日学生对日本的认同，实际上是对西方或现代的认同。

较之不曾留日或只在日本旅居过的中国人，郁达夫因他在日本的留学经历对其时中日的强弱有更进一步的具体认识。“新兴国家的气象，原属雄伟，新兴国民的举止，原也豁荡，但对于奄奄一息的我们这东方古国的居留民，尤其是暴露己国文化落伍的中国留学生，却终于是一种绝大的威胁。说侮辱当然也没有什么不对，不过咎由自取，还是说得含蓄一点叫作威胁的好。”[4] 这段话中蕴含着进化论：新兴国家日本的

---

〔1〕［日］子安宣邦：《东亚论：日本现代思想批判》，赵京华译，长春：吉林人民出版社，2011 年，第 30 页。

〔2〕 任达：《新政革命与日本：中国，1898—1912》，李仲贤译，南京：江苏人民出版社，1998 年，第 53 页。

〔3〕 葛兆光：《宅兹中国：重建有关“中国”的历史论述》，北京：中华书局，2011 年，第 181 页。

〔4〕 郁达夫：《雪夜（日本国情的记述）——自传之一章》，载《郁达夫全集》第四卷，杭州：浙江大学出版社，2007 年，第 304 页。

“新”和东方古国的“古”恰成对照，“古”不但意味着落后，即郁达夫所说的“文化落伍”，更意味着在进化的链条上将被淘汰。[1] 从“中体西用”到“全盘西化论”，西方文明优越论渐次支配了中国的知识分子，尤其是留学生。留日学生“在一个高层次的文化环境中二度形成自己的语言能力、文化教养、人格气质、价值观念……的社会化和再社会化的过程，是他们的文化心理结构经历了裂变与重铸的过程”[2]。郁达夫及其留日小说的主人公在留学生活中，拥抱西方文明，试图在文化身份上将自己转变为现代人。稻吉镁治、石田干之助、金子光晴等人都回忆说，初见郁达夫时，误以为他是日本人。[3]《两夜巢》中的主人公，即郁达夫的化身，“因为来外国住了多年，所以他的外貌竟被外国人同化得一丝不剩”[4]。此处的“外貌”并不只是装扮、发型，还包括行为举止、声音语调、姿态神气等全部外部特征。郁达夫留日小说的主人公的这些特征已经与日本人无异，既是熏染既久的结果，也是主动学习的成果。

与《两夜巢》主人公的西方化或现代化相应的是，他厌恶另一个留日同胞身上浓重的“中国人的气味”，不愿与他一起出现在日本人面前，以免被认出是中国人。[5] 其在日本时，对种族身份的压抑可想而知。他说，外国人认为中国人的习性“如牛如马，不晓得清洁，贪贱贪小，卑陋愚鲁”，因而自己要故意显出“中国人的那一种洁丽宽宏，聪明豁达的态度”[6] 给外国人看。但是，“洁丽宽宏，聪明豁达的态度”既然是给外国人看的，其目的便在于获得外国人的认可，而中国人的常态在

---

〔1〕 傅智伟：《郁达夫与〈沉沦〉的爱国情感与个人情感之辨》，上海外国语大学硕士学位论文，2017年。

〔2〕 魏建：《文化中介：日本近代文化之于前期创造社——五四西方文化“传播”研究》，《中国现代文学研究丛刊》，1989年第1期。

〔3〕［日］小田岳夫、稻叶昭二：《郁达夫传记两种》，李平等译，杭州：浙江文艺出版社，1984年，第281—287页。

〔4〕 郁达夫：《两夜巢（断片）》，载《郁达夫全集》第一卷，杭州：浙江大学出版社，2007年，第2页。

〔5〕 郁达夫：《两夜巢（断片）》，载《郁达夫全集》第一卷，杭州：浙江大学出版社，2007年，第3页。

〔6〕 郁达夫：《两夜巢（断片）》，载《郁达夫全集》第一卷，杭州：浙江大学出版社，2007年，第3—4页。

外国人眼中与此相反，那么这种态度便不能被看作“中国人的那一种……态度”，而是外国人的态度，但同时也是郁达夫及其留日小说的主人公的态度。国民性批判正产生于此种境遇之中。作为先觉者的知识分子凭借西方文明发起国民性批判，其前提在于他们自身的西方化或现代化，出发点是他们对传统中国的不满和发起变革的愿望。郁达夫曾将中国底层民众与蟑螂相比，既可怜他们的生活与命运，又不掩饰贬抑的态度。“大多数的百姓，却还是既无恒产，又无恒业，没有目的，没有计划，只同蟑螂似的在那里出生，死亡，繁殖下去。”〔1〕与鲁迅相似，郁达夫曾将传统中国比作一间连铁窗都没有的“囚牢”，其间“上下交争利，后先不见人”，“人少畜生多”〔2〕。郁达夫及其留日小说的主人公无疑是在用日本人及西洋人厌弃中国人的眼光看待自己的同胞，但郁达夫的本意是为中国的底层人民感到悲哀。“附廓的农民的贫穷与无智，经我几次和他们接谈及观察的结果，使我有好几晚不能够安睡。”〔3〕郁达夫及其留日小说主人公正是出于近代中国人的自卑心态和走进现代的愿望，认可了以日本为化身的西方文明，并将其对中国的一套看法内化，试图摆脱身上“落后”的中国性，将文化身份上的中国性转化为现代性，以期获得与西方比肩的地位，并要求日本人承认他不是落后的中国人，而是已经获得西方文明教育的现代人——种族身份上的中国人，文化身份上的现代人。但郁达夫在他的留日小说中使得主人公的这种愿望落空。中国人的种族身份被看作一种原罪。主人公试图撇开种族身份而转变文化身份的做法失败了。

《归航》写出了郁达夫对日本的复杂态度。“十年久住的这海东的岛国，把我那同玫瑰露似的青春消磨了的这异乡的天地，我虽受了她的凌辱不少，我虽不愿第二次再使她来吻我的脚底，但是因为这厌恶的情太

〔1〕郁达夫：《我的梦，我的青春！——自传之二》，载《郁达夫全集》第四卷，杭州：浙江大学出版社，2007年，第263页。

〔2〕郁达夫：《忏余独白》，载《郁达夫全集》第十卷，杭州：浙江大学出版社，2007年，第499页。

〔3〕郁达夫：《大风圈外——自传之七》，载《郁达夫全集》第四卷，杭州：浙江大学出版社，2007年，第294页。

深了，到了将离的时候，我倒反而生起一种不忍与她诀别的心来。”〔1〕“她”和“吻”两字将留日小说主人公与日本的关系化作主人公与日本女子的关系。换言之，主人公与日本的关系寓言式地表现为主人公与日本女子的关系：主人公受“她”的欺辱却依然爱恋着“她”，不忍与之诀别。如果说，日本隐现着西方文明，日本文明已成西方文明之部分，那么，日本女子便是西方文明的肉身。如辛金顺指出的那样，郁达夫留日小说的主人公“对日本女性爱情与肉体的渴望，却也成为认识异国文化的一个欲望符号象征，也是一种自我身份认同的追寻。易言之，被日本女性青睐，似乎成了在日留学生获得身份与存在尊严的肯定”〔2〕。日本女子与主人公的关系，正象征着西方文明与留日中国青年的关系。只有经由日本女子的接纳，主人公才能确证自己为西方文明所接纳。郁达夫以日本女子为西方文明的象征，以日本女子对主人公的接纳为主人公进入现代的确证，但日本女子无情地拒绝了主人公，无视他在日本受的现代教育和文明化的程度，其原因只在于其“支那人”的种族身份。文明优劣论论证了种族优劣论，现代文明的教育却不能使主人公进入现代文明的愿望得到满足。对文明优劣的判断本无固定的标准，但在殖民时代，民族竞争能力的强弱规定了文明的优劣，而非相反。

《南迁》主人公伊人成为东京帝国大学的留学生，给了他进入现代文明的门票。“东京帝大是日本第一所现代大学，也是治国人才的培养之所，支配日本的政坛。”〔3〕被日本人认为能力低下的中国人的一分子能进入日本的最高学府，说明了他的能力不在一般日本人之下，在理论上他已是现代文明的一分子。或许正是东京帝国大学留学生的文化身份，曾促使《南迁》中的日本女子M对主人公投怀送抱，但在她原本的日本情夫W再次出现后，她马上转投怀抱。史书美的观察有一定的道理：“作为他们欲望对象的日本女人不断地躲避他们，但却又转而投

〔1〕郁达夫：《归航》，载《郁达夫全集》第三卷，杭州：浙江大学出版社，2007年，第1—2页。
〔2〕辛金顺：《中国现代小说的国族书写：以身体隐喻为观察核心》，台北：秀威资讯科技，2015年，第250页。
〔3〕张倩仪：《大留学潮》，北京：北京联合出版公司，2016年，第170页。

入日本男人的怀抱……这也就是说，与我们敏感的、理智的和憔悴的中国男主人公相比，这个日本男人在种族上的纯洁性是他高于男主人公的优越性之所在。”[1] 辛金顺的说法与史书美相近：“种族的纯净，终究还是决定了爱情的尊卑之别。另一方面，也彰显了弱国男性在强国女性的面前，只是个空洞的符号，丧失了某种男性的雄伟气质，只有日本男性才是日本女性的最终归属。”[2] 日本要将自己置于现代文明的优势地位，其前提便是将中国视作其反面，亦即落后的、东方的。在这样的逻辑之下，为了突出日本人的现代性，就要把在日本接受现代教育的留日中国学生排斥在现代文明之外，其采用的只能是种族的标准，而非文明的标准。实际上，种族的标准即是文明的标准。“‘你们这些劣等民族，亡国贱种，到我们这管理你们的大日本帝国来做什么！’简直是最有成绩的对于中国人使了解国家观念的高等教师了。”[3] 因而，在本质上使西方文明区别于传统中国的是种族的不同，而不是西方国家和日本所宣称的文明程度的高下。郁达夫的留日小说揭破了文明优劣论的幻象，以主人公对现代追求的失败说明了文化身份的转变不能打破文明的区隔。在他者的视野之下，文化身份与种族身份合二为一，种族身份甚而成为文明的分野。

## 二、留日学生的民族自觉：文化身份与种族身份的合一

《沉沦》的主人公坦承自己的种族身份“支那人”时，“他全身发起抖来，他的眼泪又快滚下来了”[4]。在现代日本，中国人的种族身份犹如屈辱的印记，是主人公试图压抑下去的东西。但《南迁》主人公的经

〔1〕［美］史书美：《现代的诱惑：书写半殖民地中国的现代主义（1917—1937）》，何恬译，南京：江苏人民出版社，2007年，第133页。
〔2〕 辛金顺：《中国现代小说的国族书写：以身体隐喻为观察核心》，台北：秀威资讯科技，2015年，第251页。
〔3〕 郁达夫：《雪夜（日本国情的记述）——自传之一章》，载《郁达夫全集》第四卷，杭州：浙江大学出版社，2007年，第305页。
〔4〕 郁达夫：《沉沦》，载《郁达夫全集》第一卷，杭州：浙江大学出版社，2007年，第70页。

历却说明，日本对留日中国学生的看法，并不会因为他们受教育程度的提高和文化身份的转变而改变。郁达夫留日小说的主人公通过改造文化身份，使中国人进入现代文明的尝试失败了，这促使本被压抑的种族身份得以重新浮现。有学者认为郁达夫及其留日小说的主人公为东方主义所支配，缺乏对西方的抵抗，便忽视了留日小说主人公在失败中获得的自觉：自觉在日本人眼中，中国人的种族身份与文化身份是不可分的；自觉文化身份的改造无法突破传统中国与西方文明的区隔；自觉对西方文明的认同和传统中国的贬斥并无法让他获得自尊，而只能让他处于文化身份与种族身份的分裂造成的痛苦之中。

《南迁》写出了主人公对种族身份的自觉。主人公因种族身份而"爱情"失利，立时感受到他是作为一个中国人在遭受耻辱。即是说，对西方文明之化身的日本女性的争夺，本就是种族竞争，不但让他感到自己的现代性的幻灭，更是让他在异族竞争者的对照下，本能地觉察到自己是一个中国人。初次见面时，尽管日本男性 W 对伊人非常友善，同他叙起礼来，伊人却总觉得 W 是他的仇敌。[1] 伊人的敌意出自他并不十分清楚的本能，他直觉地感到日本男性 W 是与他争夺日本女子 M 的情敌。他们之间对日本女性的争夺更是被郁达夫政治化与象征化，不只是个人的事件，而是传统中国与西方文明孰优孰劣的表征。日本男性 W 与中国的留日学生伊人在体型、气质上形成雄伟/瘦弱、酒肉气/忧郁症的对立，突出了两人在隐喻意义上的西方性和东方性。[2] 两人对现代文明之象征的日本女子的争夺，便成了中、日两国的较量，而不仅仅是史书美、辛金顺所说的"种族纯洁性"的较量。实际上，同为小说中的"东洋人"，日本男性不会与中国男性在体型、气质上相差甚远，但为了突出两者的差异，郁达夫显然将小说中日本男性 W 的形象西方化了，也同时将明治维新后日本"脱亚入欧"的道路形象化了，其结果便是日本作为现代文明的一分子打败并入侵了传统中国，在小说中被寓言

[1] 郁达夫：《南迁》，载《郁达夫全集》第一卷，杭州：浙江大学出版社，2007 年，第 121 页。
[2] 郁达夫：《南迁》，载《郁达夫全集》第一卷，杭州：浙江大学出版社，2007 年，第 121—124 页。

式地表现为主人公的情人被日本男性夺走。作为中国人的主人公面对着如同西方人的日本男性，感受到本能的敌意，其敌意不但指向情人将被日本男性夺走的事实，更指向近代中国遭受日本欺凌、侵略的民族危机。日本女子最终脱离男主人公的怀抱，拥抱日本男性，这不但击破了主人公被西方现代文明接纳的幻想，而且使他意识到了作为留学生无论他怎么转变文化身份，日本人也不会平等地接纳他。更为重要的是，在失败的情感挫折中，主人公的种族意识连带着弱国子民的耻辱感开始觉醒。如郁达夫在其自传中写的那样：

> 是在日本，我开始看清了我们中国在世界竞争场里所处的地位；是在日本，我开始明白了近代科学——不问是形而上或形而下——的伟大与湛深；是在日本，我早就觉悟到了今后中国的运命，与夫四万万五千万同胞不得不受的炼狱的历程。而国际地位不平等的反应，弱国民族所受的侮辱或欺凌，感觉得最深切而亦最难忍受的地方，是在男女两性，正中了爱神毒箭的一刹那。[1]

如伯林所说，民族归属感“是针对一个社会的传统价值受到的居高临下的或蔑视的态度做出的反应，是最有社会意识的成员的自尊受到伤害和屈辱感的结果，这种感情理所当然地会引起愤怒和自我肯定”[2]。异族歧视造成的心理创伤和作为弱国子民感受到的屈辱感催生出种族意识。留学日本而走进现代文明的过程，一方面固然使得郁达夫及其留日小说中的主人公认识到传统中国与西方文明之优劣，另一方面却也唤醒其“国家的观念”和种族竞争的意识，从而促发了种族意识的自觉。西方文明胜于传统中国的文化意识、急于成为现代文明一分子而获得尊严的渴望，促使郁达夫小说中的留日学生渴慕转变文化身份；与之相反，

---

〔1〕 郁达夫：《雪夜（日本国情的记述）——自传之一章》，载《郁达夫全集》第四卷，杭州：浙江大学出版社，2007年，第305页。
〔2〕［英］伯林：《反潮流：观念史论文集》，冯克利译，南京：译林出版社，2002年，第412页。

种族自觉却促使其重新拥抱传统中国。郁达夫及其留日小说主人公对西方文明的认同与其种族自觉看似矛盾，却并不冲突。种族自觉产生于这样一种急于追求而不得的痛苦体验之中，亦即认同被拒绝之后。两者在时间上有先后之别，虽然并不全是如此。“一开始他们对于日本心生向往，想要热切地投靠它，但日本却对之冷落以待。这类乎一种男女两性之间由欲求到被拒绝的过程，这正是郁达夫那篇惊世骇俗的自叙传小说《沉沦》所描写的内容。”〔1〕因而，追求和痛苦、东方主义和种族自觉在逻辑上是先后的关系，并不构成矛盾，尽管在小说中，它们相互交织，并非对立。总之，正是对西方文明的认同在现实追求中的幻灭，促成了种族自觉。

《沉沦》和《南迁》的主人公都在用西方的眼光看待传统中国，自觉传统中国的落后和西方文明的先进，并试图通过留学日本以成为西方现代文明的一分子。这似乎是一个悲剧，却不只是主人公自己的悲剧，而是中国近代文化的悲剧。如李今所论：

> 我国近现代文化可以说是建立在民族自卑的社会心理基础之上的，特别是五四时期所提出的改造国民性问题……这是中华民族文化中前所未有的卑己倾向，也为中华民族文化带来了前所未有的生气和活力。郁达夫的创作正反映了这股潮流，他从反省自我，反省我们民族的生存状态出发……揭露了“败战后的国民”可悲的心理结构和行为样式，反映了走向穷途末路的旧的传统文化，在屈辱与失败的变异中所孕育出的畸形的病态人格的恶之花，它的丑陋与弱小足以让中华民族震惊而反思。〔2〕

这样的文化转型，造就了史书美等学者所论的一种东方主义的文化心态。但他们显然并未注意到郁达夫留日小说主人公被西方文明拒绝所

〔1〕 高强：《跨界体验与身份纠葛——现代留日作家的洋装书写》，《浙江学刊》，2019年第1期。

〔2〕 李今：《郁达夫早期小说中的自卑心态》，载李杭春等编《中外郁达夫研究文选》，杭州：浙江大学出版社，2006年，第265—266页。

产生的后果。《沉沦》和《南迁》的主人公由此获得了身为中国人的自觉，虽然这样的自觉是痛苦的。但如若不经过这样痛苦的自觉，郁达夫的主人公便会陷入对西方文明的顶礼膜拜和种族身份的压抑之中，而不能充分认识到：文明的区隔也是种族的区隔，只有回到种族身份和文化身份的统一中，才能真正摆脱现代性的幻象。郁达夫留日小说中的中国青年留学生不但获得了这样的自觉，更以溯源和认同传统中国的方式，对抗西方文明。

## 三、留日学生的文化抵抗：传统中国作为策略

郁达夫为《南迁》主人公设置了双重的文化身份："他是伊尹的后裔，我们若把东京帝国大学的一览翻出来一看，在文科大学的学生名录里，头一个就能见他的名姓籍贯：伊人，中华留学生，大正八年入学。"〔1〕伊人一方面是在日本留学的西方文明的接受者，另一方面是"伊尹的后裔"，传统中国的传承者。此处用"伊尹的后裔"来指称他，使得他的身份具有了寓言的性质。伊尹在先秦时代具有巨大的文化影响力，但"在术儒'独尊儒术'的长期极端意识形态合谋之后淡出汉语语域中主流思想文化陈述的狂欢现场"，孔子的圣人形象遮蔽了伊尹的形象。〔2〕郁达夫写作《南迁》，正值国内"打倒孔家店"的新文化运动如火如荼，因而有所忌讳，将主人公写作伊尹的后裔，而非孔子的后裔。这种修辞策略，在回应新文化运动的反孔潮流的同时，与之形成暧昧的关系：不言及传统文化的圣人孔子，却将中国文化追溯到难以稽考的夏商时代的伊尹，更显中国文化之悠长，同时唤起传统中国的文化巨人，借传统中国昔日的荣光将日本蛮夷化，突出传统中国在东亚的统治地位。由此，中国的留日学生伊人在踏足日本时，便被赋予华夏文明传承者的身份，在错乱的时空逻辑中，抗拒着以日本为化身的西方文明。

〔1〕郁达夫：《南迁》，载《郁达夫全集》第一卷，杭州：浙江大学出版社，2007年，第96页。
〔2〕王列生：《作为文化意象存在的伊尹及其意义播撒》，《中国文化》，2011年第1期。

《南迁》中作为传统中国之化身的诗人形象在此前的小说《沉沦》中就已经出现过了。如茅盾所说：“《南迁》中的主人翁即是《沉沦》中的主人翁，性格方面看得出来。”〔1〕《沉沦》以引用华兹华斯的《孤寂的高原刈稻者》开篇，不只是将西方浪漫主义文学的场景和气氛引进小说，同时也将主人公置于想象的西方领域。如李欧梵所说：“这一系列的‘英国情调’的指引，也令读者觉得身处英国——不是日本，而是欧洲!”〔2〕但在第四节，郁达夫将中国诗歌和外国诗歌并列，引发奇特的混合效果，主人公的文化身份也变得含混起来。在第七节，中国诗歌成为主人公反抗西方文明的工具，其作为中国人的文化身份在这个时候完全地显露了出来。他听见隔壁的几个日本人在唱日本歌，不忿地放大嗓子唱起自己做的中国诗歌来，以盖过对方的歌声。与他人推重《沉沦》结尾处的呼号不同，本文认为此处才是《沉沦》乃至郁达夫所有的留日小说最值得注意和分析的地方。因为在这个地方，中国诗歌成为郁达夫小说主人公反抗现代日本和西方文化霸权的文学化身，也只有通过这样的反抗，才能凸显他中国人的文化身份，并将其文化抵抗推向了极点。与《南迁》中的情况一样，《沉沦》主人公作为中国人的文化身份，需要特定场景的激发才会显示出来。因为服侍他的日本侍女到隔壁服侍日本客人，他觉得自己受到侮辱，而心生不忿。这与《南迁》主人公在其情人被日本男性夺走时的感受是一样的。《沉沦》的主人公自居为诗人，将隔壁的日本人看作“狗才！俗物!”〔3〕，便在文化上将中国人看得高过日本人，重新唤起华夷之辨，视日本人为蛮夷，而自居为华夏子孙。他这时所凭借的无疑是传统中国文化。但同时，主人公所唱的诗句“茫茫烟水回头望，也为神州泪暗弹”，又将他拉回到中国遭受侵略与殖民的近代。华夷之辨在想象之中得到呈现，但在触碰现实之时，又被倒转了过

〔1〕 雁冰：《通信（摘录）》，载王自立、陈子善编《郁达夫研究资料》，北京：知识产权出版社，2010年，第264页。
〔2〕 李欧梵：《引来的浪漫主义：重读郁达夫〈沉沦〉中的三篇小说》，《江苏大学学报》（社会科学版），2006年第1期。
〔3〕 郁达夫：《沉沦》，载《郁达夫全集》第一卷，杭州：浙江大学出版社，2007年，第71页。

来，变为东方主义的文化图景：西方是文明进步的，中国是野蛮落后的。

在《南迁》中，主人公伊人借基督教学说否定作为西方现代文明基础的资本主义制度。郁达夫说主人公的思想都表现在他的讲道之中。[1]在伊人看来，“心贫者福矣，天国为其国也”是基督教的根本教义，“耶稣教毕竟是贫苦人的宗教，所以耶稣教与目下的暴富者，无良心的有权力者不能两立的”[2]。“轻富尊贫”固然与基督教相关，却只是它的一个面向，很少有人将之抬高为根本教义。毕竟，宗教更关心的是信仰——即人与神的关系，而非世俗的生活。实际上，主人公没有宗教信仰，并不真正信仰基督教，对基督教教义的发挥不过是借他人酒杯，浇自己块垒，借以表达对资本主义制度的控诉与不满，结果在教堂中引发争论。西方列强的普遍历史是由资本主义走向帝国主义，经历了明治维新的日本也是如此，是在原有的君主制和资本主义相结合的基础上发展起来的。如郁达夫在《艺术与国家》一文中所指出的那样，“近代的国家主义”与资本主义相依为命。[3]主人公否定“暴富者”和“权力者”，否定资本主义及其政府，也是否定现代日本和西方现代文明的基础，其中掺杂了共产主义和无政府主义的思想。郁达夫留学时期的大正日本正快速发展，国力强盛，受过高等教育的日本国民一般难以接受主人公的说法。

伊人尊崇“轻富尊贫”的思想，与其作为传统中国传承者的身份相关。“轻富尊贫”与传统中国重农轻商的思想是一致的。传统中国之所以未能兴起资本主义浪潮，很大程度上也是受了这一文化传统的限制。“二千年来，中国的传统社会是建立在农业上的，中国的经济在根本上是一‘自足的系统’，而相缘于此一‘自足系统’的则是一非经济性的文化，不论儒、道、释的哲理以及依之型构的社会（家庭）制度、伦理

〔1〕郁达夫：《〈沉沦〉自序》，载《郁达夫全集》第十卷，杭州：浙江大学出版社，2007年，第18页。

〔2〕郁达夫：《南迁》，载《郁达夫全集》第一卷，杭州：浙江大学出版社，2007年，第132—133页。

〔3〕郁达夫：《艺术与国家》，载《郁达夫全集》第十卷，杭州：浙江大学出版社，2007年，第60页。

道德与风俗习惯，都是与农业性不能分开的。”[1] 传统中国和资本主义国家对待商业资本的不同态度决定了它们不同的发展路径。激进的共产主义、无政府主义的思想，在中国青年留学生那里，以一种奇怪的方式与保守传统的“轻富尊贫”思想结合，而这样的思想在小说中受到日本青年B的批判，揭示了主人公思想的根本在于对资本主义制度和西方现代文明的否定：

> 你说的轻富尊贫，是与现在的经济社会不合的，若说个个人都不讲究致富的方法，国家不就要贫弱了么？我们还要念什么书，商人还要做什么买卖？你所讲的与你们捣乱的中国，或者相合也未可知，与日本帝国的国体全全是反对的。什么社会主义呀，无政府主义呀，那些东西是我所最恨的。你讲的简直是煽动无政府主义、社会主义的话，我是大反对的。[2]

“轻富尊贫”的传统中国在近代已经落伍，而奉行“脱亚入欧”的日本则成功实现了现代化的维新改革。因而，面对B的质问，主人公只是哑然，一句反驳的话都没有。

郁达夫未写出主人公对于B的质问的任何反应。但是我们可以知道，自视为传统中国传承者的主人公在这里经受了打击，可他又何尝不知道会是这样的结局。伊人明知中国在近代所遭遇的危机与溃败，但还是要缅怀传统中国文化的悠长，并借之对抗西方现代文明。伯林说：“对受自卑感折磨的人们来说，一段真正的或想象中的光辉历史，如其所承诺的，或许就意味着一种甚至更为辉煌的未来。假如可以调用的不是这样一段历史，那么，缺了它，也可能是好事。”[3] 郁达夫及其留日小说的主人公只见陆沉，不见光明，无法预见中国的未来。郁达夫用主人公的死来说明主人公的走投无路——既无法被以日本为化身的西方文

[1] 金耀基：《中国文明的现代转型》，广州：广东人民出版社，2016年，第44页。
[2] 郁达夫：《南迁》，载《郁达夫全集》第一卷，杭州：浙江大学出版社，2007年，第135页。
[3] 伯林：《扭曲的人性之材》，岳秀坤译，南京：译林出版社，2009年，第250页。

明接受，又无法退回已然衰败的传统中国。郁达夫留日小说中的主人公并没有找到出路，这说明了他一贯悲观的态度。虽然主人公陷入了无路可走的境地，但并不意味着他没有对现代文明的西式道路进行过抵抗。如郑伯奇所说，尽管郁达夫给人“颓废派”的印象，但他依然浪漫，“在重压下的呻吟之中寄寓着反抗”〔1〕。

## 结语

郁达夫的留日小说表现出东方主义的文化心态，但并不缺乏对西方文明的抵抗，其主人公虽然认同以日本为化身的西方文明，但也抵抗和否定了西方文明。郁达夫留日小说的文化抵抗发生在三个层面：一、在日本接受现代文明教育的主人公无法改变其被歧视的命运，揭示了文明优劣论实际上只是种族优劣论的借口，而非本质。二、西方文明优越论促使主人公的种族意识往消极的屈辱感发展，使得主人公压抑种族身份，批判传统中国，但在西方文明优越论的幻象被打破之后，种族自觉成为可能。个人对情人的争夺被寓言式地呈现为种族竞争。三、主人公无法寻得在种族竞争中获胜的现实资源。唤起传统中国的光辉历史，否定资本主义现代文明，是主人公做出的对西方文明的最后抗争，即便他自觉这样的抗争是虚幻的。应当承认，郁达夫对传统中国文化的肯定只是抵抗西方文明和维持个人及民族的自尊的策略，并非真的相信传统文化优于西方文明。郁达夫的留日小说揭示了传统文化在近代已走向没落，而转变文化身份的西化之路同样也难以走通。郁达夫既忧思于留学生和中国的未来，也反思着西方文明规划的图景对中国人意味着什么。

作者简介：傅智伟，福建工程学院人文学院讲师，入选福建省级高层次人才，在《东岳论丛》《鲁迅研究月刊》等刊物发表论文数篇。

---

〔1〕 郑伯奇：《现代小说导论（三）——创造社诸作家》，载蔡元培等《中国新文学大系导论集》，上海：上海三联书店，2014年，第160页。

# 风景、意识与文本
## ——论郁达夫笔下的青岛书写

金　星

也许青岛人总会觉得有些遗憾，1934 年夏郁达夫在青岛避暑近一个月的时间，最后写成的“游记散文”却不过千余字。更何况原本应该单独撰写的“青岛游记”却又夹杂在济南、北平和北戴河这一连串的地名之中，这份“巡游游记”写得极为匆促，连读者也跟着“走马观花”了一回。郁达夫在游记中对青岛的评价正如青岛的气候一样也是“不冷不热”，并且一面说着“明年我就打算不再去青岛，而上一个更清静一点的海岸或山上去过夏天”，一面又说“此生不知有没有再去的机会了，我到现在，还在怅念”〔1〕。这些词语上的矛盾和含混之处，或许反映了郁达夫对青岛之行的暧昧态度，而早在此前的日记中郁达夫甚至表露过失望的情绪。1934 年 7 月 21 日，郁达夫在青岛接到长兄郁曼陀自上海的来信后，在日记中写道：“接曼兄书，知江浙已下雨，凉了，深悔此一行，白费了许多精力与金钱。”〔2〕不难推测，郁达夫的这份游记写得颇不情愿，匆促的字句和矛盾的态度不断闪现于字里行间，这恐怕是一般借郁达夫之名来表彰青岛风景的人所不愿见的事实。然而对于研究郁达夫笔下的风景书写而言，这似乎又是一篇不可多得的材料，因为种种矛盾的词汇和片断的景观恰恰折射出郁达夫精神深处的意识冲突。“风景”作为一种概念化的词汇，西方学界在二战后兴起的文化研究中就完成了它的祛魅过程，风景的研究从纯粹的“物质形态”研究中解放出

〔1〕郁达夫著，吴秀明编：《郁达夫全集》第五卷，杭州：浙江大学出版社，2007 年，第 346 页。
〔2〕郁达夫著，吴秀明编：《郁达夫全集》第五卷，杭州：浙江大学出版社，2007 年，第 347 页。

来，逐渐融合心理学与社会学研究方法呈现出“文化研究”〔1〕的转型。“文学与风景”〔2〕这一议题的研究方法与思路相对固定，就是米切尔在《风景与权力》那本书中开门见山的观点——要把“风景”从“名词”变为“动词”。其具体的含义是“不是把风景看成一个供观看的物体或者供阅读的文本，而是一个过程，社会和主体性身份通过这个过程形成”〔3〕。借助西方风景理论的分析视角，以郁达夫笔下的青岛书写、郁达夫日记以及大大小小的新闻为材料〔4〕，或许能窥见郁氏在当年的创作心境及其在青岛风景书写中复杂的意识纠葛。

## 一、“亢旱”与“旅行”：1934年郁达夫的青岛之行

王映霞后来回忆，1934年她和郁达夫及长子郁飞一同由杭州转道上海乘船至青岛，不单是为欣赏青岛的风景而去，而是为了躲避杭州城高温，寻找一处避暑的地方。她在《自传》中写道：“1934年的夏天，未到初伏，已经是热不可耐，当时气象预告，说今年将有六十年来未曾有过的热流降临到杭州。消息一传开，我们就有些担心起来，商量凑出几个钱，去找一个清凉的地方避暑。”〔5〕实际上，因为经济方面的原因，这一次夏日的外出计划本来定在上海，后来郁达夫在《北航短信》一文中透露了实情：“六日，七日的几天，东南风日夜不断，在上海，早晚只有八十几度的温度，我们以为从此可以渐渐地凉冷下去了，青岛可以不去，匡庐也何必再登，勉强费了九牛二虎之力，筹来的几个日用

〔1〕闫爱华：《风景研究的文化转向——兼评米切尔的〈风景与权力〉》，《广西社会科学》，2016年第6期。

〔2〕张箭飞、林翠云：《风景与文学：概貌、路径及案例》，《云南师范大学学报》，2016年第3期。

〔3〕［美］米切尔：《风景与权力》，杨丽、万信琼译，南京：译林出版社，2014年，第1页。

〔4〕据学者周融的统计，郁达夫1934年的青岛之行留下的文献史料有三种：一种为游记《青岛、济南、北平、北戴河的巡游》，一种为日记《避暑地日记》（含《北航短信》），一种为郁氏在青岛所作的旧体诗《青岛杂事诗》十首。参见周融《避暑者身份的三棱镜》，《青岛文学》，2016年第2期。此外尚有《正报》《青岛时报》《北洋画报》及南方各类报纸中关于郁达夫在青岛的新闻消息。

〔5〕王映霞：《王映霞自传》，合肥：安徽文艺出版社，1991年，第129页。

的金钱，还是在上海花花吧，究竟要经济些。”〔1〕但没有想到，高温在7月9日突然降临。郁达夫在1935年发表的《避暑地日记》中清楚地记载了当年杭州城的高温情况：“自前两星期起，杭州日在火炎酷热之中。水银柱升至百零五六度以上，路上柏油熔化，中暑而死者，日有七八人。……热至今年，大约可算空前，或亦可谓绝后。”正在此时，在青岛工作的汪静之和卢叔桓又发来了邀请信，郁达夫遂决定携家人北上避暑，因此有了1934年的青岛之行。

这次南方城市的高温纪录在文化人的日记中有着直接的呈现。鲁迅在日记中自1934年6月25日起开始记载上海的天气“晴，风而热”并连续记载“晴，热”，及至7月10日日记中又出现“晴，大热”，直到7月19日上海才下雨，而后又高温回升持续近20天，到8月8日才出现“大风，小雨而凉”的字样。另据张帆的统计，鲁迅在1934年7月和8月的日记中“有48天记录‘热’，尤其是7月10日至14日，连续记录为‘大热’”〔2〕。郁达夫1934年7月6日的日记记载杭州城前两个星期的温度为华氏温度“百零五六度”以上，可知自六月下旬至7月初，杭州的温度均在41 ℃和42 ℃左右。这种“火炎酷热”的天气在郁达夫看来是“大约可算空前，或亦可谓绝后”。7月13日郁达夫抵达青岛后，发现青岛“大约最高也不过只有九十度的温度”，按摄氏温度算最高不过32度。当时生活在上海的邵元冲在日记中也记载了上海高温的情况。据《邵元冲日记》的记载：“1934年七月三日星期二晴九十八度……晚炽热，不能治事。”〔3〕“四日星期三晴九十六度……晚炽热，不能治事。”7月12日至14日温度分别为109 ℉、105 ℉、106 ℉，在14日当晚，邵元冲终于耐不住炎热天气“晚检书籍，备赴庐山逭暑”〔4〕。丰子恺虽然没有留下这段时间的日记，但是在1934年8月15日于杭州招贤

〔1〕郁达夫：《北航短信》，《东南日报·沙发》，1934年7月19日，第2033期。
〔2〕张帆：《亢旱中的城市生活管窥——以1934年江南市民消夏方式为例》，《江苏第二师范学院学报》，2016年第1期。
〔3〕王仰清、许映湖标注：《邵元冲日记》，上海：上海人民出版社，1990年，第1134页。
〔4〕王仰清、许映湖标注：《邵元冲日记》，上海：上海人民出版社，1990年，第1137页。

寺写下的散文《肉腿》中，已记载着桐庐和杭州一带的高温："今天清晨就九十二度，正午定然超过百度以上"〔1〕。1934年，时在上海的黄炎培虽然在6—7月的日记中未记载气温，但是也记有盛夏纳凉和避暑的事。黄炎培1934年7月8日乘船自上海去南昌。1934年7月9日"热甚。……夜，纳凉序会"〔2〕。并写有旧体诗《江行》一首。12日在"过江行沙地极热"的天气中，黄炎培和南昌教育厅厅长陈柏庐前往庐山避暑。这场高温由南向北辐射，上海、苏州、南京等地也处在酷暑之中。南京的热在姚颖的《夏日的南京》中也有陈述，7月下旬中的几天，南京的热度"总是在百度以上"〔3〕。

1934年在民国历史上是一个典型的"亢旱"之年，中国南方各地出现了罕见的高温天气。黄庆庆在研究1934年《申报》新闻中的旱灾报道后，称其"规模之大，影响之重近百年未见"〔4〕，在后来许多地方修订的地方志中，1934年也被表述为"甲戌大荒"或"甲戌大旱"〔5〕。然而炙热天气下的中国社会却呈现出较为典型的分化，在高温天气笼罩下的中国东部，一面是乡村旱灾饥馑和求雨等迷信活动的复苏，一边是都市中产阶级溽暑消夏旅游的大兴。除了在日记中记载南方高温天气之外，部分知识分子对旱灾下底层社会的饥馑现状普遍抱有担忧的情绪。此时文学虽不是应对问题的主要方式，却也受自然灾害影响甚多。具体到1934年的旱灾和文学书写的关系研究，余连祥的《现代江南小城镇文学中的旱涝灾害叙事》是典型的代表。在这篇文章中，茅盾发表于《太白》杂志1934年第1卷第2期的散文《戽水》得到了较多的关注。〔6〕《戽水》是茅盾以1934年浙江乡村旱灾为背景创作的一篇散文，小说中的村名皆用"A村""B村"等字样指代，在散文中浙江乡村的

---

〔1〕丰子恺：《肉腿》，《长城》，1934年第18期。

〔2〕黄炎培：《黄炎培日记》第4卷，中国社会科学院近代史研究所整理，北京：华文出版社，2008年，第291页。

〔3〕姚颖：《夏日的南京》，《论语》，1934年第46期。

〔4〕黄庆庆：《1934年旱灾实录》，《中国减灾》，2011年第3期。

〔5〕黄庆庆：《1934年旱灾实录》，《中国减灾》，2011年第3期。

〔6〕余连祥：《现代江南小城镇文学中的旱涝灾害叙事》，《浙江学刊》，2013年第4期。

旱灾被赋予了阶级和革命的观照，一面是大旱戽水旧水车不及高价的洋水车，一面是求神祈雨无济于事，最终愤怒的民众将神庙里的土地爷雕塑搬到干旱的田地里，惩罚似的要“他们”也尝尝热的“滋味”，各村的民众将神庙里的雕像抬出来游街，威胁地喊道“不下雨，不抬你们回去”。在散文的结尾，茅盾借村民们的愤怒言行影射了国民政府的政治弊端及其危机。当民众信仰的神明“不能做得像个‘神’的时候，他们对于‘神’的报复是可怕的!”〔1〕茅盾在1934年创作的与浙江旱灾密切相关的散文还有《大旱》和《雷雨前》。发表于《太白》创刊号的《大旱》讲述了一个四十多天没有下雨的小镇从“热闹摩登的乡镇”变为了“半死不活的荒岛”的过程，而此时该镇的商人却借机牟利只关心粮价，公安局因担心乡下人抢米而严控治安。《雷雨前》发表于《漫画生活》1934年第1期，描写了故乡小镇河流干涸、土地龟裂，民众夜宿石桥的场景。不容忽视的是，茅盾笔下的浙江旱灾书写对应的是当时浙江乡村中的历史真实。戽水之难除了反映出江南传统农村经济在遭遇现代商业化经济时面临的困境之外，亦透视出国民政府乡村治理危机。〔2〕文学书写中反映1934年浙江旱灾戽水情形的还有丰子恺的散文《肉腿》,《肉腿》描述了作者乘船自桐乡去杭州的路上所见的村民戽水的场景，从戽水忙到午夜才休息的赤腿农民联想到银幕和舞场中同样赤腿跳舞的舞女，丰子恺试图借旱灾表达中国社会贫富差距严重的现实。

恰如黄炎培旧体诗所云“却听新声摧肺肝，凄凉破网渔光曲”，在乡村充满饥馑和恐慌之另一面，都市却悄然兴起了海水浴和山居避暑的旅游热。为了促进旅游消费，《良友画报》杂志上增加了山水避暑景观画和游泳丽影类图片，女性的身体成了海滩避暑旅游最佳的广告元素。借助1934年初夏亢旱气候引发的避暑热，《良友画报》在当年第89期至93期又连续刊登带有典型现代情欲特征的海滩丽人类图片。更有青岛地方刊物《青岛画报》定期推出青岛“沿海四大浴场”避暑风景画，

---

〔1〕 茅盾:《戽水》,《太白》，1934年第1卷第2期。

〔2〕 胡勇军:《国家权力渗透下的乡村危机：1934—1936年苏州农民抗租风潮原因解析》，载唐力行主编《江南社会历史评论》第七期，上海：商务印书馆，2015年，第174—187页。

同一时期的《旅行杂志》等期刊也不断邀约名家撰写避暑稿件，文人作家避暑似乎已经形成了一股风潮。[1] 1934 年 7 月，就在郁达夫前往青岛避暑后不久，《每周评论》刊载了题为《郁达夫避暑青岛》的新闻报道，文中写道："近来天气酷热，连在西子湖边的作家，尚且纷纷到别处去避暑。孙福熙夫妇于本月一号到青岛去；林风眠，林文铮等也都成双成对地出发了。郁达夫虽屐踪处处，已倦游归杭，但也不甘后人，在本月四号也偕夫人王映霞到青岛去了。"[2] 稍后不久，《十日谈》第 36 期刊载了《文人避暑青岛》的报道，文云："林徽音，都市的摩登的新感觉派作家，于十七日往青岛避暑。郁达夫举家于十日往青岛。闻海上尚有不少文人拟青岛去云，文人作家身份，亦自不凡。怎不羡煞黄包车夫也。"[3] 当然，旅行公司和旅游类期刊在寻找避暑代言人时，比作家更受欢迎的是民国政坛上的明星。1934 年夏，国民党政府要员颜惠庆、宋子文及其夫人张乐怡来青岛避暑，各类报刊借此事大做文章。一个署名"旋风"的作者在《青岛夏日的风光》一文中不无嘲讽地写道："避暑青岛之颜大使（惠庆），宋部长（子文），宋夫人（张乐怡）均时常光顾，给我们人民不少机会瞻仰……"[4] 据时人的统计，1934 年避暑青岛的阶级多为"党政商学"各界，人数"不下三千余人"，加上欧美人士及各国海军共约"四万余人"[5]。

一边是避暑的享受，一边是亢旱的求生。1934 年中国在旱灾之下，差距的分层社会模型被凸显出来。正如张帆在研究 1934 年南方旱灾与都市生活现代化的关系时所揭示的那样，在"分层社会"（stratified so-

---

〔1〕 早在 1932 年国民政府从日人手中收回青岛的主权开始，青岛的风景就不断出现在《良友画报》上。1932 年 6 月出版的《良友画报》第 66 期的封面彩画上，一个身着泳装的健康女郎微笑着面对读者，取名为《盛夏》也意味着编辑者有意传达的是一种旅行消费理念，同时也暗喻了对国族新形象的期待。同期刊载的一组《青岛风光》彩画，分别介绍了《海滨沙滩之海水浴场》《树木青翠之住宅区》《由青岛山麓眺望海景》《市中心区》，这些图片无一不显示了编辑者对青岛"现代化风景"的推介。图片简介云："中国避暑名胜，首推青岛，初由德国经营，欧战后落日人手，民国十一年收回。"参阅《青岛风光》，《良友画报》，1932 年 6 月第 66 期。

〔2〕《郁达夫避暑青岛》，《每周评论》，1934 年第 124 期。

〔3〕 巴旦杏：《文人避暑青岛》，《十日谈》，1934 年第 36 期。

〔4〕 旋风：《青岛夏日的风光》，《市政评论》，1934 年第 2 卷第 6 期。

〔5〕《青岛避暑统计》，《市政评论》，1934 年第 2 卷第 9 期。

ciety）中，都市的中上阶层比乡村人拥有更多“生活的权力”，和那些处于生存危机中的大众相比，他们有更多的机会看到风景。在旱灾的对照下，个人的避暑行为及其风景书写被赋予了社会学的含义。郁氏的青岛之行，不仅是一次个人的避暑行为，也成为1934年高温天气下中产阶级文人生活的一面侧影。也可以说，1934年夏季的避暑风景，乃是由旱灾中的中上层阶级建构起来的。

## 二、“远眺”与“近观”：浮光掠影中的青岛印象

法国学者卡特琳·古特在《重返风景：当代艺术的地景再现》一书中认为：“风景的表现手法和如何看、如何思考这个世界（而不单单只有自然）的方式有关。”〔1〕在1935年发表的《青岛、济南、北平、北戴河的巡游》一文中，郁达夫对青岛风景的关注主要是通过“远眺”和“近观”两种方式进行的。这两种方式，虽也为一般旅行者所常用，但是在郁达夫那里却有了较为鲜明的倾向性。也许将生活区和风景区分割，将“远方”作为一种风景来观看，本来就是一种现代的观念。

郁达夫习惯用“远眺”的方式来观看风景，如在青岛“街的两面，一走上去，就是小山，就是眺望很好的高地”。〔2〕他在海船上就开始眺望青岛的陆地风景，竟表现出道教徒般的兴奋与冲动，寻找那种“遗世独立，羽化登仙”的“成仙”感觉。到了青岛市区后也积极地寻找着可以眺望的高地，甚至我们可以在郁达夫“眺望”所得的风景中，感受到来自作者内心深处的那种愉悦心情。1934年7月17日，郁达夫抵达青岛的第三天就爬上青岛港务局的旗台山顶上看青岛全景。18日下午在青岛市区闲转了一圈后，又跑到贮水山、青岛山及旗台山“登眺到夜”。8月1日登崂山大饭店南大楼向西南望，“能遥见胶州之远山，海色迷

---

〔1〕［法］卡特琳·古特：《重返风景：当代艺术的地景再现》，黄金菊译，上海：华东师范大学出版社，2014年，“前言”第2页。

〔2〕郁达夫著，吴秀明编：《郁达夫全集》第四卷，杭州：浙江大学出版社，2007年，第152页。

茫，亦在望中”，甚至后来在青岛至济南的火车途中，郁达夫也长时间地“遥望云门、首阳等山，齐国王陵……”〔1〕从郁达夫关于青岛的日记、散文中，我们发现郁达夫在“眺望”中似乎能够感受到风景真实的存在，而在“近观”中却往往纠结于生活的琐碎。也可以说在眺望中，作为观看风景的主体实际上是与风景本体疏离的，所以作家由眺望所得之风景更具有概念化的风景的特质，或者说郁达夫所感知的“风景”正是借由“眺望”这一方式而获得合法性的。

日本学者内藤湖南在1927年撰写的长文《日本风景观》中，曾专门探讨过中国古代风景书写的历史变迁。在他看来，中国古代风景观念中，山水占据了主要成分，并且这一观念的产生一方面来自“读书人”阶层，另一方面受佛教、道教影响甚大。李长声后来引申这一观点，认为中国人对山水的喜好带有“道教趣味”，而日本人似乎更偏爱“身边的景色”〔2〕，浮世绘即是最好的证明。内藤湖南在研究中国古代风景观念时，特别注意到“登高”和中国古代风景书写的关系，他认为这些风景多呈现出“雄奇壮远”的一面，而且一般都出自读书人之手。内藤认为在周代士大夫所具备的“九能”之二“山川能说”和“登高能赋”中就隐含着中国古代风景起源的因素，“论说山川形势，登高赋其景胜被视作士大夫的‘能’”〔3〕。风景是伴随着士大夫身份及其特定行为规范产生的，还不仅仅是诗人的问题。及至后来徐霞客采用地理志方式写成的《徐霞客游记》在当时的士大夫看来，未尝不是一种“外行人”的写景方式，郦道元摘抄各地的地方志成书的《水经注》也同样如此。但是这并不妨碍两人对中国风景观念更新的影响，甚至两人的言说方式推动了中国风景言说从“壮远雄奇”向“探幽索胜”的转变。在谈论中国“八景”的起源时，内藤认为因受道教影响将风景赋予数字排列的“百

〔1〕郁达夫：《避暑地日记》（1934年8月12日），载《郁达夫全集》第五卷，杭州：浙江大学出版社，2007年，第361页。

〔2〕李长声：《八景》，载《美在青苔》，北京：生活·读书·新知三联书店，2014年，第100页。

〔3〕［日］内藤湖南：《日本历史与日本文化》，刘克申译，北京：商务印书馆，2012年，第255页。

景”类概念是较为典型的一种风景观。士人之所以爱登临山水与道教中传说山之高处居住着长生不老的神仙有关，追其根源与上古神话中玄想的天神有一定的关系，山顶普遍被认为是与天最近的地点，“山顶上”的神话也影响了知识分子对风景的想象与观景实践。之所以要引入内藤湖南的风景理论，因为在目前的风景理论谱系研究中，东亚学者的观点颇受冷落。内藤湖南应该算是较早用科学思维来看待中国风景的人。甚至可以说，在当时的世界范围内，内藤湖南的风景研究观点也是相当前卫的。触动内藤湖南重新思考“风景”之意义的是贺矧川在明治二十七年（1894）发表的《日本风景论》一文，很明显贺矧川在研究“风景”时更关注其“物质形态”，在他看来日本文学的风景叙事中，主要风景是樱花，其次是松树。内藤湖南认为，“风景观也会发生历史性的变化。有关风景的观念在某种程度上的变化是要有一个相当长的历史过程的，通过这一历史过程，我们可以了解一个国家的国民对风景关注的程度，而且从中还可以了解一个国家的国民文化水准”〔1〕。因此内藤湖南决定从“历史发展的角度”来研究风景，他实际上尝试从历史社会学视角而非美学视角来解决风景背后的文化动因问题，这一思路相当前卫。内藤湖南不仅研究了佛教和道教文化对中国风景书写产生的影响，并且当时就思考了西洋透视画法及风景画的东传与日本登山运动兴起之间的关系。内藤湖南当时自信地认为自己对风景观的思考“对促进艺术观点的发展也是很有意义的”〔2〕。20世纪70年代日本当代学者柄谷行人后来提出的关于风景的诸多观点与内藤湖南的观点较为相似，然而令人不解的是，柄谷行人在书中对内藤湖南只字未提。关于风景研究的深化，西方和东亚各产生了一条支流，内藤湖南—柄谷行人是东亚风景学研究的一支，卡尔·索尔（Carl O. Sauer）—丹尼斯·科斯格拉夫（Denis Cosgrove）是西方的一支。从“文化景观”理论、“民族国家”理论、

〔1〕［日］内藤湖南：《日本历史与日本文化》，刘克申译，北京：商务印书馆，2012年，第245—246页。参见《大阪每日新闻》，1927年7月13日—7月19日。
〔2〕［日］内藤湖南：《日本历史与日本文化》，刘克申译，北京：商务印书馆，2012年，第264页。

“权力监视”理论，到“意识形态争夺”理论，风景研究受心理学启发，其对象逐渐由客观实在进入人的意识。詹春娟后来将其总结为“风景作为一种文化想象，是民族身份、历史记忆和文化认同建构的重要工具和媒介”〔1〕。

青岛“近观”的风景多为德人强租时期开发，无论是绿树红瓦的欧式建筑，还是带有园林绿地的现代公园，无一不彰显着现代文化的特征，其中最为著名的当数海水浴场。在1934年夏季的《旅行杂志》中，海滩丽影永远占据着读者的视线，除了欣赏泳装女郎妙曼多情的丰姿之外，这些图片亦引导他们想象并实践现代生活方式。“夕阳的底下，碧绿的海中，拥满了摩登小姐，红绿色的浴衣，在身上紧紧的贴着，她们喜笑自若的伏在水面上游泳着，如银鱼一样的快乐，所以海水浴场又称为人鱼市场。无论波浪如何的翻腾，她们一点也不惊疑呢！真教我们参加者有点愧色了。”〔2〕这是苏竹影描绘的1934年夏青岛海水浴场傍晚的风景，这一段风景的描写中，既显示了作者对“人”作为景观的发现，也表征着现代女性自由独立、乐观开朗的个性。与《旅行杂志》所刊登的海滩丽影和海岸线边游人如织的热闹风景不同，郁达夫对这些旅行社大力推荐的海水浴场却很少着墨，他宁愿塑造一个“清新”“宁静”的青岛风景。对于那些享受着现代海滩浴的游人风景，郁达夫不仅拒绝细化，而且带有一定的道德谴责。在郁达夫“近观”所得的青岛风景中，总是带着一种莫名的心理抵制，在这种心理作用下，“自然风景”被弱化，而“政治风景”被强调，民族主义的创伤体验便隐含在这生活的风景中。如“其次则外国的东方舰队，来青岛避暑停泊的数目实在多不过，因而白俄的娼妇，中国盐水妹的来赶夏场买卖的，也混杂热闹到了使人分不出谁是良家的女子。喜欢异国颓废的情调的人，或者反而对此会感兴趣，但想去看一点书，做一点事情的人，被这些酒肉气醉人的

〔1〕詹春娟：《风景重塑与历史建构——以〈神秘的河流〉为例》，载《大洋洲文学研究》第3辑，合肥：安徽文艺出版社，2017年，第56页。
〔2〕苏竹影：《青岛中国旅行社乔迁盛况》，《旅行杂志》，1934年第8卷第10期。

淫暖之风一吹，总不免要感到头昏脑涨，想呕吐出来”〔1〕。风景的国族认同，导致观赏者会依据国族主义来选择观赏的对象，甚至评判风景的优劣。在民族主义的影响下，郁达夫对那些带有异域情调的风景颇为反感。“外国的东方舰队”“白俄的娼妇”“中国的盐水妹”在他的笔下乃是作为一种负面的形象出现，因此被列入青岛的“缺点”中。这种民族主义创伤体验也同样反映在1934年一个叫仲星的青岛游客那里。他在《青岛的夏天》一文中发出“青岛属于哪国的”疑问。中山路繁盛的商业街中“没有一家铺子不卖日本货的”，倘若不注意青岛主权早已收回的现实，便以为自己身处“扶桑三岛”上。海水浴场中“这里有闲阶级欢乐的笑声，和‘大港’那边劳动者微弱的呼声，正遥遥地相应和！只有几艘巨大的挂着‘外国旗帜’的军舰，正露出了狰狞的微笑，冷静地瞅着矛盾的一切！”〔2〕正如马树华在论文中所言，青岛正是这样一个典型“民族集体记忆”的风景城市，“它在被殖民文化塑造的同时，也被现代民族主义所建构”〔3〕。值得注意的是，郁达夫对“现代风景”的书写，往往更倾向于关注“生活的环境”而非中国传统山水画中“托物言志”式的风景，这一点在梁实秋的《忆青岛》一文中也有类似的存在。更为关键的是，这些风景的“发现”方式乃是一种现代式的深入生活的体验，多不来自远眺，而来自近观。也就是说个体真正走进的不是中国古代文学传统中的“风景体验”，反而是一种现代的“生活体验”。比如郁达夫在描绘青岛近景时写道：“青岛的特色之一，是在她的市区的高低不平，与夫树木的青葱。都市的美观，若一味平直，只以颜色与摩天的高阁来调和，是不能够引人入胜的；而青岛的地面，却尽是一枝枝的小山，到处可以看得见海，到处都是很适宜的住宅区。就是那一条从前叫弗利特利希大街，现在叫中山路的商业通衢，两端走走，也不过两三里路，就到海边了；街的两面，一走上去，就是小山，就是眺望很好的

〔1〕郁达夫著，吴秀明编：《郁达夫全集》第四卷，杭州：浙江大学出版社，2007年，第152页。
〔2〕仲星：《青岛的夏天》，《人言周刊》，1934年第1卷第26期。
〔3〕马树华：《“中心”与“边缘”：青岛的文化空间与城市生活（1898—1937）》，华中师范大学博士论文，2011年。

高地。”〔1〕这段话与其说是在谈风景，不如说是在谈生活的便利和舒适。又如“海水浴场的设备如何，暂且不去管它，第一是四周的那么些个浅滩，恐怕是在东亚，没有一处避暑区赶得上青岛的。日本的海岸，当然也有好的，像明石须磨的一带，都是风光明媚的地方，可是小湾没有青岛的多，而岸线又不及青岛的曲。至于日本的北面临日本海的海岸呢，气候虽则凉冷，但风浪太大，避暑洗海水澡总有点不大适宜”〔2〕。这段话里既有风景，也有生活，还带着一种作为“中国”的民族主义优越感。到了北戴河之后，郁达夫又谈起北戴河和青岛的比较，生活环境比青岛安静，避暑人群比较单纯，但是海水浴场的设备却又不及青岛。“不过有两件事情，我总觉得北戴河要比青岛好些。第一，是汽车声音的绝无，第二，是避暑客人的高尚。不过话也要说回来，在鹿囿上面的那一家菜馆里吃饭的时候，白俄女人的做买卖的也未始不曾看见，但数目少了，……北戴河的气候，当然要比青岛的好；但人工的设备，地面的狭小，却比青岛差得很远。东山区域，住宅太多，卫生状况也因而不好。”〔3〕

风景中“潜藏”了诸多可能连作家自己也未曾意识到的政治、文化意识，因此毋宁说主体和客体之间产生了互换，风景却像是一个“记录者”，微妙地记录下观看者的所思所想，其本身是“超越”于景致的。据署名“旋风”的作者在《青岛夏日的风光》一文中所载，在青岛因为日人所办的工厂之故，仍有大量的工人阶级，他们在青岛生活，却未能领略青岛风景。“他们白天以血汗净（挣）来的金钱，大葱馒头一吃，到了晚上各街道甬路上，或坐卧，享受着大自然的凉风，休息他们白天所卖的气力，中国要算这一类人是高尚的了。”〔4〕“青岛夏季的名胜，叫人们留恋的有崂山，海水浴场。崂山离市较远，来往车资，非一般平

〔1〕郁达夫著，吴秀明编：《郁达夫全集》第四卷，杭州：浙江大学出版社，2007年，第152页。
〔2〕郁达夫著，吴秀明编：《郁达夫全集》第四卷，杭州：浙江大学出版社，2007年，第152页。
〔3〕郁达夫著，吴秀明编：《郁达夫全集》第四卷，杭州：浙江大学出版社，2007年，第154—155页。
〔4〕旋风：《青岛夏日的风光》，《市政评论》，1934年第2卷第6期。

民所能办到，只好留着为一些大人物去鉴赏罢。”[1] 1934年7月31日郁达夫想要乘车去沙子口玩，但是因为汽车无规律出行，所以感觉“白花了五毛钱”[2]。1934年8月1日，郁达夫一人游崂山，“清游一日，计花钱七八元，花时间十小时，步行五六十里，喝汽水，啤酒无数，在溪中入浴三次，傍晚七时到青岛寓居，人倦极，晚上又睡不安稳，大约因白天行路多也”[3]。20世纪30年代青岛地区的一般工薪阶层收入最高在50元左右，据《统计月报》刊载的《青岛市工人工资及工作时间》（民国二十三年）记载：1934年青岛制造业类工资最高的属“金属品制造业”，其中“制缝衣针业”男工最高月工资为43.63元，每天工作10小时，最少者为织花边业，每天工作10.3小时，月得9.68元。女工工资最高者为缫丝业，月得13.5元，每天工作9小时。最少为丝光线球业，每天工作11小时，月得5元。[4] 按一个月工作25天计算，最高男工日工资不过1.8元左右。郁达夫这一天共计消费了七八元，约等同于一个高薪工人5天的工资，如此“旅游”实非中产阶级以上者所能负担。相较于普通的工人阶级，民国教授及一般中产阶级文人所获得的工资要高出许多。据《国立青岛大学一览》（中华民国二十年度）的记载，当时的国立青岛大学规定：教授月薪300—500元；讲师月薪150—300元；助教月薪60—150元。教务长、总务长秘书，月薪300—500元，主任及校医150—300元，事务员60—150元，助理员40—80元，书记及助手25－50元。[5] 赵少侯1930年被聘为青岛大学法语教授，当时月工资是300元，担任青岛大学图书馆馆长的梁实秋月薪400元。

在《青岛、济南、北平、北戴河的巡游》一文中，郁达夫自称自己是“想去看一点书，做一点事情的人”[6]，这表明了郁达夫在观看风景

---

[1] 旋风：《青岛夏日的风光》，《市政评论》，1934年第2卷第6期。
[2] 郁达夫著，吴秀明编：《郁达夫全集》第四卷，杭州：浙江大学出版社，2007年，第354页。
[3] 郁达夫著，吴秀明编：《郁达夫全集》第五卷，杭州：浙江大学出版社，2007年，第356页。
[4] 《青岛市工人工资及工作时间》（民国廿三年），《统计月报》，1935年6月第三卷第三号。
[5] 《教职员待遇规则》，载国立青岛大学编《国立青岛大学一览》（中华民国二十年度），国立青岛大学出版社，1931年，第147—148页。
[6] 郁达夫著，吴秀明编：《郁达夫全集》第四卷，杭州：浙江大学出版社，2007年，第152页。

时依然带着强烈的身份认同。他一面在“远眺”时实践着中国传统文学的风景观念，一面在“近观”中体验着现代人的生活，而他对眼前所见风景的“筛选”和“评判”既是一种阶级身份的认同，又透露出一种民族主义式的心理创伤。因此，郁达夫笔下的风景本质上是一种由心理剪裁后呈现的结果，他拒绝细化和书写那些本来可以发现的风景，再一次验证了柄谷行人的理论：“风景”存在于某种“精神装置”之中，个体想象风景的方式和态度决定了风景的最终呈现。

## 三、“远山”与“近海”：郁达夫对青岛风景的“空间选择”

英国学者温迪·达比认为：“人们在重要而富有象征意义的风景区休闲，以此建构自己的身份。”〔1〕如前文所述，在1934年国人对旅游空间“山上”与“海岸”的选择分化中，我们隐约感觉到，时人对旅游空间的选择带有典型的现代和传统之分，而具体到郁达夫青岛游程来说，这种区分也同样存在。或者说此种空间的选择并非来自个人，而是来自社会。因为在青岛山海的景区划分中，就显示出中西方两种不同的风景观念，这些观念又投射在他们对风景地的开发上。另一方面，作为观看风景的主体必定承载着某种文化传统，这也间接影响了他们对风景观看空间的选择。例如，胡悦晗在研究民国城市知识分子日常出行时认为，“民国时期的城市知识群体在日常生活中有许多出游的活动。这些活动一方面继承了古代文人士大夫的游历之好，另一方面也因受到都市生活的影响而具有新的特征”〔2〕。在郁达夫的青岛书写中，从风景内容上看，对山水风景和海洋风景的体认，前者较多；从文体选择上看，文言旧体诗和白话文“美文”各占比重。郁达夫虽然自道其《青岛杂事诗》类似于“打油诗”，但是在他创作这些诗歌之时，仍旧带着中国传

---

〔1〕［美］温迪·达比：《风景与认同：英国民族与阶级地理》，张箭飞、赵红英译，南京：译林出版社，2011年，第1页。

〔2〕胡悦晗：《漫步、出游与旅行：日常生活中的空间位移——以民国时期上海知识群体为例（1927—1937）》，《中国社会历史评论》，2015年第1期。

统文人的“吟咏”方式。1934 年 8 月 1 日，郁达夫独自游崂山，他在日记中写道：“在路上缓步之中，且走且吟，也成了几句打油诗……”[1]在《青岛、济南、北平、北戴河的巡游》一文中，明显可以看出郁达夫在以“美文”方式创作游记时“颇不自在”的心理，对风景的选择和描述亦相当缺乏深度，当然这一部分原因可能来自郁氏本人对商业化写作的潜在抵制。对于郁达夫在散文中所表现出的“不安”的情绪，我们姑且用“游移”来表述。“游移”不仅表现在郁达夫在青岛对旅游地的空间选择上，也同样反映在表述风景时语言文体的运用上。

青岛是一个较为典型的中国东部沿海城市，带有典型的租界痕迹。它既是传统的，也是现代的；既有中国文人传统钟情的山水，也有西方人热爱的沙滩浴场。单就景观和气候而言，青岛这座位于东海之滨的城市足以让政客明星们流连忘返，更何况 20 世纪 30 年代国立青岛大学设立于此，作家学者相继而至，他们在此教书授业，留下了许多文化故事。陈伟平在研究青岛旅游业的历史时认为，20 世纪 30 年代青岛作为著名的旅游城市，主要得益于“海水浴场”，而这一“现代风景”的诞生来自德国人侵占胶澳后对青岛的开发。[2]他同时也将 20 世纪 30 年代的青岛旅游分为“市区旅游”和“乡区旅游”两类，市区旅游是明显的西方景观，而乡区旅游却是传统的山水旅游，以清幽闲适的东方风景为主。青岛的风景与避暑紧密相连是自现代以来的事，1934 年旱灾引发的避暑青岛的热潮似乎又进一步推动了青岛风景的“现代化”形塑。时至今日我们再谈及青岛风景时，大约总与避暑相关。甚至在从未去过青岛的人那里，青岛依然被描述为“红瓦绿树，碧海青天”，青岛的山水风景似乎在这种现代的“装置”中消隐了身形。

当然，民国时期对青岛和崂山的行政区域规划影响了人们对青岛风景的理解。1935 年，青岛城市建设逐渐向外围延伸，原属于即墨县的崂

---

〔1〕 郁达夫：《避暑地日记》（1934 年 8 月 1 日），载《郁达夫全集》第五卷，杭州：浙江大学出版社，2007 年，第 356 页。

〔2〕 陈伟平：《20 世纪 30 年代青岛旅游研究（1930—1937）》，青岛大学硕士学位论文，2010 年。

山区划归青岛。[1] 所以不难理解，在 1934 年的郁达夫那里崂山和青岛是截然不同的景观空间。他试图在 1934 年所做的风景介绍中将“崂山”和“青岛”“泰山”“曲阜”等地并列而言。在其阅读的地方志中，《崂山志》和《澳胶志》的彼此分开的。这样一种区分也反映在郁达夫对青岛之“海”和崂山之“山”的景观空间选择上。而崂山地处市区偏远地带，游崂山必须要付出更多的车旅费用，受交通条件和个人经济条件的影响，近游青岛与远涉崂山在民国时期就形成了典型的旅游空间分化。在青岛风景日趋倾向现代之时，崂山却强化了传统的意义。关于这一点台湾学者巫仁恕在研究明清时期士人的苏州旅游时也发现了相似的现象，当明末清初市区的旅游日趋平民化时，苏州城外的太湖诸山却受到士大夫的青睐[2]，当然此类旅游空间很快又在交通条件改善的情况下趋于平民化。从《青岛、济南、北平、北戴河的巡游》一文及《避暑地日记》当中，我们发现郁达夫在青岛时期的旅游更偏向于山水风景，对于时尚的海水浴场不太感兴趣，尽管他在青岛的日子里也经常独自一人或陪同友人沿海滨散步，但是从未见有在海水浴场中洗海水浴的记载。恰恰相反，他在 1934 年 8 月 1 日游崂山时“在溪中入浴三次”[3]，后来在写游记散文时，郁达夫对崂山风景仍念念难忘。“我在青岛的时候，曾有一位小姐，向我说过石老人附近，景色的清幽，浮山午山庙周围，梨花的艳异；但因为去的时候不巧，对于这些绝景，都不曾领略，此生不知有没有再去的机会了，我到现在，还在怅念。”[4] 这些言说当中不自觉地流露出对山水风景的情感。如前文所述，内藤湖南早在 1927 年就发现了汉文学及其风景画对日本风景观念产生了影响，“在记载一些寺院神社缘起的书中，我们常常可以看到神社佛阁多在幽僻之地，如同

---

〔1〕《崂山区志》编纂委员会编：《崂山区志》，北京：方志出版社，2008 年，第 57 页。

〔2〕 巫仁恕：《从游观到旅游：16 至 20 世纪初苏州旅游活动与空间的变迁》，载复旦大学文史研究院编《都市繁华：一千五百年来的东亚城市生活史》，北京：中华书局，2010 年，第 274 页。

〔3〕 郁达夫：《避暑地日记》（1934 年 8 月 1 日），载《郁达夫全集》第五卷，杭州：浙江大学出版社，2007 年，第 356 页。

〔4〕 郁达夫著，吴秀明编：《郁达夫全集》第四卷，杭州：浙江大学出版社，2007 年，第 153 页。

深山里的大树更接近自然。幽僻之中感受自然，令人宛如身临其境的风景是受到广泛喜爱的"〔1〕。如果说唐宋时代的山水画影响了日本人的绘画，那么郁达夫本人作为一个受中国传统文学的熏炙者，他在观看风景和选择观看空间时，自然受传统文学的风景理念影响，上文所述的"登高远眺"即是一例。在中国北宋时代倡导的山水画法中，"高远"是画家在作画时必备的视觉原则，而唐诗中更是频频出现"登临之意"，似乎文人情感的抒发正是借助登高这一观景方式和所见景观而催生的。在中国古代一般文人多登"山峰"与"楼台"，观海实在少见。自秦始皇东巡秦皇岛在碣石山观海之后，颇多有政治雄心的军事家们也开始效仿。据徐素琴的研究，由于中国深处亚细亚大陆东端，属"内陆外海"的地理结构，在航海技术成熟之前，中国人的风景观念多数依托的是陆地上的山水，而非海洋。〔2〕在中国古代"海"字通"晦"字，"海之言昏晦无所睹也"，亦表明中国古代曾经在很长时间将"海"与充满危机凶险的恐惧情感联系在一起， "如把无穷的困境和苦难比喻为'苦海'"〔3〕。因此，中国古代风景中，对海的书写相当稀少。内藤湖南认为，"中国人对于风景的认识由最初受道教的影响喜爱幽僻的山水发展到偏爱周围的景致。在此之前，绘画就如绘卷一样直露地描绘风景，到唐末五代时期逐渐喜爱雄奇的景色用以寄托某种精神。再到后来又回归到描绘身边周围的景色，强调表现个人的感受，逐渐地从画趣中寻求一种情趣"〔4〕。登高远眺的方式和对山水环境的迷恋几乎构成了中国传统风景观的两个重要的方面，其直接体现在中国文学对"壮远"和"清幽"两种意境的书写中。在《避暑地日记》中，郁达夫多次提及山中浏览的场景，"芙蓉山全圣观喝茶""蔚竹庵访道人""崂山瀑布观石刻"

〔1〕［日］内藤湖南：《日本的风景观》，载《日本历史与日本文化》，刘克申译，北京：商务印书馆，2012年，第253页。参见《大阪每日新闻》，1927年7月13日—7月19日。

〔2〕徐素琴：《从〈释名〉看古代中国人海洋意识》，《中国社会科学报》，2017年1月24日，第6版。

〔3〕徐素琴：《从〈释名〉看古代中国人海洋意识》，《中国社会科学报》，2017年1月24日，第6版。

〔4〕［日］内藤湖南：《日本的风景观》，载《日本历史与日本文化》，刘克申译，北京：商务印书馆，2012年，第251页。参见《大阪每日新闻》，1927年7月13日—7月19日。

"九水一带看古碑"这些带有传统人文底蕴的风景让郁达夫感到心满意足，他甚至一度用江南人的风景观念来想象崂山附近的村舍风景。看过《崂山区志》之后，郁达夫对东海一带的山水风景也表示出向往之情。他在日记中写道："崂山之胜处，系在东海上之白云洞，华岩寺，黄山，青山，明霞洞一带，他日当以海船去游。"〔1〕吴晓东认为郁达夫感受和书写风景的方式及内容都受到中国传统的山水意识影响〔2〕，这种影响也同样表现在郁达夫对风景空间的选择上。在这种选择中那些被认为是"风景"的空间支配着作者去真正观看，而其所观看和书写的内容并不代表完全都是作者认同的"风景"。在郁达夫所选择的景观空间中，除了受道教影响甚大的山水风景外，还有那些被赋予道德文化象征的山水人文景观。巫仁恕认为明清时期士大夫在旅游时特别关注"古迹"，他们认为古迹对自己有"见贤思齐的作用"，到了清末民初，知识分子对"古迹"的欣赏又趋向"国族主义"。他们认为"古迹不只是地方文化优越性的表征，而且还是国家认同与历史文化传承的重要遗产"〔3〕。这种特殊的风景观念亦在郁达夫那里得到体现。1934 年，郁达夫在青岛写下的诗歌中，表现出一种强烈的道德期许和国族意识。"万斛涛头一岛青，正因死士义田横。而今刘豫称齐帝，唱破家山饰太平。"〔4〕这样一种带有凭吊意味诗句的背后，正是"田横五百士"的故事起到了关键作用。后来他在青岛至济南的火车上，见到"伯夷叔齐"的古迹之后又联想起"田横五百士"并对首阳山风景表现出格外的关注。"从车窗里遥望首阳山的十几分钟。……所以车过首阳之后，走得老远老远，我还探头窗外，在对荒山的一个野庙默表敬意。"在远眺伯夷叔齐的古迹之时，郁达夫不禁顾影自怜地发表了一番感慨："洁身自好之士，处到了这一

〔1〕郁达夫：《避暑地日记》(1934 年 8 月 1 日)，载《郁达夫全集》第五卷，杭州：浙江大学出版社，2007 年，第 356 页。

〔2〕吴晓东：《郁达夫与中国现代"风景的发现"》，《中国现代文学研究丛刊》，2012 年第 10 期。

〔3〕巫仁恕：《从游观到旅游：16 至 20 世纪初苏州旅游活动与空间的变迁》，载复旦大学文史研究院编《都市繁华：一千五百年来的东亚城市生活史》，北京：中华书局，2010 年，第 285 页。

〔4〕郁达夫著，吴秀明编：《郁达夫全集》第七卷，杭州：浙江大学出版社，2007 年，第 139 页。

种乱世，谁能保得住不至饿死?”[1]

如果说郁达夫对山水风景和人文景观的迷恋深受中国儒家、道家文化的影响，那么他选择用旧体诗来书写青岛风景这一行为更透露出他对中国传统文学抒情形式的依赖。《青岛杂事诗》在某种程度上，代表着郁达夫对中国古典文学及山水意识的热情回应，也是研究现代文学“确立”过程中的一个难得的侧面。现代中国的作家同时写旧体诗和现代小说、散文，是一个较为普遍的现象，这或许昭示着一种现代对传统的再发明或者转化，也同样是中国现代文学无法“单独确立”的典型案例。柄谷行人在阅读日本人的风景书写时曾提出一个问题：“日本人为什么在相当长的时间里仅把名胜古迹视为风景而眺望欣赏的呢?”[2] 在柄谷行人看来，这些风景的发现无疑是借助“汉文学”而被给予的。它虽然纠结于形象和韵律之中，但是仍然被文人视作更具“现实性”，这正如中国古代戏剧一样，脸谱化的人物才是真正的人，相反不带脸谱的人在观众看来不具备“戏剧性”。郁达夫在青岛所作的十首旧体诗，写景的并不占多数，但是这些诗歌却道出了郁达夫“颇感唐人诗意切”的写作心理，无论是“果树槐秧次第成，崂山一带色菁菁。民风东鲁仍儇薄，到处瓜田有夜棚”，还是“柳台石屋接澄潭，云雾深藏蔚竹庵。十里清溪千尺瀑，果然风景似江南”[3]，这些诗歌中反映了郁达夫对唐诗风韵的追摹。文章乃案头之山水，山水是地上之文章。这种传统的山水意识维系着中国人的风景观念，而海水浴场、公园等现代景观则代表着经过殖民主义淘洗的现代风景观念。郁达夫无意识地区分开来两种风景，表明山水风景和海水浴场代表着两种不同的审美意识，也表明郁达夫本人受到中国古代传统的风景理念影响。周融发现，郁达夫留下的青岛文献材料中，“美文”和“旧体诗”各占比重，而旧体诗的书写带有“作旧

---

〔1〕 郁达夫著，吴秀明编：《郁达夫全集》第五卷，杭州：浙江大学出版社，2007年，第153页。

〔2〕［日］柄谷行人：《日本现代文学的起源》，赵京华译，北京：生活·读书·新知三联书店，2003年，第42页。

〔3〕 郁达夫著，吴秀明编：《郁达夫全集》第七卷，杭州：浙江大学出版社，2007年，第139页。

式题咏的传统文人士大夫痕迹”[1]。无论是从民族传统的价值和美德中确认文化名胜的风景性，还是从诗歌美文排列中获得的美感，郁达夫笔下青岛的风景乃作为一种“概念”，处处显示出作者创作时的“言外之意”。

相比于中国传统的山水风景，海岸风景往往伴随着海水浴及现代化游泳设施的建立而获得国人的青睐。海水浴在西方世界的兴起本身就表征着“现代观念”，但是青岛的海水浴作为避暑风景之一却带有典型的异域特点。海水浴兴起于19世纪的英国，后逐渐成为欧美流行的避暑消闲方式。德人强占青岛后，着意开发海滩使得青岛在较短时期内就成为“东亚最负盛名的海水浴场”。正如道教和佛教对中国山林风景开发一样，海水浴的诞生同医疗事业的发展密切相关。初期的山林往往被认为是不宜居住的地方，而海洋在欧洲中世纪被称为“风王的王国”。人们将魔鬼称作风王，并且早期的贵族眼中海洋只适合那些粗野的水手们居住。[2]他们把建筑建立在远离海岸的树林中，“在一个避风的、视野闭塞的地方，四周围着潮湿的树林，”[3]。据说是英国的一位叫拉塞尔的医师在1749年发表的一篇医学论文《腺体疾病治疗中海水的应用》，最终推动了18世纪末和19世纪英国海水浴的兴起和繁盛，[4]海水浴的兴起和发达也伴随着英国中产阶级的形成，另一种说法是海水浴的兴起和抑郁症的治疗关系密切。关于欧洲人是如何从“抑郁症恐惧”走向“海水浴的迷狂”，进而确立了20世纪以娱乐为主的“娱乐海滩”[5]，孟岗在《从抑郁症恐惧到海水浴迷狂——18世纪西方社会对海水价值的发现》一文中已经详述这一历程。在中国，海水浴的兴起带有西方现代殖民的色彩，医学的解释在后而海水浴场的建设在先。初期关于海水

---

[1] 周融：《避暑者身份的三棱镜》，《青岛文学》，2016年第2期。
[2] [法]儒勒·米什莱：《大自然的诗：海》，上海：上海人民出版社，2011年，第223页。
[3] [法]儒勒·米什莱：《大自然的诗：海》，上海：上海人民出版社，2011年，第224页。
[4] [英]保罗·兰福德：《日不落帝国兴衰史：十八世纪英国》，刘意青、唐勤译，北京：外语教学与研究出版社，2015年，第97页。
[5] 孟岗：《从抑郁症恐惧到海水浴迷狂——18世纪西方社会对海水价值的发现》，载乔佩、陈橙主编《域外中国文化形象研究》第1辑，北京：中央编译出版社，2014年，第155—168页。

浴的医学解释多转引自日本卫生杂志，1934 年吴抚亭发表的《谈谈海水浴的益处》谈到了游泳、身体清洁、矿物成分和消毒功能等等[1]，系中国医生对海水浴后知后觉的回应。[2] 青岛人得益于这一现代空间的开发，应属较早适应此种休闲方式的人群。但是对于传统的士人知识分子来说，山水依旧是“游观”的重要视点。据吕晓玲的研究，到 1932 年时，“华人成年女子游泳仍很罕见，特别是在外国人较多的浴场”[3]。据苏竹影的介绍，1934 年盛夏青岛的海水浴场中，“以各国的侨胞为多，国人次之，每日下午五点钟左右——因为这是在各公司工厂洋行下班的时候——情侣双双都一批一批的携着手，握着臂，到浴场来了”[4]。同期在北戴河避暑的也是“英美人最多，白俄次之，法意日又次之，国人则无多”[5]。然而到了 1936 年，这种情况发生了变化。在蒋维乔《北戴河海滨纪游》一文中，北戴河海滩上的自由男女们“仅着游泳衣，裸体亦赤足，到处乱跑”，他不由地感叹道：“吾辈初到时，身着长衣，不啻衣冠入裸人国，反觉诧异。”[6] 在海滨浴场兴起之时，青岛人对海洋愈发亲近，伴随着现代观念的演进，海洋也被视为展露个性收获健康摩登之地。有人在 1934 年撰文这样描述时人对海水浴的热衷，文中写道：“据卫生家谈，洗海澡晒日光，是强健身体，疗养百病，唯一妙法，在青岛既有天然的便利，洗海澡又经济又摩登，所以一般人见面必须以‘洗海澡吗’？一句话为口头禅。”[7]

山水中蕴含着中国的传统道教和佛教意识，而海水浴场则是一个西洋现代意识的渗透之地。郁达夫不但在文学中拒绝细化时尚热闹的海水浴景，而且对此类风景持道德评判的态度，他后来也自责“日里上海滨

---

〔1〕 孟岗：《从抑郁症恐惧到海水浴迷狂——18 世纪西方社会对海水价值的发现》，载乔佩、陈橙主编《域外中国文化形象研究》第 1 辑，北京：中央编译出版社，2014 年，第 157 页。

〔2〕 吴抚亭：《谈谈海水浴的益处》，《青岛时报》，1934 年 8 月 22 日。

〔3〕 吕晓玲：《近代中国避暑度假旅游研究 1895—1937》，合肥：合肥工业大学出版社，2013 年，第 135 页。

〔4〕 苏竹影：《记青岛海水浴场》，《旅行杂志》，1934 年第 8 卷第 8 期。

〔5〕 木子：《北戴河避暑》，《十日谈》，1934 年第 37 期。

〔6〕 蒋维乔：《北戴河海滨纪游》，《旅行杂志》，1936 年第 10 卷第 9 期。

〔7〕 旋风：《青岛夏日的风光》，《市政评论》，1934 年第 2 卷第 6 期。

去看看裸体，晚上在露台听听淫辞”[1]。然而在1934年青岛避暑之旅中，王映霞对风景空间的选择却与郁达夫不同。据王映霞后来的回忆，1934年在青岛避暑的一个多月里，她几乎都是在海滩上度过的，并且她十分享受这种现代化的避暑方式所带来的心理放松。她自传中写道："我们在青岛海滨的三四十天的时间里，清晨或薄暮，我几乎是在沙滩上度过。当游泳倦了的时候，我便仰卧在沙滩上，将二手枕着头，闭上双目，愁烦和俗情俗念被冲洗得一清二净。"[2] 对于郁达夫一个人"幽游"崂山的行为，王映霞在当时自然有过抱怨。时隔四年的1938年10月16日，王映霞在战火中辗转至湖南时，仍然对郁达夫的行为耿耿于怀。她在信中写道："你假如是到了广州或香港，请即电知，我或者可以去看你，不过如果你是不愿意和我住一起的，似前年到了□□（按：此处有阙文）时，如游青岛的崂山时一样，我依稀还记得，你单身清晨游崂山时的情景。连日总都在奇怪，为什么你待我不好处，我总难以忘记?"[3] 我们无意再去探寻王映霞对风景空间选择的心理动因，但是郁达夫和王映霞之间对风景空间的不同选择，却反映了知识分子在受不同风景观念影响下对风景空间的区隔。恰如吴晓东所言："一个人对风景的敏感可能并不是与生俱来的，而是在后天的风景经验中逐渐形成的，是风景对心理和感觉的熏染的结果，甚至是一个文化建构的过程。风景意识因此与人类的个人主体性乃至族群主体性的生成密切相关。"[4] 更有学者认为："风景的欣赏是透过个人经验而来，是环绕其他事物之间的虚构和记忆。也就是说，它是透过意识形态、教化、设计与规则以及偏见而来。"[5] 对观看风景的选择，往往体现出观看者意识形态上的自

---

〔1〕 郁达夫著，吴秀明编：《郁达夫全集》第四卷，杭州：浙江大学出版社，2007年，第152—153页。

〔2〕 王映霞：《王映霞自传——郁达夫前妻的回忆》，合肥：安徽文艺出版社，1991年，第129页。

〔3〕 王映霞：《致郁达夫》（1938年10月16日），转引自黄世中：《美国友人收藏郁达夫、王映霞未刊书信5封》，载《情多处处有悲欢：民国才子诗人的情感心态》，杭州：浙江大学出版社，2016年，第187页。

〔4〕 吴晓东：《拟像的风景》，《中华读书报》，2010年7月21日，第13版。

〔5〕 彭茜、金云峰：《透过西方艺术作品的风景意涵与体验研究》，《风景园林》，2016年第11期。

我认同。这非常类似于鲍曼所说的“园丁意识”，在此种意识驱动下，那些与“良种植物争夺养分，空气和阳光的杂草”将会被毫不留情地根除。[1] 因此，郁达夫笔下的青岛的风景渗透了现代的政治、道德意识和郁达夫个人的反“游记”心理，作为观看主体的郁达夫对青岛风景观看的选择，成为“凝视者”的特权，因此它在严格意义上说不是纯粹的“风景”描写。

## 四、“消费”与“审美”：逃离商业写作的精神动因

“‘青岛！’是多么美丽的一个名字，被诗人们常常歌咏着的青岛，所谓‘万斛涛头一岛清’。青岛景色的美丽，是人们所想像不到的。”[2] 这是倪锡英在1936年编著出版的《都市地理小丛书：青岛》中所引用的句子。郁达夫或许没有想到，仅仅时隔两年他的《青岛杂事诗》已经进入了时人编著的青岛旅游指南中，这或许从一个侧面反映了现代旅游业对中国现代文学资源的利用。吴晓东先生在考察郁达夫《屐痕处处》一书的创作与出版时，对游记散文的书写和资本及政府之间的密切关系作了富于创见的考察。他认为：“作家游记与政府行为、旅游产业以及出版触媒一起催生了中国现代‘风景的发现’”[3]。在现代旅游业兴起的同时，为了满足人们对旅行的期待，带有指南意义的游记散文和图片开始逐渐为商业化所渗透，进而表现出典型的“消费”特征。

郁达夫《青岛、济南、北平、北戴河的巡游》一文刊载在1935年1月1日出版的《旅行杂志》第九卷第一号，杂志上标注为“屐痕回味（新年特大号征文特辑）”，刊有征文稿20篇，近一半的稿件系游记散文。所谓“屐痕回味”很像是为郁达夫“量身定制”的话题，似乎又有着期待郁达夫为期刊多投游记稿件的意思。20世纪30年代的散文游记

---

〔1〕［英］齐格蒙特·鲍曼：《现代性与矛盾性》，邵迎生译，北京：商务印书馆，2003年，第41页。
〔2〕倪锡英：《都市地理小丛书：青岛》，北京：中华书局，1936年，第3页。
〔3〕吴晓东：《郁达夫与中国现代“风景的发现”》，《中国现代文学研究丛刊》，2012年第10期。

的兴起同现代交通运输业的发展密切关联，这进一步导致文学作为一种“广告资源”为交通部门、旅游部门和出版商们借用。与此同时，各地为了推广地方性的文化，又纷纷效仿。以避暑旅游为例，胶济铁路局为了促进青岛避暑旅游，特地推出往返减价票。1932 年开始每年 7 月 1 日到 9 月 30 日，凡城阳以西各站，发售青岛避暑往返头二等八折减价票，往返限期规定一个月。〔1〕 1934 年胶济铁路管理局编著出版《胶济铁路旅行指南》，不遗余力向来往乘客宣传包括青岛在内的沿线城市的风光。京、沪以及内地游客来青岛避暑均可享受火车减价票。“青岛夏季避暑减价票按普通票价：头等减百分之二十，二等减百分之二十，……此项减价票发售期间自七月一日起至九月三十日止……”〔2〕 另据苏竹影的介绍，经中国旅行社牵头，1934 年胶济铁路方面和青岛海水浴场达成旅游协定，青岛海水浴场开放的时间是 7 月至 8 月 31 日，凡是在此期间来青岛海水浴场游玩的旅客可以享受胶济铁路发售的“海水浴客来回减价客票”〔3〕，在一般民众享受减价票的同时，颇有眼光的铁路局往往为善于书写风景的作家提供免费票，借此炒作旅游文化促进消费。老舍对此似乎有很大的成见，他在 1936 年《归自北平》一文中写道：“青岛的生活程度高，比北平——我在北平住过廿多年——要高上一倍。……我没地方给全家找‘免票’去，况且就是有人自动的送来，我也不肯用；我很佩服别人善用‘免票’，而我自己是我自己。”〔4〕 当然，铁路只是一般民众和中产阶级可以负担的交通出行方式。早在 1932 年秋，中国航空公司就开通了上海直达青岛的班机。此趟班机“每逢星期二四六日，由沪北上；星期三五，由平南下……”〔5〕 班机的票价是 120 元，中产阶级尚不能轻松应付，一般底层民众更是无福消受了。在海运部门，从上海至青岛的轮船亦有避暑减价票。据丁惠康 1931 年发表的

---

〔1〕《胶济路发售青岛避暑在返减价票》，《铁路协会月刊》，1933 年第 5 卷第 6 期。

〔2〕 胶济铁路管理局总务处编查课编：《胶济铁路旅行指南》，青岛胶州路文华印刷社，1934 年，第 34—35 页。

〔3〕 苏竹影：《记青岛海水浴场》，《旅行杂志》，1934 年第 8 卷第 8 期。

〔4〕 老舍：《归自北平》，《民众日报》，1936 年 12 月 1 日。

〔5〕 魏镜编著：《青岛指南·交通纪要》，青岛：平原书店，1933 年，第 2 页。

《青岛鳞爪》一文的记述，从上海走海路乘船到青岛需要二十七八个小时，乘坐日本大连汽船公司的轮船。头等舱是70元，二等50元，三等17元。头二等舱如购来回票可打九折。[1]

在旅行社与铁运、航运部门联手促进旅游消费的同时，旅行社与出版业也积极地进行商业合作。在1934年的南方亢旱气候中，《旅行杂志》联合旅行社大作避暑文章。一方面邀约名家避暑稿件，另一方面以“避暑”为中心话题刊登相关的文学作品。为了配合时人消夏的雅致，《旅行杂志》编辑赵君豪特地在当年第8期刊登了周瘦鹃翻译的德国作家里昂·孚依希特万格（Lion Feuchtwanger）的小说《迟暮》，并在当期的《编者之言》中写道：“现在是避暑的季节，海滨山畔，总免不了有许多罗曼斯的事情发生罢！在这里，我们介绍一篇避暑的罗曼斯故事，是周瘦鹃先生所译的《迟暮》。这一篇小说，原是名小说家Lion Feuchtwanger[2]所著的，叙述老诗人劳白魏格培在避暑的时候热恋沙漠女郎的一段故事。当然啰，小说总是虚构的事实，然而我们读了这一篇委委曲曲的故事，总得有些回肠荡气罢！”[3]如赵君豪所述，《迟暮》讲述的是一个德国老诗人和英国女郎在避暑地相恋的故事，小说中对身着泳衣的女郎作了细致的描写，“他站起身来，走到阑干旁边。那女孩子仍然躺在阳光中，身上被游泳衣裹着，越显得苗条和美丽了。他走下踏步去，伊转过头来，从那半开半阖的眼睫间偷瞧着他。他走过了伊躺着的所在，伊的媚眼儿也懒洋洋地跟着他，他把湖水泼在身上，就很小心的走到湖中去，游泳了几分钟”[4]。这段文字中暗含推介游泳、避暑等现代旅游行为的意思。从某种意义上讲，《良友画报》的“图”与《旅行杂志》的“文”，这些带有典型“消费文化”特质的期刊共同建构

---

〔1〕丁惠康：《青岛鳞爪》，《旅行杂志》，1931年第5卷第7期。

〔2〕Lion Feuchtwanger（1884—1958），德国小说家。生于犹太工厂主家庭。1933年纳粹攫取政权后，流亡国外，后长期居住美国。作品大多以历史题材为主。主要有《约瑟夫斯》三部曲（《犹太人的战争》《儿子们》《即将到来的日子》）、《戈雅》、《葡萄园中的狐狸》等。也写现代题材的小说，如揭露德国法西斯的《候车室》三部曲（《成功》《奥彭曼一家》《流亡》）。还著有《犹太人苏斯》《伪尼禄皇》《痴人的智慧》《西蒙》等。

〔3〕赵君豪：《编者之言》，《旅游杂志》，1934年第8卷第8期。

〔4〕周瘦鹃译：《迟暮》，《旅游杂志》，1934年第8卷第8期。

了时人观念中的“青岛风景”。另外尚有不少旅行指南类的刊物引导着人们对青岛风景的想象，如赵君豪编著的《青岛导游》（1933 年初版）、魏镜编著的《青岛指南》（1933 年初版）以及“胶济铁路管理局总各处编查课”编著的《胶济铁路旅行指南》（1934 年初版）等等。此时的作家也被现代旅游业所关注，部门文学期刊在暑期专门推出避暑文学专号并向文化界知名人士约稿。1934 年 7 月 12 日至 8 月 8 日近一月的时间，黄炎培一面办理公务，一面避暑。其间在 8 月 6 日与林语堂等人同游王家坡，并且在李公朴的帮助下学习游泳〔1〕，8 月 8 日，林语堂替《论语》杂志向他约稿。〔2〕黄炎培后来在文章中写道：“我来牯岭的动机，本不是为避暑，结果竟变成很纯正的科学化的避暑。”〔3〕郁达夫避暑之时，也遇到南方的约稿。在初抵青岛的当天，他就在《北航短信》公开表示要写一些避暑文章给那些在南方“热波里渴杀”的人群“以一点点近似幻想中的酸梅汤的效力”〔4〕。文人一边旅行，一边为报刊写游记，似乎成为一种风尚。

1934 年郁达夫初抵青岛时，青岛地方性报刊的记者们对郁氏来青写出知名游记抱有很高的期待。除了青岛《正报》《青岛时报》《光华报》之外，北方的《北洋画报》纷纷报道郁达夫在青岛的情况。1934 年 7 月 15 日郁达夫抵达青岛的第二天，《青岛时报》就刊出《文学家郁达夫来青游历》的报道，文云：“文学家郁达夫，昨日偕其夫人由沪来青，现寓于湛山路其友人处，郁君近来频作旅行，写作散文小品，脍炙人口，前于游览杭江路杭徽公路之后，著有《屐痕处处》，今滋莅青，或将有新的写作云。”〔5〕一周之后“迫不及待”的记者们就刊出假新闻，称郁达夫将要写出一本《青岛游记》。1934 年 7 月 21 日《青岛时报》载文云：“文学家郁达夫，日前由沪来青避暑一节，已志本报，兹悉郁氏

〔1〕黄炎培：《黄炎培日记》第 4 卷，北京：华文出版社，2008 年，第 298 页。日记中的“王家坡”应为“黄家坡”。

〔2〕黄炎培：《黄炎培日记》第 4 卷，北京：华文出版社，2008 年，第 299 页。

〔3〕抱一：《牯岭，避暑乎！趋炎乎！》，《论语》，1934 年第 48 期。

〔4〕郁达夫：《北航短信》，《东南日报·沙发》，1934 年第 2033 期。

〔5〕《文学家郁达夫来青游历》，《青岛时报》，1934 年 7 月 15 日，第 6 版。

近日在青，除阅览书籍与游览本市风景外，并着手著一《青岛游记》云。”[1] 7月23日《青岛时报》又载文云：“文学家郁达夫先生，因久慕青岛风光，欲著一书。今得友人汪静之、符竹茵等之邀，来青游历。本拟假市中下榻，嗣因市中被军训队借用，乃另住广西路三十八号友人骆君处。闻昨日会同好友至四方各乡区游览，定于日内再去劳山游览云。”[2] 直到8月13日，郁达夫离开青岛后，《青岛时报》仍旧对郁达夫写出青岛游记表示期望，但是情绪似乎不及前期热烈。文云：“文学家郁达夫月前偕夫人王映霞女士莅青避暑，瞬届匝月，兹以炎暑已消。特于昨晨（十二）乘车赴济。……郁氏在青，鲜有写作，惟搜集材料颇为丰富，青岛纪行之作，须俟返杭后方能着手。”[3] 郁达夫离开青岛去北平之后，一个署名“觉先”的记者在1934年9月1日出版的《青岛时报》上发表《郁达夫在青岛：为〈时报〉十周纪念作》长文，此时青岛方面的报人仍期待郁达夫写出青岛游记。文中记述了郁达夫来青岛的一些细节生活，末尾提及郁达夫从北平来的一封信。文中写道：“他在青岛除了几首杂诗外，不曾有所写作。日前据他自北平来信说，日内即将南返，他的游青记大概不久可以着笔了。”[4] 然而郁达夫后来写出的《青岛、济南、北平、北戴河的巡游》一文，可能要让那些等着郁达夫出《青岛游记》的记者们大失所望，他不但在风景记事上吝惜笔墨，而且在这简单的风景描写中，还带着一点并不“友善”的心情，郁达夫下了一个“下次不来”的结论。[5] 多年以后，郁达夫在南洋失踪的消息传到青岛，一个叫“鲁丁”的又一次想到郁达夫来青岛的故事，感慨之余作下《偶怀郁达夫先生——〈郁达夫的流亡和失踪〉读后》旧体诗三首，其一为咏郁达夫1934年青岛之行旧事，诗云：“浪游朝夕伴红妆，

---

〔1〕《郁达夫著〈青岛游记〉》，《青岛时报》，1934年7月21日，第6版。
〔2〕民言：《郁达夫昨游览乡区将再往崂山》，《青岛时报》，1934年7月23日，第6版。
〔3〕《文学家郁达夫昨晨离青赴平》，《青岛时报》，1934年8月13日，第6版。
〔4〕觉先：《郁达夫在青岛：为〈时报〉十周纪念作》，《青岛时报》，1934年9月1日，第10版。
〔5〕郁达夫：《青岛、济南、北平、北戴河的巡游》，载《郁达夫全集》第四卷，杭州：浙江大学出版社，2007年，第153页。

倚马才高笑醉狂。万里春风吹海月，屐痕曾印旧琴冈。”[1] 也许郁达夫未能写出一份完整的《游青记》让青岛当时的报人们深感遗憾，但是郁达夫为什么没有写出像《屐痕处处》那样的青岛游记，又为何在最终成文的游记中对青岛的风景描述得如此“匆促”？这些问题值得细致分析。

据1933年8月出版的《胶济铁路旅行指南》中所载的铁路时刻表可知，郁达夫在1934年8月12日上午离开青岛时乘坐的火车的车次为51次[2]，上午七点从青岛出发，经过21个站点于晚六点到达济南站，这个时间和郁达夫在日记中记载的一致。从1934年7月13日来青，到8月12日离青，郁达夫在青岛暂居的时间仅有一个月。从时间上看，虽然郁达夫有足够的时间游览青岛的山川海岸，但是郁达夫来青岛的目的却并非是旅游，避暑是为了工作。郁达夫在当年7月16日中记载着避暑期间预备的工作：“大约卢骚的译稿，汪水云的诗，以及德文短篇一二篇的翻译，为必做的工作。此外则写些关于山东，如青岛，崂山，曲阜，泰山等处的记载，或者也可以成一册书”[3]。第二天，青岛的气温突然升高，郁达夫又调整了旅行时间，将在青岛的时间压缩在一个月内。因为“九月初非回杭州不可，而北平又须去一走，所以在青岛的日子，不得不略减少些”[4]。同时还想写一部“暴露资产阶级淫乱”的中短篇小说，初取名《芜城夜话》后来又改为《我的梦，我的青春！》。但是这些作品因为在青岛大多数时间都在接待报社或友人、学生的来访，其间还被官方“第五分局”派人导游至隆兴纱厂参观。在座谈、饭局和舞场的应酬中，郁达夫根本没有时间写作。而此时南方报刊的约稿信又不断寄来，到了8月7日，郁达夫稍有闲暇，却开始思考要为《人世

---

〔1〕 鲁丁：《偶怀郁达夫先生——〈郁达夫的流亡和失踪〉读后》，《青岛时报》，1947年2月13日，第4版。

〔2〕《胶济铁路行车时刻简表》，载胶济铁路管理局总务处编查课编《胶济铁路旅行指南》，青岛胶州路文华印刷社，1934年8月版《青岛纪要》第1页。

〔3〕 郁达夫：《避暑地日记》（1934年7月16日），载《郁达夫全集》第五卷，杭州：浙江大学出版社，2007年，第348页。

〔4〕 郁达夫：《避暑地日记》（1934年7月16日），载《郁达夫全集》第五卷，杭州：浙江大学出版社，2007年，第349页。

间》和《论语》的约稿写一点什么。他在日记中写道："《论语》以诗塞责，《人间世》则拟以一两千字之随笔了之。"〔1〕当天日记中还记载着不得不应付的期刊有《当代文学》《文史》《良友》《东南日报》。据郁达夫1934年7月16日日记记载："接天津王余杞信，谓胶济、津浦路免票，可为我办，望我秋后去北平一游。"〔2〕到了当年8月16日，积压了一个月的"文债"已到了不得不"偿还"的地步，他在当天的日记中记载："接人世间社快信，王余杞来信，都系为催稿的事情，王并且还约定于明日来坐索。"〔3〕为了应付王余杞的"坐索"，郁达夫第二天早晨匆匆写下三千字的《故都的秋》，这篇文章后来被视为郁达夫风景散文的名篇，但是恰恰又不是在风景中完成的，它融合了许多心理、记忆的因素，在风格上似不符合王余杞约稿时所预定的风格。从郁氏当年的日记中可以看出，此时的郁达夫一方面为生计不得不撰写稿件，另一方面大量的约稿又让郁达夫深为文债所累。1934年，受杭州铁路局在年前编印的《屐痕处处》一书的影响，初版8000册的印刷量和现代书局在全国各地的销售点都足以让郁达夫成为知名的"旅游作家"，盛誉之下的郁达夫被铁路部门和旅游部门关注，仿佛凡是郁氏"屐痕"所过之处就自然有佳作似的。虽然郁达夫后来自嘲是一个"虽在旅行，实际上却是在替路局办公，是一个行旅的灵魂叫卖者的身份"〔4〕。并称此前受杭江铁路局邀请所写的浙东风景游记是"迫不得已"的写作，"我只好写点关于旅行一般的空话，以及还有许多在浙东得来的零星印象，来缴卷塞责"〔5〕。但是实际上，这些盛名多少还是让郁达夫收获一笔数量可观的稿酬，可约稿的期刊增多又增加了郁达夫的创作焦虑。现代出版业的商业化正是通过"索稿"的方式对作家创作心态产生了重要影响。在

---

〔1〕郁达夫：《避暑地日记》（1934年8月7日），载《郁达夫全集》第五卷，杭州：浙江大学出版社，2007年，第359页。

〔2〕郁达夫：《避暑地日记》（1934年7月16日），载《郁达夫全集》第五卷，杭州：浙江大学出版社，2007年，第348页。

〔3〕郁达夫：《故都日记》（1934年8月16日），载《郁达夫全集》第五卷，杭州：浙江大学出版社，2007年，第364页。

〔4〕郁达夫：《二十二年的旅行》，《十日谈》，1934年1月1日。

〔5〕郁达夫：《二十二年的旅行》，《十日谈》，1934年1月1日。

商业化的驱动下，作家的创作开始出现“自我剥削”的现象，不断增加创作量不单是为了维系文坛声誉，也同样为了赚取维持生计的稿酬。郁达夫在青岛时期似乎就已经感受到商业化写作的压力，然而他并不能挣脱。说话颇耿直的苏雪林在1934年写的《郁达夫论》中不忘对郁达夫嘲讽一番，她说：“郁达夫只好写些日记游记之类来维系旧日文坛地位，虽然很寂寞，一般人对于他还有相当的信仰，所以我现在先论他。”〔1〕对于苏雪林的嘲讽，郁达夫在当年的10月亦以“一位女作家”相称并回应道：“于是乎，在去年今年的两年之间，只写下了些毫无系统，不干人事的游记。但据那位女作家说，似乎我写游记，也是一罪，事到如今，只好连游记都不写了。”〔2〕

生活上的节俭复加上创作上的焦虑使得郁达夫很难安心享受青岛的避暑风光，而复杂的时局以及社会阶层差距的扩大又让郁达夫陷入传统文人式的“忧国忧民”中。在青岛风景书写中，我们或许都不曾注意到，郁达夫观看自然风景之时，仍在看“社会风景”，后者或许占据着郁达夫的大部分心理。这也导致郁达夫笔下的风景书写匆促而游移，充满了欲说而未说的“留白”。据觉先《郁达夫在青岛：为〈时报〉十周纪念作》一文所记，郁达夫在青岛时期颇注重观察青岛底层社会的民众生活：“他有时杂在人丛中去看人家的丧仪，有时也会搀入苦力队里听他们的谈话，有时竟会寻到东海楼双鹤里的脂粉队中去领略他们的生活……他是一个极富于感情的作家，给予痛苦的人们与同情。”〔3〕在青岛这样一个充满着贫富差距的“社区”中，郁达夫很难不思考社会问题。这似乎表明“阶级论”在20世纪30年代中期已经成为大部分知识分子观察社会的一种视角，而自1931年九一八事变之后，国民政府的软性国策无疑又加深了知识分子对“阶级论”的接纳与体认。如前文所述，知识分子在1934年描写风景时表现出的“同情底层”和“忧国忧民”的情绪几乎是普遍的现象。

---

〔1〕苏雪林：《郁达夫论》，《文艺月刊》，1934年第6卷第3期。

〔2〕郁达夫：《所谓自传也者》，《人间世》，1934年第16期。

〔3〕觉先：《郁达夫在青岛：为〈时报〉十周纪念作》，《青岛时报》，1934年9月1日，第10版。

与此同时，作为依靠版税稿酬为生的作家阶层，虽享受着普通人不能拥有的文化身份，但是在经济上依然和普通民众一样时时顾虑“生计”。据觉先在《郁达夫在青岛：为〈时报〉十周纪念作》一文中的记述，郁达夫在青岛时期的生活颇为节俭，在消费上处处都有顾虑。因此他判断郁达夫“不能和前几年那样有大宗收入了”。1934 年的出版业似乎不及往年繁荣，而旱灾的持续无疑影响了整个社会的经济，作家的稿酬似乎也受到影响。〔1〕经济的整体萧条，很可能让作家陷入“多收了三五斗”的现实困境中。正因如此，作为文人的“中产阶级”才有可能花更多的时间去体认底层民众的艰辛。实际上，在青岛避暑期间郁达夫就表现出对商业化写作的逃离，在此种情绪之下，他很难有心绪写好商业化的散文游记，在后来成文的游记中又表现出一种抵制的心理。1934 年 9 月 6 日，郁达夫南下返杭时受曹芳秋之邀前往天津扶轮中学演讲，在演讲中他对近年所作的倾向于商业化的“游记”不无自嘲和反思，而这种自我反思来自他对北平故都萧瑟的社会风景的感伤。据当时的报道称，郁氏当时已经初显老态：“带花镜，背微驼，牙齿亦脱落数枚，是日衣深灰绸袍，中国便鞋……”〔2〕在演讲中郁达夫主要谈了“北游杂感”和“创作经验”，文中写道：“郁氏谓此次北来经过青岛，并一度赴山海关游览，个人所感到者即北平市面萧条，气象阴沉，不若往年繁茂，现在中国并不似已往经济之宽裕，农村闹恐慌，大学生闹失业，此实不良现象，望大家注意云云。继称个人的创作经验，为一般所乐闻，自己此类写作，各方面之要求者甚多，开始写小说在有不可遏止之‘创作欲’，不发表不痛快，现在则力避‘言之无物’的文章，最近出版的《游记》不过是消遣品，供小报文章而已。”〔3〕在郁达夫看来，《屐痕处处》那些颇具现代色彩的游记书写仍旧算是一般“消遣品”且多有“言

〔1〕觉先：《郁达夫在青岛：为〈时报〉十周纪念作》，《青岛时报》，1934 年 9 月 1 日，第 10 版。
〔2〕陈发：《郁达夫面容较从前衰老，在扶轮演讲情形》，《大公报》（天津），1934 年 9 月 9 日，第 15 版。
〔3〕陈发：《郁达夫面容较从前衰老，在扶轮演讲情形》，《大公报》（天津），1934 年 9 月 9 日，第 15 版。

之无物”的特点。言谈之中，北平所见的萧瑟风景仿佛如暮色一般浸入作家的心里。不难理解，为什么郁达夫在稍后创作的《青岛、济南、北平、北戴河的巡游》中对青岛风景的书写是那样的匆促和零散，当社会风景和自然风景产生极大的不协调时，郁达夫本人似乎失去了对风景书写的自信。或者说在郁达夫笔下风景的残损正对应着一个被商业化裹挟并试图脱身的现代作家和一个社会阶层差距急剧扩大的社会。到了郁达夫写《故都的秋》时，郁达夫精神深处的意识形态冲突稍稍得到缓解，那种消费式的景观开始褪去，内心沉思性的景观开始“凸显”。因此《故都的秋》虽然也是一篇应付“索稿”的作品，但仍可视作一种反思现代性的文学文本。

然而即便如此，郁达夫对这部作品依然不满意。在1936年5月，《故都的秋》被郁达夫收入了良友图书公司出版的《闲书》中。这本书既是郁达夫散文创作的一种总结，也是一种反思。据彭林祥的考证，此书的出版是“为了弥补自己未能写成长篇小说交‘良友文学丛书’的歉意”[1]，或许良友文学丛书的商业化运作也让郁达夫感觉到一种创作自主空间的逼仄化，另一方面从左翼阵营中倔强地“脱身”却并不代表作家对社会底层漠不关心，表现出一个与“组织化”和“集体化”不一样的“个人”的左翼思想。他在《自序》中说：“《闲书》里所收集起来的许多短长杂稿，都是闲空不过，才拿起笔来写出的；所以事忙的人，简直可以不读，所以这一种书，终于也还是帮闲的作品。”[2]又引了列宁在《国家与革命》中的一句话“这书后半部还没有写成，而自己却要去干实际的革命工作去了”来嘲笑自己的“无聊”[3]。这种焦虑似乎与1930年郁达夫加入左联又迅速退出时的精神状态一样，他的那句“我是一个文人，不是一个战士”表明他那时没有放弃自由主义文学观念而

---

〔1〕 彭林祥：《赵家璧主“良友文学丛书”梳考》，载陈思和、王德威主编《史料与阐释》（第4期），上海：复旦大学出版社，2016年，第327页。

〔2〕 郁达夫：《闲书与闲人》，《青年界》，1936年第10卷第1期。

〔3〕 郁达夫：《闲书与闲人》，《青年界》，1936年第10卷第1期。

“做实际的工作”[1] 的决心。到了1936年，郁达夫终于也认为“做些实际的事情，当然要比弄弄纸笔，说说空话有趣得多”，但又无不自怜地写道：“但被天强派作了闲人之后，他的寂寞与凄凉，也并不是可以借了一句两句的话来说出的。”[2] 郁达夫自道般地说出了他对杭江铁路局等机构对游记商业化运作的不满，然而所谓“寂寞凄凉”等语除了郁氏天性多愁善感之外，恐怕也影射了他内心深处倾向革命却又不愿被“组织化”的焦虑。

## 结论

在昆廷·斯金纳看来，“一切艺术作品，也包括哲学和文学作品，是有其意图的物品（intentional objects），因而要理解它们，我们就必须努力去还原和理解它们之中所潜藏着的目的”[3]。实际上我们也只能“努力”而不能“准确”，因为在一个由个体完成的“风景”中，存在着多种意识形态共存的现象，它们彼此冲突又相互连接。在意识最终呈现为形态的“文本”（text）时，我们很难看到意识形态之间的争夺，更不用说意识具体的偏向或排斥过程。因此风景与其说是完整的，不如说是零散的，它处在一种意识形态争夺的领域之中，我们所看到的只是这场争夺的某一种结果。郁达夫的青岛游记反映了现代知识分子在多种文化传统和意识形态笼罩下的一种风景体验，在这个风景体验中意识形态之间的相互争夺主要表现在郁达夫对传统和现代景观空间的选择上，在审美和商业化之间的游移，进而反映了受中国传统文化影响的现代知识分子对“现代文化”的特殊态度以及他们试图“转向”的心理。因此，也可以说郁达夫笔下的青岛风景是被一个徘徊于传统与现代、商业与审

---

〔1〕 倪墨炎：《郁达夫退出左联实情》，载《现代文坛随拾》，上海：上海书店出版社，2013年，第163页。

〔2〕 郁达夫：《闲书与闲人》，《青年界》，1936年第10卷第1期。

〔3〕 刘训茜：《黄世仲〈洪秀全演义〉〈镜中影〉的书写策略及其与清末论战的关系》，载《近代中国》第28辑，上海：上海社会科学院出版社，2018年，第150页。

美、集体与个人之间的“左”倾知识分子构建起来的。郁达夫笔下青岛风景的“游移”与“空白”也进一步提醒着我们，在风景的观看中很难存在所谓的“天真之眼”，作为文本或图画的风景是意识形态与物质现实交互的产物，它无一不渗透着历史的或现实的意识形态力量。但是如果据此就认为我们不能欣赏到真正的风景或不能享受其带来的美感，就未免杞人忧天了。

作者简介：金星，文学博士，阜阳师范大学文学院讲师，主要研究方向为中国现当代文学史料。

# 民族、个人、审美
## ——现代性视野下郁达夫小说中的东京想象[1]

左怀建

郁达夫不仅是中国现代浪漫抒情派文学的开创者、奠基者之一，也是中国现代都市文学的开创者、奠基者之一。他 1913 年 9 月随兄嫂去日本，1914 年 7 月入东京第一高等学校医学部特设预科，1915 年 9 月入名古屋第八高等学校医学部，1919 年 11 月入东京帝国大学经济学部，1922 年 3 月毕业，获经济学学士学位，次月，就读于东京帝国大学文学部言语学科未完，因为创造社编务和经济困难，同年 7 月归国。至此，郁达夫的留学生涯基本告一段落。前后将近十年的时间，郁达夫有六年是在东京度过的；即使在名古屋学习时，他也经常会回到东京感受都市生活氛围，这便是他在《沉沦》中所感慨的“都市的怀乡病”[2]。与此相适应，他的早期创作也基本上都是围绕东京和东京附近展开想象和书写的，如袁庆丰所说：“郁达夫的这篇代表作（指《沉沦》——笔者注），固然取材于他在第八高等学校的生活经历，但考虑到小说经过多次修改，直到 1921 年才定稿发表，因此他将他在东京的生活与感受一并溶入，也是可以肯定的。”[3] 所以，本文将郁达夫的日本都市想象统统称为东京想象，是需要与读者说明的。

总结郁达夫关于东京的创作，可以发现，他对东京的审美想象不止于情色、欲望一面，他也写到东京的民族歧视，东京的现代物质文明

〔1〕 此文为教育部人文社科一般项目“论中国现代文学中的异域都市想象”（17YJA751041）的阶段性成果。

〔2〕 郁达夫：《沉沦》，载《郁达夫全集》第一卷，杭州：浙江大学出版社，2007 年，第 54 页。

〔3〕 袁庆丰编著：《郁达夫传：欲将沉醉换悲凉》，上海：华东师范大学出版社，2020 年，第 138 页。

（机械：火车、电车、游船；空间：公园、旅店、酒馆、咖啡店、医院、学校；街市空间的属性：热闹等）；也触及东京的现代性危机，感慨“社会呀！道德呀！资本家呀！我们少年人都被你们压死了”[1]（《胃病》），也强调现代物质的昌盛反导致了人精神的坠落（《南迁》），但这一切叙述都围绕一个中心内容，就是凸显主人公现代生命意识的觉醒，在此基础上表现主人公性的苦闷、爱的焦渴及灵肉诉求都无法正常实现后所造成的精神的极度忧郁和颓废。如此一来，郁达夫的都市想象突破了清末民初以来通俗都市文学欲望叙事的窠臼，而开启了中国现代文学欲望叙述的新主题、新空间，既提升了整个现代文学都市欲望叙事的审美内涵，也预示了今后整个现代文学都市欲望叙事的新方向，铸造了新的都市文学类型，因而影响深远。

## 一、民族现代性与东京的民族歧视

如人们所熟知的，现代都市的崛起是在全球化语境下实现的，它体现出世界一体化的逻辑结构。现代都市的崛起带动了世界上无数民族的现代崛起，其重要症候就是发达国家民族的全球化开拓和发展，体现出强烈的国际性和殖民性，但是也因此有了原落后国家民族的被迫觉醒和独立自主诉求，于是一轮又一轮的民族现代性先后产生。吴叡人在给安德森《想象的共同体——民族主义的起源与散布》所作的长篇“导读”中指出：“民族主义”经历了四个阶段，“第一波”是“美洲模式”，是一种不以语言为要素的民族主义；“第二波”是欧洲的群众性语言民族主义，人们通过阅读形成对民族的想象；“第三波”是“官方民族主义”，即欧洲各王室不得不顺应历史潮流，积极归化民族，并控制对“民族想象”的诠释权；“最后一波”是“殖民地民族主义”，也就是第一次世界大战以后在亚非殖民地掀起的民族主义，是对西方“官方民族主义”的另一面——帝国主义——的反抗，以及对先前百年间先后出现

〔1〕 郁达夫著，吴秀明编：《郁达夫全集》第一卷，杭州：浙江大学出版社，2007年，第106页。

的三波民族主义经验的模仿与“盗版”[1]。显而易见，日本的民族主义属于第三波，即“官方民族主义”，而中国的民族主义接近“最后一波”。所以，对外，日本开始向更落后国家民族推行殖民统治；对内，控制、镇压自由、独立思想。明治晚年，以莫须有之罪对包括作家幸德秋水、大石诚之助等在内的11名进步人士强行逮捕并处以绞刑，史称“大逆事件”，就是一个典型例子。[2] 因此，日本的现代市民社会远不成熟，就民族内部而言，个人与个人之间还达不到西方那样的自由、平等，对于来自落后国家民族的中国青年留学生，更是表现出明显的冷漠与歧视，乃至羞辱和伤害。如郁达夫在名古屋第八高等学校学习时，体操课主要为军训课，军人教官经常对体质相对柔弱、不擅运动的郁达夫怒吼、训斥[3]，有的老师课堂上公开发表侮辱中国的言论[4]；一次，他与日本同学一起去咖啡店，一日本人竟“瞪着郁达夫的脸，吐了一声‘叭儿狗’”[5]。再加上这一时期，恰好是日本经过与中国的甲午战争的胜利、与俄国1904—1905年战争的胜利，国力正迅速强大、民族野心和自傲心正高昂的时期（经过短暂的大正时期之后，日本又进入法西斯军国主义昭和时期），所以，“经验与想象”之中，其笔下主人公遭遇日本人包括东京人的歧视和羞辱，饱受“民族的苦闷”，就不难理解了。

就所能见到的资料看，郁达夫在日本留学时期，也并非像他小说中所想象的那样孤独可怜，仅在名古屋第八高等学校，他就有好几个亲近的日本同学朋友，大家回忆之中的郁达夫是：“第一，大家一致认为郁文（达夫）日、英、德语的语学才能极高；第二，郁文好像不介意对方是否为日本人，跟大家有亲密的交往；第三，性格温和，是个很认真的

---

〔1〕［美］安德森：《想象的共同体——民族主义的起源与散布·导读》，吴叡人译，上海：上海人民出版社，2005年，第8—11页。

〔2〕［英］斯蒂芬·曼斯菲尔德：《东京传》，张旻译，北京：中译出版社，2019年，第86页。

〔3〕［日］稻叶昭二：《郁达夫——他的青春和诗》，蒋寅译，载《郁达夫传记两种》，杭州：浙江文艺出版社，1984年，第230页。

〔4〕郁达夫：《1917年3月15日日记》，载《郁达夫全集》第五卷，杭州：浙江大学出版社，2007年，第3页。

〔5〕［日］稻叶昭二：《郁达夫——他的青春和诗》，蒋寅译，载《郁达夫传记两种》，杭州：浙江文艺出版社，1984年，第263页。

爱好文学的青年。从日本学生的角度来说，对郁文，他们并没有抱有‘中国是弱小民族’的偏见，而是把他当作一个语学才能优秀的同学，带着敬意和他亲切交往的。”[1] 但即便他的日本好友也不能否定“当时在一般人中确实是有蔑视中国的社会风潮”[2]。对于他的同学的友情，郁达夫也不否认，所谓“有知识的中上流日本国民，对中国留学生，原也在十分的笼络”，但是日本学生的坦然心态，郁达夫显然并不具备，相反，处于弱国子民的境地，他更多的是精神敏感，所以下面紧接着说：“但笑里藏刀，深感着‘不及错觉’的我们这些神经过敏的青年，胸怀哪里能够坦白到像现在当局的那些政治家一样；至于无知识的中下流——这一流当然是国民中的最大多数——大和民种，则老实不客气，在态度上言语上举动上处处都直叫出来在说：‘你们这些劣等民族，亡国贱种，到我们这管理你们的大日本帝国来做什么！’”郁达夫认为这“简直是最有成绩的对于中国人使了解国家观念的高等教师了”。郁达夫指出：“只在小安逸里醉生梦死，小圈子里争利夺权的黄帝之子孙，若要教他领悟一下国家的观念的，最好是叫他到中国领土以外的无论哪一国去住上两三年。……是在日本，我开始看清了我们中国在世界竞争场里所处的地位；……是在日本，我早就觉悟到了今后中国的运命，与夫四万万五千万同胞不得不受的炼狱的历程。”[3] 作为新一代中国青年，在全球化、殖民化语境中，激发出新的民族意识和国家立场，并由此出发观看世界、中国、日本包括日本的都市生活，如此的文学写作必然具有新的文学史意义。

在中国现代留日学生生活史上，有多少中国青年与日本女性成为夫妻，目前尚无具体的数字，但是就中国现代文学史而言，周作人、周建人兄弟与日本羽太信子、羽太芳子姐妹的婚姻，郭沫若、陶晶孙与日本

---

〔1〕 高文君：《且吟且啸，斯文独行——郁达夫在名古屋》，南京：南京大学出版社，2005 年，第 73 页。

〔2〕 高文君：《且吟且啸，斯文独行——郁达夫在名古屋》，南京：南京大学出版社，2005 年，第 73 页。

〔3〕 郁达夫：《雪夜——自传之一章》，载《郁达夫全集》第四卷，杭州：浙江大学出版社，2007 年，第 304—305 页。

佐藤富子（安娜）、佐藤操（陶弥丽）姐妹的婚姻等都是实在的例子。据 20 世纪 30 年代中国作家的一些游记，也不难发现，日本包括日本都市普通女性是愿意与中国留学生发生恋爱并嫁给中国留学生为妻的，因为日本虽然已经进入现代文明阶段，但是日本包括日本都市女性婚后的家庭地位还远不如中国女性。〔1〕而在郁达夫的想象中，由于当时中国与日本国际地位的不平等、日本社会的偏见和日本家庭的反对，中国留学生与日本女性的恋爱往往不成功。《银灰色的死》写东京，一个女人因为曾在法国人开的酒馆里做过侍女，思想比较开放，所以允许自己的女儿静儿与小说主人公 Y 发生恋爱，Y 临死前还曾在静儿床上休息了一晚，但静儿还是嫁给了日本人。Y 正因为绝望，喝酒过量而死在有银灰色的夜晚的东京大街上。《友情与胃病》（后改名《胃病》）里“我”与 W 看似两个人物，实际是一个角色的两个方面。作品写“我”与 W 都是中国留学生，都受过中国“专制婚姻的害”，换言之，都有旧式妻子，但是置身东京，渴望自由恋爱，结果“我”因忧郁、痛苦而寝食难安，终于得肠胃病病倒了；W 来医院看“我”，喜欢上看护妇，说“那一个女子真可以使人想死”，但是看护妇哭红了眼睛对 W 说：“我虽然爱你，你却是一个将亡的国民！你去罢，不必再来嬲我了。”言外之意是，看护妇接受 W 的爱情，但是日本社会、家庭不会接受。所以《沉沦》里主人公痛苦地呼叫：“我何苦要到日本来，我何苦要求学问。既然到了日本，那自然不得不被他们日本人轻侮的。”“原来日本人轻视中国人，同我们轻视猪狗一样。日本人都叫中国人作‘支那人’，这‘支那人’三字，在日本，比我们骂人的‘贱贼’还更难听。”《南迁》里，主人公伊人最后对善良、清纯的日本姑娘 O 的一往情深能否落在实处，也是一个未知数。所以，在这种情况下，作为中国青年如果不像《沉沦》中主人公那样对日本包括日本都市发出仇恨的诅咒和对祖国国力衰弱的哀叹，不将个人命运与国家民族命运联系在一起看待，那反而是不符合历史事实和生活逻辑的，与此相关，其思乡之情和家国情怀也必然具有了

〔1〕 庐隐：《东京小品·樱花树头》，《妇女杂志》，1931 年第 17 卷第 5 期。

崭新内涵。如其1917年6月3日日记所述："予已不能爱人，予亦不能好色，货与名更无论矣。然予有一大爱焉，曰：爱国。……国即予命也，国忘，则予命亦绝矣。欲保命不可不先保国……"[1] 今后的郁达夫在国家与个人自由关系上，不像一般人那样机械恪守国家教条，但是在爱国这一点上却毫不含糊，最后也终于为日本帝国主义者所杀害。

## 二、身体现代性与东京的情色世界

身体不止于肉体，而是人的肉体与其置身其中的社会历史文化语境相互冲撞、适应、对话、融合的产物。换言之，身体是一种社会历史文化建构。传统文化中的身体与现代文化中的身体，其区别就在于谁是身体的真正拥有者和自由取舍者，谁才能赋予身体以灵肉平等、灵肉一致的意义。显而易见，传统文化中，个人是丧失了自己身体的真正拥有权和话语权的，而且身体欲望也从来不被正视，只有到了现代，个人才有机会收回自己身体的拥有权和话语权，而且正视自己的身体欲望，追求灵魂与肉体相偕、肉体与灵魂平等。但同时，现代都市的崛起也意味着现代大众社会的崛起，其具体表现是现代科技发展重创了传统神性，大众群体崛起排挤了精英主义，物质的丰富消解了精神的纯粹，照相、摄影、电影、画报、广告等视觉艺术崛起使人的身体成为现代审美的重要内容，人的审美方式也从"听"转向"看"[2]。这时，不难发现，文学作品以前所未有的规模和丰富多样的方式对于人自身特别是对于女性身体进行审美观看和描画，正如其他艺术样式一样，女性身体审美成为文学作品最重要、最常见的内容之一。具体到郁达夫的创作，不难看到，主人公自我身体建构的失败与东京大众情色社会同时存在，二者构成相互呼应又相互矛盾的张力结构。

郁达夫在《沉沦·自序》里言，这几篇小说是写"现代人的苦闷"，

---

[1] 郁达夫著，吴秀明编：《郁达夫全集》第五卷，杭州：浙江大学出版社，2007年，第4页。
[2] 周宪：《视觉文化的转向》，北京：北京大学出版社，2008年，第1页。

说明其主人公已不是传统青年，而是现代青年。现代青年自然追求自我身体的现代属性，即追求灵魂与肉体的相偕、合一，但是这一身体现代性的实现在当时的日本东京及其他都市都是难以想象的。从小说看，其最直接的原因是日本的民族歧视，因为如上所述，日本的青年女性对于郁达夫小说中主人公也都并非无情，相反有的可能还很痴情，但是日本社会、家庭的阻挠使有情人终于难成眷属。而事实上，如果小说仅仅在这里下功夫，而不挖掘人物作为"现代人的苦闷"的更深层、内在的原因，那么这些小说就不可能具备如此丰富复杂的内蕴，也不会对后来的现代文学产生如此深远的影响。按照弗洛伊德的精神分析理论，民族身份认同属于超我的范畴，而超我是人的生命构成中最外在的部分，决定人的生命本质的本我尚在决定人的个体诉求的自我的潜在层面，而本我就是力比多（libido）。如此，郁达夫在《沉沦·自序》中所交代的作品"是描写着一个病的青年的心理，也可以说是青年忧郁病（Hypochondria）的解剖"，这里，"青年忧郁病"的形成显然存在诸多复杂原因，而下面所说"也带叙着现代人的苦闷，——便是性的要求与灵肉的冲突"[1]——正是其中一个最不可忽视的原因。这里，"性的要求与灵肉的冲突"是"现代人的苦闷"的内容，"现代人的苦闷"又是"青年忧郁病"的成因之一。这里，特别需要注意，"现代人的苦闷"以"性的要求与灵肉的冲突"为主要内容，这已经不是属于超我的民族苦闷问题，而是关乎个体生命更内在的诉求的问题了。再往下深入，"性的要求与灵肉的冲突"虽是并列表达，但"性的要求"在前，言外之意，"性的要求"是逻辑起点，"灵肉的冲突"是这一逻辑起点演绎下的结果。换言之，先有"性的要求"，如果"性的要求"能够实现，就不会有下面的"灵肉的冲突"。这里，关键在于怎么理解"性"？显而易见，这里所谓"性"，应该主要不是指人的社会属性（超我），也主要不是指人的生理属性（本我），而是主要指个体生命的自我建构属性（自我）；

---

〔1〕 郁达夫：《沉沦·自序》，载《郁达夫全集》第十卷，杭州：浙江大学出版社，2007年，第18页。

作为理想的生命构成，应该包含“灵肉”两个方面，是灵肉高度融合而成的一个独立自足自主的生命整体。其实，这就是现代人身体建构的主要内涵。所以，郁达夫所谓“性的要求”完全可以转述为“身体的要求”。“性的”就是“身体的”，“身体的”也就是“性的”。那么，这样一个建构的理想在现实中显然会遭遇到失败的命运。因为他作品中主人公所能遇到的实现自我“性的要求”的条件不够，换言之，其作品主人公到处可遇到无法实现的爱情，或者到处可遇到无法称得上爱情的肉体欲望，而独独没有灵肉真正合一的两个独立生命之间的爱情实现。行文至此，一个长期被误读的现象必须提出，即长期以来研究者总是抓住《沉沦·自序》中“灵肉的冲突”单独立论，以为这就是作品的核心意旨，其实从整体意义看，作品根本不存在笼统的一般意义上的灵肉冲突，因为小说主人公呼唤的非常明白，他所要的就是既有灵魂也有肉体的现代式的爱情，如周作人所特别提醒，这里，“所谓灵肉冲突原只是说情欲与迫压的对抗，并不含有批判的意思，以为灵优而肉劣”〔1〕。《沉沦》出于被压抑的“人性的本然”，取材和情调不免有“猥亵”“放诞”的成分，但它并非“不道德的文学”〔2〕，而只是“不端方的文学”。成仿吾也否定《沉沦》里有灵肉冲突，认为作品表达的是强烈的“爱的要求或求爱的心”及爱而不得所产生的“不自然的满足与变态的欢娱，引起了他多大的恐怖与不少的后悔”〔3〕。无须多辩，如果一定要说郁达夫这些作品存在“灵肉冲突”，那么也只是揭橥“好灵魂与坏肉欲的冲突”（或称高雅灵魂与低俗肉欲的冲突、正常灵魂与不正常肉欲的冲突）。这一点，陈晓兰也看出来了，言：“在他人生观、世界观形成的重要时期，他却只能通过日本的一些下等妓女或以色情为生的女子，或者是旅馆酒店女招待、小商店的‘看板娘’认识女人，并通过与她们的关

---

〔1〕 仲密（周作人）：《沉沦》，《晨报副镌》，1922 年 2 月 26 日，载王自立、陈子善编《郁达夫研究资料》，北京：知识产权出版社，2010 年，第 267 页。
〔2〕 仲密（周作人）：《沉沦》，《晨报副镌》，1922 年 2 月 26 日，载王自立、陈子善编《郁达夫研究资料》，北京：知识产权出版社，2010 年，第 266 页。
〔3〕 成仿吾：《〈沉沦〉的评论》，《创造季刊》，1923 年第 1 卷第 4 号。

系认识日本，并体验他与日本的关系。”〔1〕那么，接下来的问题是，怎么理解主人公与他置身其中的都市环境之间的关系？换言之，主人公置身其中的都市环境是否只是一个“坏肉欲”或称“低俗肉欲”的具体体现者，而不具有丝毫正面的都市审美意义？恐怕也不能做如此简单的评判。

郁达夫创作的时候，正是中国现代文化和文学的开创时期，也就是中国正处于普遍启蒙的时期，这时，中国的现代性远没有成立，那么，作为先走一步的日本，特别是日本都市社会、人生和文化，对于当时的中国就显示出多方面的启示意义。这也是1896年以来中国向日本派出大批留学生的基本出发点，也是此后更多青年愿意自费留学日本的主要原因。如此语境下，郁达夫对于日本包括东京的想象和书写就不可能仅仅是仇视、质疑和否定的，也必然具有艳羡、肯定和赞美的一面。事实上，郁达夫1936年所发表的《日本的文化生活》就表达了如下题旨：初到日本肯定不习惯其粗茶淡饭、生活艰苦，但是时间久了就会发现，日本有其特殊的优势：“生活的刻苦，山水的秀丽，精神的饱满，秩序的整然，回想起来，真觉得在那儿过的，是一段蓬莱岛上的仙境里的生涯，中国的社会，简直是一种乱杂无章，盲目的土拨鼠式的社会。”日本人爱“洗澡”，也表示一种“清洁”的“美德”。这里，中日对比，褒贬倾向分明。这篇文章也肯定了日本的都市性（现代性）建设。具体到郁达夫作品对日本情色都市的想象不仅有向俗的成分，也有向雅的成分，不仅显示现代症候，而且深契日本文化传统。总之，是多种文化审美面向的复合体。

郁达夫的情色东京想象中，东京是不乏精神维度的。东京女性开放潇洒而又自尊自护，显示日本人所特有的“媚态”“意气”之美。厨川白村指出，日本是一个“自古至今……非女子不能到天明的国度，……男女的风纪之乱，几为别的文明国所仅见”〔2〕。相应地，日本的色情业

〔1〕陈晓兰：《郁达夫小说中的日本女人》，《中国比较文学》，2004年第1期。
〔2〕［日］厨川白村：《近代的恋爱观》，夏丏尊译，上海：开明书店，1928年，第8页。

兴盛于德川（江户）时代，而在郁达夫留学日本的大正（东京）时代达到峰顶。[1] 日本不仅色情业特别发达，而且在近270年的历史文化语境中形成了特有的“色道”。“色道”理论的开创者藤本箕山认为，色道不是一般的好色之道，而是为人的好色人生寻求哲学、伦理和美学上的根据；往深层次言，“它是一种‘色气’，即‘色之气’，是色的普遍化、弥漫化和精神化，在这个角度上说，色‘是对所喜所爱的追求，并不单单是淫欲’。……‘色’是一种青春之美，故曰‘年轻时无色，便没有青春朝气’；色是一种生命力，故曰‘年老时无色，就会黯淡而乖癖’；‘色’还是‘士农工商’一切阶层和身份的人，乃至天地自然万事万物都必须具备的东西，没有‘色’这种东西，各阶层的人便黯淡无光，无甚可观，天地间也死气沉沉”[2]。这种对“色气”的肯定很容易让人想起弗洛伊德的精神分析理论和英国劳伦斯在《性与可爱》中对“性”之价值的张扬。显而易见，这里，“色”不仅仅是纯生理性的身体指涉，更被从普通的男女两性关系上升到具有精神原典性的“色道”哲学、美学，也可以说是一种特殊的伦理学。“‘色道’的实质就是‘美之道’，产生于色道的‘意气’论，其实质是性爱美学或‘身体美学’。‘意气’是男女的魅力之美，是男女交往中互相吸引和意欲接近的‘媚态’，与自尊自重的‘意气地’（傲气）交互作用而形成的一种审美张力，是一种洞悉情爱本质，以纯爱为指向，不功利、不胶着、潇洒达观、反俗而又时尚的一种审美静观（谛观）。”[3] 对照这种理论，人们不难发现，《沉沦》中有段文字恰到好处地表现了东京青年男女这种独特的“媚态”“意气”之美和精神魅力：一次，主人公与三个日本男同学在回“旅馆”（住宿处）的路上，遇到两个有“活泼泼的眼睛”“穿红裙”的日本女学生，三个日本男生不禁问道：“‘你们上哪儿去？’那两个女学生就作起

〔1〕 池雨花编著：《雪国之樱——图说日本女性》，北京：团结出版社，2006年，第45页。
〔2〕 王向远：《日本“意气”论——“色道”美学、身体美学与“通”、“粹”、“意气”诸概念（代译序）》，参见［日］藤本箕山、九鬼周造、阿部次郎《日本意气·代译序》，王向远译，长春：吉林出版集团，2012年，第5页。
〔3〕［日］藤本箕山、九鬼周造、阿部次郎：《日本意气·内容提要》，王向远译，长春：吉林出版集团，2012年，第1页。

娇声来回答说：‘不知道！’‘不知道！’那三个日本学生都高笑起来，好像是很得意的样子。”[1] 这段文字不仅让人感受到东京女性的意态、声色之美，也让人感受到当时东京青年男女学生之间自然、开放的关系，彼此之间因好奇、友好而产生的亲近、爱娇的气息、状态。特别是女学生一方，连续两个故意的“不知道！”道尽她们在男学生面前的自尊、自护而又尽显撒娇、调皮、媚态、可爱，无异于对“意气”一词恰如其分的阐释。相互喜欢、欣赏而不思占有，这是一种充分的都市化的、开放的艺术态度和举动，这种男女同学关系，在传统中国（乡土中国）的男女相处中，是不可能存在的。20世纪20年代朱自清的《女人》张扬对女人的这种艺术态度，但士大夫气息未免浓郁；20世纪40年代新一代海派青年作家令狐彗的《最快乐的与最寂寞的》等作品已经很能显示都市化的开放的姿态和潇洒的神情，但是相比之下，还是显得有些挂碍，有些放不下，而20世纪30年代刘呐鸥们笔下的男女关系又不免流于“游戏”和轻薄。还有，小说主人公听说N市是“产美人的地方”，就决意到N市进X高等学校，在那里，他窥视到房东女儿的躯体之美：“那一双雪样的乳峰！那一双肥白的大腿！这全身的曲线！”当他被房东女儿发现之后，“那赤裸裸的‘伊扶’便发了娇声问说：‘是谁呀？……’”[2] 这段文字里，房东女儿也表现出了以上所述的那种开放、大方、洒脱、“意气”、“媚态”之美，只不过这时她的对面不是日本男性，而是中国男性，所以他无法像前一段文字里日本男生那样表现得洒脱、“谛观”，而是一旦被发现，就急急忙忙躲藏起来，并表示很深的恐惧。而事实上，这一日本都市女性对他并无任何报复的心思和行为。

郁达夫的情色东京想象中，东京女性可以毫无羞涩感地暴露自己的身体，显示一种特有的开放、自由、大胆。丰子恺曾指出：“日本女子的服装结束，就不及中国这般严密。她们的胸部露出，通行赤足，而且不穿裤子。”[3] 其不穿裤子的结果是，一旦摔倒或裙子被风吹起，裙底

---

〔1〕 郁达夫著，吴秀明编：《郁达夫全集》第一卷，杭州：浙江大学出版社，2007年，第45页。
〔2〕 郁达夫著，吴秀明编：《郁达夫全集》第一卷，杭州：浙江大学出版社，2007年，第59页。
〔3〕 丰子恺：《日本的裸体问题》，《宇宙风》，1936年第25期。

春光尽显。[1] 无独有偶，《沉沦》也有相近的情节叙述："原来日本的妇人都不穿裤子，身上贴肉只围着一条短短的围裙。外边就是一件长袖的衣服，衣服上也没有钮扣，腰里只缚着一条一尺宽的带子，后面结着一个方结。她们走路的时候，前面的衣服每一步一步的掀开来，所以红色的围裙，同肥白的腿肉，每能偷看。"[2] 日本女子刚刚洗完澡或正在洗澡，没有穿任何衣服就可以拿一块毛巾遮住私处出来迎接客人[3]；至于男女同堂洗澡，那更是日本"民间日常生活之一部分，亦差不多是平民的一种娱乐"[4]，没有什么道德问题，也不会引起大惊小怪。丰子恺提出："日本人的盛行洗浴也是使女子身体解放的一原因。他们的浴池，不分男女；或虽分男女而互相望见。……在小旅馆中，往往在同一浴池的中央的水面上设一块板壁……两方的洗浴者可从这隙处互相窥见其下体。"[5] 更坦白的叙述是 1935 年左翼作家王礼锡以王抟今为笔名出版的《海外杂笔》，其中比较东京与距离东京不远的热海的澡堂，指出热海的澡堂"那真是洋洋大观！男男女女都很大方地在一个大厅里脱衣服，一丝不挂地走进隔房的大池里。池的面积大约可以密密地排一百人以上。四面装着镜子，高大和墙壁一样。池里满满的一池'赤诚相见'的男女。……四面的镜子下一排排坐着许多少女，在那里像匠人粉墙一般地把刷子在上半个身子上刷粉。……刷了粉又坐着梳头。差不多整整坐两三个钟头在那儿。于是乎大镜子里面就万象杂陈，有洗澡的，有刷粉的，有梳头的……"[6]1917 年 12 月 19 日，郁达夫因为无法忍受性焦渴，偷偷乘开往东京的客车到离东京不远的小站雪夜宿娼后，也曾从东京到热海泡澡堂。[7] 东京的澡堂考虑到国际影响（所谓"万国

---

〔1〕 丰子恺：《日本的裸体问题》，《宇宙风》，1936 年第 25 期。
〔2〕 郁达夫著，吴秀明编：《郁达夫全集》第一卷，杭州：浙江大学出版社，2007 年，第 70 页。
〔3〕 丰子恺：《日本的裸体问题》，《宇宙风》，1936 年第 25 期。
〔4〕 周作人：《日本的混堂》，《西风》，1937 年第 13 期。
〔5〕 丰子恺：《日本的裸体问题》，《宇宙风》，1936 年第 25 期。
〔6〕 王抟今（王礼锡）：《海外杂笔》，上海：中华书局，1935 年，第 33—34、26 页。
〔7〕 高文君：《且吟且啸，斯文独行——郁达夫在名古屋》，南京：南京大学出版社，2005 年，第 145 页。

观瞻”)，没有热海的澡堂那样自由，“不能不收敛些”，“男女分开”，但是中间也仅隔着“一个公共柜台，……男女脱衣服（穿衣服）的地方（仍）可以互相看见”〔1〕。郁达夫《沉沦》中那个房东女儿面对洗澡时被偷看却没有大惊小怪，也与日本存在这样一种开放风气有关系。《风铃》写于质夫在日本N市（也就是《沉沦》主人公转学去的城市）读大学时，曾到N市附近的汤山温泉避暑，邻居家的一个女儿早晨去温泉洗澡，赤裸着全身，迎见男主人公，没有任何羞涩，反而很大方地与男主人公打招呼：你也醒了么？至于《南迁》中东京女房东袒露自己的肉体诱惑小说主人公，《胃病》中东京女人“赤裸裸的坐在窗口梳妆”，更达到开放、自由、大胆之极致。显而易见，对于当时国内的读者来说，郁达夫这样的东京书写无异于离经叛道、匪夷所思、洪水猛兽，但是对于了解都市人生和日本文化的人来讲，则会明白这恰是现代都市文化和日本情色文化的综合反映。

郁达夫的情色东京想象中，东京男女之间的性关系也是极为开放、自由的，既体现一种民族传统，也彰显一种现代性风尚。

本尼迪克特在《菊与刀——日本文化的类型》中指出日本人没有性罪恶观念，不认为性是淫秽的，“我们对于性享乐的许多禁忌是日本人所没有的。日本人在这个领域不大讲伦理道德，……性的享乐没有必要讲伦理道德”〔2〕。日本文化中，女子曾为太阳，影响所及，使日本长期盛行走访婚，甚至“直到明治时代（1868—1912），还有不少地区的男人在晚上走访自由的女子，他根本顾不上考虑对于他的妻子而言，他是否是第一个，或者是唯一的一个男人”〔3〕。“日本男子通常认为，妻子在与自己结婚之前不属于自己，她有她自己的自由，他不能够占领妻子的过去，也不企望拥有她的过去；男人对妻子的占有是在她和自己订立

〔1〕王抟今（王礼锡）：《海外杂笔》，上海：中华书局，1935年，第33—34、26页。
〔2〕［美］鲁思·本尼迪克特：《菊与刀——日本文化的类型》，吕万和、熊达云、王智新译，北京：商务印书馆，1990年，第127页。
〔3〕郝祥满：《日本人的“色道”》，武汉：湖北人民出版社，2012年，第24页。

‘契约’之后，也就是订婚之后。”[1] 所以，日本女性“在结婚前尽可以风流自赏，与人滥交”[2]。郁达夫在《雪夜——自传之一章》里也言：“日本……一般女子对于守身的观念，也没有像我们中国那么的固执。”[3]

而且，“两性解放的新时代，早就在东京的上流社会——尤其是知识阶级，学生群众——里到来了。当时的名女优像衣川孔雀，森川津子辈的妖艳的照片，化妆之前的半裸体的照相，妇女画报上淑女名姝的记载，东京闻人的姬妾的艳闻等等，凡足以挑动青年心理的一切对象与事件，在这样一个世纪末的过渡时代里，来得特别的多，特别的杂”[4]。如此背景下，人们就不难理解，郁达夫为什么在《沉沦》中写日本青年男女在郊外野合，《南迁》为何写东京年轻的女房东在家诱惑和勾引中国青年留学生。

郁达夫的情色东京想象也涉及日本都市的消费空间，如旅馆、酒馆、咖啡馆等，但在作家的书写中，这些消费空间的女性并非利欲熏心、冷漠无情或者心理扭曲、人性变异，相反，她们表现出一种常态下的温情，乃至痴情。如郁达夫早期习作《两夜巢》《圆明园之夜》都写日本都市旅馆里侍女对主人公的感情，《银灰色的死》写酒馆侍女对主人公的感情，《风铃》写咖啡馆侍女对主人公的感情等。特别是《沉沦》中主人公醉身妓馆后，妓馆侍女并没有因此对他不管不问或者趁机敲诈勒索，而是将他搀扶到自己的房间休息，直到第二天早上，显示出其人性纯良的一面。这种书写可能与作家自己曾经在东京等地与一堕落到红尘中的日本女性雪儿同居的经历有关[5]，既是对于这些女性生活实情

---

〔1〕 郝祥满：《日本人的“色道”》，武汉：湖北人民出版社，2012年，第24页。

〔2〕 钱歌川：《日本妇人》，《宇宙风》，1936年第25期。

〔3〕 郁达夫：《雪夜——自传之一章》，载《郁达夫全集》第四卷，杭州：浙江大学出版社，2007年，第305—306页。

〔4〕 郁达夫：《雪夜——自传之一章》，载《郁达夫全集》第四卷，杭州：浙江大学出版社，2007年，第305—306页。

〔5〕 高文君：《且吟且啸，斯文独行——郁达夫在名古屋》，南京：南京大学出版社，2005年，第207—212页。

的反映，也表明作家对于这类女性内在品质的理解，彼此都显示较鲜明的现代都市价值取向。

郁达夫的情色东京想象中，也有将东京妖魔化的成分，如《南迁》中那个东京女房东，先是整天赤裸着上身诱惑小说主人公，继而主动来与主人公同享男女之欢，正在主人公幻想爱情终于实现的时候，她突然重回丈夫的怀抱，令主人公自尊心受到极大伤害，伤心失望之际，忧郁病更加严重了。从此不难看出，形成郁达夫作品中主人公忧郁病的重要原因之一就是日本都市情色人生的启发、刺激和空有诱惑。灵肉合一的爱情本应是生命的自然需求，郁达夫作品中主人公反复呼唤如果“赐我一个伊甸园内的‘伊扶’，使她的肉体与心灵，全归我有，我就心满意足了”，表明他现代生命意识的觉醒，另一面，日本都市人生又无意于给他实现这一生命要求的条件，于是反抗传统性压抑与反思日本现代性诱惑便同时到来。尽管如此，日本“十年久住”，郁达夫也并非全无收获，所以他对日本的感情可谓爱恨难断。即将回国之际，他写《中途》（后改名《归航》），称日本女子是“轻薄淫荡的异性者”，她们“用了种种柔术……弄杀”过他，“愚弄”过他，至今心中还藏着“一段幽恨”，但他还是回忆起曾与他“共宿过”的日本女人；看到日本妓馆中“那些调和性欲，忠诚于她们的天职的妓女，都裸了雪样的洁白，风样的柔嫩的身体，在那里打扫”[1]，他不禁“啊啊”称赞“这日本的最美的春景”，感慨“我今天看后，怕也不能多看了”。从此不难发现，在郁达夫笔下，色情日本包括色情东京具有复杂、多面的意义指向。

## 三、现代性危机与主人公的精神颓废

如前所述，日本的崛起也是现代性发展或说扩张到全球化时代的结果。这时，西方的社会现代性与审美现代性都已趋成熟，浪漫主义、现实主义及波尔莱尔对审美现代性的定义已为人们所普遍接受，就是继而

---

〔1〕 郁达夫：《归航》，载《郁达夫全集》第三卷，杭州：浙江大学出版社，2007年，第5页。

崛起的西方唯美主义、颓废主义、现代主义思潮也已传播到全世界，当然也传播到日本，而日本的传播中心无疑是东京。这时，人们不难发现，郁达夫作品里日本社会现代性的具体轮廓并不清楚，但是传播到日本的西方唯美主义、颓废主义乃至现代主义思想情绪和审美取向与日本本土相应文学思潮和文学创作一起成为理解郁达夫东京想象的历史文化语境。郁达夫曾经自述，他在名古屋第八"高等学校里住了四年，共计所读的俄、德、英、日、法的小说，总有一千部内外，后来进了东京的帝大，这读小说之癖，也终于改不过来"〔1〕。这里，"四年"之内，平均年阅读小说250部左右，这一统计数字不免有些夸张，但其阅读量之大应是可信的；所阅读书籍不乏"软文学作品"，但纯文学作品还是主要的。仅仅从《沉沦》，人们就不难发现，小说的创作缘起除内心的孤独苦闷、现实的感发和一些"软文学作品"的诱惑外，还有大量纯文学作品——如英国浪漫主义诗人华兹华斯和颓废主义诗人道生的诗、唯美主义作家乔治·摩尔的回忆录、贫穷作家乔治·吉辛的小说，法国颓废主义诗人波德莱尔的诗、自然主义作家左拉的小说，德国启蒙主义作家歌德、浪漫主义作家海涅和现代主义作家尼采的作品，俄国现实主义作家果戈理、浪漫主义作家屠格涅夫的作品，日本唯美主义作家谷崎润一郎、佐藤春夫的作品，美国自然派爱迪生和梭罗的作品等——的启发和影响。可以说，小说主人公是一边感受和想象着日本都市现实人生，一边阅读对现代都市人生进行反思的文学作品的，如此一来，他在阅读这些文学作品后，自然会用一种边缘于、超越于、反思于日本都市现实人生的眼睛来对待日本都市现实人生。

人们常说郁达夫小说塑造了独特的零余者形象，这种零余者形象的出现，既可以理解为主人公难以进入当时日本都市人生中心（作为异国他乡的穷学生确实如此），也可以理解为主人公秉持当时文化包括文学已经全球化这一优势对于当时日本都市现实人生的自觉质疑和疏离。

从所能见到的资料看，当时的东京正处于社会现代性发展的新阶

---

〔1〕 郁达夫著，吴秀明编：《郁达夫全集》第十卷，杭州：浙江大学出版社，2007年，第310页。

段。第一次世界大战主要在欧洲爆发，而日本正处于发展利好的态势之中，东京先后举办殖民展览会（1912 年 10 月）和大正博览会（1914 年 3 月）。大正博览会辟出工业馆、染织工业馆、染织别馆、机械馆、运输馆、卫生与经济馆、通信省展出馆、东京市特设馆、朝鲜馆、中国台湾馆、日华贸易参考馆、陆军飞机库、军舰博览会等 26 个馆舍〔1〕，涉及政治、军事、经济、社会、文化、生活、环境等各个方面。这时，“日本经济摆脱了轻工业阶段，从明治末期到大正初期，大规模的银行业、海运、重工业、殖民地企业（如南满洲铁道株式会社）得到了显著发展。至大正二年（一九一三年），世界最大的生丝消费国——美国二分之一的生丝需求量由日本供应。同年，全世界四分之一的棉纱是从日本出口的”〔2〕。具体到东京，1919 年通过了《都市计划法》《都市建筑基准法》，两年后又发布《东京市政管理纲要》，落实到建设和发展中，除同样具有以上优势外，其人口已经突破 217 万；火车、电车外，汽车拥有量已达万部；电力自动扶梯已经安装到生意兴隆的三越百货公司之内；用电灯照明已经成为家家户户普遍的事情；银座已经成为“不夜”空间；日用煤气浴室、煤气暖气设备、煤气炉和城市污水处理系统已经设计成功。这既显示了日本的现代性国力，也预示着东京的现代性未来。殖民展览会展出从朝鲜等殖民地俘虏来的 18 名土著民。〔3〕但这同时也意味着双重危机的到来。工业机械化电气化将预示着新的社会危机的到来，如导致工人失业、贫富悬殊、人性异化等，另一面，民族掠夺战争将导致殖民地人民的苦难。而郁达夫作品恰就这两个方面提出质疑，并将问题引向宗教哲学的高度。关于民族问题，前面已有所阐释，这里主要就社会、人生展开讨论。

鲁迅在日本弃医从文的时候，就撰写《文化偏至论》《摩罗诗力说》等文反思西方社会现代性的“偏至”，主要包括两个方面：一是以科学、

---

〔1〕［日］竹村民郎：《大正文化：帝国日本的乌托邦时代》，欧晓阳译，上海：上海三联书店，2015 年，第 28 页。

〔2〕［日］竹村民郎：《大正文化：帝国日本的乌托邦时代》，欧晓阳译，上海：上海三联书店，2015 年，第 29 页。

〔3〕［英］斯蒂芬·曼斯菲尔德：《东京传》，张旻译，北京：中译出版社，2019 年，第 92 页。

物质颠覆神性、精神性，一是以民主、平等排挤精英、精神贵族，二者加在一起导致物质化、平面化、世俗化、大众化时代的到来。鲁迅提出的抵抗方案是“一二哲人出”以张扬“摩罗诗力”，从而达到“剖物质而张灵明，任个人而排众数”的目的。不待言，鲁迅的思考凸显了审美现代性的价值取向，而且还有更高远的社会人生诉求，即救国救民。鲁迅思想的理想化而又充满一大堆矛盾是显而易见的。

郁达夫没有拯救众生的雄心，而只祈求个人的灵肉一致的爱情和幸福，但是在坚持审美现代性这一点上与鲁迅是相同的。或者这样说，相比之下，郁达夫思想及其写作更接近西方唯美主义、颓废主义作家，深感在都市如同置身沙漠，而又无力或说不愿离开都市。

本雅明说：“波德莱尔喜欢孤独，但他喜欢的是稠人广座中的孤独。”〔1〕波德莱尔在论述审美现代性时有一段文字非常形象地描摹了那种“从流行的东西中提取出它可能包含着的在历史中富有诗意的东西，从过渡中抽出永恒”的寻找者的身影，所谓：“他就这样走啊，跑啊，寻找啊。他寻找什么？肯定，如我所描写的这个人，这个富有活跃的想象力的孤独者，有一个比纯粹的漫游者的目的更高些的目的，有一个与一时的短暂的愉快不同的更普遍的目的。他寻找我们可以称为现代性的那种东西，因为再没有更好的词来表达我们现在谈的这个观念了。”〔2〕如人们所熟知，波德莱尔这里所谓“现代性”就是指审美现代性，而郁达夫及其作品中的主人公恰是这样的审美现代性之寻找者。郁达夫小说《风铃》中也有这样一段文字：“他坐了郊外电车，一直到离最热闹的市街不远的有乐町才下车。在太阳光底下，灰土很深的杂闹的街上走来走去走了一会，他觉得热起来了。进了一家冰麒麟兼水果店的一层楼上坐下的时候，他呆呆的朝窗外的热闹的市街看了一忽。他觉得这乱杂的热闹，人和人的纠葛、繁华、堕落、男女、物品、和其他的一切东西，都

---

〔1〕［德］本雅明：《发达资本主义时代的抒情诗人》，张旭东、魏文生译，北京：生活·读书·新知三联书店，2007年，第68页。

〔2〕［法］波德莱尔：《波德莱尔美学论文选》，郭宏安译，北京：人民文学出版社，2008年，第439页。

与他完全没有关系的样子，吃了一杯冰麒麟，一杯红茶，他便叫侍女过来付钱。他把钞票交给那侍女的时候，看见了那侍女的五个红嫩的手指。一时的联想，就把他带到五年前头的一场悲喜剧中间去。”〔1〕这段文字表明，郁达夫及其小说主人公所关心的主要不是都市世俗人生的繁荣和享乐，而是更具“唯美”愉悦的趣味和境界，所以下面追忆的就是当年他在N市高等学校学习时，邻居家一个女儿如何具有丰满的身体和单纯的心灵及其与自己的一段奇遇。

郁达夫及其小说主人公像波德莱尔一样都处于“在”都市而又“疏离”都市的审美状态，而不是都市现实人生状态。这方面，小说《南迁》的表达也许更具典型性。与郁达夫其他东京题材小说相比，《南迁》暴露东京社会现代性的弊端有更丰富的内容，主要包括两个方面：一是社会方面，机械的运用使物产丰富，利润增高，但是也导致失业和贫困，导致人的机械化和人性的异化，所谓：“这些可怜的有血肉的机械，他们家里或许也有妻子的。他们的衣不暖食不饱的小孩子有什么罪恶，一生出地上，就不得不同他们的父母，受这世界上的磨折！或者在猪圈似的贫民窟的门口，有同饿鬼似的小孩子儿，在那里等候他们的父亲回来。这些同饿犬似的小孩儿，长到八九岁的时候，就不得不去作小机械去。渐渐长大了，成了一个工人，他们又不得不同他们的父祖曾祖一样，将自家的血液，去补充铁木的机械的不足去。吃尽了千辛万苦，从幼到长，从生到死，他们的生活没有半点变更，唉，这人生究竟有什么趣味，劳动者吓劳动者，你们何苦要生存在世上？这多是有权势的人的坏处，可恶的这有权势的人，可恶的这有权势的阶级，总要使他们斩草除根的消灭尽了才好。”〔2〕二是个人生活方面，世俗欲望的膨胀导致人精神纯洁的丧失，乃至人性的败落，所以主人公的忧郁病又严重了。要想得到精神疗救，就只有“出京”，到“南方”疗养。可即便如此，灵魂还是无法安顿下来。因为他摆脱了他所恐惧的（如东京的W夫人），但还是无法得到他所欲求的（如这次南方之行中遇到的O姑娘）。那么，

〔1〕郁达夫著，吴秀明编：《郁达夫全集》第一卷，杭州：浙江大学出版社，2007年，第178页。
〔2〕郁达夫著，吴秀明编：《郁达夫全集》第一卷，杭州：浙江大学出版社，2007年，第94页。

谁是主人公所期望的那个“肉体与灵魂，全归我有”的对象？所以，主人公在周末祈祷后的演讲里特别强调，耶稣教义的核心在于：“心贫者福兮，天国为其国也。”“心贫者”就是“精神上贫苦的人”。“纯粹的精神上的贫苦的人，就是下文所说的有悲哀的人，心肠慈善的人，对正义如饥似渴的人，以及爱平和，施恩惠，为正义的缘故受逼迫的人，这些人在我们东洋就是所谓有德的人。”〔1〕这是就人的社会群体性而言的。

就人的个体性而言，“精神上贫苦的人，就是有纯洁的心的人。这一种人抱了纯洁的精神，想来爱人爱物，但是因为社会的因习，国民的惯俗，国际的偏见的缘故，就不能完全作成耶酥的爱，在这一种人的精神上，不得不感受一种无穷的贫苦”〔2〕。这是说个人精神的神圣和纯洁因为传统和现代的各种困扰而无法实现。“另外还有一种人，与纯洁的心的主人相类的，就是肉体上有了疾病，虽然知道神的意思是如何，耶酥的爱是如何，然而总不能去做的一种人。这一种人在精神上是最苦，在世界上亦是最多。凡对现在的唯物的浮薄的世界不能满足，而对将来的欢喜的世界的希望不能达到的一种世纪末 fin de siecle 的病弱的理想家，都可算是这一类的精神上贫苦的人。”〔3〕这段话实际上指出，现代人的生存“理想”因为全球化语境下物质化、世俗化、大众化和殖民化时代的到来而难以实现；更深层的原因在于，在弗洛伊德理论背景下，人对自我的精神认知已经牢牢固定在肉体物质基础上，如古尔蒙所言：“我之所言是我身体无声的语言。”而性别欲望（力比多）就是这肉体物质的特殊部分也是最核心部分之一，灵魂渴望肉体欲望喂养（成仿吾所谓“灵的要求只能由肉的满足间接地得到满足”〔4〕），但“世纪末”背景下，人的肉体欲望和灵魂都“病”了，带着“病弱”的“理想家”又怎么可能走出困境？这里，郁达夫的想象和书写实际上已经触及一个后

---

〔1〕郁达夫著，吴秀明编：《郁达夫全集》第一卷，杭州：浙江大学出版社，2007 年，第 133 页。

〔2〕郁达夫著，吴秀明编：《郁达夫全集》第一卷，杭州：浙江大学出版社，2007 年，第 133 页。

〔3〕郁达夫：《南迁》，载《郁达夫全集》第一卷，杭州：浙江大学出版社，2007 年，第 94、133 页。

〔4〕成仿吾：《〈沉沦〉的评论》，《创造季刊》，1923 年第 1 卷第 4 号。

来张爱玲所常提及的话题，即“软弱的凡人”的悲哀。[1]如此，都市人生的荒漠性、欲望人生的新内涵与小说主人公精神的颓废性都昭然若揭。《南迁》看似是走出了东京这样的现代都市，但实际上是拉开距离、换了视角对它进行更深入的思考。

## 结论

如人们所熟知，相比西方发达国家民族，日本及其都市的现代性转型毕竟有许多仓促、缓慢、夹生、不成熟之处，所以，读者很难在郁达夫及其同期作家创作中看到东京作为现代性都市的具体轮廓和更清晰的内在结构。另外一方面，郁达夫及同一时期留日青年作家也因为始终置身东京都市人生的边缘，无法走进东京都市人生内部，所以他们对东京的审美想象缺乏一定的深度和广度。尽管如此，郁达夫还是敏锐地抓住了日本都市的一些本质性内涵，凭着全球化语境下他所能接触到的西方更具现代先进观念和趋势的文学文化资源，对以东京为代表的日本都市人生进行想象和叙述，特别是其创作引入外来者的眼光，又能触摸日本历史传统的深处，所以，其东京想象还是具有了复杂蕴含；在民族、个人和审美三种现代视野下，东京的优长之处和弊端都同时展现在读者面前，也构成一种独特的景观，为今后文学的东京想象乃至为今后整个中国现代文学的异域都市想象都提供了难得的借鉴，因此功不可没。

作者简介：左怀建，浙江工业大学人文学院教授，硕士生导师。著有《边缘游走：中国现代文学分析》《古典的与现代的》《论浙江现代文学的都市书写》等。

〔1〕张爱玲：《自己的文章》，载金宏达、于青编《张爱玲文集》第4卷，合肥：安徽文艺出版社，1992年，第173页。

# 郁达夫的文学旅台

## ——中国立场、五四传播与光复初期的文学重整

黄桂波

在当前学界，关于郁达夫文学活动/创作对中国大陆以外地区的影响研究，学者多聚焦在东南亚地区，从而开辟出了“南洋（东南亚）郁达夫”[1]的研究路径，集中探讨郁达夫于1938年底南渡之后的文学活动/创作对新马/东南亚华文文学形塑与发展的影响。而对郁达夫文学活动/创作（主要指日据时期郁达夫的旅台活动及演讲）的台湾影响研究，尚显贫乏。大陆学者陈松溪的《郁达夫的台湾之行》和武继平的《郁达夫访台史实考订》多从史实层面对郁达夫的旅台活动进行论述和考证，而疏于从文学文本和文学史层面考究郁达夫旅台时的系列座谈会及多篇演讲对日据时期台湾文坛所产生的具体效应。而中国台湾学者罗诗云在其硕士论文《郁达夫在台湾：从日治到战后的接受过程》中虽然从文学接受的角度来分析台湾文坛及台湾新文学作家对郁达夫“旅台言论”的

---

〔1〕关于“南洋（东南亚）郁达夫”的研究，主要从“在地”抗战视角来探讨郁达夫于1938年底南渡之后的文学活动/创作对新马/东南亚华文文学形塑与发展的影响，譬如方修在《马华文学史稿》一书中将郁达夫放置在马华文学的发展脉络中加以考察，揭示其对马华文学发展的历史贡献；林万菁在《中国作家在新加坡及其影响（1927—1948）》一书中详述郁达夫旅新的抗日活动和文学创作对新加坡文艺活动和文化思想所起的影响；莫嘉丽的《抗战时期的郁达夫与南洋〈星洲日报·晨星〉》一文透过郁达夫的办报活动来探究他对马华抗战文学发展以及马华青年作家培养所做出的贡献；张建英的硕士论文《郁达夫新马时期的文艺思想》从文艺思想维度来分析郁达夫的文艺主张对新马时期抗战文艺以及现实主义思潮发展的积极作用等。此外，不同于前述单一的“在地”抗战视角，刘俊和金进等学者更强调郁达夫的文化象征意义，聚焦郁达夫“在地”背后所承载的中华文化和五四文学传统在新马地区的接续与衍化。刘俊的《“南洋”郁达夫：中国属性·海外形塑·他者观照——兼及中国作家的海外影响与华文文学的复合互渗》论述了“南洋”郁达夫所内蕴的中国属性及其形象的“在地化”过程，凸显了中国文学与马华文学的复合互渗现象。金进在《马华文学与中国现代文学的关系》中则认为郁达夫在南洋的存在是五四新文学在南洋传播的标志，其文化意义远大于他的抗战活动。

判断和接受，但主要还是以“台湾本土”作为论述基点，而相对弱化了郁达夫本身的立场和意图。有鉴于此，笔者立足于“传播—接受”的双向互动视野，从日据时期郁达夫旅台活动出发，来探究郁达夫“旅台言论”所内置的价值立场与传播意图为何？同一时期台湾新文学作家的受容状况如何？以及延至光复初期其作为文学遗响对台湾新文学重建的影响程度？这是论文所要探析和解决的重点。

## 一、“飘洋过海”的中国立场：现代民族意识与传统文化守正

事实上，郁达夫在离开日本赴台之前，就已经接受《台湾日日新报》记者的采访，发表了关于访台的公开演讲，并于次日在《台湾日日新报》上以《正视跃进之台湾》为题刊出，其中就涉及1936年12月底访台的目的：

> 本次渡台之目的有二。其一是从正面考察始政40年台湾的状况。关于台湾，过去通过书刊略知皮毛，本次访台则是为了获得精确的认识。其二是考察台湾督府之施政可借鉴之处，为此本想尽可能与各界人士广泛接触。不过本次访台日程方面一切听从台湾总督府坂本外事科长安排。就本人的专业方面而言，希望跟台大神田喜一郎教授以及台湾日日新报社的魏清德君交流。[1]

仅就郁达夫表面（官方）的言论来说，“考察始政40年台湾的状况”“考察台湾督府之施政可借鉴之处”诸种“立场暧昧”的文字表述的确很容易被冠上“亲日”文人的罪名，连关于文学（郁达夫擅长的专业）交流方面的诉求也仅仅谈及台大的神田喜一郎和台湾日日新报社的魏清德（这两位都是日本官方认可的汉学家），而对台湾本土新文学作

---

〔1〕 转引自武继平：《郁达夫访台史实考订》，《东岳论丛》，2011年第3期。原刊《台湾日日新报》，1936年12月20日，第11版。

家只字未提。但同时我们也应该注意到，《台湾日日新报》作为日本殖民者殖民话语的喉舌，其政治站位和意识形态十分鲜明，记者的赴日采访显然是官方委派，而这篇演讲的刊出很大程度上是为了郁达夫访台预热，正如武继平考证所得的论断，“访日与访台属于日本外务省拟定的一个整体计划”[1]。

由此便可以了解郁达夫这番言论的“注水”程度了，从其之后访台所做的两场重要发言来看，他有意识地避开政治风口，巧借自己“新文学作家”的合法外衣，通过谈论中国文学潜在地与台湾新文学作家进行精神对话，以文本密语来吐纳自己“面从腹背”的真实心声，“飘洋过海”地为深受殖民苦难的台湾地区民众来自己的立场——现代民族意识与传统文化守正。

首先，郁达夫抵台之后的第一场座谈会由台湾新民报社组织，时间为1936年12月23日下午3时至5时，会议主持人是该报主笔林呈禄，与会台湾人士中有黄得时、郭秋生和杨云萍等台湾作家。座谈会内容以《对郁达夫咨询会》为题在《台湾新民报》连载发表。

从这篇发言稿来看，在西安事变爆发后、全面抗战前夕这个民族艰危时刻，郁达夫也本能性地放下以往的文学派系成见，以更为包容、更具大局观的论调来评判中国大陆文坛现状，隐晦地传达自我的现代民族国家意识。

在座谈会上，郁达夫对当时中国大陆文坛所提倡的“国防文学”概念予以界定：

> 所谓国防文学意义并不明确。要而言之，以民族意识为重。迄今中国人的民族意识并不旺盛，要唤起国人的民族意识，这是第一目的。第二，当一个民族受到其他民族的威胁时，文学就应该适合

[1] 武继平：《1936年郁达夫访日史实新考》，《中国文化研究》，2010年第1期。

国防上之需要，因此国防应成为文学内容的一部分。[1]

虽则他在后面回应杨云萍时强调不赞成“国防文学”中的“以文学助政治之用”倾向，然值得玩味的是，他同时也留有余地地补充道：“和政治关联也无妨”“好的文学作品必须表现事实”[2]，本质上反对的是徒有空洞口号的、政治和文学机械结合的模式化文学。况且他也并未直接否定“国防文学”中的第一目的“唤起国人的民族意识”，反倒两次强调目前中国人的民族意识并不旺盛，既是如此，那么言外之意或许可以理解为亟待加强国人的民族意识。

在近代中国，现代民族国家意识伴随着中国近代民族主义的兴起而产生，是中国社会由传统“夷夏观”/“天下观”向“现代民族国家观”转型的产物。它强调的是国家主权独立、领土完整以及民族认同，是对于“想象的政治共同体”的本能维护和情感认同。自九一八事变东北沦陷，特别到了西安事变后的全面抗战前夕，这种现代民族国家意识空前升华，表现为一种反帝反侵略的民族救亡意识，更强调爱国统一战线。郁达夫在面对郭秋生发出两派（“国防文学”派和“民族革命战争的大众文学”派）“思想上能统一吗?”的疑问时，以稍加肯定的语气回复“想来思想上能够统一的”[3]，认为中国的民族意识是政治统一的反映。

由此，郁达夫言论所内置的“思想统一”的“中国的民族意识”便可以厘清了，它表面上呈现出一种不偏不倚、不左不右的内部调和语调，实际上通过字句推敲可以感受到其对外反帝反侵略的深沉意指。

在座谈会尾声，针对林呈禄的犀利发问“所谓‘国防文学’是否含

[1] 转引自《郁达夫全集》第六卷《附录二·对郁达夫咨询会》，孙百刚译，杭州：浙江文艺出版社，1992年，第505—506页。该译文依据伊藤虎丸、稻叶昭二、铃木正夫合编《郁达夫资料补篇（下）》所收录的日文原始报道。

[2] 转引自《郁达夫全集》第六卷《附录二·对郁达夫咨询会》，孙百刚译，杭州：浙江文艺出版社，1992年，第506页。该译文依据伊藤虎丸、稻叶昭二、铃木正夫合编《郁达夫资料补篇（下）》所收录的日文原始报道。

[3] 转引自《郁达夫全集》第六卷《附录二·对郁达夫咨询会》，孙百刚译，杭州：浙江文艺出版社，1992年，第507页。该译文依据伊藤虎丸、稻叶昭二、铃木正夫合编《郁达夫资料补篇（下）》所收录的日文原始报道。

有排斥日本的意思?”，郁达夫的回应显得意味深长：“从文化上应相互提携看来，也没有特别排斥日本之意。假如日本侵略中国，那又作别论。”[1] 林呈禄作为“官方传媒”《台湾新民报》的主笔，这一提问明显预设了中日对立的话语圈套，郁达夫则避重就轻，抛开政治冲突巧谈“文化提携”，以遮隐自己的民族立场；同时又运用“没有特别排斥”（于否定中见肯定），“假如日本侵略中国”（寓现实于虚设）的言语策略，以达到“四两拨千斤”的暗讽效果。在笔者看来，他的座谈会言论实质上已经是一种言外之意的“别论”了。

郁达夫的“旅台言论”除了现代民族意识的隐晦表达，还有对于传统文化守正思想的台湾传播，这主要体现在他抵台后第二场座谈会的发言。这场座谈会由台湾日日新报社组织，时间为 1936 年 12 月 23 日下午 7 时 35 分至 8 时 25 分，郁达夫在会上以《支那文學の変遷》（《中国文学的变迁》）为题进行发言。

发言伊始，郁达夫当即强调“汉字的微妙”，“中国文字，每个字都是独立的，即使是一个单字，也有意味和形状，还有一个音，即所谓韵”[2]。一般来讲，作为中国作家，称赞汉字之美实属情理之中，但吊诡的是，郁达夫访台时台湾汉文报刊正处在濒危境地。1937 年 4 月，日本总督发布台湾汉文报刊出版令后，中文杂志出版在台湾几已绝迹。[3] 1936 年 9 月海军大将小林跻造就任总督后，武官总督制复活，喊出“皇民化、工业化、南进基地化”的口号，废止了报纸汉文栏，推行日语常用运动。[4] 在如此语境下，强调汉字之美便有了坚守汉语/中文正统的反殖民意味。这与郁达夫 1939 年在新加坡三角埔中国语文学院的讲演辞《我国语言文字》中的访台回忆达成了呼应：“及余至台湾时，已禁

〔1〕 转引自《郁达夫全集》第六卷《附录二·对郁达夫咨询会》，孙百刚译，杭州：浙江文艺出版社，1992 年，第 514 页。该译文依据伊藤虎丸、稻叶昭二、铃木正夫合编《郁达夫资料补篇（下）》所收录的日文原始报道。

〔2〕 转引自郁达夫：《中国文学的变迁》，载《郁达夫文集》第 7 卷，李杜锡译，广州：花城出版社；香港：生活·读书·新知三联书店香港分店，1983 年，第 19 页。原刊《台湾日日新报》，1937 年 1 月 14 日、15 日、16 日。

〔3〕 辛广伟：《台湾出版史》，石家庄：河北教育出版社，2000 年，第 13—14 页。

〔4〕 黄昭堂：《台湾总督府》，黄英哲译，台北：前卫出版社，2013 年，第 174—175 页。

令儿童读汉文矣，可不悲哉！不特不令其不可读汉文，反道令其读写日文。”[1] 可见其当时亲历汉文被禁现象的悲愤之情。

紧接着郁达夫依次就诗歌、散文两种文体的发展进行追本溯源的脉络梳理。他认为诗歌尤其中国诗是“最能体现民族感情，最简洁而又最能抓住要领的表现手法”，也是“中国文学中最好的表现中国感情，并活用中国文字”的体裁。[2] 与此同时，他认为秦汉至清末的散文“充分的反映了其时代的政治和思想”[3]。清末之后，西方各类思潮开始涌入中国，散文初期形成了复古派与革新派的两派之争，后来革新派占据上风，小说和戏剧创作也开始效仿西方，全然跳进世界潮流。

最后郁达夫确信，不管哪种主义进入中国，都不可能根除中国的传统思想，中日作为“过去两三千年间在精神上一致的两国”，“应在社会上、精神上求得一致，才是正道”[4]。这番言辞表面上看是为了回应日本殖民者“中国会全然共产化”的忌惮，但历史地看，自古以来中国文化与日本文化便是“源”与“流”、“根”与“叶”的关系，认同两国“精神一致”的正确做法应该是认同儒家/汉字文化圈，认同中华正统文化。这才是郁达夫式的理解，其对中国文学传统的倡扬主要也是为了使因被日本殖民而与大陆文化长期隔绝的台湾接续上中华文化传统。因为他在访台结束抵达厦门后不久便接受当地《星光日报》记者采访，猛烈抨击日本殖民者对台湾同胞的“母语扼杀”和“言论管控”：“汉文因环境关系，使他们不能长期学习，故根底很浅……日本人对于台湾地

---

〔1〕 郁达夫：《我国语言文字》，《郁达夫全集》第九卷，杭州：浙江大学出版社，2007年，第125页。原刊新加坡《南洋商报》，1939年12月1日。

〔2〕 转引自郁达夫：《中国文学的变迁》，载《郁达夫文集》第7卷，广州：花城出版社；香港：生活·读书·新知三联书店香港分店，1983年，第19、20页。原刊《台湾日日新报》，1937年1月14日、15日、16日。

〔3〕 转引自郁达夫：《中国文学的变迁》，载《郁达夫文集》第7卷，广州：花城出版社；香港：生活·读书·新知三联书店香港分店，1983年，第22页。原刊《台湾日日新报》，1937年1月14日、15日、16日。

〔4〕 转引自郁达夫：《中国文学的变迁》，载《郁达夫文集》第7卷，广州：花城出版社；香港：生活·读书·新知三联书店香港分店，1983年，第24页。原刊《台湾日日新报》，1937年1月14日、15日、16日。

区……思想的自由极端地防范，想尽法子使他们忘掉对祖国的关系。”[1]

由此可见，他内嵌于文本言辞的强烈指向——传统文化守正观念，不仅强调中华文化传统的回溯和在台湾的接续，而且借此来揭破和控诉日本殖民者表面鼓动“日支精神一致”实则进行“语言/文化灭种”的肮脏操作。这与前述的“现代民族意识”共同组合成郁达夫“旅台言论”所要输出和传播的“中国立场”。

## 二、作为“中介人”的五四传播：台湾新文学作家的共鸣与因应

通过对郁达夫访台期间两场重要座谈会发言的分析，我们从中领会到他深嵌于言辞内核的反殖民“中国立场”。在厘清其主观持守的“中国立场”的基础上，要进一步考量的是郁达夫作为大陆新文学作家如何以“中介人”的身份向台湾本土新文学作家输出和传播大陆五四文学，而台湾新文学作家又是如何判断、接受和反馈的？

远在郁达夫访台之前，台湾报刊便开始从大陆引进和介绍郁达夫的作品，最早可见诸台湾新文学先驱张我军的《研究新文学应该读什么书?》。该文刊载于1925年的《台湾民报》，其中“H、短篇小说集”一栏便列有郁达夫的《沉沦》。[2] 郁达夫写于1928年的散文《故事》也于1930年2月15日转载在《台湾民报》第三〇〇号上。《故事》采取借古讽今的手法，借秦始皇焚书坑儒的暴行讽喻当局统治者查禁打压违逆官方意识形态的进步书刊，而《台湾民报》的主动转载，似乎有意借此控诉台湾总督府的书籍检阅制度。经过语境置换，郁达夫的作品在台湾文学场域便有了反殖民的喻指。虽然郁达夫不及鲁迅的知名度和传播广度，但至少他也作为大陆五四进步作家被推介到台湾，这为他后来访台的身份定位做了铺垫。在台湾新民报社举办的座谈会上，林呈禄是这

〔1〕 赵壁：《郁达夫在厦门》，载危砖璜编《世纪沧桑　赵家欣百岁文选》，福州：福建人民出版社，2013年，第8页。原刊《星光日报》，1936年12月31日。

〔2〕 张我军：《研究新文学应该读什么书?》，《台湾民报》，1925年第3卷第7号。

样向与会人员介绍郁达夫的：

> 回国后……参加各项文艺运动，发表多种文艺作品，是中国现代文学家。鲁迅去世后，他是中国文坛首屈一指的人物。[1]

换句话说，他把郁达夫定位为继鲁迅之后中国大陆文坛的领军人物，且不论这种评价是否妥帖，借着鲁迅逝世后的热度，起码在舆论造势方面起了很大的效用。再加上郁达夫是日据时期唯一访台的中国大陆作家，他的到访自然受到渴望了解祖国大陆文坛现状的台湾新文学作家的热烈欢迎。台湾作家陈逸松在后来回忆道：

> 郁达夫还曾南下访问，在台中会见了张星建、张深切，在台南会见吴新荣、郭水潭等作家。郁达夫旋风式的访问，到处受欢迎，也使日本特务忙得团团转。[2]

然而，相比林呈禄的高度评价，笔者更愿意将郁达夫视为大陆五四新文学在台传播的"中介人"。郁达夫在旅台期间通过大大小小的、或公开或私人的座谈会直接与台湾新文学作家面对面交流，就文学谈论主题而言，其焦点大抵是郁达夫本身创作、作为五四文化符号的鲁迅以及其他大陆新文学作家。

访问台北期间，郁达夫在台湾新民报社组织的座谈会上与一众台湾作家就大陆新文学现状及其周边问题进行了有效的对话。当陈逢源对鲁迅在中国大陆文坛是否受欢迎表示好奇时，郁达夫客观地表示，"近来他常写短篇杂感，也都受欢迎……'左'倾青年都以鲁迅为指导人物而

---

〔1〕 转引自《郁达夫全集》第6卷《附录二・对郁达夫咨询会》，孙百刚译，杭州：浙江文艺出版社，1992年，第503页。该译文依据伊藤虎丸、稻叶昭二、铃木正夫合编《郁达夫资料补篇（下）》所收录的日文原始报道。

〔2〕 陈逸松口述：《陈逸松回忆录：太阳旗下风满台》，台北：前卫出版社，1994年，第262页。

崇拜之”[1]。当黄得时提问他脱离创造社是否出于个人感情时，郁达夫坦率地表明自己“不搞宗派”的个性立场，随后又以十分肯定的语气强调“固然有些事，非客观地描写不可”[2]，但他还会继续坚持先前在《过去集》序文中所阐述的观点“一切艺术作品不过是艺术家的经验谈”[3]，即使被学界冠以“个人主义”的骂名。面对林呈禄的担忧，郁达夫坚定地认为“鲁迅之死”对文坛没什么影响，“他死后，更有人读他的作品，这是事实。恐怕十年、二十年之后，读的人更多”[4]。可以看出，此时的郁达夫依旧保留着五四风骨，秉持理性客观的评判姿态，不因立场相异（“左”倾青年都以鲁迅为指导人物）而盲目贬损鲁迅；同时承认“客观描写”的必要性，但仍旧坚持源自内心情感体验的个性创作，不囿于宗派藩篱。

在与会台湾作家中，黄得时与郁达夫的联系比较密切。他毕业于台北帝国大学中文系，专事研习中国文学与日本文学，对郁达夫作品有过系统研究，可说是他的忠实景仰者。会后他还专门在《台湾新民报》发表长文《达夫片片》细致地爬梳郁达夫的创作经历及其思想变化，其中用了大量篇幅介绍郁达夫五四时期代表作《沉沦》，并对其揭露时代弊病与反封建礼教的五四精神予以高度赞赏：

《沉沦》的真价，可以归纳到两点：一是时代病的苦闷之象

---

〔1〕 转引自《郁达夫全集》第6卷《附录二·对郁达夫咨询会》，孙百刚译，杭州：浙江文艺出版社，1992年，第510页。该译文依据伊藤虎丸、稻叶昭二、铃木正夫合编《郁达夫资料补篇（下）》所收录的日文原始报道。

〔2〕 转引自《郁达夫全集》第6卷《附录二·对郁达夫咨询会》，孙百刚译，杭州：浙江文艺出版社，1992年，第512页。该译文依据伊藤虎丸、稻叶昭二、铃木正夫合编《郁达夫资料补篇（下）》所收录的日文原始报道。

〔3〕 转引自《郁达夫全集》第6卷《附录二·对郁达夫咨询会》，孙百刚译，杭州：浙江文艺出版社，1992年，第512页。该译文依据伊藤虎丸、稻叶昭二、铃木正夫合编《郁达夫资料补篇（下）》所收录的日文原始报道。

〔4〕 转引自《郁达夫全集》第6卷《附录二·对郁达夫咨询会》，孙百刚译，杭州：浙江文艺出版社，1992年，第514页。该译文依据伊藤虎丸、稻叶昭二、铃木正夫合编《郁达夫资料补篇（下）》所收录的日文原始报道。

征；一是向旧礼教的桎梏，炸了个巨大的爆弹。[1]

此外，黄得时在文中回忆座谈会细节时，也充分肯定郁达夫一如既往的五四个性立场，虽浪漫并不颓废，虽革命并不激进：

> 可知郁先生的脱退（脱离创造社，笔者注），非是出于私情了。由来郁先生，是个浪漫性很浓厚、个性很鲜明的人，所以他虽然曾到广来去参加革命……但是他的本性，究竟不会这种运动。[2]

根据黄得时的描述，会后郁达夫流露出不同于会上冷静形象的至情至性一面，对鲁迅的逝世表示深切的悲叹，认为他的逝世是文坛的损失，并且《阿Q正传》一定会流传后世。这一说法也随即引起同行的台湾新民报社记者徐坤泉的共鸣，他兴奋地表示："论起《阿Q正传》，我足足有读过十回以上的。实在写得很不错。"[3] 徐坤泉是日据时期台湾著名的通俗小说家，偏爱《阿Q正传》，特地取笔名"阿Q之弟"，以致敬鲁迅。许是急于了解鲁迅的其他情况，意犹未尽的他在会后还专门前往郁达夫落脚的饭店进行采访。事实上，以鲁迅小说人物作为笔名，徐坤泉并非特例，台湾作家林全田也曾以"孔乙己"为笔名，发表《日光下的旗帜》等作品，可见鲁迅对台湾作家的影响之深。

结束了台北的访问，紧接着郁达夫于1936年12月25日赶赴台中。台中地区作为台湾新文学的中心，原本这边的作家准备召开盛大的欢迎会和座谈会，不料计划有变，郁达夫临时决定前往彰化，只与张深切等新文学作家匆匆面谈了一个多小时并合影留念，之后因没有事先联系未

[1] 黄得时著，江宝钗主编：《达夫片片》，《黄得时全集1 创作卷一：汉诗、中文随笔》，台南：台湾文学馆，2012年，第319页。原刊《台湾新民报》，1937年1月1日。
[2] 黄得时著，江宝钗主编：《达夫片片》，《黄得时全集1 创作卷一：汉诗、中文随笔》，台南：台湾文学馆，2012年，第332页。原刊《台湾新民报》，1937年1月1日。
[3] 黄得时著，江宝钗主编：《达夫片片》，《黄得时全集1 创作卷一：汉诗、中文随笔》，台南：台湾文学馆，2012年，第334页。原刊《台湾新民报》，1937年1月1日。

能在彰化与作家们会面，于是一路南下到嘉义阿里山考察游览。〔1〕

在台南地区，庄松林（尚未央）、郭水潭和吴新荣等作家对“会郁达夫”也是期盼已久。一方面他们认同大陆五四新文学，敬重郁达夫作为五四新文学作家的身份，“关心新文学的我们和‘五四’以来中国新文坛之中坚作家郁达夫氏之间，虽然有高低之分别、主义主张的差异，而有心于建设殖民地文学之道却一致的”〔2〕，另一方面他们也深受大陆其他新文学作家（如鲁迅、茅盾、郭沫若和张资平等）的影响，且认可郁达夫的白话文创作，“单以其措辞浅白，没难涩之点，轻易阅读，令人们快亲近爱读之处，也是值我们会郁氏之必要了”〔3〕。郁达夫于12月27日下午3时39分到达台南火车站，庄松林、林占鳌和赵枥马三位作家在接到消息后，赶往他旅寓的铁道饭店却扑了个空，于是商定28日清晨（庄松林在《会郁达夫记》所说的29日应为笔误）突袭早访郁达夫，这次果然成功了。

根据庄松林的回忆，当时的郁达夫是一副“身体健康，举止明朗又快活，满面的春风和蔼可亲”的文人形象，迥异于先前在“《创造月刊》和《读书月刊》看到他的照像，觉得他是病弱而意志消沉，有很孤独的人”〔4〕。会谈中，郁达夫坚持用汉语交流，欣喜地接受庄松林等人赠送的《台湾新文学》杂志，并善意地指出当前台湾文坛的不良习气，“在台北听见说大家清算过去不用功。实在没有勉强，不能写出好的作品的”，“这种习气要改掉，无论如何勉强要紧”〔5〕。之后，他在林占鳌和庄松林的签字簿上分别题了“四海皆兄弟，中原要杰才”和“同是天涯沦落人”诗句〔6〕，表达与台湾作家的中华文化血脉同源以及中华民族遭遇日寇侵略的命运连带感，引得在旁的赵枥马不禁发出一声叹息。跟台北作家一样，他们也很关注“鲁迅之死”的议题，援引郁达夫《怀鲁

〔1〕 参见陈松溪《郁达夫的台湾之行》，《新文学史料》，1985年第3期。
〔2〕 尚未央：《会郁达夫记》，《台湾新文学》，1937年第2卷第2号。
〔3〕 尚未央：《会郁达夫记》，《台湾新文学》，1937年第2卷第2号。
〔4〕 尚未央：《会郁达夫记》，《台湾新文学》，1937年第2卷第2号。
〔5〕 尚未央：《会郁达夫记》，《台湾新文学》，1937年第2卷第2号。
〔6〕 尚未央：《会郁达夫记》，《台湾新文学》，1937年第2卷第2号。

迅》的一段文字，表示很感动，“先生那篇比任何人的说得较悲壮，由那一段认得先生对现中国的国家和民族认识得透彻”[1]，激动地向郁达夫讨要《怀鲁迅》的文章纸质版，彼此之间顿生一种相见恨晚的亲近感。

当晚9点，他们又与郁达夫约了在铁道饭店的第二场会谈，这次有庄松林、林占鳌、赵枥马、郭水潭、吴新荣、徐清吉、废人、高祥瑞、杨元胡和佳里。据郭水潭回忆，为躲避日本特务的侦察，台南作家们与郁达夫只谈论文学，不关涉政治敏感话题，因此日本特务一无所获，只算是给他们亲睹祖国文人的风采机会而已。[2] 由于郁达夫会客时间有限，他们便匆匆聊了几个文学话题，诸如“中国文艺运动的近况、郁氏和郭沫若氏的关系、作家的近况、大众语、中国话拉丁化问题等”[3]，与台湾新民报社组织座谈会上的议题大抵重合。交流结束后作家们围着郁达夫要签名并向他热情邀稿，郁达夫随即答应下来，还特别强调，“你们的杂志读一读，好的介绍”[4] 给中国大陆文坛去。

由此可见，郁达夫不啻是向台湾作家传播中国大陆文坛和鲁迅等五四先驱精神的“中介人”，而且有意识将优秀的台湾新文学成果推介到中国大陆文坛，在这个意义上，他更是双向沟通两岸文坛、致力于接续两岸文化的“中介人”。与此同时，在为期8天的访台活动中，郁达夫通过从文学角度发表系列“旅台言论”，与台湾新文学作家们进行了诚挚的交心互动。这些台湾新文学作家充分认可郁达夫个人创作和文坛地位，“郁氏是鲁迅死于中国后，和郭沫若并为中国文坛的重镇”[5]；对中国大陆文坛现状、“鲁迅之死”及其他大陆五四新文学作家表示关切和重视；在中华文化（文学）认同、遭受日帝欺凌的艰危处境等方面与

---

〔1〕 尚未央：《会郁达夫记》，《台湾新文学》，1937年第2卷第2号。

〔2〕 参见郭水潭《忆郁达夫访台》，载林佛儿等合编《盐分地带文学选》，台湾：林白出版社，1979年，第588页。原刊台北《台北文物》，1954年第3卷第3号。

〔3〕 尚未央：《会郁达夫记》，《台湾新文学》，1937年第2卷第2号。

〔4〕 尚未央：《会郁达夫记》，《台湾新文学》，1937年第2卷第2号。

〔5〕 吴新荣：《吴新荣日记》（1936年12月27日），台北：远景出版社，1981年，第40页。

郁达夫达成了共识；与会作家的众多日记/回忆录[1]也都在相互印证着郁达夫“旅台言论”对全面抗战前夕的台湾文坛/作家所带来的正面效应，“得到先生许多贵重的指教，并且得与先生讨论台湾文化与大陆文化的交流……在台湾勾留的期间不过十几天（实际是8天——笔者注），但是对于台湾文化界的刺戟非常强大”[2]。

## 三、光复初期的文学重整：文学译介热与语言转换期的中文写作探索

日据时期郁达夫为期8天的文学旅台，其“旅台言论”所内置的中国立场，他对大陆五四新文学/作家的传播，经由台湾新文学作家的判断、接受和反馈，最终产生了什么影响？具体表现为何？

在1945—1949年的光复初期，台湾刚从日本殖民地的桎梏中脱离出来复归祖国的怀抱，“去殖民化”和“祖国化”成为这一时期社会变革的关键词，在文学方面亦复如是，台湾文学刚从“皇民文学”的魔爪挣脱出来，汇入到中国大陆文学的大潮流中，清算重整后再出发成为其迫切的要求。以许寿裳为代表的文人开始强调“良性的中国化”，与以国民党政权为代表的“恶性中国化”相颉颃，推行祖国的民族文化；同时积极引介以五四精神和鲁迅精神为代表的中国新文化，倡导鲁迅的“战斗的现实主义”精神和民主科学的五四新文化精神，作为肃清日本殖民思想遗毒、重建台湾文化的中心理念，赖明弘的“现实主义的大众文学”、杨逵的“现实主义的人民文学”以及龙瑛宗的“与大众共悲喜的文艺”等文学观念基本借鉴和沿袭了这一思路。[3]

于是，光复初期的台湾文坛掀起了一股“鲁迅热”，以援应上海扩

---

〔1〕 台湾新文学作家关于郁达夫旅台期间行迹言论的日记/回忆录，有尚未央的《会郁达夫记》、吴新荣的《吴新荣日记》（1936年12月27日）、陈逸松的《陈逸松回忆录：太阳旗下风满台》、黄得时的《达夫片片》、郭水潭的《忆郁达夫访台》等。

〔2〕 黄得时：《郁达夫先生评传》，载王自立、陈子善编《郁达夫研究资料》，北京：知识产权出版社，2010年，第362页。原刊《台湾文化》，1947年第2卷第6—8期。

〔3〕 赵暇秋、吕正惠主编：《台湾新文学思潮史纲》，台北：人间出版社，2002年，第159—166页。

大纪念鲁迅逝世十周年的号召，台湾新文学作家借由纪念鲁迅来表达他们的民主抗争。自1946年10月19日伊始，龙瑛宗主编的《中华日报》“文化”栏、王思翔主编的《和平日报》“新世纪”副刊都相继推出了纪念鲁迅的系列文章，标举鲁迅战斗精神，随后台湾各大报刊纷纷译介/转载鲁迅的各类作品，引发了轰动效应。与此同时，作为“鲁迅传人”的胡风也在这一时期获得更多关注，吸取了鲁迅精髓的胡风文艺思想与当时台湾文坛实际语境、目标和需求的深深契合，再加上在台胡风友人（如杨逵、耿庸、楼宪、王思翔和陈大禹等）的宣传推动，胡风《关于鲁迅精神的二三基点》等文章的转载登报，逐渐形成了“胡风影响”。[1]在“鲁迅热”和“胡风影响”背后，杨逵是有力的响应者，他作为光复初期台湾新文学的代表人物，除了对鲁迅、胡风等左翼作家作品进行译介宣传，也对大陆文坛其他新文学作家予以关注，其中就包括郁达夫。

杨逵与郁达夫的渊源可追溯到日据时期，1936年12月末郁达夫访台期间，杨逵就曾在台中见过他一面，“去年，郁达夫氏来日本，从东京绕道台湾回去。那时，我在台中见到他。他说，东京的知识分子非常热情地款待他”[2]。而这种联系又在光复初期以杨逵对郁达夫作品的译介得到延续。1947年，杨逵为台北的东华书局策划“中国文艺丛书”（中日对照版），每辑都附有苏维熊撰写的《发刊序》，阐明了出版目的：

> 因为受了五十年的隔绝，今后要真正理解祖国的文化……不能不加紧努力学习。不但要真确地理解祖国的文化，而且要哺育它，使它更为高尚，更为灿烂……过去本省所发刊的几种书册，多少尚有使人不能满意的地方，这一次东华书局大有所感，决然计划出版

〔1〕参见朱双一《光复初期台湾文坛的胡风影响》，《安徽大学学报（哲学社会科学版）》，2012年第4期。

〔2〕杨逵：《〈第三代〉及其他》，涂翠花译，载彭小妍主编《杨逵全集　第九卷·诗文卷（上）》，台北：文化资产保存研究中心筹备处，1998年，第557—558页。原刊东京《文艺首都》，1937年第五卷第九号。

中国文艺丛书。〔1〕

这套丛书的发行旨在吸收学习祖国文化的精华，提高台湾地区民众的文化水平，而且就当时的文坛语境来判断，也是为了助力台湾新文学/文化的重建工作。其中《微雪的早晨》一辑（包括郁达夫的《出奔》和《微雪的早晨》两部小说）即是由杨逵本人翻译并于1948年8月出版的。至于杨逵缘何要翻译这两部小说，而非郁达夫的《沉沦》等代表作，或许可从小说的社会批判和文艺思想两方面来讨论。

小说《微雪的早晨》（1927年）讲的是出身封建贫农家庭的青年知识分子朱雅儒，迫于无奈接受封建包办婚姻，后来遇到地主家女儿陈惠英，萌生了自由恋爱的情感冲动，最终因军阀的介入而希望破灭，悲郁而死。《出奔》（1936年）则讲述在国民革命时期，革命知识分子钱时英，与小资产阶级女青年董婉珍相爱结婚，原本想要改造她，后来却日益发现董婉珍继承地主父亲的封建压迫思想，沉耽于权力的欲望，越陷越深，最后他选择通过焚烧董玉林一家的决绝方式与过去的一切告别，继续从事革命活动。

首先，在社会批判方面，《微雪的早晨》整体上呈现出反封建反军阀的基调，不同于郁达夫惯用的个性“颓废”风，展露出社会性思考。而作为郁达夫的最后一部小说，《出奔》的革命性和社会性则更臻成熟。将两部小说结合起来理解，从1927年的反封建反军阀，到1935年的反封建反资产阶级，共同影射着国民党当局内部的腐败和守旧，并且“1927年”和“1935年”两个时间节点暗合了四一二反革命政变和一·二九运动的发生年份。这很符合当时杨逵批判国民党当局在台专制统治（导致二二八惨剧）的主观意图。

此外，在文艺思想方面，不论《微雪的早晨》，还是《出奔》，都涉及青年知识分子的恋爱问题。通过两部小说的对读，《微雪的早晨》中

〔1〕［日］下村作次郎：《战后初期台湾文坛与鲁迅》，邱振瑞译，载中岛利郎编《台湾新文学与鲁迅》，台北：前卫出版社，1999年，第136—137页。

软弱青年知识分子的爱情悲剧，恰恰印证了《出奔》中革命青年知识分子道路选择的正确性：在“革命”与“恋爱”之间选择了后者。这种“革命+恋爱”的小说模式很明显带有革命现实主义的意味，相较郁达夫其他小说而言更贴近于杨逵的“真实的写实主义—狗屎现实主义—现实主义的人民文学”的文艺思想脉络。

因此，从光复初期的“文学译介热”中，我们可以看出郁达夫其人其文仍旧在起作用，借由杨逵的积极译介，郁达夫的文学作品间接参与了对台湾新文学的战后重建过程，显示了台湾作家对祖国优秀文化的归附以及对“去殖民化”的语言能力的重视，而这些初衷又潜在地与日据时期郁达夫文学旅台的“中国立场”和“五四传播”意图构成了巧妙的精神对话和历史回应。

除了“文学译介热”所衍生的“郁达夫影响”，在光复初期这个语言转换期，郁达夫的文学创作也在影响着台湾作家从日文小说向中文小说过渡的创作探索。其中吕赫若的中文写作有着较为明显的借鉴痕迹。

虽则目前就吕赫若日记及相关资料来看，并未有直接的文字表述说明吕赫若受过郁达夫的启发，抑或是阅读过郁达夫的小说，但是1936年12月末的“郁达夫访台”，经过《台湾日日新报》和《台湾新民报》等多家报纸的新闻报道和舆论宣传，在当时台湾文坛的影响不可谓不大，且吕赫若于1936年8月15日在台南与郭水潭和吴新荣等作家（后来与郁达夫见过面）开了座谈会〔1〕，联系比较密切，其作品也有相当一部分发表在《台湾新文学》(尚未央的《会郁达夫记》发表在此刊物)上，因此不难推断吕赫若知悉郁达夫的访台消息，甚至间接了解到他的相关文学创作。

吕赫若在战后一共发表了四篇中文小说，依次是《故乡的战事（一）——改姓名》(1946年2月)、《故乡的战事（二）——一个奖品》(1946年3月)、《月光光——光复以前》（1946年10月）和《冬夜》

〔1〕 参见王建国《吕赫若生平暨写作年表》，载《吕赫若小说研究与诠释》，台南：台南市立图书馆，2002年，第272页。

（1947年2月）。关于郁达夫小说对吕赫若中文写作的影响，笔者比较认同台湾学者许俊雅基于两位作家小说文本的关联分析。

他通过对两位作家小说文本的比照，发现吕赫若小说《故乡的战事（一）——改姓名》中的“跑来跑去的跑”“在月台上跌来跌去的走了一会”“将他拿来打了一打”等表述，分别对应郁达夫小说《沉沦》《落日》中的“跑来跑去的跑”、《银灰色的死》中的“在路上跌来跌去地走了一会”和《杨梅烧酒》中的“将身上的粉末打了一打”等词句；《故乡的战事（二）——一个奖品》中的“一忽儿”的特色用语，在郁达夫的《孤独》中也有使用；《月光光——光复以前》中对庄玉秋搬家时的场景描写：“那天，天气温和，青天一碧到底，微微的风，一切都觉得很舒服，身上好像能生出两翼翅膀，就要飞上天空的样子”，应是借鉴于郁达夫《薄奠》中的描写：“北京的晴空却不是如此，天色一碧到底，你站在地上，对天注视一会，身上好像能生出两翼翅膀来，就要一扬一摆地飞上空中去的样子”。[1]

以上诸多相似之处，似乎很难归结为“偶合”，我们有理由相信，吕赫若的中文写作的确借鉴了郁达夫的小说，但同时也应该看到这种模仿仅仅停留在遣词造句层面，是比较粗浅的、机械式的，它并非是对作家思想内涵、情感逻辑或形式结构的整体理解和再造，这类稚拙的中文写作状态正是光复初期处在中文写作转型阶段的日文作家们的普遍焦

〔1〕 参见许俊雅《吕赫若战后四篇中文小说所透露的文学借鉴关系》，《东吴中文学报》，2017年第33期。

虑。这一时期，在“浦岛太郎心态”[1]的内驱和“国语运动”的外推下，杨逵、吕赫若、张文环和龙瑛宗等日文作家急于抛弃日语，改用中文写作，在语言转换过程中存在不同程度的“中介语形态”的中文习作，表现为稚拙的中文文法、不稳定的语言状态以及重交际轻审美的“工具论”倾向。[2]

总而言之，当我们在日本殖民者预设的“日支一体”的殖民圈套中突围，从文学/文化角度重新出发，借助相关史料回到历史现场，去细致推敲揣摩郁达夫1936年12月末的“旅台活动/言论”，如此才能避免将郁达夫草率地政治定性为“亲日文人”，而忽略了其言论背后所内嵌的“潜文本”。就郁达夫旅台期间参与的两场重要座谈会来看，其言论巧妙地避开了政治风口，通过谈文学进而传播全面抗战前夕的“中国故事”，“飘洋过海”地为久受殖民戕害的台湾本土作家带来自己的“中国立场”——现代民族意识与传统文化守正。而从台湾文坛及作家的受容情况来看，他们充分认可郁达夫个人创作和文坛地位；对中国大陆文坛现状、“鲁迅之死”及其他大陆五四新文学作家表示关切和重视；在中华文化（文学）认同、遭受日帝欺凌的艰危处境等方面与郁达夫达成了共识；准确地把握到了郁达夫“旅台言论”所内置的“中国立场”和“五四传播”意图。值得注意的是，郁达夫“旅台言论”的影响不止于台湾的日据时期，在光复初期的台湾文坛仍在发出遗响。他的文学创作

---

〔1〕“浦岛太郎心态”，源自中国台湾作家龙瑛宗在《崎岖的文学路——抗战文坛的回顾》中借日本民间故事“浦岛太郎”，用以形容光复后像他这样的“语言转换作家”在中文文学世界的文学处境：“像日本的浦岛太郎，一看台湾文坛的盛景，已尽中文作家之天下。”“浦岛太郎”故事的主要内容是一日出海捕鱼中，浦岛太郎多次释放了捕获上来的乌龟，到日落时分乌龟感恩竟邀请浦岛太郎前往龙宫一游。不知不觉在宫中度过了三年，浦岛太郎决心回家，然而回到村庄，询问村中老翁，始发觉人间已过三百年，万事皆非。马泰祥认为就语言转换作家而言，“浦岛太郎”式文学际遇所象征的，乃是他们在光复初期那种无所适从、唯恐得咎的尴尬心态：在一个试图废除日文影响、消弭日文因素而重塑中文文化传统的文化环境中，偏偏“日语影响”持之以恒地发挥着负迁移作用，使语言转换作家的中文习得之路崎岖坎坷；尝试挣脱“日语影响”、重建文学言说根据地的语言转换作家，在个体经验、语言过渡能力、文学动机等等多重因素的复合作用下，渐渐开始分化出语言形态有别、情感审美矢量殊异的文化选择。参见马泰祥《文化心理与文学选择：台湾“语言转换作家”研究》，江苏：南京大学博士学位论文，2015年。

〔2〕参见马泰祥《文化心理与文学选择：台湾“语言转换作家”研究》，江苏：南京大学博士学位论文，2015年。

借由杨逵译文集《微雪的早晨》的出版、吕赫若中文写作对其小说的刻意模仿等形式间接地参与了对台湾新文学的战后重建过程。而这种延时的文坛影响又反过来呼应了郁达夫文学旅台所秉持的沟通海峡两岸、传播祖国文化的“中国立场”。正如郭沫若回忆道:“在我们的气质上,认真说,达夫实在比我更要积极进取得多。但他的积极进取性没有得到充分的适当的展开,那是应该归罪于时代和环境的。”〔1〕可以说,郭沫若的判断是很准确的,郁达夫在历经战乱和流离羁旅之后,已不再局限于早期浪漫苦闷的“颓废者”形象,而脱胎换骨为一个隐忍沉稳的志业于抗日的“文化战士”。

作者简介:黄桂波,南京大学中国新文学研究中心2021级博士研究生。研究方向为中国现当代文学、台港澳暨海外华文文学,已在《现代中国文化与文学》《华侨大学学报(哲学社会科学版)》《华文文学》等刊物发表论文多篇。

〔1〕 郭沫若:《再忆郁达夫》,载陈子善、王自立编《回忆郁达夫》,长沙:湖南文艺出版社,1986年,第17页。

# 作为爱国主义政论时评家的郁达夫
## ——一篇博士论文的结语

高照成

通过对郁达夫一生中杂文、散文、文论等作品及其日记、书信中政论时评性文字的全面阅读，可以发现其在小说家之外的爱国主义政论家这一身份是完全可以确立的。这也是笔者2010年度向中国社会科学院研究生院所提交博士学位论文呈现的主题。而以胡适在《政论家与政党》一文中对政论家所做的区分，郁达夫显然属于致力于监督政党和关注时政的那一类型。[1] 当然，郁达夫政论时评性文字的写作在很长一段时间内（大约有8年的时间）是与其文学创作，尤其是小说、散文和文论性作品的写作互相交叉重叠的。因此，作为新文学作家的郁达夫是把文学与社会、政治、民生等现实问题密切联系在一起的。1927年之前他或多或少地受过欧洲“为艺术而艺术”流派和“世纪末”思潮的影响，但1927年开始他明显地抛弃了这一倾向并积极地讨论当时中国的时政和社会及教育等问题。从该年的年初开始的大约14年里，他将很大的精力投入于政论时评性文章的写作，也是出于对中国国民革命形势、社会民生、南洋文艺启蒙及抗战建国等重大问题的密切关注。

1927年的《广州事情》发表之前，郁达夫曾设想过从事与国家公务有关的工作；但在看清广州国民政府内部的各种贪腐和官场的污浊之后，他愤而逃离曾经寄予厚望的广州。经过短暂的迷茫之后，他决定要用手中的笔为中国的革命和发展做些事情并以写作为终身志业。当然，他的天赋气质、在中国古典文学方面的扎实功底和对于域外文学的广泛

---

〔1〕 胡适：《政论家与政党》，《努力周报》，1922年第5期。

阅读与掌握，可以确保他较好地实现自己的这一作家抱负。然而，虽然对于自身在文学创作方面能有所成就较为自信，但他并不认为随便什么人都可以走文学创作这一条道路：

> 文学家所走之路，并不是一条铺满蔷薇之路，也不是有了金钱便可以买通的路，若天性不近于文学的人，则学了一辈子，也不能得到相当的成绩的。……所以打算学文学的人，第一先要问一问自家，问自己的天赋气质，究竟是不是适合于文学的，这是第一个条件。第二，牺牲的精神，是学文学的人所必须有的，因为在各种科学里面，最不容易学，而物质的报酬最少的，便是文学。……现在想学文学的人，大抵是抱有这一种思想的——学文学最容易出名，一出名便可以做官，做了官就可以发财——抱了这一个连环三段论去学文学，那就糟了，结果恐怕要弄得不成一个人，更哪里会成为一个文学者哩?〔1〕

凭借自身的创作体会，郁达夫深知作家的职业充满艰辛，而且仅靠写作的稿费也是发不了财的。在当时白色恐怖肆无忌惮的时代背景下，正直的作家还时不时地冒着被反动当局通缉抓捕的潜在风险。像其《她是一个弱女子》就曾因其中宣扬的共产主义思想和针砭军阀及反动当局的文字而多次遭到查禁，以至于不得不通过更改书名和变换出版时间等方式来躲避政治审查。虽然郁达夫曾设想过从事公务工作，但以其耿直的性格和对权贵阶层发自内心的憎恶，他是很难适应当时黑暗一团、贪腐成风的官场风气的。在其主持的创造社出版部于 1927 年上半年一度面临查封期间，曾有接近国民政府高层的人员游说他，让其为国民党的党务服务以换取创造社的不被查封，但他托病谢绝了（见其 1927 年 5 月 10 日的日记)。〔2〕 在稍后 5 月 23 日的日记中，他又记有：当日应邀

---

〔1〕 郁达夫：《艺文私见》，上海：复旦大学出版社，2004 年，第 161—162 页。
〔2〕 郁达夫：《五月日记》，载《郁达夫全集》第五卷，杭州：浙江大学出版社，2007 年，第 168 页。

在“新新酒楼”吃晚饭，遇见胡适、王文伯、周鲠生、王雪艇、郭复初、周佩箴诸人，做东的李君极力怂恿他出去做个委员，被他婉拒了。后来又想请他为周某及其他几十个宁波新兴权势阶级的儿子做私塾教师，他也没有答应。[1] 由此可见，郁达夫在1927年的年中时已抱定了不与当时的新兴权势阶级为谋的决心——不愿意为名利或谋得一官半职而违背自己的良知并向权势阶层折腰。

作为小说家，郁达夫从其《沉沦》小说集1921年10月15日作为“创造社丛书”第三种由上海泰东图书局出版至1935年11月1日最后一个中篇《出奔》在《文学》月刊第五卷第五号上发表，他的小说创作时间其实只有大概14个年头。1936年之后，在面临日寇全面侵华的民族危亡关头，他毅然停止了自己钟情的虚构性创作和外国文学的翻译等工作，并把主要精力投入到鼓舞全民族团结抗战、揭批执政当局官员贪腐和日本军国主义分子的残暴恶毒等方面。他在国内和南洋期间为中国抗战事业做出的诸多贡献是值得全体中国人民及全球华人永久赞扬和时刻铭记的。他的家国情怀、对于日本军国主义势力的国仇家恨和对国家民族溢于言表的大爱，在其1939年后写于南洋的杂文、书信和报纸社论中表现得尤为明显。

郁达夫是一个较为纯粹的新型文人和爱国主义知识分子，在他身上很少有中国传统文人大多信奉的明哲保身哲学。他早期在日记、杂文和海外报刊上发表的对于时任国民党总裁蒋介石等新军阀集团叛变革命的公开揭批就是一个很好的例证。这也是其曾被反动的国民党执政当局暗中通缉而跑到杭州避难及其主持创造社期间该社面临被查封危险的原因所在。因对当时广州国民政府中高层官员贪腐行为的公开抨击，他发表的《广州事情》等文章曾引起好友郭沫若、成仿吾等人的严厉批评。因为太过于意气用事，他也曾把与第二任妻子王映霞的婚姻危机在武汉的报纸上向世人公开。但在宣传全民族团结抗战、抨击执政当局的贪腐无

---

〔1〕郁达夫：《五月日记》，载《郁达夫全集》第五卷，杭州：浙江大学出版社，2007年，第174页。

能和揭批日寇的狼子野心及持续宣传鲁迅精神方面，他是不遗余力的。为了防止自己酒后在日本宪兵面前说出不该说的话，在苏门答腊流亡期间，平素嗜酒如命的他居然戒掉了长期酗酒的习惯。为了掩护胡愈之等当时流落在南洋小岛上的中共地下党人的安全，他更是冒着极大的风险去为他们传递信息。而在被驻南洋的日本宪兵秘密杀害之前，他其实也已经做好了为国家民族的抗战事业而牺牲的准备，并事先立好了遗嘱。

曾于1936年在东京神田聆听过郁达夫讲演的贾植芳先生，在人生的暮年曾这样评价郁达夫："……他不仅是个人生态度严肃、对生活对艺术有着真诚的热情和追求的作家，也是对人民对祖国怀有无限热爱与忠诚，充满历史责任感，而又重视个人节操的中国现代知识分子。"〔1〕曾在苏门答腊与其一起流亡的胡愈之先生认为："作为一个诗人与理想主义者的郁达夫，是'五四'巨匠之一。他永远忠实于'五四'，……只有那些没有性灵的，从未和他真正接近的人，才会从达夫的生活的表面去作评价。如果是接近他的和读过他作品的（尤其是1927年之后的作品——笔者注），会明白达夫对生活是何等严肃，他对人类是何等热爱！"〔2〕

曾对郁达夫有着长期研究的日本学者铃木正夫痛惜地认为，郁达夫对日本和日本人民是充满感情的，也对这个国家及其民众有着自己"独到精深的了解"，"但就是这样一个人，却在日本人的手中惨遭横死，连遗骸也不知下落"〔3〕。冰心在谈到中国的抗战时更是认为："这场战争给中国文学的最大打击，便是我们失去了达夫。"〔4〕在日本宣布投降后，战时曾替日军做过事的南洋华人中间，有的为了掩盖自己的人生污点，居然跑出来嘲笑郁达夫曾为日军做过翻译一事。王任叔的回忆文章

---

〔1〕［日］铃木正夫：《苏门答腊的郁达夫·中译本序》，李振声译，上海：上海远东出版社，1996年，第2页。

〔2〕胡愈之：《郁达夫的流亡与失踪》，载李杭春等主编《中外郁达夫研究文选》（上册），杭州：浙江大学出版社，2006年，第56页。

〔3〕［日］铃木正夫：《苏门答腊的郁达夫》，李振声译，上海：上海远东出版社，1996年，第248—249页。

〔4〕《中国女流作家座谈会》（东京《每日新闻》1946年11月29日），转引自［日］铃木正夫：《郁达夫：悲剧性的时代作家》，李振声译，南宁：广西教育出版社，2000年，第136页。

中也因此事而对郁达夫持有不好的印象。[1] 但曾与郁达夫一起流亡逃难过的一位南洋青年，则毅然站出来替其申辩说："确实，郁达夫先生曾以赵廉这个名字，与日本法西斯作过应酬，但是，就是在这种无奈的情况之下，在和敌人情面缠夹不清时，他也绝对不曾失去过自己的操守。"[2] 其昔日好友郭沫若曾经认为，在中国现代所有的著名文化人中间，日本的侵华战争对郁达夫的伤害应该是最大的了。因赴福建参加抗战宣传和为养家糊口四处奔波而使得曾经心爱的妻子移情别恋并最终分道扬镳；七十几岁的母亲因日军侵入家乡而活活饿死；五十几岁的大哥更因为"忠于职守，对卖国汪党，毫不容情，……终被狙击于其寓外"[3]。而他本人因长期反对日本军国主义侵略的坚定立场和对日寇在南洋罪行的掌握而最后惨遭灭口。

郁达夫虽然最初是以小说创作而成名的，但如今抛开其所有小说作品，仅就其生前发表过的大量抗战宣传文字和批评国民政府及思考中国革命的政论时评性文字而言，他依然算得上一个值得我们崇敬的爱国主义知识分子。笔者对郁达夫的研究兴趣更多的也是基于其杂文、日记、散文、文论及书信中的政论时评性文字及其中体现出来的爱国主义情怀。虽然本论文基于《郁达夫全集》对其小说和译文之外的相关文字做了一个大致的梳理，但因主题所限，依然没能全部囊括进来，尤其是对于其1938年之前就国内外文艺界现状发表的一些时评性文章没有来得及分析整理。日后当会进一步扩展调整，把已公开的郁达夫的全部书简及其1938年底赴新之前的相关文论性作品加以全面考察，以求对其作为爱国主义政论时评家及博学多才的文学批评家的身份有一个更为全面的展现。

在目前国内外已公开出版的郁达夫的诸多评传中，对其生平经历记

---

〔1〕 王任叔：《记郁达夫》，载李杭春等主编《中外郁达夫研究文选》（上册），杭州：浙江大学出版社，2006年，第88页。

〔2〕［日］铃木正夫：《苏门答腊的郁达夫》，李振声译，上海：上海远东出版社，1996年，第244页。

〔3〕 郁达夫：《悼胞兄曼陀》，载《郁达夫全集》第三卷，杭州：浙江大学出版社，2007年，第363页。

述最详尽的当为袁庆丰的《欲将沉醉换悲凉：郁达夫传》（华东师范大学出版社，2020年9月版）；对于郁达夫晚年流亡岁月和遇害真相考证最认真的则为日本学者铃木正夫的《苏门答腊的郁达夫》（上海远东出版社，1996年6月版）；学术性最强的则是曾华鹏、范伯群的《郁达夫评传》（南京大学出版社，2012年2月版）。在国外学者中，对郁达夫较早进行全面阅读研究的则是捷克女学者安娜·多勒扎罗娃。她完成于1968年11月的《郁达夫研究》迄今依然是外国学者中从整体上对于郁达夫小说和文论作品最为全面的专题性研究。在该书中她明确地指出了夏志清《中国现代小说史》中郁达夫“不怎么爱国”这一论断的明显错误。对于夏的这一低级错误笔者在上文中也已做了专门批评。对郁达夫做漫谈性的随笔则有现代文学文献学专家陈子善的《说郁达夫》。现借用曾华鹏、范伯群两位已故学者的一段中肯的评论来结束本论文的写作：

> 郁达夫的一生生动地说明，一个作家，尽管他所走过的人生道路崎岖不平，他的思想面貌曾经呈现出深刻的矛盾，他奉献给读者的作品也可能存在着瑕疵和局限性，但是，只要他热爱自己的祖国和人民，只要他曾为寻求救国救民的道路而作过艰苦的跋涉，只要他为祖国的富强和人民的安乐贡献出自己的力量，只要他拥有一个现代知识分子的良知和独立人格，祖国和人民一定会认定他是自己优秀的忠诚的儿子，他所书写的那些记录着自己对祖国的挚爱和对人民的关切的心声的作品，则是我们民族的一份弥足珍贵的艺术财富。〔1〕

1952年，中华人民共和国中央人民政府追认郁达夫为革命烈士。1983年6月20日，民政部授予其革命烈士证书。2014年，郁达夫的名字被列入全国第一批300名著名抗日英烈和英雄群体名录。郁达夫在生

〔1〕 曾华鹏、范伯群：《郁达夫评传》，南京：南京大学出版社，2012年，第278页。

前的政论时评性文章里曾多次提到“抗战建国”的问题。对于为此目标而长期奋斗过的新型的中国给予的以上荣誉，他即使长眠于异国的土地也可以感到欣慰了吧?!

郁达夫先生永远值得中国人民阅读和怀念!

作者简介：高照成，中国社会科学院文学博士，南宁师范大学文学院教授。研究方向为比较文学与世界文学，已发表相关研究论文30余篇。

# 附录　媒体报道

# 《沉沦》百年，郁达夫研究国际学术论坛召开

郁达夫是我国现代浪漫主义文学的奠基人，他的短篇小说集《沉沦》是中国现代文学史上第一部白话小说集。2021年是郁达夫小说《沉沦》及同名小说集出版100周年。

为纪念这位文学成就卓越的爱国主义作家，进一步推动海内外郁达夫研究的深化与拓展，2022年3月12日至13日，由杭州市富阳区文联、杭州师范大学人文学院主办，郁达夫研究学会、杭州师范大学文艺批评研究院、华东师范大学《现代中文学刊》杂志社承办的“郁达夫研究国际学术论坛”在杭州召开。来自海内外多所高校和研究机构的专家学者以线上与线下相结合的方式，就郁达夫的文学创作、个人世界等话题展开深入研讨。此次会议激活了郁达夫研究诸多学术增长点，特别是为中国现代文学研究提供了范式启发意义。

在这次论坛上，50余万字的新版《郁达夫年谱》也正式发布。《郁达夫年谱》是“浙江省文化研究工程”重大项目《浙江现代文学名家年谱》丛书第一辑成果之一，由学者李杭春和郁达夫长孙郁峻峰共同编著。全书历时4年完稿，全面呈现了谱主郁达夫的生平，及其在文学创作、文艺思想、文学组织、文学编辑等多方面的成就，展示了郁达夫在建构20世纪中国文学、文化中的特殊贡献。

## 最受批评的《秋柳》在现代文学史中也别具意义

论坛共设两场主题发言，分别由香港岭南大学教授许子东与南京大学教授吴俊主持。

在许子东看来，郁达夫最被人批评的小说《秋柳》在现代文学史中也具有特别的意义。《秋柳》中的男主人公流连青楼，许子东认为该小

说值得讨论的地方有三：首先主人公要找难看、年老的妓女，描绘知识分子以为自己可以拯救百姓的启蒙救世困境；其次，主人公将购买性服务视作个人自由但又同时在道德层次忏悔内疚，继续他的真诚的沉沦；第三，小说描写的青楼生态极少涉及性与性欲，更多场景是一群男女吃吃喝喝猜拳聊天碎碎念等很多模拟的家庭细节。

许子东分析，因为家庭世情文学虽经过政权、社会革命的变化但不会消失，晚清文学中“青楼家庭化”后来逐渐转变成了现当代文学中的“家庭青楼化”。《秋柳》是这种青楼世情文学在五四时期的特殊形态，后来更明显的转折是“第一炉香”。发展到当代文学中，张贤亮的《绿化树》把才子与风尘女子的传统故事和知识分子与人民的互相拯救关系结合起来、《废都》浓墨重彩地描写了男主角与三四个与他“有关系”的女人一起午餐，甚至最近的电影《爱情神话》里的高潮也是男主角与他所追的女人、追他的女人以及他的前妻同桌吃饭……“在《海上花列传》青楼世情文学传统于20世纪的延续变化中，郁达夫的《秋柳》自有其独特的文学史意义。”许子东说。

## 郁达夫的游记散文同样值得关注

美国加州波摩纳学院教授白亚仁总结了西方郁达夫研究的现状，直言西方汉学家的研究总体不够，而且鲜少有人关注郁达夫的游记。

他特别比较了郁达夫与徐霞客的游记，认为两人有着不少相似之处：同为江南才子，交友甚广，将很多名胜古迹写进了游记，而且他们的文字都有一种“世纪末”的意味。不过，郁达夫对旅行的态度远远没有徐霞客那么严肃和认真，一般都在轻松愉快的氛围中进行，他的游记有时候甚至有点为新修的公路、进口的美国轿车做广告的味道。此外，徐霞客在游记中不会过多地流露自己，但郁达夫的游记充满了个人表露。

“郁达夫游记的上述特色对西方读者会有吸引力，但这不是他一个人的特色，在一定程度上也代表了他那一代中国文人的特征。”白亚仁特别提到，西方读者对郁达夫在游记中经常提及的西方文学作品尤其感兴趣。

韩国外国语大学教授朴宰雨同样对郁达夫的游记散文充满兴趣，他此番重点介绍了郁达夫文学在韩国的翻译与研究。2016 年夏季，朴宰雨去马来西亚槟城参加华文文学采风活动。在写游记时，他发现郁达夫也来过槟城，爬过升旗山，留下了《槟城三宿记》和一些诗歌。

杭州师范大学教授邵宁宁探讨了郁达夫山水游记中显现出的知识分子风骨。在他看来，郁达夫对于风景山水的看法与中国文化传统有深远的联系，可以追溯到魏晋南北朝乃至更早的时期。“值得注意的是，郁达夫在游记中虽然对山水的描绘很美，但他更关注在自然中存在的人文胜迹，他的山水游记有纾解人生苦闷和体认前人精神境界的双重追求。”

在此基础上，邵宁宁以《钓台的春昼》为例，分析了郁达夫的精神寄托与知识分子风骨问题，他认为郁达夫真正感兴趣的是寻访严子陵的精神，因为严子陵是知识分子独立风骨的象征，“因此，郁达夫山水游记中有文人的一面，但更多的是知识分子在转移人生苦闷的同时对某种精神境界的认同与寻找”。

“刘海粟说过，郁达夫的旧体诗与散文游记水平高于他的小说。”许子东表示，郁达夫本人既有着中国古典的底子，也有着外国文学的视野，这在方法论上也给予当下的郁达夫研究重要的启发。

## 隐藏在文学作品背后的郁达夫

马来西亚南方大学学院教授王润华重返郁达夫自我放逐与死亡历史现场的东南亚，由此解读郁达夫的生活思想与文学世界，“我觉得这是郁达夫研究极其需要弥补的领域”。

他重点介绍了郁达夫对南洋文艺界的影响。郁达夫于 1938 年抵达新加坡后，针对南洋文艺界全盘照搬国内课题的现象进行了反思，他反对“死抱了鲁迅不放，只是抄袭他的作风”，这一观点激怒了许多在新马的中国作家与本土华文作家。“来到当时文化低落的南洋，郁达夫本应有中国中心的优越感，但他意外地不认同书写中国的主流，批评写作的题材与风格太受当时中国文坛的潮流支配。他另一方面也对当时本土意识过分强烈的华文作家有所保留，认为一味强调地方色彩而使作品主题退居到第二位的写作手法不是‘上乘的作风’。”

在王润华看来，这说明郁达夫具有边缘人的双重透视力。“从留学日本到回到中国，郁达夫的小说散文很明显地表现出他一直在自我流放。在中国他是圈外人、零余者、颓废文人、自我放逐者。到了南洋，他的心态就更加如此。他远离社会权力结构的中心、厌恶霸权华语与集体意识。”王润华称，郁达夫还对南洋青年作家产生了深远影响，比如温梓川、苗秀、威北华等，因此南洋华文文学中存在着“郁达夫传统”。

另一边，来自韩国的山东大学副教授薛熹祯以《沉沦》为中心，介绍了郁达夫对边缘青年人心声的书写，分析了郁达夫对青年知识分子心路历程的探寻。

日本早稻田大学教授大久保洋子则通过《日记九种》望向郁达夫，分析了郁达夫笔下“寒灰复燃”意象。大久保洋子认为，《日记九种》虽然记录了郁达夫当时的生活和思想，但因为郁达夫在出版前对日记进行了自我筛选，所以这其中也包含了作家自我表演的意识。郁达夫作为小说家的“重生”可能并不是通过爱情的满足后得到的，他的日记也不仅仅是爱情故事，还描绘了那个时期的社会，记录了他追求的文学方向。

此外，出生于名古屋（《沉沦》的诞生处）的日本樱花学院大学教授高文军企图触摸到隐藏在《沉沦》小说主人公背后的郁达夫，在“自传”与“自叙传”的意义上探究郁达夫的心路历程。基于已有文献与史料，高文军指出被小说遮掩了的郁达夫“真人”是酷爱自然，潇洒风流、洒脱不羁的，完全不是小说中的样子。高文军还认同冈崎俊夫的一个重要观点：鲁迅对传统儒教深恶痛绝，但他没有触及最受儒教压抑的性本能，冰心、叶圣陶也没有，因为他们潜意识里有这样的忌讳，“而乳臭未干的郁达夫，将年轻人心中的所有苦恼和盘托出。他这样的做法虽然稚嫩，但是将中国文坛的现代化向前推动了一大步。”

## 寄更多希望于青年学者的郁达夫研究

“郁达夫研究，我们还有一块短板：郁达夫和报纸副刊的关系。”华东师范大学教授陈子善以新发现的郁达夫书评《一个女剧员的生活》(沈从文著)、杂文《游记云乎哉》和《俗吏么!》为例，强调郁达夫登上新文坛，最初就是通过报纸副刊，而且一直重视副刊，因此这一领域值得学界继续深入研究，“尤其是青年学者，我们要寄希望于他们。”

华东师范大学《现代中文学刊》非常重视郁达夫的相关研究，创刊至今共发表二十多篇有关论文，仅次于鲁迅等相关研究的数量。陈子善表示，《现代中文学刊》一直努力地追寻郁达夫学术研究的新增长点，力图在郁达夫研究中尽应尽的责任，也希望海内外郁达夫研究者共同推进郁达夫研究的发展。

在两场主旨发言之外，此次论坛还设多个讨论会议，鼓励广大青年学者积极发言。3 月 12 日下午，两个分会场同时举行。第一分会场主题为“《沉沦》发表 100 周年研究及郁达夫创作域外影响研究”，第二分会场主题是“郁达夫创作本土性研究及《郁达夫年谱》分享与研讨”。3 月 12 日晚，五十名青年学生参与了本次论坛的“青年论坛”，他们畅所欲言，也得到老师们的评议与肯定。

“学术是一个很漫长的过程，郁达夫研究还需要我们继往开来，持续推进。”杭州师范大学人文学院院长洪治纲说。据悉，在《郁达夫年谱》之外，鲁迅、茅盾、俞平伯、钱玄同、夏丏尊、徐志摩、许钦文等首辑名家年谱也已出版，后续的名家年谱编纂工作也在积极推进。

(澎湃新闻记者：罗昕，实习生：刘寅)

# 国内外专家学者杭州热议“真人”郁达夫

写出《沉沦》之前，郁达夫过的是什么样的生活？他到底有哪些个性？3月11日至13日，郁达夫研究国际学术论坛在杭州召开，会议由杭州市富阳区文联与杭州师范大学人文学院主办，郁达夫研究学会、杭州师范大学文艺批评研究院、华东师范大学《现代中文学刊》杂志社承办。国内外专家学者与杭州师范大学人文学院学生通过线上和线下方式参加了本次会议，围绕郁达夫的文学创作和与之相关的翻译等话题展开了深入讨论，让读者看到了为小说所遮掩的郁达夫“真人”一面。

日本樱花学院大学学者高文军有幸生活在《沉沦》的诞生处——名古屋，而且郁达夫上的学校，正是他所留学的大学的前身。更重要的是，他得到了郁俊峰先生的支持，对郁达夫的足迹与心路历程做了一番触摸，发现了隐藏在《沉沦》主人公背后的郁达夫。为小说所遮掩的“真人”郁达夫是什么样的？高文军说，第一，郁达夫酷爱自然，乐于游山玩水。郁达夫天性洒脱不羁，完全不是小说中主人公的样子。第二，郁达夫所到之处，经常欣然提笔赋诗，四年时间写了115题、240首。这个数字相当于他一生创作的旧体诗总数的五分之二，显示出非常高的古典文学素养。

美国加州波摩纳学院学者白亚仁也关注到郁达夫的游记。重读郁达夫游记后他发现，郁达夫的游记充满个人化的情感表露，对西方读者有吸引力。这并不是他独具的特色，一定程度上也代表郁达夫时代和那一辈中国文人的特征。如果他的游记将来翻译成英文的话，应该会很受欢迎。

韩国外国语大学翻译家朴宰雨介绍了郁达夫文学在韩国的情况。据他调查，韩国翻译家梁白华从1931年12月到1932年1月分两次在《新生》杂志把郁达夫的短篇小说《血泪》（或《血与泪》）韩文翻译连载；另一位韩国学者丁来东在1966年翻译了《沉沦》；后来把郁达夫其他代表作都翻译成韩文的是李锡浩、金时俊和金相一等。仅以《沉沦》为例，韩国的翻译本大概13种以上，1966—2012年，以发表研究成果为标准，关于郁达夫的博士学位论文6篇，硕士学位论文23篇，一般学术论文33篇，有关专著单行本两部。

新加坡国立大学学者王润华表示，郁达夫目前亦是全球学术研究的热潮，捷克、华盛顿大学、哈佛大学、哥伦比亚大学等都有相关的研究论文，而他本人的硕士论文就是《郁达夫在新马与苏门答腊》。郁达夫直到今天都是很重要的现代文学大家。郁达夫是一个观察非常敏锐、思维超前的人，学问广博，对西方文学、中国古典文学都有很深造诣，诗词、散文、游记都很精彩。他对青年文学家的启蒙非常有意义，像王君实、铁抗、冯蕉衣等人，创作都深受郁达夫的文学影响，可见郁达夫并非很多人所说的颓废、过着腐败生活的人。今天我们所建立的本土文学传统，郁达夫有很大的功劳，南洋华文文学中存在“郁达夫传统”。

华东师范大学学者陈子善教授谈到，新版《郁达夫全集》问世后，郁达夫的集外文字仍时有发现，但大都是诗词、佚简、题词和他人记录的演讲等，属于公开发表的正式文章其实并不多，除了《全集补》已经收录的《福建的文化》《读浙江战时政治纲领后的感想》等三篇，2018年发现的《反帝国主义运动之前途》和去年新发现的《杂感一二》之外，似乏善可陈。因此，这三篇郁达夫佚文能够同时重见天日，是令人欣喜的，希望能够有助于郁达夫研究的深入。

“我们希望通过这次国际会议，借助中外学者的最新思考，对郁达夫的文学创作进行再解读，推动郁达夫创作更深层次的研究。更重要的是，通过郁达夫的创作研究，观照当下的文学创作，梳理中国新文学的重要传统。”杭州师范大学人文学院院长洪治纲认为，郁达夫是一个非常重要的现代作家，他的创作所体现出来的浪漫、感伤、世情之写作格调，是中国现代文学的一个重要传统。同时，他对身体、疾病、两性情感书写，以及对知识分子理想与现实的错位性思考，其实已在20世纪90年代以后的中国当代文学中不断被激活。

（《中华读书报》记者：舒晋瑜）

# 郁达夫研究国际学术论坛举办

3月11日至13日，由杭州市富阳区文联、杭州师范大学人文学院主办，郁达夫研究学会、杭州师范大学文艺批评研究院、华东师范大学《现代中文学刊》杂志社承办的郁达夫研究国际学术论坛在浙江杭州举行。陈子善、许子东、吴俊以及来自美国、韩国、日本等国家的60余位海内外专家学者以线上和线下相结合方式与会。杭州师范大学人文学院院长洪治纲主持论坛开幕式。杭州师范大学校党委委员李泽泉，杭州市富阳区文联党组书记、主席宋富华在论坛上致辞。

论坛期间，与会学者围绕"《沉沦》发表100周年""郁达夫创作的本土性""郁达夫创作的域外影响"等主题进行了深入交流。大家认为，郁达夫的创作具有独特的美学特征，一方面与中国传统文化、知识分子精神密切相关，同时又因其个人的海外经历而具有一种国际视野，因而在海外尤其是东亚范围内得以广泛传播。不少学者提出，与郁达夫创作的独特价值相比，目前关于郁达夫的研究尚显不足，已有研究多集中于其小说作品，而对他的散文、游记等研究匮乏，翻译滞后，这些领域都值得研究者们继续深入探索。

论坛同期发布了《郁达夫年谱》，该书编者李杭春、郁峻峰与洪治纲展开对谈。该书全面呈现了郁达夫的生平及其在文学创作、文艺思想、文学组织、文学编辑等多方面的成就，充分展示了郁达夫在建构20世纪中国文学和文化中的特殊贡献。李杭春表示，郁达夫不但是作家，而且在编辑、出版、戏剧、美术、音乐等方面都是"艺术达人"，堪称"全能选手"，为他编纂年谱也是编者和作家互相发现的过程。郁达夫长孙郁峻峰介绍说，此次编纂工作努力克服了郁达夫早年阶段资料缺乏的困难，加强了梳理核实，希望能为今后的郁达夫研究提供更好的基础。

（《文艺报》记者：行超）

# 新书《郁达夫年谱》在杭发布 带你认识这位文学家中的“全能选手”

3月12日，在由杭州市富阳区文联、杭州师范大学人文学院主办的郁达夫研究国际学术论坛上，新书《郁达夫年谱》正式发布。《郁达夫年谱》为“浙江省文化研究工程”重大项目《浙江现代文学名家年谱》丛书第一辑成果之一，由浙江大学人文高等研究院学者李杭春和郁达夫长孙郁峻峰共同编著。

全书50余万字，历时4年完稿，全面呈现了谱主郁达夫的生平，及其在文学创作、文艺思想、文学组织、文学编辑等多方面的成就，展示了郁达夫在建构20世纪中国文学、文化中的特殊贡献。

通过这本年谱，我们也发现，这位在中国现代文学史上叱咤风云的作家，实际上是一位“全能选手”。

发布会现场，李杭春说，从2017年11月接手这项工作开始，她和郁峻峰便以1921年为界限分工合作，在海量的历史资料中上下求索，一位特殊的诗人形象也随之愈加完整清晰。

郁达夫只有短短五十年的生命，但他却生活在一个充满苦难、动荡和造就天才的年代。他曾经结社、办刊、入伍、劳军，他漂洋过海、绝地求生，最终命殁南洋，杀身成仁，几乎每天都在见证历史、书写传奇。

实际上，郁达夫不仅是一位诗人、作家、翻译家，还是编辑、出版人、教育家，戏曲、电影、音乐、美术等各个艺术领域的鉴赏家，他甚至做过公务员、农场主，更是一位实业家、反法西斯战士，堪称新文学史上独一无二的“全能选手”。

“我们这一代，应该为抗战而牺牲。”1941年太平洋战争爆发，郁达夫作为“星华文化界战时工作团”团长和“新加坡华侨抗敌动员总会”

执行委员，组织“星洲华侨义勇军”抗日。新加坡沦陷后，郁达夫与28位文化界人士流亡到苏门答腊岛。

为了迷惑敌人，这位文学家化名“赵廉”，以募集来的四百盾本钱，在印尼和一同流亡的中国文人合伙开办了一家“赵豫记酒厂”，实际上成为爱国志士抗日的活动基地。

李杭春说：“在我看来，年谱所撰，当然是一个作家的历史，但又何尝不是一个社会的剪影，一个人乃至一代人的谱系。我们尽可能周全地搜罗那个年代各类记载中涉及郁达夫行踪的方方面面，相信会为郁达夫研究提示各种新线索和新材料，也更能让我们体会和了解那个过去的世界。”

（浙江新闻记者：李娇俨）

# 一本书，一百年　再品郁达夫

3月11日至13日，郁达夫研究国际学术论坛在杭州召开。会议由杭州市富阳区文联与杭州师范大学人文学院主办，郁达夫研究学会、杭州师范大学文艺批评研究院、华东师范大学《现代中文学刊》杂志社承办。60余位省内外专家学者与50名杭州师范大学人文学院学生参加了本次会议。

本次国际学术论坛共分五场。第一场大会上，美国加州波摩纳学院白亚仁教授、韩国外国语大学朴宰雨教授、南方大学学院王润华教授、日本樱花学园大学高文军教授、华东师范大学《现代中文学刊》主编陈子善教授先后做了主题发言。杭州师范大学邵宁宁教授对发言进行了逐次评议。

第二场《郁达夫年谱》发布会上，《郁达夫年谱》作者李杭春与郁峻峰就年谱的写作进行了对谈，介绍了年谱写作的细节与宗旨。

3月12日下午，第三场会议在两个分会场同时举行。第一分会场主题为“《沉沦》发表100周年研究及郁达夫创作域外影响研究”。第二分会场主题是“郁达夫创作本土性研究及《郁达夫年谱》分享与研讨”。

在此后的大会中，早稻田大学大久保洋子教授以郁达夫的《日记九种》为例，分析了郁达夫笔下“寒灰复燃”意象；香港岭南大学许子东教授对郁达夫的《秋柳》进行了重读，介绍了郁达夫与“青楼文学”传统的关系；杭州师范大学邵宁宁教授分析了郁达夫在游记中显露的知识分子风骨；来自韩国、现任教于山东大学的薛熹祯副教授以《沉沦》为中心，分析了郁达夫对青年知识分子的心理描写。

（《杭州日报》记者：李郁葱）